한국의 명시 감상

문학박사 홍 윤 기 편저

Appreciations on Fine Pieces of Korean Poetry
by Younki Hong

머리말

한국의 명시 선정에 대하여
― 한국 현대시문학 1백년 기념 출판

　본『한국의 명시 감상』은 대학 교재(국문학과·문예창작과, 한국시 전공 및 교양 과목)로 널리 쓰기 위해 각 대학 국문학과 교수들과 협의하여 편찬했음을 먼저 서두에 밝혀둔다. 두 말할 것도 없이 한국 현대시를 공부하여 시인이 되기 위한 시문학 지망자 여러분에게도 가장 알맞는 교재가 되도록 엮어보았다.
　저자는 일찍이 1970년대부터 한국 현대시를 연구 분석하면서 마침내 그 결실로써『한국 현대시 이해와 감상』(한림출판사, 1987)을 펴내어 20여년 간 수많은 애독자들의 호응 속에 오늘에 이르고 있다. 그동안『시창작법』(한림출판사, 1992)이며『한국명시』(예림당, 1989) 등도 잇대어 저술한 바 있다.
　특히 지난 2003년에는 한국 최초의 방대한 현대시 해설 연구서인 '신시 100년 기념'으로 총 1122쪽에 달하는 방대한『한국현대詩해설』을 간행하여 다시 한 번 한국 시문학계와 한국시단의 찬사를 받은 것을 지금까지 독자 여러분과 함께 기뻐하고 있다.
　이번『한국의 명시 감상』은『한국현대시해설』을 다시 한 번 정선하여 보완시킨 시 창작 교재용으로 명실공히 한국 현대시의 명시들을 집약한 것임을 밝혀둔다.
　우리나라의 현대시가 걸어온 길도 2008년엔 신시 100년이라는 역사를 이루게 된다. 육당六堂 최남선(崔南善, 1890~1957)이 신시「해海에게서 소년少年에게」를 발표한 것이 1908년의 일이다. 이 시는 이 땅에서 '시조'가 아닌 새로운 모습의 시로 등장하여 한국 현대시를 최초로 개척하기 시작한 작품이다. 과연 그 이후 오늘에 이르기까지 어떠한 시편들이 우리나라 현대시사現代詩史를 장식하며 오늘에 이르렀는지를 살펴보는 것도 2008년의 신시100년사新詩百年史를 기념하는 뜻깊은 작업이 되리라는 데서 이 책을 펴게 되었다.
　한국 현대시 발생의 맥락을 짚어 본다면 영국 낭만주의(로맨티시즘)를 축으로 하는 독일 낭만주의와 프랑스 상징주의(심볼리즘) 시문학 등, 서구의 영향을 받은 것이다. 그런 견지에서 졸저는 '수사학'(修辭學, rhetoric)의 방법론에 입각하여, 시작품들을 저자 나름대로 연구 분석해 보았다. 현대 수사학은 영국 비평가 I. A. 리처드즈(Ivor. A. Richards, 1893~1979)에 의해 현대시의 과학적 연구인「Coleridge on Imagination」(1934),「Basic in Teaching : East and West」(1935),「The Philosophy of

Rhetoric』(1937), 「How to Read a Page」(1942), 「Speculative Instruments」(1955) 등, 새로운 이론을 도입한 것이 저자에게는 적지 않은 공부가 되었다. 즉 I. A. 리처드즈는 시를 읽는다는 행위를 의식적으로 분석하려는 시 이론을 참신하게 구축했으며, 특히 그는 중국中國과 일본日本 등에도 체재하는 등, 동양시東洋詩에 적지 않은 관심을 기울였던 것도 주목할 만하다.

비록 우리나라 현대시의 역사가 짧다고는 하지만 그동안 훌륭한 작품들이 많이 창작되었음을 우리가 함께 살필 수 있는 자리를 여기에 마련해 본 셈이다. 물론 지면관계 등으로 여기에 모두 수록하지는 못했으나 이밖에도 좋은 시들이 있다. 그러나 우리가 주목하고 기억할 만한 작품들을 되도록 많이 싣고자 긴 나날을 두고 자료의 수집과 집필의 기간을 가진 끝에 이 책자가 겨우 마련되었다. 가능한한 원시原詩의 게재를 중시하여 이를 기본으로 실었다.

8·15광복 이후 남북 분단에 의한 정치적 상황 아래, 재북한 시인이며 월북시인들의 작품은 이념문제 등 정부가 저작물에 발표를 금지시켜 왔다. 그런 가운데, 다음과 같은 4번의 조치로 이른바 해금시인解禁詩人의 시도 발표할 수 있게 되었다. 즉 제1차 조치(1976. 3. 13)를 필두로 하여 제2차 조치(1987. 10. 19), 제3차 조치(1988. 3. 31), 제4차 조치(1988. 7. 19)가 그것임을 여기 아울러 밝혀 둔다.

수록된 작품의 배열 방법은 여러 가지가 있겠으나, 협의한 끝에 시인의 등단 연대순으로 삼았다. 오늘날 우리나라에는 시인이 엄청나게 많다고들 한다. 시인이 많다는 것은 참으로 기쁜 일이다. 다만 중요한 것은 독창적인 자아시自我詩의 세계 형성이 중요하다고 본다. 등단 이후 시작품 활동이 꾸준하고 왕성한 분들을 위주로 작품 선택을 했다.

또한 독자들의 선택의 폭을 넓히기 위해 1981년 이후 최근까지 등단하여 주목받는 젊은 층 시인들의 작품도 보다 폭넓게 독자층에게 읽히도록 했다. 다만 지면관계상 부득이 1편씩 채택해 보았다. 게재 시인의 선정은 반드시 그 시인의 지명도知名度와 관계없이 문학성에 치중했고, 또한 작품 채택도 대표적인 시라기보다는 평가받고 특성 있는 작품이거나 화제가 될 만한 시 등, 앞으로 시문학상의 논의를 제기시키자는 견지에서 새로운 제재題材의 작품들을 선정했다. 물론 그 작품들의 성패는 뒷날 문학사가 가름해 줄 것이라고 본다.

시란 일단 세상에 발표되면 그 때부터는 독자의 것이다. 독자들은 독자들 나름대로 스스로 느끼고 풀이할 권리가 있다. 그러나 독자들의 힘만으로는 시의 이해가 부족할 수도 있기 때문에 이 책자를 마련하여 한국 현대 명시의 안내 역할을 하기로 했다. 이 책이 한국 명시의 이해와 감상의 지침서로 활용되기를 기대하면서, 앞으로 계속 더욱 좋은 내용으로 보완해 나갈 것을 약속한다.

끝으로 밝혀 둘 것은 시인의 주소 불명 등으로 직접 시작품 채택 연락을 드리지 못한 분들도 있으므로 꼭 연락(02-3474-4958) 주시기를 기다린다.

차례

머리말 · 한국의 명시 선정에 대하여/ 7

최남선(崔南善) 해해에게서 소년少年에게 · 12
김　억(金億) 오다 가다 · 15
한용운(韓龍雲) 님의 침묵 · 17 / 알 수 없어요 · 18
주요한(朱耀翰) 불놀이 · 20
김소월(金素月) 진달래꽃 · 23 / 산유화 · 24 / 초혼(招魂) · 25
박팔양(朴八陽) 인천항 · 27
이상화(李相和) 빼앗긴 들에도 봄은 오는가 · 29
변영로(卞榮魯) 논개 · 31 / 조선의 마음 · 32
이장희(李章熙) 봄은 고양이로다 · 33 / 고양이의 꿈 · 34
정지용(鄭芝溶) 향수(鄕愁) · 36 / 춘설(春雪) · 38
김광섭(金珖燮) 성북동 비둘기 · 40
임　화(林和) 현해탄(玄海灘) · 42
김영랑(金永郎) 모란이 피기까지는 · 47 / 돌담에 속삭이는 햇발 · 48 / 내 마음을 아실 이 · 49
김기림(金起林) 태양(太陽)의 풍속(風俗) · 50 / 무녀(巫女) · 51
유치환(柳致環) 깃발 · 53 / 울릉도 · 54
이　상(李箱) 거울 · 53 / 오감도(烏瞰圖) · 56
노천명(盧天命) 사슴 · 61 / 푸른 오월 · 62
장만영(張萬榮) 달 · 포도 · 잎사귀 · 64
이육사(李陸史) 청포도 · 66 / 절정 · 67 / 광야(曠野) · 68
오장환(吳章煥) The Last Train · 69
김현승(金顯承) 플라타너스 · 71
이용악(李庸岳) 오랑캐꽃 · 73 / 강가 · 74 / 슬픈 사람들끼리 · 75
백　석(白石) 개 · 76 / 정주성(定州城) · 77
김용호(金容浩) 주막(酒幕)에서 · 78
서정주(徐廷柱) 국화(菊花) 옆에서 · 80 / 동천(冬天) · 81 / 화사(花蛇) · 82
윤곤강(尹昆崗) 아지랑이 · 84 / 피리 · 85 / 나비 · 87
윤동주(尹東柱) 서시(序詩) · 88 / 별 헤는 밤 · 89 / 자화상 · 91 / 참회록(懺悔錄) · 92
박두진(朴斗鎭) 해 · 93 / 도봉(道峯) · 94
이한직(李漢稷) 낙타 · 96 / 동양(東洋)의 산(山) · 97
조지훈(趙芝薰) 승무(僧舞) · 99 / 고풍의상(古風衣裳) · 101 / 너는 지금 3 · 8선(三八線)을 넘고 있다 · 102
박목월(朴木月) 나그네 · 104 / 윤사월 · 105
김수영(金洙暎) 눈 · 106 / 풀 · 107
박인환(朴寅煥) 목마(木馬)와 숙녀(淑女) · 108 / 세월이 가면 · 110
김춘수(金春洙) 꽃 · 111 / 부다페스트에서의 소녀의 죽음 · 112
홍윤숙(洪允淑) 겨울 포플러 · 115 / 여수(旅愁) · 116
김남조(金南祚) 봄에게 · 118 / 목숨 · 119

김규동(金奎東) 나비와 광장(廣場)・121 /
북에서 온 어머님 편지・122
조병화(趙炳華) 호수・124
이인석(李仁石) 강서(江西) 고분벽화・126
천상병(千祥炳) 귀천(歸天)・129 / 새・130
박재삼(朴在森) 밤바다에서・132 / 포도(葡萄)・133
한성기(韓性祺) 말・134
김관식(金冠植) 가난 송가(頌歌)・136
박봉우(朴鳳宇) 휴전선・138
박희진(朴喜璡) 관세음상(觀世音像)에게・140 / 항아리・142
신경림(申庚林) 농무(農舞)・144 / 갈대・145
박용래(朴龍來) 탁배기(濁盃器)・147 / 저녁눈・148
김해성(金海星) 신라금관(新羅金冠)・149 / 영산강(榮山江)・151
박성룡(朴成龍) 과목(果木)・152 / 풀잎・153
성찬경(成贊慶) 보석밭・154 / 눈물・155
김창직(金昌稷) 도깨비 타령・157 / 춘한(春寒)・158
고 은(高銀) 상구두쇠・160 / 임종(臨終)・161
권용태(權龍太) 남풍(南風)에게・163 / 봄편지・165
이제하(李祭夏) 빨래・166 / 빈 들판・167
홍윤기(洪潤基) 단풍・169 / 해바라기・170 / 산(山)을 보면・173
신동엽(申東曄) 4월은 갈아엎는 달・174 / 껍데기는 가라・175
박경석(朴慶錫) 조치원역에서・177 / 씀바귀・178 / 샐비어・179
마종기(馬鍾基) 해부학 교실(解剖學敎室) 1・180 / 정신과 병동・181
이근배(李根培) 평원・183 / 내가 산이 되기 위하여・184
박이도(朴利道) 소시장에서・186 / 빛의 하루・187
허영자(許英子) 겨울 햇볕・188 / 바위・189
이성부(李盛夫) 백제행(百濟行)・191 / 매월당(梅月堂)・192
이수익(李秀翼) 우울한 샹송・194
김종해(金鍾海) 가을 비감(悲感)・196 / 겨울 메시지・197
조태일(趙泰一) 국토 2・199 / 깃발이 되더라・200
성기조(成耆兆) 꽃・202 / 사랑 별곡・203
이 탄(李炭) 아침을 오게 하자・204 / 과수원에서・205 / 줄풀기・206
유안진(柳岸津) 사리(舍利)・207 / 김치・208 / 서리꽃・209
정현종(鄭玄宗) 그대는 별인가・210 / 빛―꽃망울・211
천양희(千良姬) 어떤 하루・212 / 은사시나무같이・213
문효치(文孝治) 무령왕(武寧王)의 청동식리(青銅飾履)・214 / 무령왕(武寧王)의 나무두침(頭枕)・215
양채영(梁彩英) 신세계(新世界)・217 / 그 나뭇가지에・218
이향아(李鄕莪) 사과꽃・220 / 돌아누우며・221
이건청(李健淸) 눈먼 자를 위하여・222 / 황야의 이리 5・223
김시종(金市宗) 불의 여신(女神)・224 / 불가사리・225
강은교(姜恩喬) 우리가 물이 되어・227 / 백성・228
오세영(吳世榮) 바람 소리・230 / 무명연시(無明戀詩)・231
김여정(金汝貞) 술 마시는 여자・233 / 콩

새 · 234
오규원(吳圭原) 부재(不在)를 사랑하는 우리집 아저씨의 이야기 · 235 / 한 잎의 여자 · 236
이시영(李時英) 이름 · 238 / 후꾸도 · 240
김지하(金芝河) 타는 목마름으로 · 242 / 녹두꽃 · 243
정희성(鄭喜成) 저문 강에 삽을 씻고 · 245 / 아버님 말씀 · 246
이해인(李海仁) 민들레의 영토 · 248
신달자(慎達子) 섬 · 250
정호승(鄭浩承) 연어 · 252 / 구두 닦는 소년 · 253
김승희(金勝熙) 남도창(唱) · 255 / 여인 등신불 · 257
김명인(金明仁) 東豆川 1 · 260 / 출항제(出港祭) · 261
정광수(鄭光修) 곡신(谷神)의 새 · 264 / 원왕생(願往生) · 265
안수환(安洙環) 겨울산 · 266 / 홀로 핀 꽃들 · 268
송수권(宋秀權) 산문(山門)에 기대어 · 269 / 제(祭)ㅅ날 · 270
노창선(盧昌善) 섬 · 271 / 등(燈) 하나 · 272
김광규(金光圭) 희미한 옛사랑의 그림자 · 274 / 안개의 나라 · 275
최승호(崔勝鎬) 부엌창 · 277 / 자동판매기 · 278
채수영(蔡洙永) 율도국 · 280 / 바람 · 281
강창민(姜昌民) 늙은 왕자 · 282 / 사내 2 · 283
고형렬(高炯烈) 삼척에서 돌아오며 · 284 / 원산에서 · 285
황지우(黃芝雨) 무등(無等) · 287 / 참꽃 · 288
류시화 감자와 그 밖의 것들에게 · 290 / 그대가 곁에 있어도 나는 그대가 그립다 · 291
곽재구(郭在九) 사평역(沙平驛)에서 · 293
조인자(趙仁子) 키알리이 레이첼의 노래 · 295
양애경(梁愛卿) 베스트셀러 · 297
김용택(金龍澤) 섬진강 1 · 299
이문재 우리 살던 옛집 지붕 · 301
박노해 노동의 새벽 · 304
안도현(安度昡) 서울로 가는 전봉준 · 306
이승하(李昇夏) 화가 뭉크와 함께 · 309
서정윤(徐正潤) 홀로서기 · 311
김갑수 바둑 · 314
장정일 저 대형사진 · 316
기형도(奇亨度) 안개 · 318
강형철(姜亨喆) 야트막한 사랑 · 321
도종환(都鍾煥) 접시꽃 당신 · 323
김완하(金完河) 눈발 · 326
허수경 단칸방 · 328
채호기(蔡好基) 글자 · 330
함민복 빨래집게 · 332
김태호(金兌浩) 해돋이 · 334
김성옥(金成玉) 황진이 · 336
한여선(韓麗鮮) 별꽃풀 · 338
심호택(沈浩澤) 육자배기 가락으로 · 340
조청호(趙清湖) 한산 모시 적삼 · 342
윤현선(尹炫善) 솔직히 말해서 내가 하나님이라면 · 344
최영미(崔泳美) 서른, 잔치는 끝났다 · 346
손택수(孫宅洙) 호랑이 발자국 · 348
김종태(金鍾泰) 미아리 · 350

• 한국 현대시 개관(概觀) / 352
• 7·5조 시가 연구론 / 일본 시가(詩歌)의 7·5조는 한국의 율조(律調)이다 / 361

최남선(崔南善)

서울에서 출생(1890~1957). 호는 육당(六堂). 일본 와세다대학 고등사범 지리역사과 중퇴. 신문화 운동의 선구자. 우리나라 최초의 잡지 『소년』을 창간했고, 신시(新詩) 「해(海)에게서 소년에게」를 1908년에 게재했다. 기미독립선언문(1919) 기초. 최초의 개인 시조집 『백팔 번뇌』(1926)와 시조를 편저한 『시조유취』(1928) 등이 있다.

해海에게서 소년少年에게

1
처……ㄹ썩, 처……ㄹ썩, 척, 쏴……아.
따린다. 부순다. 무너 바린다.
태산 같은 높은 뫼, 집채 같은 바윗돌이나.
요것이 무어야, 요게 무어야.
나의 큰 힘 아느냐, 모르나냐, 호통까지 하면서
따린다. 부순다. 무너 바린다.
처……ㄹ썩, 처……ㄹ썩, 척, 튜르릉, 꽉.

2
처……ㄹ썩, 처……ㄹ썩, 척, 쏴……아.
내게는 아모 것도 두려움 없어,
육상陸上에서, 아모런 힘과 권權을 부리던 자라도,
내 앞에 와서는 꼼짝 못하고,
아모리 큰 물건도 내게는 행세하지 못하네.
내게는 내게는 나의 앞에는
처……ㄹ썩, 처……ㄹ썩, 척, 튜르릉, 꽉.

3
처……ㄹ썩, 처……ㄹ썩, 척, 쏴……아.
나에게 절하지 아니한 자가,
지금까지 있거든 통기通寄하고 나서 보아라.
진시황秦始皇, 나파륜, 너희들이냐.
누구 누구 누구냐 너희 역시 내게는 굽히도다.
나허구 겨룰 이 있건 오나라.

처……ㄹ썩, 처……ㄹ썩, 척, 튜르릉, 꽉.

4
처……ㄹ썩, 처……ㄹ썩, 척, 쏴……아.
조고만 산모를 의지하거나,
좁쌀 같은 작은 섬, 손벽 만한 땅을 가지고,
고 속에 있어서 영악한 체를,
부리면서, 나 혼자 거룩하다 하난 자,
이리 좀 오나라, 나를 보아라.
처……ㄹ썩, 처……ㄹ썩, 척, 튜르릉, 꽉.

5
처……ㄹ썩, 처……ㄹ썩, 척, 쏴……아.
나의 짝 될 이는 하나 있도다.
크고 길고, 넓게 뒤덮은 바 저 푸른 하늘.
저것은 우리와 틀림이 없어,
적은 시비 적은 쌈 온갖 모든 더러운 것 없도다.
조따위 세상에 조 사람처럼.
처……ㄹ썩, 처……ㄹ썩, 척, 튜르릉, 꽉.

6
처……ㄹ썩, 처……ㄹ썩, 척, 쏴……아.
저 세상 저 사람 모다 미우나,
그 중에서 똑 하나 사랑하난 일이 있으니,
담 크고 순진한 소년배少年輩들이,
재롱처럼 귀엽게 나의 품에 와서 안김이로다.
오나라 소년배 입맞춰 주마.
처……ㄹ썩, 처……ㄹ썩, 척, 튜르릉, 꽉.

주제 소년(새로운 세대)에 대한 희망과 예찬
형식 6연의 신체시
경향 민족 의지적, 계몽적, 감각적
표현상의 특징 우리나라 최초의 신체시「해(海)에게서 소년에게」는 1인칭 산문적인 구어체로 표현을 하고 있다. 전통적인 시의 외형률을 깨뜨린 최초의 신체시로서, '처……ㄹ썩, 처……ㄹ썩, 척, 쏴……아' 나 '처……ㄹ썩, 처……ㄹ썩, 척, 튜르릉, 꽉 (각 연에서 동어반복)과 같은 수미상관의 청각적 이미지가 강한 의성어(擬聲語)를 사용한 것도 새로운 표현 방법이다.

이해와 감상

이 시는 『소년』 창간호(1908. 11)에 실린 신체시로, 한국 현대시의 개막을 알린 작품이다. '신체시'(新體詩)라는 용어는 서기 1900년대 초기까지의 일본 근대시(近代詩)를 일컫는 시의 구분이다. 일본이 19세기 말경에 처음으로 서양에 가서 자유시를 배워 오면서 일본의 근대시가 발생했다.

영국 등에 유학했던 토야마 마사카즈(外山正一, 1848~1900)는 1876년에 귀국하여 도쿄대학 교수가 되었는데 그가 대표로 공저한 『신체시초』(新體詩抄, 1882)에 의해, 일본의 근대시를 '신체시'로 부르게 되었다. 공저자는 야타베 료우키치(矢田部良吉, 1851~1899)와 이노우에 테쓰지로(井上哲次郎, 1855~1944)였다. 최남선은 그가 시작한 최초의 한국 근대시 「해에게서 소년에게」를 스스로 신체시로 명명한 것이었다.

서구적인 자유시 형식을 빌고 있는 이 시는 민족의 독립사상과 의지를 바다를 매개하여 상징하고 있으며, 순진 무구한 소년을 통하여 민족의 장래가 희망차게 전개될 것을 뜨겁게 염원하고 있다. 그 당시, 3·4조, 4·4조 등 정형시의 테두리 안에 머물러 있던 우리의 시문학에서 이 파격적인 신체시의 등장은 그 표현상의 미숙함과 진부함에도 불구하고, 한국 현대시의 새로운 장(章)을 열었다는 점에서 우리의 문학사상 큰 의의를 지니게 되는 것이다. 모두 6연으로 되어 있는 이 시는 제1연에서 제5연까지 바닷물의 웅대한 기개를 노래하고, 제6연에 이르러서는 이 땅에 자라나는 소년들에게 보내는 희망과 예찬 속에서 민족의 양양한 앞날을 굳게 기약한다.

제3연의 '통기'는 '통고(通告)'. '나파륜'은 한자어식 표기방법인 '拿破崙'으로, 프랑스 황제 '나폴레옹'을 가리키는 말이다.

김 억(金億)

평안북도 곽산(郭山)에서 출생(1893~미상). 호는 안서(岸曙). 일본 게이오의숙대학(慶應義塾大學) 문과에 다니던 1914년에 『학지광(學之光)』 8월호에 시 「이별」을 발표했다. 우리나라 신시운동의 선구자로 최초의 번역 시집 『오뇌의 무도』(1921)와 최초의 개인 시집 『해파리의 노래』(1923)를 간행했다.

오다 가다

오다 가다 길에서
만난 이라고
그저 보고 그대로
갈 줄 아는가.

뒷산은 청청靑靑
풀 잎사귀 푸르고
앞바단 중중重重
흰 거품 밀려 든다.

산새는 죄죄
제 흥을 노래하고
바다엔 흰 돛
옛 길을 찾노란다.

자다 깨다 꿈에서
만난 이라고
그만 잊고 그대로
갈 줄 아는가.

십리 포구 산 너먼
그대 사는 곳
송이송이 살구꽃
바람과 논다.

수로水路 천리 먼먼 길
왜 온 줄 아나.
예전 놀던 그대를
못 잊어 왔네.

> **주제** 한국의 전통적 인정미 추구
> **형식** 6연의 정형시
> **경향** 감상적, 민요적, 정형적
> **표현상의 특징** 신시 운동의 선구자인 김억의 시는 거의 모두가 7·5, 5·7조의 정형시다.
> 제2연에서 '청청', '중중' 등과 같이 음악적인 리듬감을 살리고 있는 점에 묘미가 있다.
> 7·5조나 5·7조의 정형률을 고집한 그는 이 작품에서도 7·5조를 바탕으로 하고 있는데, 제2연과 제3연만은 5·7조로 변형한 것이 특색이다.

이해와 감상

'길을 가다 돌부리를 차도 인연'이라는 말이 있듯이 '그저 보고 그대로/ 갈 줄 아는가'(제1연)는 정 많고 한 많은 감상적 인정미를 실감시킨다.

김억의 이와 같은 7·5, 5·7율조는 그가 가르친 오산학교의 소년 시인 김소월에게 고스란히 영향을 끼쳤다.

일본에서 7·5, 5·7조를 완성시킨 시인으로 평가되는 시인은 시마자키 토우손(島崎藤村, 1872~1943)이다. 김억은 일본 유학 당시, 시마자키 토우손의 7·5조의 영향을 받았던 것을 스스로 논술하고도 있다(金岸曙「格調詩形論小考」(4) 東亞日報, 1930. 1. 19).

김억의 시는 이러한 소박한 내용에 적합한 정형조의 독특한 스타일을 가지고 있는데 그는 7·5, 5·7조가 왕인(王仁)의 일본 최초의 와카(和歌) 「난파진가」며 「정읍사」 등 백제 가요에서 영향받은 사실을 전혀 몰랐던 것이다(본서 361쪽의 「7·5조 시가 연구론」 참조 요망).

거듭 밝히거니와 이 간결한 7·5조 형식은 그에게 사사한 바 있는 김소월의 시풍(詩風)에 지대한 영향을 끼쳤던 것이다.

한용운(韓龍雲)

충청남도 홍성(洪城)에서 출생(1879~1944). 본명 정옥(貞玉), 법호 만해(卍海). 3·1운동 당시 민족대표 33인 중의 한 사람. 1918년 『유심(惟心)』 창간호에 시 「심(心)」을 발표하며 문단활동을 시작했다. 시집 『님의 침묵』(1926)과 장편소설 『흑풍』(1935), 『후회』(1936) 등이 있고, 주요 저서로 『불교 유신론』, 『불교대전』, 『십현담 주해』 등이 있다.

님의 침묵

    님은 갔습니다. 아아 사랑하는 나의 님은 갔습니다.
    푸른 산빛을 깨치고 단풍나무 숲을 향하여 난 작은 길을 걸어서 차마 떨치고 갔습니다.
    황금의 꽃같이 굳고 빛나던 옛 맹세는 차디찬 티끌이 되어서 한숨의 미풍微風에 날아갔습니다.
    날카로운 첫 키스의 추억은 나의 운명의 지침指針을 돌려 놓고 뒷걸음쳐서 사라졌습니다.
    나는 향기로운 님의 말소리에 귀먹고 꽃다운 님의 얼굴에 눈멀었습니다.
    사랑도 사람의 일이라 만날 때에 미리 떠날 것을 염려하고 경계하지 아니 한 것은 아니지만 이별은 뜻밖의 일이 되고 놀란 가슴은 새로운 슬픔에 터집니다.
    그러나 이별은 쓸데없는 눈물의 원천을 만들고 마는 것은, 스스로 사랑을 깨치는 것인 줄 아는 까닭에, 걷잡을 수 없는 슬픔의 힘을 옮겨서 새 희망의 정수배기에 들어부었습니다.
    우리는 만날 때에 떠날 것을 염려하는 것과 같이 떠날 때에 다시 만날 것을 믿습니다.
    아아 님은 갔지마는 나는 님을 보내지 아니 하였습니다.
    제 곡조를 못 이기는 사랑의 노래는 님의 침묵을 휩싸고 돕니다.

주제 '님'의 상실의 절망적인 비애
형식 전연의 자유시
경향 주정(主情)적, 명상적, 상징적
표현상의 특징 내재율을 살린 전연으로 엮은 상징적 서정시다. 여기서의 '님'은 '조국'을 상징한다는 것이 일반적 해석이다. 불교 승려였던 만해에게 있어서 '님'은 '불타' 또는 이성의 '연인'일 수도 있다. '님'이라는 존재를 두고 일종의 연가식(戀歌式)으로 엮고 있는데, 기교 있는 내재율의 리듬 감각이 보통 산문시와 다르다. 『님의 침묵』 서문의 '맛치니'는 '마티니'(matinée)로 이탈리아에서 낮 시간대의 연극 공연 등의 흥행을 가리킨다.

이해와 감상

한용운이 제시한 '님'이 '조국'이건 '불타'이건 또는 사랑하는 '연인'이건 간에, 이 시는 우리로 하여금 많은 것을 연상하고 생각하게 만들고 있다.

'님'을 무엇에다 견주고 썼든, '님'에 대한 구체적인 실체는 독자 나름대로의 해석으로 받아들이면 그것으로 족한 것이다. 왜냐하면, 일단 발표된 시는 독자가 어떻게 해석하든 '독자 해석의 자유'가 보장되기 때문이다.

그런데 이 작품에서 시인의 시상(詩想)의 근본인 그 오묘한 시적 경지를 단정한다는 것은 불가능한 일이기도 하다.

이 시가 실린 시집 『님의 침묵』의 서문을 통해 한용운은 다음처럼 말하고 있어 참고 삼으면 좋을 것 같다.

> "'님'만이 님이 아니라 기룬 것은 다 님이다. 중생이 석가의 님이라면, 철학은 칸트의 님이다. 장미화(薔薇花)의 님이 봄비라면, 맛치니의 님은 이태리다. 님은 내가 사랑할 뿐 아니라 나를 사랑하느니라.
> 연애가 자유라면, 님도 자유일 것이다.
> 그러나 너희는 이름 좋은 자유의 알뜰한 구속을 받지 않느냐. 너에게도 님이 있느냐. 있다면 님이 아니라 너의 그림자니라.
> 나는 해 저문 벌판에서 돌아가는 길을 잃고 헤매는 어린 양이 기루어서 이 시를 쓴다."

칸트(Immanuel Kant, 1724~1804) → 『순수이성비판』 등으로 이름난 독일의 철학자. 근세철학의 시조로 일컫는다.

알 수 없어요

바람도 없는 공중에 수직垂直의 파문을 내며 고요히 떨어지는 오동잎은 누구의 발자취입니까?

지리한 장마 끝에 서풍에 몰려가는 무서운 검은 구름의 터진 틈으로, 언뜻언뜻 보이는 푸른 하늘은 누구의 얼굴입니까?

꽃도 없는 깊은 나무에 푸른 이끼를 거쳐서, 옛 탑塔 위의 고요한 하늘을 스치는 알 수 없는 향기는 누구의 입김입니까?

근원은 알지도 못할 곳에서 나서 돌부리를 울리고, 가늘게 흐르는 작은 시내는 굽이굽이 누구의 노래입니까?

연꽃 같은 발꿈치로 가이 없는 바다를 밟고, 옥 같은 손으로 끝 없는 하늘을 만지면서, 떨어지는 해를 곱게 단장하는 저녁 놀은 누구의 시詩입니까?

타고 남은 재가 다시 기름이 됩니다.
그칠 줄을 모르고 타는 나의 가슴은 누구의 밤을 지키는 약한 등불입니까?

- **주제** 절대자에 대한 구도(求道)의 추구
- **형식** 6연의 자유시
- **경향** 서정적, 상징적, 불교적
- **표현상의 특징** 의인법(擬人法)·설의법(設疑法)·은유법(隱喩法) 등의 수사법을 구사한 상징적인 서정시이다. 매연의 종결 각운(脚韻)에 해당하는 '입니까?'로 마무리하여, 표제와의 신비로운 조화감을 시도하고 있다.

이해와 감상

이 세상 온갖 사상(事象)의 현상과 변화, 그것들은 각기 제 나름대로의 의미와 내용을 가지나, 그 진리 파악은 결코 쉬운 일이 아니다.

'알 수 없어요'란 표제는, 알 수 없는 신비 세계의 심오하고 유원(悠遠)한 절대자의 본체를 추구하고, 번뇌하며 구도하는 자아의 세계를 표현한 것이다. 인간은 역사적인 경험과 감관(感官)을 통해서만 무형의 진리를 접할 수 있다고 본다. 그런 가운데 우리는, 어느 날 우연치 않게 예상밖의 경이로움에 맞닥뜨리게도 될 것이다.

화자가 그와 같은 관점에서 절대심상(絶對心象)인 '오동잎'과 '발자취', '푸른 하늘'과 '얼굴' 등 상징적 대상을 제시하고 있는 것을 주목해야 한다.

절대자의 힘 앞에 자신의 존재가 '약한 등불'처럼 미약함을 자각하고, 그 본체를 찾아 헤매는 열정을 형상화 시키고 있다.

주요한(朱耀翰)

평안남도 평양(平壤)에서 출생(1900~1979). 호는 송아(頌兒). 일본 도쿄 제일고등학교 졸업. 중국 상하이의 호강(滬江)대학 이과 졸업. 일본 도쿄 유학생들이 간행한 한국 최초의 동인지 『창조』(1919.2.1~1921.5.30) 동인. 시집 『아름다운 새벽』(1924), 『3인 시가집』(1929)을 이광수, 김동환 등과 함께 출판했다. 시조집 『봉사꽃』(1930) 등도 있다.

불놀이

아아 날이 저문다, 서편 하늘에, 외로운 강江물 위에, 스러져가는 분홍빛 놀…… 아 해가 저물면 날마다, 살구나무 그늘에 혼자 우는 밤이 또 오건마는, 오늘은 사월四月이라 파일날, 큰길을 물밀어가는 사람소리는 듣기만 하여도 흥성스러운 것을 왜 나만 혼자 가슴에 눈물을 참을 수 없는고?

아아 춤을 춘다, 춤을 춘다. 시뻘건 불덩이가, 춤을 춘다. 잠잠한 성문城門 우에서 나려다보니, 물냄새 모래냄새, 밤을 깨물고 하늘을 깨무는 횃불이 그래도 무엇이 부족하여 제 몸까지 물고 뜯을 때, 혼자서 어두운 가슴 품은 젊은 사람은, 과거過去의 퍼런 꿈을 찬 강江물 우에 내어던지나 무정無情한 물결이 그 그림자를 멈출 리가 있으랴?……아아 꺾어서 시들지 않는 꽃도 없건마는, 가신 님 생각에 살아도 죽은 이 마음이야, 에라, 모르겠다. 저 불길로 이 가슴 태워버릴까, 이 설움 살라버릴까. 어제도 아픈 발 끌면서 무덤에 가보았더니 겨울에는 말랐던 꽃이 어느덧 피었더라마는 사랑의 봄은 또 다시 안 돌아오는가, 차라리 속 시원히 오늘밤 이 물 속에…… 그러면 행여나 불쌍히 여겨줄 이나 있을까…… 할 적에 통, 탕 불티를 날리면서 튀어나는 매화포, 펄떡 정신精神을 차리니, 우구우구 떠드는 구경꾼의 소리가 저를 비웃는 듯, 꾸짖는 듯. 아아, 좀더 강열強烈한 열정熱情에 살고 싶다, 저기 저 횃불처럼 엉기는 연기煙氣, 숨막히는 불꽃의 고통苦痛 속에서라도 더욱 뜨거운 삶을 살고 싶다고 뜻밖에 가슴 두근거리는 것은 나의 마음…….

사월四月달 따스한 바람이 강江을 넘으면, 청류벽清流碧, 모란봉 높은 언덕 우에 허어옇게 흑늑이는 사람떼, 바람이 와서 불 적마다 불빛에 물든 물결이 미친 웃음을 웃으니, 겁 많은 물고기는 모래 밑에 들어박히고, 물결치는 뱃슭에는 졸음 오는 '이즘'의 형상形象이 오락가락— 어른거리는 그림자 일어나는 웃음소리, 달아논 등불 밑에서 목청껏 길게 빼는 여린 기생의 노래, 뜻밖에 정욕情慾을 이끄는 불구경도 이제는 겹고, 한 잔 한 잔 또 한 잔 끝없는 술도 이제는 싫어, 지저분한 배밑창에 맥없이 누우며 까닭 모르는 눈물은 눈을 데우며, 간단없는 장고소리에 겨운 남자男子들은, 때때로 불 이는 욕심에 못 견디어 번뜩이는 눈으로 뱃가에 뛰어나가면, 뒤에 남은 죽어가는 촛불은 우그러진 치마깃 우에 조을 때, 뜻있는 듯이 찌걱거리는 배젓개 소리는 더욱 가슴을 누른다…….

아아 강물이 웃는다, 웃는다, 괴상한 웃음이다, 차디찬 강물이 껌껌한 하늘을 보고 웃은 웃음이다. 아아, 배가 올라온다. 배가 오른다, 바람이 불 적마다 슬프게 슬프게 삐걱거리는 배가 오른다.

저어라, 배를, 멀리서 잠자는 능라도綾羅島까지, 물살 빠른 대동강大洞江을 저어 오르라. 거기 너의 애인愛人이 맨발로 서서 기다리는 언덕으로 곧추 너의 뱃머리를 돌리라 물결 끝에서 일어나는 추운 바람도 무엇이리오, 괴이怪異한 웃음소리도 무엇이리오, 사랑 잃은 청년靑年의 어두운 가슴 속도 너에게야 무엇이리오, 그림자 없이 눈 '밝음'도 있을 수 없는 것을―.
오오, 다만 네 확실確實한 오늘을 놓치지 말라.
오오, 사르라, 사르라! 오늘밤! 너의 빨간 횃불을, 빨간 입술을, 눈동자를, 또한 너의 빨간 눈물을…….

주제 비연(悲戀)의 아픔과 극복 의지
형식 5연의 자유시
경향 서정적, 상징적, 감상적
표현상의 특징 일상어의 산문체로 전달이 잘 되는 알아듣기 쉬운 표현을 하고 있다.
'아아' (제1·2·4연)며 '오오' (제5연) 등 영탄조의 낭만적인 표현이 분위기를 침통하게 이끈다.
'분홍빛 놀'을 비롯하여 '시뻘건 불덩이', '횃불' 등 심도 있는 감각적 표현이 두드러지고 있다.
평양의 대동강이며 모란봉, 능라도, 청류벽 등 지명·명승 등이 나온다.

이해와 감상

『창조』창간호(1919. 2)에 발표된 작품이다.
주요한은 이 시를 '한국 최초의 자유시다' (본서 354쪽 저자의 연구론 「한국 현대시 개관」 참조 요망)라고 스스로 주장하고 있는 문제의 작품이다. 그러나 이 시를 '한국 최초의 자유시'로 주장하는 데는 여러 가지 무리가 있다.
다만 「불놀이」(1919. 2)에 있어 자유시의 형태론적인 관점은 종래의 전통시가의 외형률을 벗어나고 있다는 점을 지적하게 된다.
이 시는 옛날 평양의 사월 초파일의 부처님 오신 날 밤의 불교행사의 장관을 배경으로 실연 당한 젊은이의 사랑의 아픔이 주정적으로 묘사되고 있다.
사월 초파일의 떠들썩한 축제 속에서도 비련(悲戀)에 비탄하는 화자가 서시의 무대로써 설정되고(제1연), 투신자살까지 마음 먹는 아픔과 '좀 더 강열한 열정에 살고 싶다' (제2연)는 자아발견의 역동적인 굳은 의지도 세운다.

몽환적인 뱃놀이의 쾌락도 실연의 아픔은 달랠 길 없는 화자의 허무한 청춘의 패배감을 북돋는다(제3연).

'아아 강물이 웃는다, 웃는다' (제4연)에서 보이는 냉소적인 자아에 대한 풍자적 표현 수법은 다시금 '바람이 불 적마다 슬프게 슬프게 삐걱거리는 배가 오른다' (제4연)는 비탄 속에 그 당시 유럽을 풍미하던 극단적인 사상인 반이성주의(反理性主義)의 불안과 공포의 다다이즘(dadaism)적인 아픔의 극치를 절망적으로 심상화 시키고도 있다.

이 시는 그 당시 20세의 청년 시인 주요한이 서구의 낭만주의며 상징주의와 뒤 이은 다다이즘의 영향이 크게 미치고 있는 산만한 내용의 시세계를 보이고 있다.

김소월(金素月)

평안북도 곽산(郭山)에서 출생(1903~1935). 본명은 정식(廷湜). 오산(五山)학교 중학부 재학중 은사 김억(金億)에게 사사. 배재(培材)고보 졸업(1923). 18세 청소년으로 시 「낭인(浪人)의 꿈」을 『창조』 제5호(1920. 3)에, 「먼 후일」을 『학생계』 제1호(1920. 7)에 발표하는 조숙성을 보였다. 33세로 요절한 그가 남긴 154편의 작품은 거의가 20세 전후의 것들이다. 시집 『진달래꽃』(賣文社, 1925), 『소월시초』(素月詩抄, 博文書館, 1939)가 있다. 김소월의 일본 도쿄상대(東京商大) 입학설이 간혹 있으나, 저자가 지난 1991년에 직접 히토쓰바시대학(一橋大學, 도쿄상대의 후신)의 학적과에서 학적부를 조사했으나 학적의 기록이 없었다는 것을 여기 참고로 밝혀둔다.

진달래꽃

나 보기가 역겨워
가실 때에는
말 없이 고이 보내 드리오리다.

영변寧邊에 약산藥山
진달래꽃
아름 따다 가실 길에 뿌리오리다.

가시는 걸음 걸음
놓인 그 꽃을
사뿐히 즈려 밟고 가시옵소서.

나 보기가 역겨워
가실 때에는
죽어도 아니 눈물 흘리오리다.

주제 이별의 비애와 극복의 의지
형식 4연의 자유시
경향 서정적, 낭만적, 감상적
표현상의 특징 제2연의 '영변에 약산 진달래꽃' 만을 제외하고는 구어체(口語體)의 정수(精髓)를 활용한 7·5조를 바탕으로 하고 있어 고대 한국 민요조의 리듬감을 뛰어나게 살리고 있다.
　'역겨워'(몹시 역하여), '즈려'(눌러, 저질러의 평안도 사투리) 등의 토속적 언어의 활용은 한국인에게 남다른 친근감을 갖게 한다. 유성음(有聲音)을 적절히 배합한 '~리오리다'를 반복하여 각운(脚韻)의 효과를 잘 살려 정감(情感)을 돋우고 있다.

이해와 감상

『개벽』(1923. 5)에 발표된 이 시는, 소월의 대표작으로 꼽힌다.

김소월 시의 율조는 7·5조를 바탕으로 하고 있다.

시인 조지훈(趙芝薰) 등은 7·5조를 가리켜 일본율조(日本律調)로 주장했으나 그것은 적절하지 않다. 7·5조의 바탕은 한국 고대 가요(歌謠) 「정읍사(井邑詞)」에 나타나고 있을 뿐 아니라, 백제(百濟)의 왕인(王仁) 박사가 일본에 건너가서 서기 405년에 지은 일본 와카(和歌)의 효시인 「난파진가」(難波津歌·梅花頌)에 7·5조가 나타났다(본서의 361쪽, '7·5조 시가(詩歌) 연구론'인 「일본 시가(詩歌)의 7·5조는 한국의 율조(律調)이다」를 참조 요망함).

한국 근대 서정시의 기조를 이룬 김소월. 즉 우리 민족의 '정한(情恨)의 시가'의 전형으로 꼽히는 것이 소월의 시 「진달래꽃」이라는 것을 우리는 인식해야 한다.

우리말의 효과적인 표현으로 한국 근대 낭만적 서정시를 완성시킨 민요적 성격의 작품이다. 사랑하는 이를 떠나 보내는 사무친 정(情)과 한(恨)이 좌절(연인과의 이별), 미련(재회에의 기대), 원망(기어이 떠나가는 몰인정한 연인에 대한)의 갈등을 거쳐, '죽어도 아니 눈물 흘리오리다'(제4연)고 다짐했다. 이것은 곧 '울어서는 안 된다'는 초자아(超自我)의 윤리적 실천을 굳게 다지고 있는 표현이다.

「진달래꽃」이야말로 아직도 전근대적이던 우리 사회에서 희생적인 고귀한 사랑으로 승화되는 감정의 발전을 이룩한 것이었다. 이 작품은 세련된 정서와 함께 눈부시게 조화된 낭만적인 서정을 짙게 우려낸 우리나라 신시 초기를 장식하는 기념비적 서정시로 탄생한 명시다. 이 시를 가리켜 월탄(月灘) 박종화는 "무색한 시단에 비로소 소월의 시가 있다"고 칭송했으며, 혜산(兮山) 박두진은 "이 이상 더 깊고, 맵고, 서럽게 표현될 수 없을 만큼 완벽하다"고 평가했다.

산유화

산에는 꽃 피네
꽃이 피네
갈 봄 여름 없이
꽃이 피네.

산에
산에
피는 꽃은
저만치 혼자서 피어 있네.

산에서 우는 작은 새여
꽃이 좋아
산에서
사노라네.

산에는 꽃 지네
꽃이 지네
갈 봄 여름 없이
꽃이 지네.

주제	삶의 고독과 순수미 추구
형식	4연의 자유시
경향	서정적, 주지적, 서경적(敍景的)
표현상의 특징	서정시의 특징인 자기 감정의 직접적인 토로에서 간접적인 묘사방법으로 바꾸어 주지적인 표현을 시도하고 있다. 또한 이 시는 두운(頭韻)과 각운을 갖추고 있다. '가을'을 '갈'로 간결하게 표현하는 시적 기교와 함께 제1연과 제4연은 꽃이 '피네'가 꽃이 '지네'로 바뀔 뿐 같은 시어가 되풀이되는 동어반복법이 쓰이고 있다.

이해와 감상

　소월은 고독의 의미를 산 속에 핀 이름 없는 꽃을 통해 형상화하고 있다. 또한 이 시에서는 감정 처리에 있어서 지성을 중시하는 주지적인 방법을 택하고 있다(제3연은 제외)는 것이 소월의 시 중에서 독특한 점이다.
　우리나라 시단이 주지적인 방법에 눈뜬 것이 1930년대 중반 이후의 일이었고, 그때까지는 소월을 포함한 대부분의 시인이 직접적인 감정 토로의 주적 방법을 사용하고 있었음에도 불구하고, 1920년대에 발표된 「산유화」한 편만은 간접적인 묘사의 방법을 취하고 있었다는 것은 놀라운 일이 아닐 수 없다.
　산에 고독하게 핀 이름도 없는 꽃, 이곳이 아니고 저만치 멀리 떨어져서 홀로 피는 꽃, 이는 시인의 고독감을 객관적으로 능숙하게 비유한 것이다. 그러나 고독에 몸부림치기보다는 새 한 마리를 곁에 불러 앉히고, 그 작은 새의 노래를 즐기는 것이다. 그 기법은 1920년대의 시로서는 매우 능란하다.

초혼招魂

산산이 부서진 이름이여!
허공 중에 헤어진 이름이여!
불러도 주인 없는 이름이여!
부르다가 내가 죽을 이름이여!

심중에 남아 있는 말 한 마디는
끝끝내 마저 하지 못하였구나.
사랑하던 그 사람이여!
사랑하던 그 사람이여!

붉은 해는 서산 마루에 걸리었다.
사슴의 무리도 슬피 운다.

떨어져 나가 앉은 산 위에서
나는 그대의 이름을 부르노라.

설움에 겹도록 부르노라.
설움에 겹도록 부르노라.
부르는 소리는 비껴가지만
하늘과 땅 사이가 너무 넓구나.

선 채로 이 자리에 돌이 되어도
부르다가 내가 죽을 이름이여!
사랑하던 그 사람이여!
사랑하던 그 사람이여!

주제	절망 속의 그리움 추구
형식	5연의 자유시
경향	영탄적, 상징적, 감상적
표현상의 특징	'~ 이름이여!', '사랑하던 그 사람이여!', '설움에 겹도록 부르노라!' 등 철저하게 동어 반복, 동구(同句) 반복을 하고 있다. '느낌표'(!)가 이 시만큼 많은 시는 한국 근대시에서 보기 드물다. 애타게 부르는 호격조사 '여'가 9번이나 반복되고 있는 데 주목하자.

이해와 감상

죽은 이의 '넋'을 부르는 것이 '초혼'이다.
 이승에는 이미 없는 현실 세계를 떠난 어떤 대상을 애타게 부르며, 절규에 가까운 몸부림으로 몰입(沒入)하려는 것은 영원한 사랑, 또는 영원한 동경이다. 그러나 어떤 한계에 부딪혀 좌절되고 마는 인간의 숙명적 한계를 영탄하고 있다.
 '부서진 이름', '헤어진 이름', '주인 없는 이름'은 애인이 죽었기 때문이며, 그래서 '부르다가 내가 죽을 이름'인 셈이다. 그러기에 우리는 저승으로까지 초현실적으로 폭넓게 뻗치는 소월의 비통한 사랑의 힘도 느낄 수 있을 것같다.
 감정적으로 여리고 수동적인 김소월의 시 스타일의 변모가 나타난 것이 이 작품이기도 하다. 즉 이색적으로 격정적이며 능동적인 면을 처음으로 보여주는 또 하나의 대표적 작품이다. 절망으로 가득 찬 이 시는 자신의 비탄을 죽은 애인에게 가탁(假託)하여 호소하고 있다. 그런데 여기서 '죽은 애인'을 일제에게 빼앗긴 조국, 즉 '망국(亡國)'으로 상징했다고도 볼 수 있다. 그와 같은 관점에서라면 '이름'은 '조국'의 상징어가 된다.
 따라서 이 시는 복합적인 해석도 가능해진다. 즉 민족의 비극적 숙명이 영혼의 몸부림 속에 광활한 허무감으로 동화된다는 현실적 시각이다.

박팔양(朴八陽)

경기도 수원(水原)에서 출생(1905~미상). 해금시인(解禁詩人). 호 여수(麗水). 필명 김니콜라이 등. 배재고보를 거쳐 서울의 경성법학전문학교 졸업. 카프(KAPF, 조선 프롤레타리아 예술가동맹) 맹원. 해방 직후 문학가동맹 중앙집행위원. 1923년 「동아일보」 신춘문예에 시 「신(神)의 주(酒)」가 당선되어 문단에 등단했다. 「저 자에 가는 날」, 「향수」, 「가난으로 10년 설움으로 10년」 등의 대표시 발표. 시집 『여수시초』(1940)가 있다.

인천항

조선의 서편항구 제물포濟物浦 부두.
세관의 기旗는 바닷바람에 퍼덕거린다.
젖빛 하늘, 푸른 물결, 호수 내음새,
오오, 잊을 수 없는 이 항구의 정경이여.

샹하이上海로 가는 배가 떠난다.
저음의 기적, 그 여운을 길게 남기고
유랑과 추방과 망명의
많은 목숨을 실고 떠나는 배다.

어제는 Hongkong, 오늘은 Cherauipo, 또 내일은 Yokohama로,
세계를 유랑하는 코스모포리탄
모자 삐딱하게 쓰고, 이 부두에 발을 나릴제.

축항築港 카페로부터는
술취한 불란서 수병의 노래
「오! 말쎄이유! 말쎄이유!」
멀리 두고 와 잊을 수 없는 고향의 노래를 부른다.

부두에 산같이 쌓인 짐을
이리저리 옮기는 노동자들
당신네들 고향이 어데시오?
「우리는 경상도」「우리는 산동성山東省」
대답은 그것뿐으로 족하다.

월미도와 영종도 그 사이로
물결을 헤치며 나가는 배의
높디높은 마스트 위로 부는 바람,
쿄우도우마루(共同丸)의 기빨이 저렇게 퍼덕거린다.

오오 제물포! 제물포!
잊을 수 없는 이 항구의 정경이여.

※ 한글 철자법은 원본대로임

주제	인천항의 불안 의식
형식	7연의 자유시
경향	서경적, 낭만적, 감상적
표현상의 특징	일상어로 된 직서적 표현을 위주로 하고 있다. 서경적(敍景的) 항구의 묘사가 두드러지고 있다. 언어 감각이 국제적이며 동시에 물리적이다.

이해와 감상

　일제(日帝) 강점기의 인천항구의 풍경 스케치가 낭만적인 시어구사로 전개되고 있다(제1연). '유랑과 추방과 망명의/ 많은 목숨을 실고 떠나는 배다'(제2연)에서 박팔양의 메시지가 담기고 있다.
　즉 일제 치하의 탄압으로부터 박해를 벗어나려 중국의 상하이로 유랑의 길을 떠나는가 하면, 쫓겨가는 사람, 조국의 독립을 위해 망명하는 애국자 등 배에 탄 사람들은 극도의 불안 속에 먼 이국으로 떠나가는 것이다.
　제4연은 낭만적인 선원(船員)들의 생태며, 향수에 젖은 프랑스 수병의 감상적인 분위기를 담고 있다.
　제5연에서는 박팔양의 두 번째 메시지가 담기고 있다. '부두에 산같이 쌓인 짐을/ 이리저리 옮기는 노동자들'에서 노동자의 고통스러운 하역 작업은 오히려 세계 각지의 항구를 돌고 도는 선원들과는 대조적인 입장이 떠오른다. 더구나 술 취한 수병들은 향수에 젖어 고향 노래를 부르나, 노동자들은 힘겨운 짐나르기에 지칠 대로 지쳐 있다.
　그러기에 낭만적인 고향 타령을 할 시간적 여유조차 없다. 입에 풀칠하기에 죽도록 짐이나 날라야 한다. 그러므로 '당신네들 고향이 어데시오?'(제5연) 하고 물어본다면 고작 대답은 귀찮다는 듯이 '우리는 경상도', '우리는 산동성/ 대답은 그것뿐으로 족하다'는 것. '산동성'은 중국땅이며 그 곳에서 건너 온 부두노동자를 가리킨다. '쿄우도우마루'(제6연)는 일본 화물선이다.

이상화(李相和)

대구(大邱)에서 출생(1900~1943). 호는 상화(尙火). 중앙중학교 수료. 『백조』 동인으로 문단에 등단했다. 「나의 침실로」는 1923년, 18세 때 작품. 시집으로 2인시집인 백기만(白基萬, 1902~1967) 편찬의 『상화(尙和)와 고월(古月)』이 있다.

빼앗긴 들에도 봄은 오는가

지금은 남의 땅— 빼앗긴 들에도 봄은 오는가?

나는 온몸에 햇살을 받고,
푸른 하늘 푸른 들이 맞붙은 곳으로,
가르마 같은 논길을 따라 꿈 속을 가듯 걸어만 간다.

입술을 다문 하늘아, 들아,
내 맘에는 나 혼자 온 것 같지를 않구나!
네가 끌었느냐? 누가 부르더냐?
답답하여라. 말을 해 다오.

바람은 내 귀에 속삭이며,
한 자국도 섰지 마라, 옷자락을 흔들고.
종다리는 울타리 너머 아가씨같이 구름 뒤에서 반갑다 웃네.

고맙게 잘 자란 보리밭아!
간밤 자정이 넘어 내리던 고운 비로
너는 삼단 같은 머리털을 감았구나. 내 머리조차 가뿐하다.

혼자라도 가쁘게나 가자.
마른 논을 안고 도는 착한 도랑이
젖먹이 달래는 노래를 하고, 제 혼자 어깨춤만 추고 가네.

나비, 제비야, 깝치지 마라.
맨드라미, 들마꽃에도 인사를 해야지.
아주까리 기름을 바른 이가 지심 매던 그 들이라도 보고 싶다.

내 손에 호미를 쥐어 다오.
살진 젖가슴과 같은 부드러운 이 흙을
발목이 시도록 밟아도 보고, 좋은 땀조차 흘리고 싶다.

강가에 나온 아이와 같이,
짬도 모르고 끝도 없이 닫는 내 혼아!
무엇을 찾느냐? 어디로 가느냐? 우서웁다, 답을 하려무나.

나는 온몸에 풋내를 띠고,
푸른 웃음, 푸른 설움이 어우러진 사이로,
다리를 절며 하루를 걷는다. 아마도 봄 신명이 지폈나 보다.
그러나, 지금은 들을 빼앗겨 봄조차 빼앗기겠네.

- **주제** 망국(亡國)의 울분과 저항 정신
- **형식** 10연의 자유시(전연 또는 2연의 자유시로 보는 견해도 있다)
- **경향** 애국적, 낭만적 감상적,
- **표현상의 특징** 산문체의 일상어로 직설적, 직서적 표현을 하고 있다.
  한국인의 정서가 물씬한 시어들이 상징적으로 표현되고도 있다.
  '~오는가?', '끌었느냐?', '~부르더냐?', '~찾느냐?', '~가느냐?' 등 허다한 설의법(設疑法)을 쓰고 있다.

이해와 감상

『개벽』 70호(1926. 6)에 발표된 저항시다.
　나라를 빼앗긴 민족적 울분 속에 강력한 저항 정신을 노래한 이 작품 때문에 『개벽』지가 일제 관헌의 탄압을 받고 폐간되는 사건이 발생했다. 일제하에서 봄을 맞는 착잡한 심정을 압축시킨 '빼앗긴 들에도 봄은 오는가' (제1연)라는 강도 높은 저항의 첫 행과 '그러나, 지금은 들을 빼앗겨 봄조차 빼앗기겠네' 라는 결구(結句)의 그 강렬한 대조는 일제 강점기 우리나라 시작품의 대표적인 저항시로 평가된다. 두드러진 상징적인 시어 구사로 '가르마 같은 논길', '울타리 너머 아가씨', '삼단 같은 머리털', '맨드라미, 들마꽃에도 인사를 해야지', '아주까리 기름을 바른 이가 지심 매던', '봄 신명이 지폈나 보다' 와 같은 정다운 한국적 정서를 다부지게 표현하고 있다.
　일제의 강압 아래에서 절망적 현실을 굳센 의지로써 극복하려는 강렬한 저항 정신의 민족혼이 담긴 봄날의 조국의 대자연. 이상화가 엮어 내고 있는 이 시세계를 접할 때 후손인 우리들을 일깨워 주는 국토 예찬의 진실은 눈물겨운 것이 아닐 수 없다.
　'내 맘에는 나 혼자 온 것 같지를 않구나' 는 빼앗긴 들을 달리는 사람은 '나 혼자' 가 아닌 당시 2천만 동포의 심정 · 행동이며, 결구에서의 '봄조차 빼앗기겠네' 를 아직은 빼앗기지 않은 봄(희망)이기에 그것만은 결코 빼앗겨서는 안 된다는 강력한 의지가 또한 눈부시게 빛나고 있다. 이상화는 이육사와 윤동주 등과 더불어 우리 민족의 대표적인 저항시인으로 평가된다.

변영로(卞榮魯)

서울에서 출생(1898~1961). 아호는 수주(樹州). 중앙중학교를 거쳐 미국 산호세(Sanjose) 대학 졸업. 「운상소요(雲上逍遙)」를 『개벽』(1923. 1)지에 발표하면서 문단에 등단했다. 시집 『조선의 마음』(1924), 『수주 시문선』(1959), 영문시집 『아젤리아』 등이 있다.

논개

거룩한 분노는
종교보다도 깊고
불붙는 정열은
사랑보다도 강하다.
아, 강낭콩꽃보다도 더 푸른
그 물결 위에
양귀비꽃보다도 더 붉은
그 마음 흘러라.

흐르는 강물은
길이길이 푸르니
그대의 꽃다운 혼魂
어이 아니 붉으랴
아, 강낭콩꽃보다도 더 푸른
그 물결 위에
양귀비꽃보다도 더 붉은
그 마음 흘러라.

아리땁던 그 아미蛾眉
높게 흔들리우며
그 석류 속 같은 입술
죽음을 입맞추었네.
아, 강낭콩꽃보다도 더 푸른
그 물결 위에
양귀비꽃보다도 더 붉은
그 마음 흘러라.

주제 헌신적 애국행위의 찬양
형식 3연의 자유시
경향 서정적, 상징적, 유미적
표현상의 특징 수사에 있어 반복법과 대구법(對句法)이 쓰이고 있다. 주제의 적극적인 내향성은 탄력적으로 표현되고 있다.
 '종교보다도', '사랑보다도', '꽃보다도', '석류 속 같은' 등의 두드러진 직유법을 구사하고 있다.
 '아, 강낭콩꽃보다도 더 푸른'으로 시작되는 후반부의 동어반복이 특색이다.
 애국심을 상징하는 '불붙는 정열', 역사를 상징하는 '푸른 그 물결'의 대조가 다시 충성심의 상징인 '붉은 그 마음'과 선명한 색채적인 대조를 이루는 대구법을 쓰고 있다.

이해와 감상

변영로는 임진왜란(1592~1597) 당시의 의기(義妓) 논개의 순국을 제재(題材)로 민족애를 뜨겁게 부각시키고 있다.

흔히 찬가(讚歌) 형식의 시는 밖으로 풍기는 정열을 앞세우거나 진부한 교훈으로 흐르기 쉽다. 그것을 극복하는 주제의 내향적인 응결, 관념적이며 순박한 직유가 오히려 시적 표현미를 이루게 하는 수사적 기교가 이루어지고 있다.

젊은 미인을 표현하는 '아미'(여자의 아름다운 눈썹), '석류 속 같은 입술', '양귀비꽃' 등에서 표출되는 유미적(唯美的)인 경향도 짙게 나타나고 있다.

남강물이 푸르게 흐르는 한 논개의 조국애 또한 영원하리라는 민족의 저항 의식을 강하게 드러내고 있다.

조선의 마음

조선의 마음을 어디 가서 찾을까.
조선의 마음을 어디 가서 찾을까.
굴 속을 엿볼까, 바다 밑을 뒤져 볼까.
빽빽한 버들가지 틈을 헤쳐 볼까.
아득한 하늘가나 바라다볼까.
아, 조선의 마음을 어디 가서 찾아볼까.
조선의 마음은 지향할 수 없는 마음, 설운 마음!

주제 망국의 자성(自省)과 비애
형식 전연의 자유시
경향 서정적, 상징적, 감상적
표현상의 특징 제1, 2행에서 동구반복을 하고 있다.
'~까'의 '까'는 의문을 나타내는 종결어미 '가'의 된소리 표기다.

이해와 감상

수주(樹州)의 시집 『조선의 마음』(1924. 8)에 실린 표제시. 시가 지니는 특성의 하나로서 그의 민족애를 들 수 있다.

화자는 비록 조국이 일제에게 강점되었더라도 우리에게는 결코 빼앗길 수 없는 '조선의 마음'이 있기에, 그 마음을 굳건히 다지며 지키는 것만이 광복에의 지름길임을 암시하고 있다. 우리나라 역사상의 충신·열녀에 관심을 가졌던 시인 변영로는 즐겨 그들을 자주 작품의 제재나 주제 등으로 채택했다. 그 때문에 그의 시작(詩作) 행위는 일제의 감시 속에 늘 검열에 걸리는 고통을 겪기도 했던 것이다.

이장희(李章熙)

대구(大邱)에서 출생(1902~1928). 호는 고월(古月). 일본 교토(京都)중학교 졸업.『금성』동인. 1924년에『조선문단』을 통해 문단에 등단했다. 그의 인간과 문학에 관한 기록은 백기만 편『상화와 고월』(1951)에 그의 시 11편과 함께 전하고 있다.

봄은 고양이로다

꽃가루와 같이 부드러운 고양이의 털에
고운 봄의 향기가 어리우도다.

금방울과 같이 호동그란 고양이의 눈에
미친 봄의 불길이 흐르도다.

고요히 다물은 고양이의 입술에
포근한 봄 졸음이 떠돌아라.

날카롭게 쭉 뻗은 고양이의 수염에
푸른 봄의 생기生氣가 뛰놀아라.

주제 고양이로 상징하는 봄의 생명력
형식 4연의 2행 자유시
경향 상징적, 감각적, 심미적
표현상의 특징 관능적인 이미지의 봄을 시구적 시어인 고양이와 결합시킨 참신성이 드러난다. '도다', '아라' 등, 영탄조의 종결어미의 각운으로 처리하여 리듬감이 생동한다.

이해와 감상

이장희는 1920년대의 모더니스트다. 모더니즘(modernism)은 사상적으로 자유와 평등을 내세우며, 기성 도덕이며 전통적 권위에 반기를 들었던 20세기 초의 문예사조다.
이장희는 그 당시 유일하게 서구의 모더니즘을 수용할 수 있었던 지성적인 젊은 시인이었다.
그러기에 옛날부터 한국의 시가에서 전혀 찾아볼 수 없었던 동물인 '고양이'를 제재(題材)로 하여 이와 같은 빼어난 상징적 서정시를 이 땅에 선보인 것이다.
그는 1920년대 뿐 아니라 1930년대로 이어지는 한국시단의 가장 뛰어난 현대시인으로 평가된다.

지금까지의 구태의연한 자연 발생적인 감정을 억제하고 객관적인 입장에서 감각적인 시어를 구사한 것이 이 작품이다.

고양이의 '털', '눈', '입술', '수염' 으로 연상되는 봄의 '향기', '불길', '졸음', '생기' 라는 이질적 상황을 조화시켜 봄은 고양이가 일으켜 세우는 계절로서 뚜렷이 부각되고, 또한 고양이가 봄 속에서 참신한 생명력을 발산시키는 감각적인 시세계를 창출했다.

주관의 범람과 감상적 낭만주의가 시단을 풍미하고 있을 당시, 객관적인 이미지의 처리라는 이와 같은 탁월한 서구시적인 표현 수법은 침체일로를 걷던 퇴폐적이고 낭만적인 한국 시단에서 독보적인 새 바람을 일으켰다.

흔히 봄 하면, 진달래, 고향, 종달새 등이 으레 따르게 되고, 눈물이나 향수가 등장하던 것이 그 당시 우리 시단이었다. 그러한 뒤떨어진 경향에서 살펴볼 때, 즉물적(卽物的)인 감각의 수사법을 구사하여 심미적인 이미지를 제시하는 그의 기법은 분명 신선한 것일 수밖에 없었다.

고월(古月)을 가리켜 20년대의 모더니스트라고 하는 연유가 여기에 있다. 그의 일생은 너무 짧았다.

그러나 이 시는 봄과 고양이의 두 세계가 지적(知的)이고도 정적(情的)으로 결합된 감각적 표현의 본보기로 높이 평가하고 싶다.

고양이의 꿈

시내 위에 돌다리
다리 아래 버드나무
봄 안개 어리인 시냇가에 푸른 고양이
곱다랗게 단장하고 빗겨 있소 울고 있소
기름진 꼬리를 쳐들고
밝은 애달픈 노래를 부르지요.
푸른 고양이는 물오른 버드나무에 스르르 올라가
버들가지를 안고 버들가지를 흔들며
또 목놓아 웁니다 노래를 부릅니다.

멀리서 검은 그림자가 움직이고
칼날이 은같이 번쩍이더니
푸른 고양이도 볼 수 없고
꽃다운 소리도 들을 수 없고
그저 쓸쓸한 모래 위에 선혈이 흘러 있소.

주제	소망을 좌절시킨 악행(惡行)의 고발
형식	2연의 자유시
경향	상징적, 감각적, 드라마(drama)적
표현상의 특징	서경(敍景)을 일상어에 의한 긴박한 직서적 표현으로 묘사하고 있다. '빗겨 있소', '울고 있소'의 이어(異語)반복을 하고 있다.
시각적 묘사로 영상적(映像的)인 연상 표현을 두드러지게 하고 있다.

이해와 감상

먼저 여기서 이 작품을 썼던 시대인 1920년대를 살펴보자.

일제의 강점에 저항한 우리 민족의 3·1운동(1919년) 이후의 상황은 어땠는가. 3·1운동 당시 무고한 한국인 7천명 이상 학살한 일제의 만행사실에 어쩌면 이장희는 분노를 느끼면서 이 작품을 상징적으로 묘사한 게 아닌가 한다.

그것 뿐 아니라, 1923년 9월 1일, 도쿄지방에 매그니튜드 7. 9의 큰 지진(간토 대진재)이 일어나 9만의 지진 사망자를 낸 끔찍한 일이 벌어졌다.

이때 일본의 군경은 흉흉한 민심을 겁낸 나머지 그 타켓을 엉뚱하게도 재일 한국인에게 돌려, "계엄령을 선포하고 조선사람들이 폭동을 일으킨다는 유언비어를 퍼뜨려, 시민자경단을 조직시켜 조선인 학살을 시작했다"(『日本史年表』歷史學硏究會, 1966)는 것.

이로 인해 도처에서 한국인들은 무고하게 일인에게 학살당했으며 그 숫자는 수만명으로 추찰되고 있다. 이 사건을 직접 일본에서 목격한 그 직후에 이장희가 쓴 이 시는 고양이를 칼로 찔러 피흘리게 하여 살해한 '검은 그림자'는 '일제 관헌'(官憲)을 상징하는 것이며, '고양이의 꿈'이란 '조국의 광복'을 열망하며 비참하게 희생만 당하는 우리 민족의 '이상(理想)'으로 풀이하고 싶다.

우리 시단에서는 시의 소재(素材)로서의 고양이는 흔하지 않다. 감상적 낭만주의가 주류를 이룬 당시의 시관(詩觀)으로서는 더더욱 드문 제재(題材)였다. 그럼에도 불구하고 이장희는 '봄'을 '고양이'에 비유함으로써 성공적인 감각시를 낳았다.

또한 이 시에서는, '꼬리를 쳐들고' '애달픈 노래를 부르다가' '버들가지를 안고' 끝내는 '목놓아 울던' 푸른 고양이는 칼에 척살(刺殺, 자살) 되어 '꽃다운 소리도 들을 수 없'이 죽음을 당해 '쓸쓸한 모래 위에 선혈'만 남기게 된다.

여기서 고양이의 참혹한 죽음은 이상(理想)인 '꿈'이 잔인하게 좌절당하는 것을 유미적으로 표현한 것이다. 그리하여 현실의 저항심을 환상의 세계로 돌려 '검은 그림자'(제 2연 1행)의 살해행위인 일제의 악행을 고발하므로써 다소간의 자위를 시도한 것 같다.

정지용(鄭芝溶)

충청북도 옥천(沃川)에서 출생(1902~1950). 해금시인(解禁詩人). 아명 지용(池龍). 휘문고보 졸업(1922). 휘문고보 교비생으로 일본 교토(京都)의 도시샤대학(同志社大學) 영문과에 유학하여 졸업했다. 귀국 후에 모교에 돌아와 교편을 잡았으며(1929~45), 시「카페 프란스」등 9편(동요, 시조 포함)을『학조(學潮)』창간호(1926. 6)에 발표하며 문단에 등단했다. 1930년에는 '시문학(詩文學)' 동인(1930. 3~1931. 10)으로서 박용철(朴龍喆)·김영랑(金永郎)·변영로(卞榮魯)·정인보(鄭寅普) 등과 활동했다. 시집『정지용 시집(鄭芝溶詩集)』(1935),『백록담(白鹿潭)』(1941),『정지용 전집』(1988) 등이 있다.

향수鄕愁

넓은 벌 동쪽 끝으로
옛이야기 지줄대는 실개천이 휘回돌아 나가고,
얼룩백이 황소가
해설피 금빛 게으른 울음을 우는 곳,

──그 곳이 참하 꿈엔들 잊힐리야.

질화로에 재가 식어지면
뷔인 밭에 밤바람 소리 말을 달리고,
엷은 조름에 겨운 늙으신 아버지가
짚벼개를 돋아 고이시는 곳,

──그 곳이 참하 꿈엔들 잊힐리야.

흙에서 자란 내 마음
파아란 하늘 빛이 그립어
함부로 쏜 활살을 찾으려
풀섶 이슬에 함추름 휘적시든 곳,

──그 곳이 참하 꿈엔들 잊힐리야.

전설傳說 바다에 춤추는 밤물결 같은
검은 귀밑머리 날리는 어린 누의와
아무러치도 않고 여쁠 것도 없는

사철 발벗은 안해가
따가운 해ㅅ살을 등에 지고 이삭 줏던 곳,

――그 곳이 참하 꿈엔들 잊힐리야.

하늘에는 성근 별
알 수도 없는 모래성으로 발을 옮기고,
서리까마귀 우지짖고 지나가는 초라한 집웅,
흐릿한 불빛에 돌아 앉어 도란도란거리는 곳,

――그 곳이 참하 꿈엔들 잊힐리야.

※ 한글 철자법은 원문대로임 · 이하 동

| **주제** | 고향의 정한(情恨)
| **형식** | 5연의 가사체(歌詞體) 자유시
| **경향** | 서정적, 낭만적, 회고적
| **표현상의 특징** | 인용된 시의 철자법은 원시(原詩) 그대로이다.

가사(歌詞)의 후렴을 달 듯, '――그 곳이 참하 꿈엔들 잊힐리야'라는 직서적(直敍的)인 후사(後詞)를 각 연 후미에 매달았다. '그 곳'은 각 연 끝에서 지적된 '곳'인 '현장'이다.
즉 '게으른 울음을 우는 곳'(제1연)을 비롯하여 '짚벼개를 돋아 고이시는 곳'(제2연) 등등으로, 각 연 후미에 장소가 표현되고 있다. 자유시의 시형임에도 불구하고 흡사 정형시적인 가사를 방불케 하고 있다. 그 때문에 이 시는 가곡으로 작곡되어 널리 애창되는 성과를 보고 있다고 본다.
제4연만은 후사(後詞)를 빼고 5행이며, 다른 연은 모두 후사를 빼고 4행씩으로 엮었다. 시 전편에 걸쳐 짙은 향토적 색감의 시어 구사가 자못 나긋나긋한 낭만적 리듬감을 정답게 살려내고 있다.
제1연의 전원풍(田園風) 묘사인 '지줄대는 실개천'이며 황소의 '금빛 게으른 울음' 등의 비유가 그리운 고향의 이미지를 강화시키고 있다. '해설피'(제1연 제4행)는 시인이 '헤살프게'를 뜻하는 묘사를 한 것이다. 즉 '짓궂게 일을 훼방한다'는 의미로 파악하면 좋을 성 싶다.

이해와 감상

우리들의 가슴 속에 이 시가 절절하게 파고드는 까닭은 무엇인가. 일제(日帝) 강점기의 우리의 고향은 어떤 곳이었던가. 그 해답을 그 당시 일본 유학생이었던 가난한 식민지 농촌의 아들 정지용의 시 「향수(鄕愁)」(『朝鮮之光』 65호, 1927. 3. 발표)를 통해 파악해 보자.

지금(2003년)부터 75년 전, 일본 교토의 도시샤대학(同志社大學) 영문과 재학생이었던 정지용의 고향 생각은 이 시 「향수」에 고스란히 또한 그야말로 함초롬히 영상(映像)으로 담겨 있다. 저자는 이 해설을 쓰면서 직접 도시샤대학을 찾아갔었다.

제1연은 근대 조선 농경사회의 빈곤한 밭갈이 황소와 2002년 6월 '월드컵 축구 세계 4강' 이요, 선진국 진입을 내세우는 '대한민국'의 농촌 현장이, 과거 1927년 당시와 과연 얼마나 다른 것인지 우리 눈으로 돌아보게도 하는 것이 이 작품이다.

농우(農牛) 대신 트랙터며 농촌기계화는 과연 얼마나 이루어졌는가. 물론 '이삭 줍는 여인'(제4연)은 일찌감치 사라졌고, 창고 속 남아도는 쌀더미에 짓눌려 이제는 벼를 심지 말자는 위정자의 목청. 그러나 이 작품에는 일제 강점기하의 한국 농촌의 빈곤상이 상징적으로 고발당하고 있다. 하기야 그 당시 일본 농촌도 별 볼 일 없는 가난에 잔뜩 둘러싸여 있었다. '금빛 게으른 울음'(제1연)에서, 먼저 '울음'은 '슬픔'의 상징이다. 그러면 '게으른'은 무엇일까. '나태'가 아닌 농촌의 '후진성'을 은유하고 있다고 본다. 즉 일제 동양척식(東洋拓殖)의 농토 착취로 우리 농촌은 몹시 가난하므로 슬플 수밖에 없었던 것이다. '금빛'은 또한 무엇을 수식하고 있는가.

이 시에서는 '금빛'이 황금(黃金)의 광택을 가리키는 것은 아니고, 황소가 스스로 이를 닦을 수 없어 '누런 이'라는 해학적 표현이다. 따라서 '금빛'은 어쩔 수 없는 숙명적인 '게으른'을 수식하는 형용사 구실을 하고 있다.

제2연은 효심 어린 윤리 의식이 담긴 가난한 고향의 겨울밤과 그 고적함이 절실하게 묘사되고 있다. 자나 깨나 근심 걱정 태산 같은 노부(老父)에 대한 그리움을 노래하고 있다.

제3연은 산과 들을 철부지로 뛰놀던 농촌 소년 시절 꿈 많던 날의 정경을 듬뿍 담는다.

제4연에서는 귀여운 농촌 소녀(누이동생 등)에의 그리움, 또한 논밭 일로 가사로 눈코 뜰새 없이 바빠, 얼굴 화장은 커녕 치장조차 모르며 가난에 찌들 대로 찌든 맨발의 아내에의 측은함과 연정이 담겼다. 나이 불과 13살 때 동갑으로 결혼한 아내(宋在淑)와 농촌 부녀자들의 참상을 떠올리는 현장이다.

어쩌면 그는 이 당시 프랑스의 빈곤한 농촌 화가 밀레(Jean F. Millet, 1814~1875)의 그림 「이삭 줍기」를 함께 연상하며 고향의 마누라 생각에 눈시울을 적시고 있었을 것이다.

제5연에서도 역시 황량한 겨울날의 빈궁한 농촌에서, 희미한 등잔불 밑에서 밤이 깊어가는 줄도 모르고 형제 자매가 한창 재미난 이야기 꽃을 피우던 날의 아늑한 정경을 보여준다. 고향에의 그리움이란, 객지에 살아보지 않고는, 타향에서 고생하지 않고는 그 절실함을 깨닫지 못할 것이다. 더더구나 민족의 원한이 피맺혔던 일제 강점기에, 일본 유학생이라는 고달픈 시절의 가난한 조선 농촌 출신 청년 정지용에게 있어서랴.

춘설春雪

문 열자 선뜻!
먼 산이 이마에 차라.

우수절雨水節 들어
바로 초하로 아츰,

새삼스레 눈이 덮힌 뫼뿌리와

서늘옵고 빛난 이마받이 하다.

어름 금가고 바람 새로 따르거니
흰 옷고름 절로 향긔롭어라.

옹숭거리고 살어난 양이
아아 꿈 같기에 설어라.

미나리 파릇한 새순 돋고
옴짓 아니긔던 고기입이 오믈거리는,

꽃 피기 전 철 아닌 눈에
핫옷 벗고 도로 칩고 싶어라.

이해와 감상

정지용의 시 「춘설」은 1930년대 말기를 대표하는 시각적 이미지의 한 전형적인 낭만적 서정시다. 전체적으로 시각적 이미지에 의한 표현미가 잘 나타나고 있다.

이 시는 1939년 4월 『문장(文章)』 3호에 발표된 작품이다.

각 시어에 사투리가 허다하게 나타나고 있기도 하다. 즉 '초하로' (초하루), '아츰' (아침), '어름' (얼음), '향긔롭어라' (향기로워라), '옹숭거리고' (옹송그리고), '옴짓 아니긔던' (옴쭉 아니기던), '칩고' (춥고) 등의 충청도 방언(方言)의 말투 등이 쓰여져 있으므로 괄호안의 말로 풀이하면 된다. '핫옷' 은 '핫바지' 등 따뜻한 솜을 옷에 두어 만든 '겨울철 한복' 을 말한다.

'서늘옵고 빛난 이마받이 하다' 의 경우는 촉각적(觸覺的) 이미지와 '흰 옷고름 절로 향긔롭어라' 의 후각적(嗅覺的) 이미지가 각각 시각적 이미지와 함께 공감각의 빼어난 감각 작용을 하고 있다. 1930년대 말기의 시이면서도 독자에게 신선한 충동을 주는 것은 시각적인 이미지에 의한 뛰어난 서정적 표현 기교 때문이라고 하겠다.

김광섭(金珖燮)

함경북도 경성(鏡城)에서 출생(1905~1977). 아호는 이산(怡山). 일본 와세다(早稻田)대학 영문과 졸업. 1927년 일본 유학 동창생 동인지 『알(卵)』에 시 「모기장」을 발표하며 문단활동을 시작했다. 시집 『동경(憧憬)』(1938), 『마음』(1949), 『해바라기』(1957), 『성북동 비둘기』(1966), 『반응』(1971) 등이 있다.

성북동 비둘기

성북동 산에 번지가 새로 생기면서
본래 살던 성북동 비둘기만이 번지가 없어졌다.
새벽부터 돌 깨는 산울림에 떨다가
가슴에 금이 갔다.
그래도 성북동 비둘기는
하느님의 광장 같은 새파란 아침 하늘에
성북동 주민에게 축복의 메시지나 전하듯
성북동 하늘을 한 바퀴 휘 돈다.

성북동 메마른 골짜기에는
조용히 앉아 콩알 하나 찍어 먹을
널찍한 마당은커녕 가는 데마다
채석장 포성이 메아리쳐서
피난하듯 지붕에 올라 앉아
아침 구공탄 굴뚝 연기에서 향수를 느끼다가
산 일번지 채석장에 도로 가서
금방 따낸 돌 온기에 입을 닦는다.

예전에는 사람을 성자聖者처럼 보고
사람 가까이서
사람과 같이 사랑하고
사람과 같이 평화를 즐기던
사랑과 평화의 새, 비둘기는
이제 산도 잃고 사람도 잃고
사랑과 평화의 사상까지
낳지 못하는 쫓기는 새가 되었다.

주제	자연파괴에 대한 고발과 우수(憂愁)
형식	3연의 자유시
경향	주지적, 풍자적, 문명비평적
표현상의 특징	산업화 사회에 대한 문명비평적인 날카로운 표현을 하고 있다. 일상어에 의한 직서적인 표현을 통해 잃어져 가는 자연미에 대한 우수를 담고 있다.

이해와 감상

　이 시는 주지적(主知的) 시인으로 알려진 이산(怡山)이 63세의 노경, 그것도 고혈압으로 쓰러진 후 투병 생활 3년만(1968)의 시다. 노 시인의 건재함을 보여주는 원숙한 작품으로 유명하다.
　산업화 사회는 인간이 보다 잘 살기 위한 문화발전을 이루고 있다. 그러나 다른 한 편으로 택지(宅地)개발 등 건설사업으로 엄청난 자연파괴며 공해가 발생하고 있다. 이를테면 평화의 상징이었던 비둘기가 삶의 터전을 잃고 '쫓기는 새'로 수난을 당한다.
　화자는 비둘기가 제 터전을 잃고 방황하는 현실을 비유하여 우리들 도시지역에 사는 인간 또한 정서적인 휴식 공간을 잃어 가는 현상을 예리하게 고발한다.
　인간은 산업화 과정에서 자연을 정복한 것이 아니며 오히려 더 큰 것을 상실하는 결과적으로 불행한 자기파괴의 현실과 직면하고 있다는 것을 풍자하고 있는 것이다.
　시 내용은 날카로운 비평적 시각과 따스하며 원숙한 주지적 표현인데 '새벽부터 돌 깨는 산울림에 떨다가 / 가슴에 금이 갔다'(제1연)며, '하느님의 광장 같은 새파란 아침 하늘', '금방 따낸 돌 온기에 입을 닦는다'(제2연) 등은, 현대시의 참신한 주지적 언어 기교를 감각적으로 돋보이고 있다.

임 화(林和)

서울에서 출생(1908~미상). 해금시인(解禁詩人). 본명은 인식(仁植). 보성고보 중퇴. 일본 유학. 1920년대 말기에 귀국하여 서사시「우리 오빠와 화로」(1928. 2~3)를 『조선지광』(朝鮮之光)에 발표하면서 문단 활동을 시작했다. 카프(KAPF. 조선 프롤레타리아 예술가동맹) 서기장 역임. 1947년 가을 월북. 시집 『현해탄』(1938), 『찬가』(1947), 『회상시집』(1947) 등이 있고, 평론집 『문학의 논리』(1940) 등이 있다.

현해탄 玄海灘

이 바다 물결은
옛부터 높다.

그렇지만 우리 청년들은
두려움보다 용기가 앞섰다.
산불이
어린 사슴들을
거친 들로 내몰은 게다.
대마도對馬島를 지내면
한 가닥 수평선 밖엔 티끌 한 점 안 보인다.
이곳에 태평양 바다 거센 물결과
남진해 온 대륙의 북풍이 마주친다.

몬푸랑보다 더 높은 파도,
비와 바람과 안개와 구름과 번개와,
아세아의 하늘엔 별빛마저 흐리고,
가끔 반도엔 붉은 신호등이 내어걸린다.

아무러기로 청년들이
평안이나 행복을 구하여,
이 바다 험한 물결 위에 올랐겠는가?

첫 번 항로에 담배를 배우고,
둘잿 번 항로에 연애를 배우고,
그 다음 항로에 돈맛을 익힌 것은,

하나도 우리 청년이 아니었다.

청년들은 늘
희망을 안고 건너가,
결의를 가지고 돌아왔다.
그들은 느티나무 아래 전설과,
그윽한 시골 냇가 자장가 속에,
장다리 오르듯 자라났다.

그러나 인제
낯선 물과 바람과 빗발에
흰 얼굴은 찌들고,
무거운 임무는
고든 잔등을 농군처럼 굽혔다.

나는 이 바다 위
꽃잎처럼 흩어진
몇 사람의 가여운 이름을 안다.

어떤 사람은 건너간 채 돌아오지 않았다.
어떤 사람은 돌아오자 죽어갔다.
어떤 사람은 영영 생사도 모른다.
어떤 사람은 아픈 패배에 울었다.
―그 중엔 희망과 결의와 자랑을
욕되게도 내어판 이가 있다면 나는 그것을
지금 기억코 싶지는 않다.

오로지 바다보다도 모진
대륙의 삭풍 가운데
한결같이 사내다웁던
모든 청년들의 명예와 더불어
이 바다를 노래하고 싶다.

비록 청춘의 즐거움과 희망을
모두 다 땅속 깊이 파묻는
비통한 매장의 날일지라도,
한 번 현해탄은 청년들의 눈 앞에,

검은 상장喪帳을 내린 일은 없었다.

오늘도 또한 나 젊은 청년들은
부지런한 아이들처럼
끊임없이 이 바다를 건너가고, 돌아오고,
내일도 또한
현해탄은 청년들의 해협이리라.

영원히 현해탄은 우리들의 해협이다.

삼등선실三等船室 밑 깊은 속
찌는 침상에도 어미너들 눈물이 배었고,
흐린 불빛에도 아버지들 한숨이 어리었다.
어버이를 잃은 어린 아이들의
아프고 쓰린 우름에
대체 어떤 죄가 있었는가?
나는 울음 소리를 무찌른
외방 말을 역력히 기억하고 있다.

오오! 현해탄은, 현해탄은,
우리들의 운명과 더불어
영구히 잊을 수 없는 바다다.

청년들아!
그대들은 조약돌보다 가볍게
현해의 큰 물결을 걸어찼다.
그러나 관문해협 저쪽
이른 봄 바람은
과연 반도의 북풍보다 따사로웠는가?
정다운 부산 부두 위
대륙의 물결은
정녕 현해탄보다도 얕았는가?

오오! 어느 날,
먼 먼 앞의 어느 날,
우리들의 괴로운 역사와 더불어
그대들의 불행한 생애와 숨은 이름이

커다랗게 기록될 것을 나는 안다.
1890년대의
1920년대의
1930년대의
1940년대의
19××년대의
……………

모든 것이 과거로 돌아간
폐허의 거칠고 큰 비석 위
새벽 별이 그대들의 이름을 비칠 때면
현해탄의 물결은
우리들이 어려서
고기떼를 쫓던 실내처럼
그대들의 일생을
아름다운 전설 가운데 속삭이리라.

그러나 우리는 아직도
이 바다 높은 물결 위에 있다.
고향 산비탈, 들판에
줍는 이도 없이 흩어져,
어쩐지 우리는 비바람 속에 외로운
한 줄기 어린 나무들 같다만,
누를 수 없는 행복과 즐거움이
위도 아니고 옆도 아니고, 오로지
곤란한 앞을 향하야 벋어나가는,
아아, 한 가지 정성에 있드구나!

※ 한글 철자법은 원문대로임. 한자 제거.

주제 현해탄에서의 청년의 민족 의기(意氣)
형식 17연의 장시
경향 주지적, 상징적, 감각적
표현상의 특징 일상어의 직설적 및 직서적인 표현 속에 주지적 사상을 심도 있게 담고 있다. 연상적 수법으로 시각적 표현미를 다각적으로 살리고 있다.
관념적이고 개념적인 용어가 많이 쓰이고 있으며, 장시(長詩) 구성상의 산만성도 드러내고 있다.
제13연의 '어미너'는 '계집애' 또는 '여편네'를 뜻하는 방언이다. 이 방언은 전국 각지에 '어미너'를 비롯하여 '에미나', '에미네' 등 여러 가지로 흩어져 있다.

이해와 감상

「현해탄」은 임화의 대표작이다.

현해탄은 대한해협의 남쪽과 일본 큐슈(九州) 북쪽과의 경계에 위치하는 험준한 바다이다. 고대 한국(백제·신라·가야)의 세력은 지금부터 2천년 전후의 옛시대부터 이 바다를 건너다니며 일본 큐슈 지역을 개척했던 역사적인 해양이다. 일본 유학생으로서 부산에서 배를 타고 일본으로 건너다니던 임화는 이 역사적인 바다에서 한일 근대사뿐 아니라, 한일 고대사(古代史)에 관한 깊은 생각 속에 이 장시를 썼던 것이다. '이 바다 물결은/ 옛부터 높다'(제1연)는 묘사는 단순히 물결이 험한 것을 지적하는 것이 아니고, 한국과 일본의 고대사의 역사적인 파고(波高)를 메타포(은유)하고 있는 것이다.

서기 2세기 경부터 신라인들의 일본 진출과 백제인들의 큐슈와 오사카(大阪), 나라(奈良) 지방의 진출에 의해서 미개한 일본땅에 한국의 벼농사 문화와 철기 문화, 복식문화, 문자 문화, 불교 문화 등의 보급이 이루어졌다. 그와 동시에 고대 한국인들의 일본 왕실 구성 등, 우리 선조들의 왜나라 지배라는 눈부신 발자취를 시인은 생각했던 것이다. 그러나 뒷날 무사국가로 성장한 왜(倭)가 1592년의 임진왜란을 일으킨 일이며, 1910년 한일합방으로의 조선왕국 침략 등, 그 험난한 역사의 소용돌이가 이 시의 모두에 복합적으로 담겨진 것이다. 일제 강점기 하에 일인에게 시달리며 일본을 넘나들던 조선 청년 임화는 현해탄 한 바다 위에서 '그렇지만 우리 청년들은/ 두려움보다 용기가 앞섰다/ 산불이/ 어린 사슴들을/ 거친 들로 내몰 게다'(제2연)라고 의연한 결의를 했다.

그렇다. '산불'은 일제의 '침략 만행'의 상징어다. '어린 사슴'들은 '조선 청년'이며, 그들은 일제의 아성 속을 찾아가, 거기서 스스로의 용기로써 민족의 재건과 독립의 의기도 키우는 것이었다. '가끔 반도엔 붉은 신호등이 내어걸린다'(제3연)는 것은 우리나라의 역사적 위기를 비유하고 있다. 그러기에 '아무러기로 청년들이/ 평안이나 행복을 구하여/ 이 바다 험한 물결 위에 올랐겠는가?'(제4연)고 비장한 민족적 결의를 토로한다. 일제에 짓밟힌 조국의 구원을 위해 온갖 시련과 모험을 다짐하는 것이다. 담배나 배우고 연애하고 돈맛이나 익히려 현해탄의 항로에 오른 것이 결코 조선 청년이 아니다(제5연). '청년들은 늘/ 희망을 안고 건너가/ 결의를 가지고 돌아왔다'(제6연)지 않는가.

임화는 이제 엄숙한 증언을 한다.

'나는 이 바다 위/ 꽃잎처럼 흩어진/ 몇 사람의 가여운 이름을 안다'(제8연)지 않는가. 민족 독립운동으로 옥에 갇힌 의사(義士)며, 귀국하여 순사(殉死)한 열사(烈士), 또 생사조차 알 길 없는 애국자들(제9연)을 시인은 현해탄에서 비장하게 노래하고 있는 것이다. '한결같이 사내다웁던/ 모든 청년들의 명예와 더불어/ 이 바다를 노래하고 싶다'(제10연)라고. 이와 같은 견지에서 이 작품은 독자 누구에게나 쉽고 또한 감동적으로 이해되고 접근될 줄로 안다. 그런데 제16연에서 연대(年代)가 나타나고 있다. 우리는 그 연대들을 주목하고 잘 살펴볼 일이다. 여기서 '1890년대'는 임화가 우리나라를 외세(外勢)가 침략하려던 조선왕조 말기의 풍운의 시대를 지적한 것이다. 러시아며 청나라 일본 등의 각축장이 되었던 것이 한반도의 1890년대이며, 끝내 일제는 '러일전쟁'(1904. 2)을 일으키고 조선침략을 꾀한다. 즉 1905년 11월의 을사보호조약이 그것이고, 1910년의 한일합방, 그리고 1920년대는 우리의 애국지사들의 1919년 3·1운동 직후의 조선 자주독립운동 시대를 가리킨다. 1930년대는 일본의 소위 황국신도주의(皇國神道主義)의 군국(軍國) 일본이 아시아 각지의 침략의 전진으로서의 중국 침략(南京 점령 등등)의 중일전쟁(1937. 7. 7), 그리고 1940년대는 일본의 하와이 진주만 공격(1941. 12. 8)으로 태평양전쟁의 도발 등을 가리킨다. 이렇듯 임화의 「현해탄」은 민족의 서사시적 방각에서 엮어진 것임을 우리가 살피게 해주는 한국 시문학사의 중요한 작품임을 거듭 여기 지적해 둔다.

김영랑(金永郞)

전라남도 강진(康津)에서 출생(1903~1950). 본명은 윤식(允植). 일본 아오야마학원(青山學院) 영문과 수학. 1930년 박용철(朴龍喆)과 함께 『시문학』창간 동인. 시 「동백 잎에 빛나는 마음」을 비롯하여 「언덕에 바로 누워」, 「누이의 마음아 나를 보아라」, 「쓸쓸한 뫼 앞에」 등을 『시문학』 창간호(1호·1930. 3)에 발표하면서 문단활동을 시작했으며, 1930년대에 계속해서 『문예월간』, 『시원』, 『문학』 등 문학지에 많은 시를 발표했다. 시집 『영랑시집』(1935)과 『영랑시선』(1956) 등이 있다.

모란이 피기까지는

모란이 피기까지는,
나는 아직 나의 봄을 기다리고 있을 테요.
모란이 뚝뚝 떨어져 버린 날,
나는 비로소 봄을 여읜 설움에 잠길 테요.
오월 어느 날, 그 하루 무덥던 날,
떨어져 누운 꽃잎마저 시들어 버리고는
천지에 모란은 자취도 없어지고,
뻗쳐 오르던 내 보람 서운케 무너졌느니,
모란이 지고 말면 그뿐, 내 한 해는 다 가고 말아,
삼백 예순 날 하냥 섭섭해 우옵내다.
모란이 피기까지는,
나는 아직 기다리고 있을 테요, 찬란한 슬픔의 봄을.

- **주제** 소망 성취에 대한 신념
- **형식** 전연의 자유시
- **경향** 유미적, 서정적, 낭만적
- **표현상의 특징** 주정적인 정감 넘치는 시어구사를 하고 있다.
  '~테요'(동어반복)라는 각운(脚韻)을 달아 리듬감을 고조시키고 있다.
  '봄을 여읜 설움', '천지에 모란은 자취도 없어지고', '삼백 예순 날 하냥 섭섭해 우옵내다' 등 과장법(hyperbole)을 쓰고 있다.

이해와 감상

김영랑은 박용철(朴龍喆), 정지용(鄭芝溶), 변영로(卞榮魯), 신석정(辛夕汀) 등과 더불어 1930년에 『시문학』을 통해 이 땅에 순수시를 꽃피운 유미주의의 기수이다.

특히 『시문학』 창간호에 발표한 「동백 잎에 빛나는 마음」 등 13편의 시는 유미주의적 순수시의 정화(精華)라 할 수 있다. 북의 소월, 남의 영랑으로 일컬어지는 방언시(方言

詩)의 대가설(大家說)이 있듯이, 평안도의 투박한 사투리로 쓴 소월 특유의 가락과 대조적으로, 나긋나긋한 전라도의 방언이 토대를 이루고 있는 게 두 시인이다.

물론 평안도 사투리는 백석(白石)의 시도 뛰어나며(「백석」항목 참조 요망) 함경도 사투리는 이용악(李庸岳)의 시도 빼어난 것을 살피게 된다(「이용악」항목 참조 요망).

「모란이 피기까지는」에 대해 '모란꽃'을 일제에게 빼앗긴 조국의 상징으로 해석하는 이도 있다. 그러나 '모란꽃'을 실재하는 자연의 꽃에 대해 예술지상주의적 자세로 유미주의적 입장에서 심미적(審美的) 표현을 하고 있다고 보아야 한다.

유미주의 본래의 뜻이란 예술은 그 자체로서 자족(自足)한 것이고, 정치적·윤리적 또는 비심미적(非審美的)인 어떤 목적에 의해서도 평가되어서는 안 된다는 입장이다.

영랑이 '찬란한 슬픔의 봄'이라고 묘사한 대목을 한 번 따져 보기로 하자. '봄'이라는 계절을 수사(修辭)로써 수식하는 데 있어, '찬란한 슬픔'을 얹고 있다. 슬픔이 찬란하다는 것은 무슨 뜻인가. 예술지상주의적 관점에서 슬픔의 미학(美學)을 찬란한 것으로 수식한 것은 슬픔의 비극성(悲劇性)을 극복하려는 의지가 심도 있게 과장 표현된 것이다. 어차피 계절의 봄은 떠나가기 때문에 슬픈 것이다.

돌담에 속삭이는 햇발

돌담에 속삭이는 햇발같이
풀 아래 웃음짓는 샘물같이
내 마음 고요히 고운 봄 길 위에
오늘 하루 하늘을 우러르고 싶다.

새악시 볼에 떠오는 부끄럼같이
시의 가슴에 살포시 젖는 물결같이
보드레한 에메랄드 얇게 흐르는
실비단 하늘을 바라보고 싶다.

주제	봄날의 순수 서정 추구
형식	4행의 2연 자유시
경향	서정적, 유미적, 낭만적
표현상의 특징	시어 하나하나가 섬세·미묘하게 조탁(彫琢)되어 뉘앙스(미묘한 특색)를 발휘하며 반짝인다. 시어 하나하나를 심미적으로 섬세하고 미묘하게 다듬어 표현하고 있다. 봄날의 서정이 낭만적인 분위기를 드러내고 있다. '햇발같이', '샘물같이', '물결같이' 등 직유(直喩)가 두드러지고 있다. 4행시 형태로 2연을 엮고 있는 것도 큰 특징이다. '우러르고 싶다'(제1연)·'바라보고 싶다'고 동의어(同義語) 반복을 하고 있다.

> **이해와 감상**

우선 섬세하게 다듬어 낸 아름다운 시어를 차근차근 풀어보자.
'새악시'는 '새색시'의 방언이지만, '색시'에다 음운 '아'를 첨가한 형태이고, '부끄럼'은 리듬을 살리기 위해 '부끄러움'에서 '우'를 생략한 표현이다.
'시의 가슴'은 '시정 넘치는 가슴 속'이며, '실비단 하늘'은 '비단 실로 짠 아름다운 하늘'의 상징적 표현이다. '풀 아래 웃음짓는 샘물'이라고 하는 이 비유의 표현 등 이 시는 전체적으로 볼 때, 재지(才智)에 넘치는 에스프리(esprit)의 시인 것만은 틀림없다.
그러나 수사적(修辭的)으로 볼 때 의미에 의한 문법(文法)을 무시하는 시니시스(synesis)의 표현을 하고 있다. 더구나 이 작품의 경우도 「모란이 피기까지는」과 마찬가지로 과장법(hyperbole)에 의한 표현미의 시너지(synergy) 효과를 거두고 있다.

내 마음을 아실 이

내 마음을 아실 이
내 혼자 마음 날같이 아실 이
그래도 어데나 계실 것이면

내 마음에 때때로 어리우는 티끌과
속임 없는 눈물의 간곡한 방울방울
푸른 밤 고이 맺는 이슬 같은 보람을
보냄 듯 감추었다 내어 드리지

아! 그립다
내 혼자 마음 날같이 아실 이
꿈에나 아득히 보이는가

향 맑은 옥돌에 불이 달어
사랑은 타기도 하오련만
불빛에 연긴 듯 희미론 마음은
사랑도 모르리 내 혼자 마음은.

> **주제** 사랑의 갈구
> **형식** 4연의 자유시
> **경향** 유미적, 감상적, 낭만적
> **표현상의 특징** 주정적인 시어로 심미적인 표현을 하고 있다. 낭만적이며 감상적인 분위기가 두드러진다. 표제(表題)의 '내 마음을 아실 이', '내 혼자 마음 날같이 아실 이'를 동어반복하고 있다. '날같이'와 '이슬같은', '연긴 듯'의 직유의 표현을 하고 있다.

> **이해와 감상**

『시문학』제3호(1931. 3)에 실린 이 작품은 나의 마음을 나와 같이 알아줄 연인을 간절히 소망하는 사랑의 낭만적인 노래다.
이 시는 누구나 잘 이해할 수 있는 전달이 잘 되는 연애 감정을 드러내고 있다.
김영랑은 영국의 낭만주의 시인인, 크리스티나 로제티(Christina G. Rosetti, 1830~1894)며 존 키이츠(John Keats, 1795~1821) 등의 영향을 받은 시인이기도 하다.
특히 이 작품은 그와 같은 영국 낭만시의 표현 기법이 다분히 드러나고 있다.

김기림(金起林)

함경북도 학성(鶴城)에서 출생(1908~미상). 해금시인(解禁詩人). 호 편석촌(片石村). 보성고보를 거쳐 일본 도쿄(東京)의 니혼대학(日本大學) 문학예술과와 도후쿠제대(東北帝大) 영문과 졸업. 『조선일보』 학예부 기자로 근무. 1931년 「신동아」에 시 「고대(苦待)」, 「날개만 돋치면」 등을 발표하며 문단에 등단했다. 장시집 『기상도(氣象圖)』(1936) 이외에 시집 『태양(太陽)의 풍속(風俗)』(1939), 『바다와 나비』(1946), 『새노래』(1948) 등이 있다. 정지용과 함께 제3차(1988. 3. 31) 해금.

태양太陽의 풍속風俗

태양아
  다만 한 번이라도 좋다. 너를 부르기 위하여 나는 두루미의 목통을 빌어 오마. 나의 마음의 무너진 터를 닦고 나는 그 위에 너를 위한 작은 궁전을 세우련다. 그러면 너는 그 속에 와서 살아라. 나는 너를 나의 어머니 나의 고향, 나의 사랑, 나의 희망이라고 부르마. 그리고 너의 사나운 풍속을 쫓아서 이 어둠을 깨물어 죽이련다.

태양아
  너는 나의 가슴 속 작은 우주의 호수와 산과 푸른 잔디밭과 흰 방천防川에 불결한 간밤의 서리를 핥아버려라. 나의 시내물을 쓰다듬어 주며 나의 바다의 요람搖籃을 흔들어 주어라. 너는 나의 병실을 어족들의 아침을 달리고 유쾌한 손님처럼 찾아오너라.

  태양보다도 이쁘지 못한 시詩. 태양일 수가 없는 서러운 나의 시詩를 어두운 병실에 켜놓고 태양아 네가 오기를 나는 이 밤을 새어가며 기다린다.

- **주제** 조국 광복의 염원
- **형식** 3연의 주지시
- **경향** 주지적, 저항적, 상징적
- **표현상의 특징** 태양을 의인화 시키며 밝은 감정이입(感情移入)의 활기찬 수법을 보이고 있다.
  산문체로 비약적인 연락을 가지는 주지적이면서도 상징적인 묘법을 도입하고 있다. 작자의 일제 저항에의 애국정신이 뚜렷이 표현되고 있다.
  수사적(修辭的)으로 과장법(hyperbole)을 쓰고 있는 것도 큰 특징이다.

이해와 감상

  여기 소개하는 시 「태양의 풍속」은 그의 모더니즘 계열의 대표적인 작품이다. 「태양의 풍속」은 그의 애국적인 저항의지를 뚜렷이 담고 있다.

일제 강점기인 암흑의 시대에 정의(正義)의 상징으로써 '태양아' 하며 목을 길게 빼고 ('두루미의 목통', 제1연 2행) 태양을 부르던 모더니스트 김기림. 20세기 초에 기성 도덕적 관념이며 전통적 권위에 도전하면서 반기(反旗)를 들었던 서구의 문예사조를 가리켜 이른바 '모더니즘'(modernism)으로 부른다.

이 사조는 사상적으로는 자유(liberty)와 평등(equality) 등 소시민적 생활 속에서 지식인들 사이에 기계문명(mechanical civilization)을 구가하는 사조로서 발전했던 것을 한국 최초로 도입한 시인이 김기림이었다. 김기림은 한국의 대표적인 모더니즘 시운동의 기수로서 자연발생적인 시를 배격하면서, 시의 주지성(主知性)을 강조하였다. 그는 센티맨터리티, 즉 감상성(感傷性)을 나무라며 문명비평 정신을 높이 내세웠고, 기계주의인 서구적 메커니즘(mechanism)을 찬양했던 것이다. 김기림의 장시(長詩) 「기상도」(氣象圖, 1936)는 그의 한국 최초의 모더니즘 시이론의 기치를 시로써 내건 작품이기도 했다.

'나의 마음의 무너진 터를 닦고…… 너의 사나운 풍속을 쫓아서 이 어둠을 깨물어 죽이련다' (제1연)는 시인의 의지는 절망적인 현실('무너진 터') 속에서 태양의 거센 위력('사나운 풍속')으로 일제('이 어둠')를 멸망시키겠다('깨물어 죽이련다')는 단호한 결의를 한다. 이 시가 쓰여진 시기인 1930년대 후반은 일본 군국주의가 중국침략으로 난징(南京)을 점령(1937. 12. 13)하며 대학살을 자행했으며, 광둥(廣東)도 점령(1938. 10. 21)하는 등, 평화롭던 아시아를 뒤흔들었다. 김기림은 제2연에서도 다시 태양을 부르며 '불결한 간밤의 서리를 핥아버려라'고 일제의 마수를 상징적으로 배격하고 있다.

'병실'(제2·3연)이란 시인의 상처입은 정신적 터전인 '나의 조국'의 상징이다. '서러운 나의 시'(제3연)는 식민지 시인의 비통한 어둠의 시이며, 그러기에 밝은 '태양아, 네가 오기를 나는 이 밤을 새어가며 기다린다'(제3연)고 했다.

여기서 '태양'은 자유 해방이며 '이 밤'은 '일제 강점기'의 상징이다.

무녀巫女

하늘을 인
몇 잎 남은 대나무
그 마른 꼭대기에 떠도는
이승과 저승의 부교浮橋

허연 거품 물고
원색 깃발 펄럭이며
징소리 장구소리 벌어지는 춤사위

여기가 어디멘고
누구의 연緣이던고

방울소리 요란해도
포개 입은 무복巫服만큼
더 붙어오는 잡귀雜鬼들

켜질하듯 어르고
징소리로 울려서
진땀 흘려 밀어내는
동짓달 그믐 오밤중 굿판

머리 위의 성좌星座가
무너져 내릴 때
스르르 한마당 자리를 말면

끝난 사육제謝肉祭의 빈 광장
거기에
자꾸만 확대되는
자화상이 그려진다.

이해와 감상

무녀(巫女)를 제재(題材)로 삼은 이 작품도 주목되는 김기림의 대표시에 속한다. 더구나 이 작품은 상징적 수법의 전통적 경향의 상징적 서정시로서 높이 평가된다.

김기림은 일본 대학의 여러 곳에 장기간 유학했거니와, 그 당시 일본의 큰 신사에서 '무녀'의 춤추는 모습들을 직접 보았을 것이 아닌가 한다. 그렇다면 한국에서는 세속화된 무속이 일본에서는 천황가며 신사에서 조상신인 천신(天神) 제사로 승화되었다는 사실(史實)을 파악했을 것 같고, 동시에 이 시「무녀」의 집필 동기가 되지 않았을까 추찰케도 한다.

그 이유는 우리나라의 전통적인 무녀를 일컬어 '하늘을 인/ 몇 잎 남은 대나무/ 그 마른 꼭대기에 떠도는/ 이승과 저승의 부교'(제1연)라고 이승과 저승을 이어주는 신성한 존재로서 무녀(巫女)의 신성성(神聖性)을 이 작품에서 완연하게 형상화 시키고 있기 때문이다.

김기림은 무녀의 굿판이 지상과 천상의 가교 구실을 한다는 상황 묘사(제5 · 6연) 속에서 '머리 위의 성좌가/ 무너져' 내린다는 비유와 더불어 '자꾸만 확대되는/ 자화상이 그려진다'(마지막 연)는 메타포(은유)로써, 무녀의 순수한 거동을 유감없이 신성시(神聖視)하고 있는데 우리가 주목하게 된다. 우리나라의 무속은 고대 고구려의 동맹(東盟, 東明), 부여(夫餘)의 영고(迎鼓), 예(濊)의 무천(舞天) 등 국가적 제사 축제로부터 이어져 왔던 것으로서, 그것이 일본 황실로까지 전파되었던 것이다(홍윤기『일본문화사』서문당, 1999).

필자는 2002년 7월 11일 일본 도쿄의 천황궁(皇居)에 직접 들어가서, 천황가에서 천황이 신상제(新嘗祭) 제사에서 고대 한국신(園神 · 韓神) 제사를 지내며, 주축문(主祝文)인「한신」(韓神)이 낭창(朗唱)되는 가운데, 축문에 경상도 말(아지매 오게 오오오오 오게, 阿知女 於介 於於於於 於介)이 나오는 것을 천황궁 제사 담당 책임자(궁내청식부 · 악장보)인 아베 스에마사(阿倍季昌, 1943~) 씨로부터 확인하였다(EBS TV 교육방송, 2002. 8. 15 광복절 특집방송「일본 황실 제사의 비밀」).

일본 천황궁과 신사에서는 제사에 무녀인 '미코'(巫女, みこ)가 참여하며 상록수(삐주기나무) 나뭇가지를 들고 춤춘다. 그 광경은 우리나라의 무녀와 매우 흡사하다(홍윤기「일본천황가의 한국신 제사와 황국사관 고찰」,『日本學研究』檀國大學校 日本學研究所, 2002. 10).

유치환(柳致環)

경상남도 충무(忠武)에서 출생(1908~1967). 호는 청마(靑馬). 연희전문 문과 졸업. 1931년 『문예월간』에 「정적(靜寂)」을 발표하며 문단에 등단했다. 시집 『청마 시초』(1939), 『청령일기』(1949), 『보병과 더불어』(1951), 『청마 시집』(1954), 『제9시집』(1957), 『뜨거운 노래는 땅에 묻는다』(1960), 『미류나무와 남풍』(1964), 『파도야 어쩌란 말이냐』(1966) 등이 있다.

깃발

이것은 소리 없는 아우성.
저 푸른 해원海原을 향하여 흔드는
영원한 노스탤쟈의 손수건.
순정은 물결같이 바람에 나부끼고
오로지 맑고 곧은 이념의 푯대 끝에
애수는 백로처럼 날개를 펴다.
아아 누구던가.
이렇게 슬프고도 애달픈 마음을
맨 처음 공중에 달 줄을 안 그는.

- **주제** 조국 광복에의 낭만적 의지
- **형식** 전연 9행의 자유시
- **경향** 낭만적, 감상적, 저항적
- **표현상의 특징** 극도의 생략법에 의한 절제된 시어로 심도 있는 이미지를 부각시키고 있다. 청각적 이미지와 시각적 이미지의 공감각(synesthesia)의 표현을 하고 있다. '맨 처음 공중에 달 줄을 안 그는'(제9행)과 '아아 누구던가'(제7행)의 도치법(inversion)을 쓰고 있다.
'~누구던가'로 설의법(設疑法)을 써서 의문점을 강조시키고 있다.

이해와 감상

『조선문단』 1월호(1936)에 발표되고, 그의 첫 시집 『청마 시초(靑馬詩抄)』(1939)에 수록된 작품이다. 9행의 짧은 시이지만 높고 곧은 의지를 상징하는 동시에 생명의 깃발을 낭만적으로 노래한 것이다. 바닷가 언덕 위에서 펄럭이는 깃발은 곧 시인의 고독한 정신의 언덕 위에서 나부끼는 향수(nostalgia)의 깃발이요, 애달픈 의지의 표상이다. 흔히들 이 작품을 지금까지 철학적인 이념의 시라고들 평가했으나, 시 예술을 두고 철학적 논리의 대상으로 삼은 것은 재고의 여지가 있다. '맑고 곧은 이념의 푯대'(제5행)는 일제 침략에 대한 시인의 '저항 의지'를 상징적으로 묘사한 것이다.

'저 푸른 해원'(제2행)이란 민족의 이상인 '조국 광복'의 상징어다. 다만 이 시의 표현

기법은 그 당시 우리 시단의 감상적, 낭만주의 경향을 띠울 수밖에 없었던 것이다. 일제에게 나라를 짓밟힌 침통하고 암울한 시대였기 때문이다. 관념적인 시어도 등장하고 있으나 이 작품은 한국 시단에서 그 당시 한국 현대시 표현 기법의 기초구조를 고양시킨 시문학적 인프라(infrastructure) 성과의 한 전형으로 평가하고 싶다.

울릉도

동쪽 먼 심해선深海線 밖의
한 점 섬 울릉도로 갈거나.
금수錦繡로 굽이쳐 내리던
장백長白의 멧부리 방울 뛰어,
애달픈 국토의 막내
너의 호젓한 모습이 되었으리니,

창망蒼茫한 물굽이에
금시에 지워질 듯 근심스레 떠 있기에
동해 쪽빛 바람에
항시 사념思念의 머리 곱게 씻기우고,

지나 새나 뭍으로 뭍으로만
향하는 그리운 마음에,
쉴 새 없이 출렁이는 풍랑 따라
밀리어 오는 듯도 하건만,

멀리 조국의 사직社稷의
어지러운 소식이 들려 올 적마다,
어린 마음 미칠 수 없음이
아아, 이렇게도 간절함이여!

동쪽 먼 심해선 밖의
한 점 섬 울릉도로 갈거나.

주제 고도에 대한 낭만과 애정
형식 5연의 자유시
경향 서정적, 낭만적, 애국적
표현상의 특징 주정적인 시어로 심도 있는 이미지를 부각시키고 있다. 제1연과 제6연이 수미상관의 동어반복 되는 구성을 보이고 있다. 「막내」라는 의인법으로 정다운 수사를 하고 있다.

이해와 감상

「울릉도」는 유치환의 이른바 생명파적인 사변적·관념적인 표현 기법을 벗어난 서정적인 국토애 정신을 시적으로 형상화 시키고 있다는 점에 주목하게 되는 그의 대표작의 하나다. '애달픈 국토의 막내' 라는 감상적인 표현이 오히려 울릉도에 대한 심상미를 한껏 북돋아 준다. '금시에 지워질 듯 근심스레 떠 있기에' 로 시각적 묘사며 귀중한 국토로서의 울릉도를, '뭍으로 뭍으로만' '밀리어 오는' 일편 단심과 '어지러운 소식이 들려 올 적마다' '미칠 수 없음' 을 안타까워 하는 애국적 표현이 감동적이다.

그것은 국수적인 차원을 초월하는 시 예술로서의 개체생태학적 감정이입을 그 바탕에 두고 울릉도를 한 편의 시로써 승화시키고 있는 시작법이다.

이 상(李箱)

서울에서 출생(1910~1937). 본명은 김해경(金海卿). 보성고보, 경성고등공업학교 졸업. '9인회(九人會)'에 참여함으로써(1931) 본격적인 문단활동을 시작했다. 주요 작품은 시 「오감도(烏瞰圖)」(1934), 단편소설 「날개」(1936), 「종생기」(1937), 「실화(失花)」(1939) 등이 있다.

거울

거울속에는소리가없소
저렇게까지조용한세상은참없을것이오.

거울속에도내게귀가있소
내말을못알아듣는딱한귀가두개나있소

거울속의나는왼손잽이요
내악수를받을줄모르는악수를모르는왼손잽이요

거울때문에나는거울속의나를만져보지를못하는구료마는
거울아니었던들내가어찌거울속의나를만나보기만이라도했겠소

나는지금거울을안가졌소마는거울속에는늘거울속의내가있소
잘은모르지만외로된사업에골몰할게요

거울속의나는참나와는반대요마는또꽤닮았소
나는거울속의나를근심하고진찰할수없으니퍽섭섭하오.

- **주제** 자의식의 분열에 대한 고뇌
- **형식** 6연의 변형시
- **경향** 초현실적, 심리적, 풍자적
- **표현상의 특징** 초현실주의의 기본 방식인 자동기술법의 표현을 따르고 있다.
  띄어쓰기를 무시하고 있다.
  앞에서 설명했듯이 극단적 반이성주의의 다다이즘 시의 방법으로서의 기존 문법질서를 파괴하는 표현 태도다.

> **이해와 감상**

『가톨릭 청년』(1934. 10)에 발표된 다다이즘적인 쉬르레알리슴(초현실주의) 시다.
독백체의 모놀로그(monologue) 화술의 기교를 보여주고 있다. 좀더 설명한다면 이 시는 자의식의 세계에서 고뇌하고 있는 현실적 자아인 '나'와, 현실을 초월한 또 하나의 자아인 '거울 속의 나'를 등장시킨다. 여기서 시인은 두 자아의 대립과 모순을 통하여 '순수 자아'를 상실하고 고민하는 현대 의식의 비극성을 나타내고 있다. 이와 같은 이상의 시도는 난해하다는 이유로 배격받기도 했던 것이다. 그러나 궁극적으로는 그 당시 우리의 후진적이던 시단에 큰 자극이 되었다. 그리하여 이상의 시세계는 우리의 시가 정신적인 20세기를 전개할 수 있도록 이끌었다는 점에서 큰 의의를 지니는 것이다.

오감도烏瞰圖

시 제1호
13인의아해가도로로질주하오.
(길은막다른골목이적당하오.)

제1의아해가무섭다고그리오.
제2의아해도무섭다고그리오.
제3의아해도무섭다고그리오.
제4의아해도무섭다고그리오.
제5의아해도무섭다고그리오.
제6의아해도무섭다고그리오.
제7의아해도무섭다고그리오.
제8의아해도무섭다고그리오.
제9의아해도무섭다고그리오.
제10의아해도무섭다고그리오.

제11의아해도무섭다고그리오.
제12의아해도무섭다고그리오.
제13의아해도무섭다고그리오.
13인의아해는무서운아해와무서워하는아해와그렇게뿐이모였소.
(다른사정은없는것이차라리나았소.)
그중에1인의아해가무서운아해라도좋소.
그중에2인의아해가무서운아해라도좋소.
그중에2인의아해가무서워하는아해라도좋소.

그중에1인의아해가무서워하는아해라도좋소.

(길은뚫린골목이라도적당하오.)
13인의아해가도로로질주하지아니하여도좋소.

시 제2호
나의아버지가나의곁에서조을적에나는나의아버지가되고또나는나의아버지의아버지가되고그런데도나의아버지는나의아버지대로나의아버지인데어쩌자고나는자꾸나의아버지의아버지의아버지의……아버지가되니나는왜나의아버지를껑충뛰어넘어야하는지나는왜드디어나와나의아버지와나의아버지의아버지와나의아버지의아버지의아버지노릇을한꺼번에하면서살아야하는것이냐.

시 제3호
싸움하는사람은즉싸움하지아니하던사람이고또싸움하는사람은싸움하지아니하는사람이었기도하니까싸움하는사람이싸움하는구경을하고싶거든싸움하지아니하던사람이싸움하는것을구경하든지싸움하지아니하는사람이싸움하는구경을하든지싸움하지아니하던사람이나싸움하지아니하는사람이싸움하지아니하는것을구경하든지하였으면그만이다.

시 제4호
환자의 용태容態에 관한 문제
1111111111·
1·2222222222
22·333333333
333·44444444
4444·5555555
55555·666666
666666·77777
7777777·888
88888888·99
999999999·0
0000000000·

　　　진단 0·1
　　　26. 10. 1931
　　　　　이상 책임의사 이상李箱

시 제9호 총구銃口

매일같이열풍烈風이불더니드디어내허리에큼직한손이와닿는다.황홀한지문指紋골짜기로내땀내가스미어들자마자쏘아라.쏘으리로다.나는내소화기관消化器管에묵직한총신銃身을느끼고내다문입에매끈매끈한총구銃口를느낀다.그러더니나는총銃쏘으드키눈을감으며한방총탄銃彈대신에나는참나의입으로무엇을내뱉었더냐.

시 제10호 나비

찢어진벽지壁紙에죽어가는나비를본다.그것은유幽계에낙역絡繹되는비밀한통화구通話口다.어느날거울가운데의수염鬚髯에죽어가는나비를본다.날개축처진나비는입김에어리는가난한이슬을먹는다.통화구를손바닥으로꼭막으면서내가죽으면앉았다일어서드키나비도날아가리라.이런말이결코밖으로새어나가지는않게한다.

시 제12호

때묻은빨래조각이한뭉텅이공중으로날아떨어진다.그것은흰비둘기의떼다.이손바닥만한한조각하늘저편에전쟁이끝나고평화가왔다는선전이다.한무더기비둘기떼가깃에묻은때를씻는다.이손바닥만한하늘이편에방맹이로흰비둘기의떼를때려죽이는불결한전쟁이시작된다.공기空氣에숯검정이가지저분하게묻으면흰비둘기의떼는또한번이손바닥만한하늘저편으로날아간다.

시 제15호

1

나는거울없는실내에있다.거울속의나는역시외출중이다.나는지금거울속의나를무서워하며떨고있다.거울속의나는어디가서나를어떻게하려는음모陰謀를하는중일까.

2

죄罪를품고식은침상寢床에서잤다.확실한내꿈에나는결석缺席하였고의족義足을담은군용장화軍用長靴가내꿈의백지白紙를더럽혀놓았다.

3

나는거울있는실내로몰래들어간다.나를거울에서해방解放하려고.그러나거울속의나는침울한얼굴로동시에꼭들어온다.거울속의나는내게미안한뜻을전한다.내가그때문에영어囹圄되어있드키그도나때문에영어囹圄되어떨고있다.

4

내가결석缺席한나의꿈.내위조僞造가등장登場하지않는내거울.무능이라도좋은나의고독의갈망자渴望者다.나는드디어거울속의나에게자살自殺을권유하기로결심하였다.나는그에게시야視野도없는들창窓을가리키였다.그들창은자살만을위한들창이다.그러나내가자살하지아니하면그가자살할수없음을그는내게가르친다.거울속의나는불사조不死鳥에가깝다.

5

내왼편가슴심장心臟의위치를방탄금속防彈金屬으로엄폐掩蔽하고나는거울속의내왼편가슴을겨누어권총을발사하였다.탄환은그의왼편가슴을관통하였으나그의심장은바른편에있다.

6

모형심장模型心臟에서붉은잉크가엎질러졌다.내가지각遲刻한내꿈에서나는극형極刑을받았다.내꿈을지배支配하는자는내가아니다.악수할수조차없는두사람을봉쇄한거대巨大한죄罪가있다.

주제 현대인의 현실에 대한 절망 의식
형식 변형시
경향 초현실적, 풍자적, 심층심리(잠재의식)적
표현상의 특징 1920년대 초 프랑스에서 대두된 초현실주의(超現實主義, surréalisme) 운동이 표방한 자동기술법(自動記述法, automatisme)의 방식을 취하고 있다.
자동기술법이란, 아무런 의식을 갖지 않는 '무의식'의 상태에서 떠오르는 심상(心像), 즉 이미지(image)를 솟아나는 그대로 글로 적는 것이다. 그러므로 자동기술법이란 이성(理性)이며 미학적 또는 도덕적인 일체를 벗어난 상태에서 떠오르는 것들을 그냥 써내는 사고(思考)의 받아쓰기다.

이해와 감상

이상의 시세계는 한 마디로 무의식의 초현실적인 세계다.
어떤 의식이나 의도가 전혀 없는 상태의 시의 표현이다. 그것을 초현실적인 시세계로 보면 된다. 이러한 시의 배경이 되는 서구사상의 변천 과정부터 살필 필요가 있다.
그리스도교의 중세 문화는 르네상스로 붕괴되었다. 그리하여 신본주의를 대신하는 새로운 생활 원리로서 인본주의 사상이 나타나게 되었다. 인본주의란 이성(理性) 중심, 이성 만의 사상이며 그것은 곧 합리주의 사상을 뜻하는 것이다. 이 합리주의 사상도 시대의 흐름과 함께 여러 가지 모순이 드러나면서 현대인의 회의와 비판의 대상이 되었다.
제1차 세계대전(1914~1918)의 발발은 이러한 세기말적 사조에 불을 붙였다. 결국 이러한 반합리주의의 경향을 바탕으로 일어난 문예사조가 다다이즘(dadaisme)이다.
서구에서 생겨난 다다이즘이라는 일종의 부정정신은 합리주의에 기반을 둔 모든 문화적 전통을 부정하고 시 표현에 있어서도 일체의 기성 언어에 대한 부정과 파괴로 나타나게 된다. 때문에 언제까지나 다다이즘은 문예사조에 있어서 계속될 수는 없는 일이었다.
그와 같은 시대적인 문예사조의 변천 속에서 20세기 초 프랑스에서 일어난 것이 초현실주의 문학 운동이다.
그와 같은 시대에 정신의학자 프로이드(S. Freud, 1856~1939)의 명저 『꿈의 해석』은 정신 분석학적 결론으로써, 시문학에도 큰 영향을 끼쳤다. 그것은 인간의 심리를 '의식' · '무의식' 으로 구분하고, 즉 "무의식이야말로 인간의 마음의 대부분이다"고 하며 인간생활에 미치는 '무의식' 의 강력한 지배력을 강조했다. '무의식' 의 세계는, 인간의 영감이나 욕망의 원천이 되기도 하는 심층부의 심리, 즉 잠재의식이라는 비합리적인 영역이다.
그동안 합리주의의 한계에 부딪쳐 새로운 돌파구를 찾던 20세기의 시인들은 인간 심리의 합리 구역을 떠나 새로 발견된 비합리 구역으로 옮겼다.
여기서 시인 브르통(A. Breton, 1896~1966)을 중심으로 '생의 조건에 대한 개조, 혹종의 건설 및 세계와의 화해를 시도' (「초현실주의와 전후파(Le Surr'ealisme et L'Apre's Guerre)」, T. Tzara, 1896~1963)하는 초현실주의의 기치를 치켜든 것이었다. 차라(T. Tzara)는 프랑스 시인으로서 '다다이즘' 의 창시자다. 이들과 함께 현대시에는 일대 변혁이 일어나게 되었다. 즉 새로운 표현 형식으로서 무의식의 내부에 축적 · 방치된 의식들을 있는 그대로 기술하는 이른바 '자동기술법' 을 도입한 것이다.
그러므로 처음부터 형식이나 의미 같은 것은 염두에 두지 않고, 제 마음 속에서 떠오르는 심리 세계를 기술하는 일이다.
초현실주의에 매료된 최초의 한국시인이 이상이었다. 새로운 이상의 시세계는 내향적으로 볼 때 자학 · 지조 · 자위요, 외향적으로는 풍자 · 고발 · 저항일 수밖에 없었다.
「오감도」는 1934년 7월 23일부터 『조선중앙일보』에 연재되었던 것인데, 독자들은 이 시를 대하자 어리둥절하거나 발끈하면서 '정체 불명의 작품 게재는 즉시 중지하라' 는 항의가 빗발쳐서 연재가 중단되고 말았다.
원래 '조(鳥, 새)감도' 라고 할 것을, '오(烏, 까마귀)' 로 바꾼 것부터가 문제가 된다. 길조(吉鳥)일 수도 있는 '새' 를 굳이 '죽음의 전조(前兆)' 로 알려진 불길한 까마귀(烏)로 바꾼 새로운 표현에 독자들은 당황할 수밖에 없었다. 또한 '13의 아해(兒孩)', '도로', '질주', '길', '골목' 등이 무엇을 뜻하느냐에 대해서도 구구한 추측이 나돌 뿐 정확한 해답은 구하기 어려웠다. 이상의 초현실적인 무의식 세계의 자동기술법에 의한 작품은 불안과 절망 속의 이상의 지성과 체험의 소산이었다.
일제 강점기의 정치 사회적 압박, 불안정한 개인의 생활의 난맥상 속에서 그는 인간의 허무 의식과 자조적인 패러독스(paradox, 역설)로 풍자한 것이 그의 작품세계였다.
지금까지도 그의 시세계는 하나하나 무어라 단정할 수 없는 이상 만의 심층심리가 전해오고 있는 셈이다. 그 점 역시 독자들은 독자 나름대로 해석할 자유가 있음을 여기 지적해 둔다.

노천명(盧天命)

황해도 장연(長淵)에서 출생(1913~1957). 이화여자전문학교 영문과 졸업. 1932년 『신동아』에 시 「밤의 찬미」를 발표하며 문단활동을 시작했다. 『시원(詩苑)』 동인. 시집 『산호림(珊瑚林)』(1938), 『창변』(1945), 「별을 쳐다보며」(1953), 『사슴의 노래』(1958), 『노천명 시집』(1972) 등이 있다.

사슴

모가지가 길어서 슬픈 짐승이여,
언제나 점잖은 편 말이 없구나.
관(冠)이 향기로운 너는
무척 높은 족속이었나 보다.

물 속의 제 그림자를 들여다보고
잃었던 전설을 생각해 내고는
어찌할 수 없는 향수에
슬픈 모가지를 하고
먼 데 산을 바라본다.

주제 빼앗긴 조국의 우수(憂愁)와 광복의 소망
형식 2연의 자유시
경향 서정적, 관조적, 감상적
표현상의 특징 절제된 시어로 섬세하고 정감 넘치는 감성미를 표현하고 있다. 감정이입(感情移入)의 표현 수법으로 사슴을 의인화 시키고 있다. '~이여'의 호격조사가 첫행에 두드러지고 있다.

이해와 감상

  1930년대의 여류 시인으로 모윤숙과 쌍벽을 이룬 노천명의 첫 시집 『산호림(珊瑚林)』(1938)에 수록된 대표작이다. 절제된 언어에 의하여 사슴의 의인화(擬人化)와 작가의 감정을 옮겨 넣는 감정이입(感情移入)의 수법으로 사슴을 자신의 분신으로 등장시키고 있다. 시집 『산호림』에는 서문도 발문(跋文)도 없으며 그 대신 「자화상」이라는 시가 눈길을 모은다. 그러기에 이른바 '절제된 언어'의 표본으로 유명한 이 시집은 제2시집 『창변(窓邊)』(1945)에 수록된 「푸른 5월」, 「고독」과 더불어 노천명을 '사슴과 5월과 고독의 시인'으로 부르게 되었다.
  '사슴'은 '노천명'의 의인화이므로 '관(冠)이 향기로운 너는/ 무척 높은 족속이었나 보다'(제1연)에서, '관'은 '영예'이며 '족속'은 한민족(韓民族)의 상징이다.

따라서 우리 민족은 오랜 눈부신 민족문화를 가진 뛰어난 겨레인 것을 화자가 강조하는 것이다. 우리는 이 작품이 쓰여졌던 당시인 1930년대를 고찰할 필요가 있다.

그때 일제는 황국신도(皇國神道)의 군국주의 무단정치로 우리 민족의 숨통을 죄면서, 3·1운동(1919) 10년 만에 항일운동의 불길은 1929년 11월 광주(光州)학생사건으로 다시금 거세게 이어지기 시작했던 것이다. 그러자 일제는 계속 거센 탄압을 가했고, 1932년 1월 8일에는 이봉창(李奉昌, 1901~1932) 의사가 일본 도쿄 천황궁의 사쿠라타문(櫻田門) 앞길에서 히로히토(裕仁, 1901~1989) 천황에게 폭탄을 던지는 의거를 했다. 나라를 빼앗기고 짓밟히던 그 당시의 지성인들의 울분은 날로 드높아졌던 것이며, 이 당시 최고의 지식 여성이었던 노천명의 분노와 슬픔은 '슬픈 모가지를 하고/ 먼 데 산을 바라본다' (제2연)고 했으니, '먼 데 산' 이란 다름 아닌 '조국 광복' 의 빛나는 상징어다.

푸른 오월

청자 빛 하늘이,
육모정 탑 위에 그린 듯이 곱고,
연못 창포 잎에,
여인네 맵시 위에,
감미로운 첫여름이 흐른다.

라일락 숲에,
내 젊은 꿈이 나비처럼 앉는 정오,
계절의 여왕 오월의 푸른 여신 앞에,
내가 웬일로 무색하고 외롭구나,

밀물처럼 가슴 속으로 몰려드는 향수를
어찌 하는 수 없어,
눈은 먼 데 하늘을 본다.

긴 담을 끼고 외딴 길을 걸으며 걸으며,
생각이 무지개처럼 핀다.

풀 냄새가 물큰,
향수보다 좋게 내 코를 스치고.

청머루 순이 벋어 나오던 길섶,
어디메선가 한나절 꿩이 울고,

나는
활나물, 혼닢나물, 젓가락나물, 참나물을 찾던,
잃어버린 날이 그립지 아니 한가, 나의 사람아.

아름다운 노래라도 부르자.
서러운 노래를 부르자.

보리밭 푸른 물결을 헤치며
종달새 모양 내 마음은
하늘 높이 솟는다.

오월의 창공이여!
나의 태양이여!

주제 5월의 정취(情趣)와 향수(鄕愁)
형식 9연의 자유시
경향 서정적, 전원적, 감상적
표현상의 특징 주정적인 시어로 섬세한 계절 감각미를 표현하고 있다. 향토적 분위기가 넘치는 가운데 고향의 여러 가지 정감 어린 나물을 열거하고 있다.
'아름다운 노래라도 부르자/ 서러운 노래를 부르자'는 역대어반복(逆對語反復)을 한다. '~창공이여', '~태양이여' 하는 호격조사 '여'가 두드러진 호소력을 나타내고 있다.

이해와 감상

「푸른 오월」은 일제 강점기에 쓴 시들을 광복의 기쁨 속에 제2시집 『창변(窓邊)』(1945)에 수록한 작품이다. 이 시는 '계절의 여왕' 5월의 싱그러운 자연을 노래한 제1단락(1~3연), 옛 고향의 5월의 광경을 노래한 제2 단락(4~7연), 5월의 감격을 노래한 제3 단락(8~9연)으로 나뉘게 된다. '청자 빛 하늘이/ 육모정 탑 위에 그린 듯이 곱고'에서 화자는 우선 5월의 아름다운 생기 넘치는 계절의 전개 속에 민족적 전통미를 메시지로 제시하고 있는 점을 우리가 주목할 일이다. '청자빛'이란 우리나라 민족문화재인 고려청자의 그 비색(翡色)의 눈부신 아름다운 청색이며, '육모정'과 '탑'은 우리나라 고래로부터의 정자며 불탑(佛塔)을 일컫는 것이다.

노천명은 신록의 5월과 더불어 일제에게 빼앗긴 조국의 눈부신 모습이며 발자취를 뚜렷이 강조하고 있다. 그러면서 이내 시인은 '청머루 순이 벋어 나오던 길섶, / 어디메선가 한나절 꿩이 울고' 있는 그리운 고향 산천으로 뜨거운 마음이 동하여 움직여 간다. 고향산천의 가지가지 맛난 산나물들에서는 향수뿐이 아닌 민족적인 기호식물들이 안겨주는 친화력을 북돋아준다.

마냥 정답게 우리들 가슴마다에 그 향기가 물씬 젖어온다. 이런 나물의 이름 하나 하나에서 우리는 한국인의 국적을 핏줄에 새기게도 된다. 이른바 '이름 모를 나물'이라는 따위의 넋두리가 한국인의 시에서 나타나지 말기를 강조해 두고 싶다. 그런데 이 제6연에서 '나의 사람아' 하고 화자가 누군가 그리운 사람을 부름으로써, 이 인물의 등장이 그 당시 처녀시인 노천명에게는 소녀시절의 연인을 연상시키기도 한다.

장만영(張萬榮)

황해도 연백(延白)에서 출생(1914~1975). 아호는 초애(草涯). 도쿄(東京)의 미자키영어학교(三崎英語學校) 고등과 졸업. 『동광』(東光, 33호, 1932. 5)에 시 「봄 노래」가 추천되어 문단에 등단했다. 시집 『양(羊)』(1937), 『축제(祝祭)』(1939), 『유년송(幼年頌)』(1948), 『밤의 서정』(1956), 『저녁 종소리』(1957), 『추억의 오솔길』(1975), 『어느 날의 소녀에게』(1977) 등이 있다.

달 · 포도 · 잎사귀

순이, 벌레 우는 고풍한 뜰에
달빛이 호수처럼 밀려 왔고나.

달은 나의 뜰에 고요히 앉았다.
달은 과일보다 향그럽다.

동해 바다 물처럼
푸른
가을
밤

포도는 달빛에 스며 고웁다.
포도는 달빛을 머금고 익는다.

순이, 포도 넝쿨 밑에 어린 잎새들이
달빛에 젖어 호젓하구나.

주제 가을 밤의 서정
형식 5연의 자유시
경향 서정적, 낭만적, 감각적
표현상의 특징 시의 제목에 천체(天體)와 식물 등 3가지 대상을 함께 등장시키고 있다. '순이'라는 농촌 소녀를 낭만적 대상으로 묘사하고 있어 흥미롭다.
　'호수처럼' 또한 '동해 바다 물처럼' 등 직유(直諭)의 표현을 동원하여 가을 달밤의 서경미를 과장(exaggeration)시키고 있다.
　전체적으로는 2행시 형태를 취하면서도 제3연만은 4행을 잡아, 의도적으로 시각적 영상미의 구성을 시도하고 있다.

이해와 감상

　장만영은 이른바 이매지스트(imagist) 계열의 시인으로 평가된다. 이 시는 유럽에서 1912년 경에 이른바 사상주의(寫像主義)에 입각하여 일어난 이미지즘(imagism) 시인들의 수법을 도입한 흔적을 보여주는 작품이다.
　이미지즘을 좀더 구체적으로 지적한다면 '마음 속에 떠오르는 그림' 인 이미지(image)를 시로 표현하는 사상주의, 심상(心象)주의, 형상(形象)주의 등을 공동으로 함께 말한다. 이미지즘은 영국 시인이며 평론가 T. E. 흄(Thomas Ernest, Hulme, 1883~1917)이 런던에서 '시인클럽'(Poets' Club)을 창설하면서, 주창한 현대시의 새로운 방법론이다. 그 후 유럽시단에서는 흄을 '이미지즘의 아버지' 로 칭송하기에 이르렀다.
　이미지와 지성(知性)을 중시하는 이미지즘은 흄의 암시를 받은 미국 시인 에즈라 파운드(Ezra Loomis Pound, 1885~1972)가 이 시운동에 앞장섰다. 그리하여 「황무지」(The Waste Land, 1922)의 시인으로 이름난 영국의 T. S. 엘리엇(Thomas Stearns Eliot, 1888~1965)에게도 큰 영향을 끼쳐, T. S. 엘리엇은 시 「프루프록의 연가」(The Love-song of J. Alfred Prufrock, 1915)를 쓰기에 이르렀다.
　이미지즘은 영국 빅토리아조(朝)의 현실도피적인 낭만주의 시문학에 반기를 들었으며, 또한 프랑스의 상징주의에도 반동적으로 대립했다. 우리나라에서는 장만영 뿐 아니라 박재윤(朴載崙), 조영출(趙靈出), 장서언(張瑞彦), 이규원(李揆元) 등이 이 운동에 참여했다. 이 작품 「달·포도·잎사귀」라는 제목 역시 그가 3개의 이미지를 포괄적으로 제시하고 있어서, 흡사 전원의 가을밤 풍경을 사진에서처럼 시 독자들의 마음 속에 이미지화(心像化) 시키려는 시도를 하고 있다.
　특히 이 시에서는 시각적 이미지의 수법을 열심히 동원하고 있다. 그럼에도 불구하고 '순이' 라는 농촌 소녀를 상징적으로 등장시켜 낭만적 경향을 보이고 있어서, 이미지즘이 지향한 반(反) 낭만주의를 거역하고 있기도 한 것을 지적해 둔다.
　서정적 이미지로서, '달은 과일보다 향그럽다', 또는 '포도는 달빛을 머금고 익는다' 는 후각적 감각미와 더불어 시각적 영상미를 북돋우고 있다.

이육사(李陸史)

경상북도 안동(安東)에서 출생(1904~1944). 본명은 원록(源祿). 1930년 중국 베이징(北京)대학 사회과 졸업. 1927년에 중국 베이징에서 돌아왔을 때 의사(義士) 장진홍(張鎭弘)의 조선은행 대구지점 폭파사건에 연루되어 대구형무소에 투옥, 3년간 옥고를 치렀다. 이 때 감방의 호수가 264호여서 '육사(陸史, 六四)'라는 호를 붙이게 됐다고 한다. 출옥 후 중국에 다시 갔고, 귀국하여 시 「황혼」을 『신조선(新朝鮮)』지에 발표하며(1933) 문단에 등단했고, 시작활동이 본격화 되었다. 1937년 '자오선(子午線) 동인. 『육사 시집』(1946) 등이 있다.

청포도

내 고장 칠월은
청포도가 익어 가는 시절.

이 마을 전설이 주저리주저리 열리고,
먼 데 하늘이 꿈꾸며 알알이 들어와 박혀,

하늘 밑 푸른 바다가 가슴을 열고
흰 돛단배가 곱게 밀려서 오면,

내가 바라는 손님은 고달픈 몸으로
청포靑袍를 입고 찾아온다고 했으니,

내 그를 맞아, 이 포도를 따 먹으면,
두 손을 함뿍 적셔도 좋으련.

아이야, 우리 식탁엔 은쟁반에
하이얀 모시 수건을 마련해 두렴.

주제 향토애 속의 우정 추구
형식 2행 6연의 자유시
경향 서정적, 상징적, 향토적
표현상의 특징 주정적인 향토색 짙은 시어의 구사가 두드러진다.
　'청포도', '하늘', '푸른 바다', '청포(靑袍)' 등의 청색계와 '흰 돛단배', '은쟁반', '하이얀' 등의 백색계의 시어를 끌어들여 청신한 시적 분위기를 이루고 있다. 제3연의 '바다가 가슴을 열고'처럼 정서적으로 행동하는 이미지를 부각시키는 의인법의 표현도 하고 있다.

이해와 감상

이 작품은 향토색 짙은 육사의 대표적 순수 서정시라는 평가와 함께, 다른 한편으로 민족의 광복 염원을 시화한 것으로 간주되기도 한다. 그러므로 이 시를, '청포도'라는 사물에 대한 작가의 정서를 표현한 서정시로 보느냐, 또는 '청포'로써 광복의 의미를 상징한 시로 해석하느냐가 문제가 된다. 육사 시의 거의가 애국사상에 바탕을 두고 있다는 차원에서 그의 특징인 애국적인 요소가 포도를 따먹는 순수한 감각적인 대상에까지 조국 광복을 기다리는 사실과 결부시킨다는 것은 견강부회하는 해석인 것 같다.

'청포'(靑袍)는 '빛깔이 푸른 도포'다. 청포는 조선시대(1392~1910)에 선비들이 여름에 모시를 옥빛(담록색)으로 물들여 입었던 것이다. 그렇다고 일제 강점기에 못 입으란 법은 없다. 육사가 '내가 바라는 손님'이란 '꼭 만나보고 싶은 사람'이며 '남성'이다. 도포는 남성 예복이기 때문이다. 그 사람이 정다운 '친구'이거나 또는 독립운동을 하던 '애국투사'일 수도 있다. 그 경우에는 '청포'가 '광복'·'희망찬 소식' 등의 상징어가 된다. '고달픈 몸으로'에서 일제하의 우리 겨레는 친일파 인물들을 제외하면 모두 고달팠던 것이다. 설령 '손님'이 애국투사라 하더라도 그는 친구이며 이 작품의 주제는 짙은 향토애와 정다운 우정의 추구를 하고 있다고 보아야 할 것 같다.

절정

매운 계절의 채찍에 갈겨
마침내 북방으로 휩쓸려 오다.

하늘도 그만 지쳐 끝난 고원(高原)
서릿발 칼날진 그 우에 서다.

어디다 무릎을 꿇어야 하나
한 발 재겨 디딜 곳조차 없다.

이러매 눈 감아 생각해 볼밖에
겨울은 강철로 된 무지갠가 보다.

주제 수난 속의 조국 현실 극복 의지
형식 2행 4연의 자유시
경향 서정적, 상징적, 애국적
표현상의 특징 간결한 시어로 심도 있는 이미지의 상징적인 표현을 하고 있다. 각 연의 종결어미를 '~다'로 한결같이 똑같게 맺는다. 한시의 격식인 기승전결(起承轉結)의 표현기법을 도입하고 있다.

이해와 감상

이 시는 가중되는 일제 탄압의 극한 상황 속에서도 현실을 굳세게 견디어 냄으로써 조국 광복을 기약하자는 눈부신 극복의 의지가 담겨 있다.

'겨울은 강철로 된 무지갠가 보다'에서, '겨울'은 조국의 수난. '강철'은 '물방울의 무지개'가 아닌 '강력한 조국 광복의 의지'의 상징어다. '무지개'를 '조국 광복'으로 해석할 때, '강철로 된 무지개'는 제1연의 첫 행 '매운 계절의 채찍', 즉 '가혹한 일제 압박' 과의 대결에서 '강철 같은 굳센 희망' 의, 투철한 저항의지의 메타포(은유)다.
 암담한 현실을 극복하는 '강철같이 굳센 무지개' 라는 은유가 담긴 절대적인 시미(詩美)의 세계를 형상화한 것은, 시인의 고결한 정신의 승화였다. 그러기에 박두진(朴斗鎭)은, "이 8행 4연의 서정시가 표출해 주는 절박한 민족적 현실과 정황은 다른 어떠한 신문 기록으로도, 수만 수천어로도 표현하지 못하고, 오직 시만이 할 수 있는 압축성과 응결성, 그러한 감정적 진실과 표현의 진실을 획득하고 있다"고 평했다. 또한 강인한 남성적 시어의 구사는, "시란 그에게 있어서는 금강석처럼 굳은 그의 기백의 소산이며, 유언을 대신하는 삶의 최종적인 언어" (金宗吉「육사의 시」)라는 평도 소중하다.

광야曠野

까마득한 날에
하늘이 처음 열리고
어디 닭 우는 소리 들렸으랴.

모든 산맥들이
바다를 연모戀慕해 휘달릴 때도
차마 이 곳을 범犯하던 못하였으리라.

끊임 없는 광음光陰을
부지런한 계절이 피어선 지고

큰 강물이 비로소 길을 열었다.

지금 눈 내리고
매화 향기 홀로 아득하니
내 여기 가난한 노래의 씨를 뿌려라.

다시 천고千古의 뒤에
백마 타고 오는 초인超人이 있어
이 광야에서 목놓아 부르게 하리라.

주제	조국 광복의 새 세계 동경
형식	3행 5연의 자유시
경향	상징적, 애국적
표현상의 특징	세련된 시어로 심도 있는 이미지를 표현하고 있다. 3행시 형식으로 5연을 엮고 있다. 종결어미에 '~랴', '~라' 등 역동적 표현을 강조하고 있다. 관념적인 시어가 두드러진다.

이해와 감상

 윤동주 등과 함께 일제 말기의 민족시인·저항시인으로 일컬어지는 육사의 대표작의 하나다. 제1~3연에서는 과거를, 제4연은 현재, 제5연은 미래를 노래함으로써 '까마득한 날' 에서 '다시 천고의 뒤' 까지의 시간의 흐름이 담긴다.
 '광음' (光陰)은 세월, '강물' 은 문명, '매화 향기' 는 조국 광복의 기운을 상징하며, '백마 타고 오는 초인' 은 광복을 이루는 초현실적 민족 정신을 가리킨다. 이육사는 전후 17회나 투옥되었고, 끝내는 그 옥고로 인해 40세에 요절한 독립운동 투사며, 일본 제국주의의 죄악사를 정통 문학으로써 고발한 영원한 민족시인이다.

오장환(吳章煥)

충청북도 회인(懷仁)에서 출생(1916~미상). 해금시인(解禁詩人). 서울의 휘문중학 중퇴. 1933년 『조선문학』 4호에 산문시 「목욕간」을 발표하며 문단활동을 시작했다. '시인부락' 동인. 8·15광복 직후에 조선문학가동맹의 시부위원으로 활동. 시집 『성벽(城壁)』(1937), 『헌사(獻辭)』(1939), 『병든 서울』(1946), 『나 사는 곳』(1947) 등이 있다.

The Last Train

저무는 역두驛頭에서 너를 보냇다.
비애悲哀야!

개찰구에는
못 쓰는 차표와 함께 찍힌 청춘의 조각이 흐터저잇고
병든 역사가 화물차에 실리여간다.

대합실에 남은 사람은
아즉도
누궐 기둘러

나는 이곳에서 카인을 맛나면
목노하 울리라.

거북이여!느릿느릿 추억을 실고 가거라
슬픔으로 통하는 모든 노선이
너의 등에는 지도처럼 펼처잇다.

※ 한글 철자법은 원문대로임

주제	절망적인 현실 고발
형식	5연의 자유시
경향	상징적, 저항적, 감상적
표현상의 특징	상징적으로 풍자적 이미지를 강력하게 표현하고 있다. 생략법을 쓰면서도 비극적 현실을 감정적으로 비판한다. '비애야!' (제1연), '거북이여!' (제5연)에서처럼 '~야'와 '~여' 등의 호격조사로써 비통하게 외치고 있다.

이해와 감상

20세기 초, 기성 도덕이며 전통적 권위에 반기를 들었던 이른바 모더니즘(modernism)에 심취하며, 암담한 일제 강점기에 대한 저항의식이 강했던 그 대표적인 시인이 오장환이다.

식민지의 지식 청년으로서의 현실적인 고통은 'The Last Train' 과도 같은 시대고(時代苦) 속에 '막차'를 떠나보내는 절망 속에 빠졌던 것이다. 그러기에 이 작품은 감상적이기는 하되, 서정의 바탕 위에서 상징적 또는 낭만적 풍자시를 이따금씩 썼던 오장환의 대표작이기도 하다.

'저무는 역두에서 너를 보냈다/ 비애야!' (제1연)에서처럼, 이 작품의 시대적인 배경은 일제 식민지라는 절망적 현실이다.

얼핏 보기에는 로맨틱한 낭만주의의 퇴폐적인 시 같으나, 오히려 의식이 강한 주지적인 면도 드러내는 낭만적인 풍자시에 속한다.

비극적 현실 속에 '병든 역사가 화물차에 실리어' (제2연) 가고, '대합실에 남은 사람은/ 아즉도/ 누귈 기둘러' (제3연) 하듯이, 누구도 기다릴 사람이 없으며, 망국(亡國)의 역사 속에 어떠한 빛도 희망도 소망도 없는 암흑과 절망에 가로놓인 것이다.

'나는 이곳에서 카인을 맛나면/ 목노하 울리라' (제4연)고 한다.

자기의 친동생을 때려죽인 살인자인 원죄(기독교의 『성경』)의 주인공 '카인'을 만나면 목놓아 울겠단다. 그러기에 지금(일제 강점기)의 일본 군국주의자들의 죄악은 카인을 훨씬 더 능가하는 잔혹한 것이라는 풍자적인 강렬한 메타포다.

오장환은 거북이 등판의 균열(龜裂)을 슬픔으로 통하는 노선도(路線圖)로써 비유하면서, '느릿느릿 추억을 실고 가거라' (제5연)고 하는 것은 또한 무슨 뜻인가.

지금의 비극은 앞으로 닥칠 더 큰 비극보다는 오히려 나으니, 차라리 그것을 마음 속에 간직하자는 불가항력적인 현실적 절망의 몸부림이다. 그러나 두 말할 나위없이 여기에는 일제에 대한 증오심이 그득차 있는 것이다.

김현승(金顯承)

광주(光州)에서 출생(1913~1975). 호는 남풍(南風), 다형(茶兄). 숭실전문학교 문과 졸업. 1934년 『동아일보』에 시 「쓸쓸한 겨울 저녁이 올 때 당신들은」을 발표하며 문단에 등단했다. 시집 『김현승 시초』(1957), 『옹호자의 노래』(1963), 『견고한 고독』(1968), 『절대 고독』(1970) 등이 있다.

플라타너스

꿈을 아느냐 네게 물으면
플라타너스
너의 머리는 어느덧 파아란 하늘에 젖어 있다.

너는 사모할 줄을 모르나
플라타너스
너는 네게 있는 것으로 그늘을 늘인다.

먼 길에 올 제
호올로 되어 외로울 제
플라타너스
너는 그 길을 나와 같이 걸었다.

이제 너의 뿌리 깊이
영혼을 불어넣고 가도 좋으련만.
플라타너스
나는 너와 함께 신神이 아니다!

수고론 우리의 길이 다하는 어느 날
플라타너스
너를 맞아 줄 검은 흙이 먼 곳에 따로이 있느냐?
나는 길이 너를 지켜 네 이웃이 되고 싶을 뿐
그 곳은 아름다운 별과 나의 사랑하는 창이 열린 길이다.

| 주제 | 고독한 삶과 반려자 추구
| 형식 | 5연의 자유시
| 경향 | 서정적, 상징적, 관념적
| 표현상의 특징 | 간결한 시어 구사로 심도 있는 이미지를 표현하고 있다.
설의법(設疑法)의 강조 표현을 하고 있다. 플라타너스를 시인과 동격(同格)으로 의인화 시키고 있다. 관념적인 표현이 두드러지고 있다.

이해와 감상

『문예』 초하호(1953)에 발표되고, 첫 시집 『김현승 시초』(1957)에 수록된 시다.

김현승은 1930년 말경까지 몇몇 시를 발표한 뒤 해방 후 다시 시를 발표하게 되었다.

플라타너스라는 가로수에 대해 '파아란 하늘'의 꿈을 가지고 사는 모습의 제시 속에 '나와 같이 걸었다'(제3연)고 가로수를 의인화 하는 인격을 부여하였다.

화자는 고독의 반려자가 된 플라타너스에게 영혼을 불어넣고 싶으나, '나는 너와 함께 신이 아니'(제4연)기 때문에 '나는 길이 너를 지켜 네 이웃이 되고 싶을 뿐'(제5연)이라 고백한다.

이 시에 대해서 김현승은 다음과 같은 작가 자신의 설명을 했다.

"인간에게는 반려가 필요하다. 현실적인 반려가 없으면 정신적인 반려라도 필요하다. 그것이 애인이건 친구건 동지이건 또는 일정한 이상이건 하다 못해 자기 자신의 고독이건 자기를 이해하고 격려하고 도와주고 알아주는 반려가 필요하다. 이 시는 플라타너스를 소재로 하여 작가의 고독한, 그러나 꿈을 가진 삶의 반려를 노래하고 있다."

이용악(李庸岳)

함경북도 경성(鏡城)에서 출생(1914~미상). 해금시인(解禁詩人). 일본 죠치대학(上智大學) 신문학과 졸업. 시 「애소유언(哀訴遺言)」(1935. 4), 「임금원의 오후」(1935. 9), 「벌레소리」(1935. 9), 「북국의 가을」(1935. 9) 등을 발표하며 문단에 등단했다. 시집 『분수령(分水嶺)』(1937), 『낡은 집』(1938), 『오랑캐꽃』(1947) 등이 있다.

오랑캐꽃

――긴 세월을 오랑캐와의 싸흠에 살았다는 우리의 머언 조상들이 너를 불러 '오랑캐꽃' 이라 했으니 어찌 보면 너의 뒤ㅅ모양이 머리태를 드리인 오랑캐의 뒤ㅅ머리와도 같은 까닭이라 전한다

안악도 우두머리도 돌볼 새 없이 갔단다
도래샘도 떳 집도 버리고 강건너로 쫓겨 갔단다
고려 장군님 무지 무지 처 드러와
오랑캐는 가랑잎처럼 굴러 갔단다

구름이 모여 골짝 골짝을 구름이 흘러
백년이 몇 백년이 뒤를 니어 흘러 갔나

너는 오랑캐의 피 한 방울 받지 않었건만
오랑캐꽃
너는 돌가마도 텐메투리도 몰으는 오랑캐꽃
두 팔로 해ㅅ빛을 막아줄께
울어 보렴 목놓아 울어나 보렴 오랑캐꽃

※ 한글 철자법은 원문대로임 · 이하 동

주제	오랑캐꽃과 민족사 추구
형식	3연의 자유시
경향	역사적, 해학적, 연상적
표현상의 특징	'오랑캐' 와의 역사며, 꽃의 형태에 관한 설명문을 부제(副題) 대신 달고 있다. 남의 집 부녀를 가리키는 '안악 (아낙)' 등 시인의 함경도 사투리가 시어로 쓰이고 있다. 시각적인 이미지가 선명하게 영상화(映像化) 되고 있다. '갔단다' (제1연)가 3번이나 동어반복한다.

이해와 감상

우선 시어의 해설부터 해둔다. '오랑캐꽃' 이란 '제비꽃' 을 말한다. 자주빛 꽃이 좌우 상칭(左右相稱)으로 한 송이씩 핀다.

'오랑캐' 는 고대에 두만강 건너 동만주와 연해주 일대에 살던 여진족(女眞族)을 가리킨다. 퉁그스계통 부족이며 반농 반수렵족으로서 두만강 북쪽 일대에서 고대부터 우리 나라 사람들과 무력충돌을 했었다.

침입했던 오랑캐들을 용맹한 우리의 '고려 장군' 이 물리치는 바람에 오랑캐는 부녀자 뿐 아니라 그들의 두목(우두머리)조차 내팽개치고, 두만강 건너로 혼비백산 도망쳤단다. 즉 '오랑캐는 가랑잎처럼 굴러 갔다' (제1연)는 유머러스한 해학적 표현을 하고 있다.

'도래샘' 은 빙 돌아서 흐르는 샘물이다. '떳 집' 은 뗏장으로 덮은 움집(土幕). '무지무지' 는 '우악스럽게' 를 뜻한다. '구름이 모여~ 뒤를 니(이)어 흘러 갔나' (제2연)는 오랜 시간과 역사의 흐름을 가리키고 있다. '돌가마' 는 돌로 만든 솥이며, '텔메투리' 는 짐승의 털가죽으로 만든 방한용의 신발이다.

'너는 오랑캐의 피 한 방울 받지 않았건만 / 오랑캐꽃 / 너는 돌가마도 텔메투리도 몰으는(모르는) 오랑캐꽃' (제3연)은 이용악이 '오랑캐' 족 하고 전혀 관계 없는 '오랑캐꽃' 의 순수성을 강조하고 있다.

부제(副題)에서 '오랑캐꽃' 의 형태가 '머리태를 드리인 오랑캐의 뒷ㅅ머리와도 같다' 는 것에서 꽃이름이 생긴 것을 이용악은 단호하게 지적하고 있다.

시인은 함경북도 두만강 일대에 살던 고대의 우리 선조들이 오랑캐들의 침입으로 큰 피해와 고통을 입었던 오랜 역사의 발자취를 오랑캐꽃과 연관지어 민족적 긍지를 신선하게 심상화 시키고 있다.

강ㅅ가

아들이 나오는 올겨울엔 걸어서라두
청진으로 가리란다
높은 벽돌 담 밑에 섰다가
세 해나 못본 아들을 찾어 오리란다

그 늙은인
암소 따라 조이밭 저쪽에 사라지고
어느 길손이 밥 지은 자친지
끄슬은 돌 두어개 시름겨웁다

> 이해와 감상

　이 작품은 일제 치하에 옥고를 치르던 독립운동가인 아들을 그리는 뜨거운 모정(母情)을 제재(題材)로 다룬 이용악의 대표작의 하나이다.
　3년간이나 청진감옥에서 고통받는 아들을 찾아갔건만 일제 옥리로부터 면회조차 거절당한 채 붉은 벽돌담 밑에서 서성거렸던 그 노모가, 금년 겨울에는 엄동설한의 시골길을 걸어서 또 다시 아들 면회를 가겠다는 의지가 담겼다(제1연).
　아들 면회를 하러 가겠다는 노파는 암소를 뒤따라 조밭(함경도 방언·조이밭) 쪽으로 사라졌고, 화자는 누군가 노숙하며 돌에 그릇을 얹어 밥지어 먹은 자리(제2연)가 보기에도 근심스러운 흔적을 이루고 있다고 안타까운 심정을 소박하게 엮고 있다.

슬픈 사람들끼리

다시 만나면 알아 못 볼
사람들끼리
비웃이 타는 데서
타래곱과 도루모기와
피 터진 닭의 볏 찌르르 타는
아스라한 연기 속에서
목이랑 껴안고
웃음으로 웃음으로 헤어져야
마음 편쿠나
슬픈 사람들끼리

> 이해와 감상

　사람이 정든 사람과 헤어진다는 것은 슬픔이 아닐 수 없다. 더구나 그 헤어짐은 영원한 작별인 것이다. '다시 만나면 알아 못 볼/ 사람들끼리' 이기 때문이다.
　이것은 일제 강점기에 독립운동을 하던 동지들이 급박한 처지에 이르러 어쩔 수 없이 서로가 헤어지는 애통한 이별의 술자리를 엮고 있다.
　그들은 '비웃'(청어)이며 '타래곱' 과 '도루모기'(도루묵) 등 생선 안주와 닭볏 따위를 불에 구워 먹으며, 그 연기 속에 서로가 목을 얼싸안고 눈물을 씹어 삼키고 있다.
　이제 헤어지면 언제 다시 만날지 모를, 아니 기약 없는 이별이기에 설령 어디서 먼 훗날 다시 만난다 하여도 그 때는 이미 얼굴이 변해 버려, 서로 알아보지도 못할 그런 절망적인 작별의 자리인 것이다.

백 석(白石)

평안북도 정주(定州)에서 출생(1912~1997). 해금시인(解禁詩人). 본명 기행(夔行). 오산중학(평안북도) 졸업. 도쿄(東京) 아오야마(青山)학원에서 영문학 수학. 1935년 『조선일보』에 시 「정주성」을 발표하며 문단활동을 시작했다. 러시아 시인 『이사코프스키 시선집』 번역 출간(1954), 동화시집 『집게네 네 형제』(1957), 시 「돌아온 사람」 등 3편을 『조선문학』(1961, 평양)에 마지막으로 발표한 뒤 공개 발표작품이 없음. 시집 『사슴』(1936) 등이 있다.

개

접시 귀에 소 기름이나 소뿔등잔에 아즈까리 기름을 켜는 마을에서는

겨울 밤 개 짖는 소리가 반가웁다.

이 무서운 밤을 아래 웃방성 마을 돌아다니는 사람은 있어 개는 짖는다.

낮배 어니메 치코에 꿩이라도 걸려서 산넘어 국수집에 국수를 받으려 가는 사람이 있어도 개는 짖는다.

김치 가재미선 동침이가 유별히 맞나게 익는 밤
아배가 밤참 국수를 받으려 가면 나는 큰마니의 돋보기를 쓰고 앉어 개 짖는 소리를 들은 것이다.

※ 한글 철자법은 원문대로임 · 이하 동

주제	향토의 겨울 정취
형식	변형 자유시
경향	감각적, 향토적, 전통적
표현상의 특징	평안도 사투리('반가웁다' 등등)와 더불어 향토적, 전통적 색감이 짙은 시어가 정답게 표현되고 있다. 청각적 이미지와 시각적 이미지의 유별나게 강한 공감각적(共感覺的)인 처리가 매우 빼어나다. 안정된 정서를 연상적 수법으로 엮어 독자를 즐겁게 이끈다.

이해와 감상

1930년대에 청각적 이미지 처리에 가장 뛰어난 감각파 시인 백석의 대표작으로 꼽을 만하다. 쇠기름이나 아주까리 기름으로 등잔불을 켜는 마을(제1행)의 겨울밤의 개 짖는 소리(제2행)는 독자에게도 차가운 하늘을 뒤흔들며 메아리치는 그 소리가 저윽이 정답게 전달된다. 벽지 산촌의 겨울밤은 마을 사람들이 이리저리 정다운 이웃을 찾아다니느

라 어둠 속에 무섭기는 하되, 개 짖는 소리가 오히려 위안이 된다(제3행).
 '어니메(제4연)'는 '어느 곳에'의 방언이고, '치코'는 '그물코'다. '국수집'은 국수를 뽑아서 파는 가게. '가재미'(제5연)는 넙치 비슷한 자그만 바다 물고기인 '가자미'를 가리킨다. 한겨울 밤에 오순도순 둘러앉아 동치미에 국수를 말아 먹는 풍미가 마냥 입맛을 돋우는데 개는 집도 잘 지켜주며 저도 먹고 싶다고 짖어대나 보다.

정주성 定州城

산턱 원두막은 비었나 불빛이 외롭다
헝겊 심지에 아주까리 기름의 쪼는 소리가 들리는 듯하다

잠자리 조을던 무너진 성터
반딧불이 난다 파란 혼魂들 같다
어데서 말 있는 듯이 커다란 산새 한 마리 어두운 골짜기로 난다

헐리다 남은 성문이
하늘 빛같이 훤하다
날이 밝으면 또 메기수염의 늙은이가 청배를 팔러 올 것이다

이해와 감상

 평안북도 정주 땅의 고려 숙종(1095~1105 재위)·예종(1105~1122 재위)때의 옛 정주 성터가 이 작품의 제재(題材)인 시의 무대다. 우리는 조상들이 남긴 성터에 가면 누구거나 으레 민족 역사의 발자취를 가슴 속에 아로새기기 마련이다.
 백석은 한밤에 옛 성터에 올라 성터 저 아래쪽 언덕빼기 농도의 원두막의 희미한 불빛을 조망한다(제1연). 아주까리 기름으로 불을 켜는 등잔 기름이 다 된 듯 원두막의 불빛이 흐리다는 청각 이미지(기름의 조는 소리, 제1연)를 가슴 속으로 연상한다. 물론 먼 거리에서 등잔 기름이 조는 그 소리가 들릴 리 만무하지만.
 여름밤 성터로 날고 있는 반딧불이를 '파란 혼'(제2연)이라고 비유하는 이 대목이 곧 시인이 호국(護國)정신의 메시지를 전하고 있는 중요한 목청이다. 정주성을 지키며 적군(여진족)을 물리치던 용감한 그 옛날 고려의 장병(우리 조상님)들의 자랑스럽고도 눈부시게 빛나는 영혼이 살아서 후손들 앞에 이 밤 반딧불이의 모습으로 화신(化身)하여 날고 있는 것이 아닌가. 이 당시 고려 장군 윤관(尹瓘, 미상~1111)은 예종 2년(1107)에 신기군(神騎軍, 기마병)·신보군(神步軍, 보병)·강마군(降魔軍, 승병) 등 11만 명을 거느리고 정주관(定州關)을 출발하여 여진을 정벌하고 함흥평야를 점령하는 대승을 거두었던 것이다. 여덟팔자 콧수염의 청배 장수 노인(제3연)이야 성터로 오던 말던 말이다.

김용호(金容浩)

경상남도 마산(馬山)에서 출생(1912~1973). 호는 야돈(耶豚), 추강(秋江), 학산(鶴山). 일본 메이지대학 전문부 법과 졸업(1941), 이어 메이지대학 신문고등연구과 수료(1942). 1935년 노자영(盧子泳)이 주재하는 『신인문학』에 시「첫 여름밤 귀를 기울이다」를 발표하고 문단에 등단했다. 일제하의 민족의 비분을 담은 장시「낙동강」을 『사해공론(四海公論, 1938. 9)에 발표하여 주목받았다. 시인 김대봉(金大鳳, 1908~1943)과 『맥(貘)』(1938)을 창간 동인. 시집 『향연』(1941), 『해마다 피는 꽃』(1948), 『푸른 별』(1952), 『날개』(1956), 『의상 세례』(1962), 서사시「남해 찬가」(1952) 등이 있다.

주막酒幕에서

어디든 멀찌감치 통한다는
길 옆
주막

그
수없이 입술이 닿은
이 빠진 낡은 사발에
나도 입술을 댄다.

흡사
정처럼 옮아 오는
막걸리 맛

여기
대대로 슬픈 노정路程이 집산하고
알맞은 자리, 저만치
위엄 있는 송덕비頌德碑 위로
맵고도 쓴 시간이 흘러 가고……

세월이여!
소금보다 짜다는
인생을 안주하여
주막을 나서면,

노을 비낀 길은
가없이 길고 가늘더라만,

내 입술이 닿은 그런 사발에
누가 또한 닿으랴
이런 무렵에.

주제	서민적 삶의 애환
형식	8연의 자유시
경향	서정적, 관조적, 낭만적
표현상의 특징	일상어로 인간애가 담긴 서민 생활의 단면을 기교적으로 정감 있게 표현하고 있다. 시어의 배치 등 조사(措辭)의 구조적인 특색을 보이고 있다. 작자의 소박한 심리적 선의식(善意識)이 뚜렷하게 나타나고 있다.

이해와 감상

주막의 막걸리 잔을 매개체로 해서 인생의 흐름과, 그 흐름 속에 이어지는 생활의 애환이 '수없이 입술이 닿은／이 빠진 낡은 사발에／나도 입술을 댄다'(제2연)로 정답게 표현되어 있다.

주막에 앉아 술잔을 기울이는 시인은 인생무상을 생각하듯, 지난날 위풍스러운 지방 선비의 과장된 송덕비의 주인공도 연상해 본다. 지금의 이빠진 막걸리 잔으로 으름장 놓던 지방관(地方官)도 별 수 없이 입술을 적시며 살았을 것이고, 장터에 나뭇짐을 지고 갔던 이마가 주름진 허름한 초부도 그 잔에 입술을 대고 삶의 애환을 한숨지었던 것을 연상한다.

화자는 스스로가 입술을 댔던 그 잔으로 다음 번에 누가 또 인생의 괴로움을 달래겠는가 연상하는 눈빛이 빛나는 시간이다. 전혀 대수로울 게 없는 투박한 술잔을 심상의 발상체(發想體)인 소재(素材)로 삼아 우리로 하여금 소박한 인간애의 선의식을 훈훈하게 안겨주는 가편(佳篇)이다.

서정주(徐廷柱)

전라북도 고창(高敞)에서 출생(1915~2000). 호는 미당(未堂). 중앙불교전문 수학(1936). 1936년 『동아일보』 신춘문예에 시 「벽」이 당선되어 문단에 등단했다. 1936년에 『시인부락』 주재. 생명파 (인생파) 시인. 시집 『화사집』(1941), 『귀촉도』(1948), 『서정주시선』(1956), 『신라초』(1961), 『동천』(1969), 『국화 옆에서』(1975), 『질마재 신화』(1975), 『80소년 떠돌이의 시』(1997) 등이 있다.

국화菊花 옆에서

한 송이의 국화꽃을 피우기 위해
봄부터 소쩍새는
그렇게 울었나 보다.

한 송이의 국화꽃을 피우기 위해
천둥은 먹구름 속에서
또 그렇게 울었나 보다.

그립고 아쉬움에 가슴 조이던
머언 먼 젊음의 뒤안길에서
인제는 돌아와 거울 앞에 선
내 누님같이 생긴 꽃이여.

노오란 네 꽃잎이 피려고
간밤엔 무서리가 저리 내리고
내게는 잠도 오지 않았나 보다.

주제 생명의 신비와 인연
형식 4연의 자유시
경향 주정적, 불교적, 감상적
표현상의 특징 '그립고 아쉬움에 가슴 조이던', '간밤엔 무서리가 저리 내리고' 등 7·5조의 음수율이 주목되는 표현을 하고 있다. '그렇게 울었나 보다'의 동어반복을 한다.
기승전결의 형식을 갖춘 극적인 전개를 하고 있다.
7·5조의 시작이 서기 405년에 왜땅에서 박사 왕인(王仁)의 와카(和歌) 「난파진가」(매화송)가 효시라는 것은 저자의 『7·5조 시가 연구론』을 참조하실 것.
'국화·소쩍새·먹구름·무서리' 등 토속 정서의 시어구사가 두드러진다.
산문체이면서도 간결한 조사 처리로 시의 이미지를 신선하게 북돋우고 있다.

이해와 감상

　국화라는 식물이 하나의 생명으로서의 치열한 생명 창조의 역정(歷程)을 극명하게 노래한다. 청춘과 삶의 의미를 천착하는 경륜을 가진 여인(누님)에다 국화꽃을 비유하는 생명의 미감 표현수법이 능수능란하다.
　생명에 대한 외경(畏敬)사상을 우주의 섭리로써 순화시키는 시작업이다. 이것은 독실한 불교신도였던 서정주의 불교적인 바탕의 삼세인연설(三世因緣說)과 윤회전생관(輪廻轉生觀) 관조(觀照)의 경지를 제시하는 것이 아닌가 한다. 국화꽃과 소쩍새 울음이며 천둥소리, 또한 무서리는 불교의 연기론(緣起論)에 바탕을 둔 심상 표현으로 보는 것이 일반적인 견해다. 봄날의 소쩍새로부터 가을날에 늙은 누님처럼 생긴 국화가 핀다는 이 계절의 추이와 인생의 긴 과정이 조화미를 이루는 한국 서정시의 가편(佳篇)이다.
　서정주는 「국화 옆에서」의 제3연을 주제연(主題聯)으로 밝히면서, 1947년 가을에 이 시를 쓰게 된 동기를 다음처럼 밝혔다.

　　"모든 젊은 날의 흥분과 모든 감정 소비를 겪고 이제는 한 개의 잔잔한 우물이나 호수와 같은 형이 잡혀서 거울 앞에 앉아 있는 한 여인의 미의 영상이 내게 마련되기까지는 이와 유사한 많은 격렬하고 잔잔한 여인의 영상들이 내게 미리부터 있었음은 물론이다."

동천冬天

　내 마음 속 우리 님의 고운 눈썹을
　즈믄 밤의 꿈으로 맑게 씻어서
　하늘에다 옮기어 심어 놨더니
　동지 섣달 날으는 매서운 새가
　그걸 알고 시늉하며 비끼어 가네.

주제 순수한 사랑의 외경 추구
형식 전연의 자유시
경향 상징적, 불교적, 초현실적
표현상의 특징 7·5조의 잣수율로 엮어져 있다. 압축된 시어로 환상적인 초현실 세계의 표현을 하고 있다. 불교사상을 배경으로 깔고 있다. 고도의 비유의 수법으로 상징적 표현을 하고 있다.

이해와 감상

　『현대문학』제137호(1966. 5)에 실렸고, 제4시집 『동천(冬天)』의 표제가 된 매우 난해한 시이다.
　이 시집의 후기(後記)에서 미당은, "특히 불교에서 배운 특수한 은유법의 매력에 크게 힘입었음을 여기 고백하며, 대성(大聖) 석가모니에게 다시 한 번 감사를 표한다"고 불교의 삼세인연(三世因緣)을 바탕 삼은 시세계인 것을 지적했다.

시 전편을 5행시로 승화시킨 가편(佳篇)이다. 현실이 이상 세계로 승화하여 지고(至高)의 가치가 꽃피었다는 상징적 표현미가 이 난해시의 참 맛인 것.

동지 섣달의 동천(冬天)을 나는 '매서운 새(현실)'도 결코 '즈믄(千, 천) 밤의 고운 꿈으로 맑게 씻'은 '내 마음 속 우리 님의 고운 눈썹(이상)'을 감히 건드리지 못하고 피하여 '비끼어' 간다는 절대 가치에 대한 시적 형상화의 표현이다.

화사 花蛇

사향麝香 박하薄荷의 뒤안길이다.
아름다운 배암……
얼마나 커다란 슬픔으로 태어났기에 저리도 징그러운 몸뚱아리냐.

꽃대님 같다.

너의 할아버지가 이브를 꼬여 내던 달변達辯의 혓바닥이
소리 잃은 채 널름거리는 붉은 아가리로
푸른 하늘이다…… 물어 뜯어라, 원통히 물어 뜯어

달아나거라, 저놈의 대가리!

돌팔매를 쏘면서, 쏘면서, 사향 방초ㅅ길 저놈의 뒤를 따르는 것은
우리 할아버지의 아내가 이브라서 그러는 게 아니라
석유 먹은 듯…… 석유 먹은 듯……가쁜 숨결이야.

바늘에 꼬여 두를까 보다. 꽃대님보다 아름다운 빛……

클레오파트라의 피 먹은 양 붉게 타오르는
고운 입술이다…… 스며라, 배암!

우리 순네는 스물난 색시, 고양이같이 고운 입술……스며라, 배암!

주제	원시적 생명력의 탐구
형식	8연의 자유시
경향	주정적, 관능적, 저항적
표현상의 특징	주정적인 시어로 참신한 감각적 표현을 하고 있다.

  '스며라, 배암' 등 역동적인 명령어 표현을 하고 있다.
  '몸뚱아리', '아가리', '저놈의 대가리', '저놈의 뒤' 등 비어 표현을 하고 있다.

이해와 감상

　서정주가 21세 때에 『시인부락』 제2호(1936. 12)에 발표한 초기 작품이다.
　구약성경에서 무화과를 따먹은 뱀을 통해 이른바 원초적 생명의 상징적 존재로서의 꽃뱀인 '화사집시대'라는 문학기(文學期)가 되었거니와, 시집 『화사집』(1941)을 펴냈을 때 그의 시풍이 '악마적이고 원색적'이라는 평가가 나타났다.
　이것은 동시에 그 당시 보들레르의 퇴폐적 관능미와 저항정신이 서정주의 강렬한 토속적 원생주의(原生主義)와 조화되는 것이었다.
　더구나 이 시에서의 관능적 표현미는 생명의 본원적인 미감(美感)으로 조화시킨 데 있다. 즉, 뱀의 대가리의 남근(男根) 충동, '가쁜 숨결' 절세 미녀 '클레오파트라의 고운 입술'과 '스물난 색시'인 꽃다운 '순네'로 이어지는 관능적 고조의 점층적 표현은 곧 '스며라, 배암'의 관능적 은유의 적극적 행동 양식을 통한 순수생명 탄생으로 이어진다.
　이 시의 바탕은 그 소재와 각도를 달리 구약성서 창세기에 등장하는 아담, 이브시대의 '유혹의 뱀'에 대한 증오와 적개심을 표상한 것이 아니고, 인간이 타락하기 전의 원초적인 생명(뱀)에 대한 때묻지 않은 신비성을 추구하는 것이다. 그러기에 서정주를 이른바 '생명파 시인'으로 평가하기에 이른다.

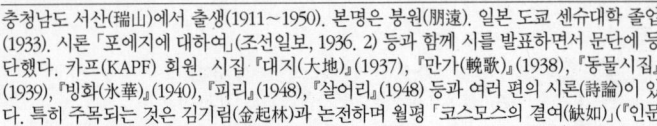

윤곤강(尹崑崗)

충청남도 서산(瑞山)에서 출생(1911~1950). 본명은 붕원(朋遠). 일본 도쿄 센슈대학 졸업(1933). 시론「포에지에 대하여」(조선일보, 1936. 2) 등과 함께 시를 발표하면서 문단에 등단했다. 카프(KAPF) 회원. 시집 『대지(大地)』(1937), 『만가(輓歌)』(1938), 『동물시집』(1939), 『빙화(氷華)』(1940), 『피리』(1948), 『살어리』(1948) 등과 여러 편의 시론(詩論)이 있다. 특히 주목되는 것은 김기림(金起林)과 논전하며 월평「코스모스의 결여(缺如)」(『인문평론』, 1940. 1), 「시정신의 저조」(『인문평론』 1940. 2), 김기림과 정지용을 비판한 시론(詩論)「감각과 주지(主知)」(『동아일보』, 1940. 6) 등 수많은 평론을 발표했고 '고려가요'의 연구 등 대학강단 활동도 펼쳤다.

아지랑이

머언 들에서
부르는 소리
들리는 듯

못 견디게 고운 아지랑이 속으로
달려도
달려 가도
소리의 임자는 없고

또 다시
나를 부르는 소리,
머얼리서
더 머얼리서
들릴 듯 들리는 듯……

주제 불안과 절망의 의식세계
형식 3연의 자유시
경향 절망적, 환상적, 감각적
표현상의 특징 간결한 시어로 낭만적, 환상적 분위기의 심상 표현이 두드러지고 있다. 각 연 끝에 전혀 종결어미를 달고 있지 않다. '들리는 듯', '들릴 듯 들리는 듯' 등의 직유와 동의어(同義語) 반복을 하고 있다.

이해와 감상

윤곤강은 봄날의 아지랑이를 보면서 현실을 초월하는 신비한 환각을 느낀다. 머언 들에서 그를 부르는 주인공은 진정 누구인가.

그것이 청춘의 낭만적 자의식(自意識)의 환각일까. 나를 '머언 들에서/ 부르는 소리'는 절망의 시대 속에 '조국 광복'을 외치는 '민족의 소리'를 스스로 환청하는 것은 아닌가. 그러기에 '소리의 임자'를 찾아 달려간 것인지도 모른다.

『시학』동인으로 활동했던 윤곤강의 일제하의 작품세계는 늘 불안과 절망의 주제 속의 언어표현을 하고 있다는 데 주목해야 한다.

그와 같은 것은 그 당시가 암담한 일제 강점기였다는 것을 우리가 거듭 살펴야 한다.

윤곤강은 일본서 귀국하여 카프에 참가했다가 일본 경찰에 검거(1934. 5 ~12) 당해 장기간 전라북도 경찰부에서 옥고를 치렀는데, 그 당시부터 시를 쓰기 시작했던 것이다.

일제에 항거하며 곤욕을 당하던 시대에 그의 시의 저변에 위기 의식과 절망의 시적 표현은 「아지랑이」와 같은 '먼 들'의 조국 광복의 염원의 소리를 시인이 환청으로 듣고 있었던 것이다.

혹자는 이 시의 주제를 가리켜 '새 봄맞이의 환희'다, 또는 '소리의 주인공을 못 만나는 슬픔' 등으로 내세우기도 한다.

피리

보름이라 밤 하늘의
달은 높이 현 등불 다호라
임하 호올로 가오신 임하
이 몸은 어찌 호라 외오 두고
너만 혼자 훌훌히 가오신고

아으 피 맺힌 내 마음
피리나 불어 이 밤 새오리
숨어서 밤에 우는 두견새처럼
나는야 밤이 좋아 달밤이 좋아
이런 밤이사 꿈처럼 오는 이들—

달을 품고 울던 「벨레이느」
어둠을 안고 가는 「에세이닌」
찬 구들 베고 간 눈감은 고월古月, 상화尙火…

낮으란 게인 양 엎디어 살고
밤으란 일어 피리나 불고지라

어두운 밤의 장막 뒤에 달 벗삼아
임이 끼쳐 주신 보벨랑 고이 간직하고
피리나 불어 설운 이 밤 새오리

다섯 손꾸락 사뿐 감아 쥐고
살포시 혀를 내어 한 가락 불면
은쟁반에 구슬 구을리는 소리
슬피 울어 예는 여울물 소리
왕대숲에 금바람 이는 소리……

아으 비로소 나는 깨달았노라
서투른 나의 피리 소리언정
그 소리 가락 가락 온누리에 퍼지어
메마른 임의 가슴 속에도
붉은 피 방울 방울 돌면
찢기고 흩어진 마음 다시 엉기리

주제 달밤 피리 소리의 정한(情恨)
형식 6연의 자유시
경향 전통적, 환상적, 감상적
표현상의 특징 전래의 한국 고어를 시어로 재현시키는 아케이즘(archaism, 古體主義)의 시도로써 '높이 현' (높이 켠), '다호라' (같구나), '임하' (임이시여), '어찌 호라' (어찌 하라고), '외오 두고' (외따로 멀리 두고), '아으' (아 ; 감탄사) 등을 표현했다.
'벨레이느'는 프랑스 시인 베를렌(P. Verlaine), '에세이닌'은 러시아 시인 예세닌(A. S. Esenin), '고월'은 시인 이장희, '상화'는 이상화를 가리킨다.

이해와 감상

원제는 「피리 부는 밤」이었으나 시집에서 「피리」로 개제되었다.

이 시는 『백민(白民)』 제15호(1948. 7)에 발표되었고, 같은 해 출간된 그의 제5시집 『피리』의 표제시다.

1930년대 중반에 옥고를 치르며 쓰기 시작한 윤곤강의 시의 주제가 대개 불안이나 절망에서 취해졌던 것을 앞에서 지적했다.

윤곤강은 광복 이후 대학 강단에서 연구활동을 하며 시를 쓰던 시기에 민족의 정서와 가락에서 시의 새로운 방법론을 추구하며 「피리」와 같은 전통적 대상을 제재(題材)로 하는 시세계를 펼쳤던 것이다.

그와 동시에 시인은 학문적으로 고려 가요 등 옛 가요 연구에 힘써 『근고조선 가요찬주(近古朝鮮歌謠撰註)』 등 저술 업적을 이루었다.

나비

비바람 험살궂게 거쳐 간 추녀 밑—
날개 찢어진 늙은 노랑 나비가
맨드라미 대가리를 물고 가슴을 앓는다.

찢긴 나래에 맥이 풀려
그리운 꽃밭을 찾아갈 수 없는 슬픔에
물고 있는 맨드라미조차 소태 맛이다.

자랑스러울 손 화려한 춤 재주도
한 옛날의 꿈조각처럼 흐리어
늙은 무녀舞女처럼 나비는 한숨진다.

이해와 감상

일제 강점기에 동물을 제재로써 시를 쓴 윤곤강의 『동물시집』(1938)은 풍자적 표현 등이 평가되었다. 그 대표적인 작품인 나비에게 있어서 날개가 찢어졌다는 것은 곧 나비의 죽음을 가리키는 비극적 메타포다.

나비의 비애를 노래한 이 시는, 19세기 말 보들레르(C. P. Baudelaire, 1821~1867), 베를렌(P. Verlaine, 1844~1896), 랭보(J. N. A. Rimbaud, 1854~1891) 등에 의해 프랑스를 중심으로 일어난 데카당스(Décadence, 퇴폐) 문예사조의 영향을 받은 것으로 보는 견해도 있다. 늙고 병든 나비의 형상을 통하여 그 말로가 환각(幻覺)과 같다는 풍자와 더불어 고려해야 할 것은 역시 일제의 황국신도·군국주의 침략 망상의 발악상(發惡相)을 '날개 찢어진 늙은 노랑 나비'로써 비유하며 풍자하고 있다고 보아야 할 것 같다.

'맨드라미 대가리'는 일제가 침략한 한반도며 만주땅 등 '극동지역'을 상징한다고 보고 싶다. '자랑스러울 손 화려한 춤 재주'란 곧 반어적(反語的)으로 간악한 일제침략 만행을 복합적으로 풍자하고 있는 것이다. 일제 고등경찰에서 고문당하는 등 8개월 동안 온갖 고초를 치렀던 1934년의 악몽을 겪은 이후, 서서히 그의 시작법은 동물을 비유의 대상으로 설정하여 일제의 악랄한 처사를 원숙하게 비판하기에 이른 것이며 그 대표작을 「나비」로 간주된다. 그와 같은 차원에서 윤곤강의 저항의지의 시작업은 이제부터 반드시 재평가되어야 한다고 본다. 시 「왕거미」에서 보면 일제 침략을 '저 놈은 소리도 없이 달려들어/ 단숨에 회회동동 얽어놓고/ 맛나게도 뜯어 먹으리라!' (제5연)로 풍자하고 있다. 또한 굵은 뱀을 노래한 「아사」(餓蛇)에서는 '굵은 배암처럼/ 척— 늘어진 몸둥아리다// 참을 수 없는 식욕이여!' 라고 비판하고 있는 배경을 간과할 수 없을 성 싶다.

그런가 하면 「황소」에서는 일제에 대한 민족적 저항의지가 '삼킨 콩깍지를 되넘겨 씹고. 음메 울며 슬픔을 새기는 것은// 두 개의 억센 뿔이 없는 탓은 아니란다'로써 뜨거운 의지를 은유하고 있다.

윤동주(尹東柱)

북간도(北間島) 동명촌(東明村)에서 출생(1917~1945). 아명은 해환(海煥). 연희전문학교 문과 졸업. 일본 릿쿄대학, 도시샤대학 수학. 1943년 여름방학 때 귀국 직전 독립운동가로 체포되어 2년형을 언도 받고 후쿠오카에서 복역 중 옥사. 일제의 관헌에게 모질게 고문당한 뒤 발병하여 사망한 것으로 추찰된다. 유고시집 『하늘과 바람과 별과 시』(1948)가 있다.

서시序詩

죽는 날까지 하늘을 우러러
한 점 부끄럼이 없기를
잎새에 이는 바람에도
나는 괴로워했다.
별을 노래하는 마음으로
모든 죽어가는 것을 사랑해야지.
그리고 나한테 주어진 길을
걸어가야겠다.

오늘 밤에도 별이 바람에 스치운다.

주제 삶의 진실 추구
형식 2연의 주지시
경향 상징적, 잠언적, 감상적
표현상의 특징 산문체의 주정적인 시어로 전달이 잘 되는 표현을 하고 있다.
　　　　　　잠언적인 심도 있는 이미지가 부각되고 있다.
　　　　　　두 연으로 나누어 있으나 전연체로 볼 수도 있다.

이해와 감상

　이 시는 윤동주가 도일한 다음해인 1941년 11월 20일에 쓴 것이다.
　해방 직후 간행된 윤동주의 유고시집 『하늘과 바람과 별과 시』(1948. 1)의 서두에 놓인 시로, 진실 추구에 대한 시인의 자세가 직서적으로 묘사된 명시다.
　인생의 철리를 담은 한국 현대시의 대표적인 아포리즘(aphorism)의 초기 잠언시다.
　우리는 '죽는 날까지 하늘을 우러러/ 한 점 부끄럼이 없기를' 바라는 이 작품을 통해 시인의 투명한 내심(內心)을 절절히 파악할 수 있다.
　'잎새에 이는 바람에도/ 나는 괴로워' 하는 마음은, 자연의 순수 무구한 나뭇잎 하나, 나뭇가지 하나에서처럼 참다운 자신의 모습을 되새겨 보는 양심 선언의 극치인 것이다.

자아에 대한 내적 응시 속에 조국 광복의 염원이 담겨 있다. 이 작품은 현실에 저항하며 고고하게 살아가려는 빛나는 자세를 노래하고 있다.

1945년 2월 일본 후쿠오카(福岡) 형무소에서 29세의 나이로 시인이 타계한 것도 이와 같은 깨끗한 정신의 항거 속에서 일제와 침묵으로 대결하다 혹독한 고문으로 빚어진 순사(殉死)였던 것 같다. 오늘날 부정부패 때문에 사회적으로 지탄받게 되는 정객 등이 이 빛나는 시어를 함부로 회자하는 것은 윤동주에 대한 모독이므로 각성해야 할 것 같다.

별 헤는 밤

계절이 지나가는 하늘에는
가을로 가득 차 있습니다.

나는 아무 걱정도 없이
가을 속의 별들을 다 헬 듯합니다.

가슴 속에 하나 둘 새겨지는 별을
이제 다 못 헤는 것은
쉬이 아침이 오는 까닭이요,
내일 밤이 남은 까닭이요,
아직 나의 청춘이 다하지 않은 까닭입니다.

별 하나에 추억과
별 하나에 사랑과
별 하나에 쓸쓸함과
별 하나에 동경憧憬과
별 하나에 시와
별 하나에 어머니, 어머니

어머님, 나는 별 하나에 아름다운 말 한 마디씩 불러 봅니다. 소학교 때 책상을 같이했던 아이들의 이름과, 패佩, 경鏡, 옥玉, 이런 이국 소녀들의 이름과, 벌써 아기 어머니 된 계집애들의 이름과, 가난한 이웃 사람들의 이름과, 비둘기, 강아지, 토끼, 노새, 노루, '프랑시스 잼', '라이너 마리아 릴케', 이런 시인의 이름을 불러 봅니다.

이네들은 너무나 멀리 있습니다.
별이 아스라이 멀듯이,

어머님,
그리고 당신은 멀리 북간도에 계십니다.

나는 무엇인지 그리워
이 많은 별빛이 내린 언덕 위에
내 이름자를 써 보고,
흙으로 덮어 버리었습니다.

딴은, 밤을 새워 우는 벌레는
부끄러운 이름을 슬퍼하는 까닭입니다.

그러나 겨울이 지나고 나의 별에도 봄이 오면,
무덤 위에 파란 잔디가 피어나듯이
내 이름자 묻힌 언덕 위에도
자랑처럼 풀이 무성할 거외다.

주제 조국광복에 대한 동경
형식 10연의 자유시
경향 서정적, 낭만적, 애국적
표현상의 특징 전달이 잘 되는 평이한 일상어의 직서적 표현기법이 정서적으로 친근감을 안겨준다.
가을 하늘과 별과 고향땅으로서 정든 북간도의 이국 정서가 낭만적으로 표현되고 있다.
윤동주 특유의 릴리시즘(lyricism)적 발상법과 상징적 · 암시적 표현법이 산문체로 서술되고 있다.

이해와 감상

　유고시집 『하늘과 바람과 별과 시』(1948)에 수록되어 있으나, 실은 연희전문학교 졸업 직전인 1941년 11월 5일의 작품이다.
　'별' 은 윤동주가 설정한 이상(理想)의 상징이다.
　그는 바로 그런 별을 헤면서 과거를 회상하고 어머니를 그리워한다. 조국 땅에서 살지 못하고 만주 북간도 땅으로 쫓겨 간 어머니는 누구인가. 그 어머니는 윤동주의 어머니인 동시에 그 곳에 사는 많은 한국의 어머니들, 일제에게서 버림받은 한국인의 상징적 어머니상(像)이다.
　또한 어머니는 곧 모국(母國)의 표상이며 내 조국의 상징어다.
　윤동주는 오로지 밤낮으로 조국광복의 날만을 염원하면서, '밤을 새워 우는 벌레'와 같이 무능력한 자신을 부끄러워 하면서 별(조국광복의 이상)을 가슴 속 깊이 담았다.

자화상

산모퉁이를 돌아 논 가 외딴 우물을 홀로 찾아가선 가만히 들여다봅니다.

우물 속에는 달이 밝고 구름이 흐르고 하늘이 펼치고 파아란 바람이 불고 가을이 있습니다.

그리고 한 사나이가 있습니다.
어쩐지 그 사나이가 미워져 돌아갑니다.

돌아가다 생각하니 그 사나이가 가엾어집니다.
도로 가 들여다보니 사나이는 그대로 있습니다.

다시 그 사나이가 미워져 돌아갑니다.
돌아가다 생각하니 그 사나이가 그리워집니다.

우물 속에는 달이 밝고 구름이 흐르고 하늘이 펼치고 파아란 바람이 불고 가을이 있고 추억처럼 사나이가 있습니다.

주제	갈등하는 자아 성찰
형식	6연의 자유시
경향	서정적, 상징적, 감각적
표현상의 특징	일상어의 산문체로 독자에게 전달이 잘 되는 표현을 하고 있다. 시 전편에 걸쳐 영상적 수법으로 감각적 표현을 하고 있다.

이해와 감상

이 시는 1939년 9월에 쓴 것이다. 그 당시는 일본의 군국주의자들이 중국을 침략하여 '난징'(南京)에서 중국인 '대학살'(1937. 12. 13)을 자행한 뒤, 중국 각지를 침략하고 '대학의 군사훈련 필수 명령'(1939. 3. 20)이며 '국민징용령'(1939. 7. 8) 공포 등, 삼엄한 군국주의 강화를 시행했었다. 바로 그 시기에 윤동주는 갈등에서 벗어나지 못하고 번뇌하는 자기 자신에 대한 애증의 시를 쓴 것이다.

우물 속에 '한 사나이'를 등장시킨 선명한 자기 인식의 심리적 묘사로써, 일제하의 한 젊은이의 슬픔을 확연하게 부각시키고 있다. '한 사나이'는 우물 속에 비친 시인 자신의 모습이다. 그 우물 속의 얼굴에서 윤동주는 스스로 그 얼굴이 미워지고, 가엾어지고, 그리워지는 까닭은 무엇인가. 그것은 윤동주 시의 본질이라고 할 수 있는 망국민(亡國民)의 '부끄러움'과 조국광복을 이루지 못하고 있는 스스로에 대한 자책감이며 죄의식 때문에서다.

참회록懺悔錄

파란 녹이 낀 구리 거울 속에
내 얼굴이 남아 있는 것은
어느 왕조의 유물이기에
이다지도 욕될까.

나는 나의 참회의 글을 한 줄에 줄이자.
─만 이십 사 년 일 개월을
무슨 기쁨을 바라 살아 왔던가.

내일이나 모레나 그 어느 즐거운 날에
나는 또 한 줄의 참회록을 써야 한다.
─그 때 그 젊은 나이에
왜 그런 부끄런 고백을 했던가.

밤이면 밤마다 나의 거울을
손바닥으로 발바닥으로 닦아 보자.

그러면 어느 운석隕石 밑으로 홀로 걸어가는
슬픈 사람의 뒷모양이
거울 속에 나타나 온다.

주제	망국의 분노와 자아 성찰
형식	5연의 자유시
경향	주지적, 상징적, 애국적
표현상의 특징	산문체의 일상어로 자조적·자학적 표현을 하고 있다. 연마다 영상적(映像的)인 수법의 연상적(聯想的) 표현이 두드러진다. '욕될까', '왔던가', '했던가' 등 회한에 찬 절망적인 의식을 설의법으로 자문하고 있다.

이해와 감상

윤동주는 이육사(李陸史) 등과 더불어 일제말의 대표적인 저항시인으로 손꼽힌다.

이 시는 윤동주가 일경에 체포되기 1년 전에 썼던 작품이다.

만 24년 1개월이라는 세월을 망국(亡國)의 백성으로 살아오는 젊은 시인의 분노와 자책이 너무나도 강렬한 심상화를 이루고 있다.

윤동주 시는 외향적인 밖으로의 외침이 아니라 일제에게 찬탈 당한 조국에서 버림받은 기아(棄兒)처럼 태어난 '부끄러움'의 부각을 시적 본질로 삼고 있다.

그와 같은 '부끄러움'의 이미지는 조국에 대한 죄책감과 결합되어 속죄의식(贖罪意識)으로 나타났다.

그러기에 윤동주는 민족의 슬픈 자화상을 '녹이 낀 구리 거울'을 통해 홀로 들여다보고 있는 '현실적 삶'을 스스로가 죄악으로 깨닫는 '또 하나의 자아'에 대한 자학적인 참회록을 쓴 것이다. 또한 그와 같은 것은 무위 무능하여 멸망당한 조선왕조(朝鮮王朝)에 대한 힐난인 동시에, 어찌지도 못하는 자아의 무력에 대한 자책이다.

박두진(朴斗鎭)

경기도 안성(安城)에서 출생(1916~1998). 호는 혜산(兮山). 『문장』에 시 「향현(香峴)」(1939. 6), 「묘지송」(1939. 6), 「낙엽송」(1939. 9), 「의(蟻)」(1940. 1), 「들국화」(1940. 1) 등 5편이 추천 완료되어 문단에 등단했다. '청록파' (박목월, 조지훈과 함께) 시인 중의 1인. 시집 『해』(1949), 『오도(午禱)』(1954), 『박두진 시선』(1956), 『거미와 성좌』(1961), 『인간 밀림』(1963), 『하얀 날개』(1967), 『수석 열전(水石列傳)』(연작시, 1973), 『고산식물』(1973), 『사도행전』(1973), 『속, 수석열전』(1976), 『야생대』(1977), 『포옹무한』(1981), 『불사조의 노래』(1987), 『수벽을 깬다』(1990) 등과 자작시 해설집 『시와 사랑』(1960), 『한국 현대시론』(1970) 등이 있다.

해

해야 솟아라. 해야 솟아라. 말갛게 씻은 얼굴 고운 해야 솟아라. 산 넘어 산 넘어서 어둠을 살라 먹고, 산 넘어서 밤새도록 어둠을 살라 먹고, 이글이글 애띤 얼굴 고운 해야 솟아라.

달밤이 싫여, 달밤이 싫여, 눈물 같은 골짜기에 달밤이 싫여, 아무도 없는 뜰에 달밤이 나는 싫여……

해야 고운 해야, 늬가 오면 늬가사 오면, 나는 나는 청산이 좋아라. 훨훨훨 깃을 치는 청산이 좋아라. 청산이 있으면 홀로래도 좋아라.

사슴을 따라 사슴을 따라, 양지로 양지로 사슴을 따라, 사슴을 만나면 사슴과 놀고,

칡범을 따라 칡범을 따라, 칡범을 만나면 칡범과 놀고……

해야 고운 해야, 해야 솟아라. 꿈이 아니래도 너를 만나면, 꽃도 새도 짐승도 한 자리에 앉아, 워어이 워어이 모두 불러 한 자리 앉아 애띠고 고운 날을 누려 보리라.

- **주제** 자연과 평화의 찬미
- **형식** 6연의 자유시
- **경향** 종교적, 서정적, 낭만적
- **표현상의 특징** 사설이 많은 산문체의 율조(律調)로 동어반복·유어반복(類語反復) 기교를 쓰고 있다.
  뛰어난 리듬감각으로 신선하고 청초한 심상의 표현을 하고 있다.
  신앙적인 신념을 '해돋이'에 비유하여 감동적인 시세계를 전개시키고 있다.

이해와 감상

『상아탑』 제6호(1946. 5)에 발표되고, 첫 시집 『해』(1949)의 표제가 된 박두진의 대표작이다. '해'는 모든 생명의 근원이며, 삶의 용기와 희열의 상징으로 역동적 이미지를 펼쳐주는 것이다. 8·15 해방의 감격을 '해'라는 구체적 사물을 통하여 상징화 시키고 있다. 침통하기 그지없던 일제 강점기 말기에 시단에 등단했던 박두진은 조국 해방이라는 기쁨의 한 절정에서 비로소 붓을 들어 「해」를 썼다.

'해야 솟아라. 해야 솟아라. 말갛게 씻은 얼굴 고운 해야 솟아라'라는 용출적(湧出的)인 가락으로 역동적 심상미를 담고 있다. 또한 차분한 감정의 억제를 잇대어 준다. 여기서 우리가 주목해야 할 것은 상징적인 시어인 '달밤이 싫여'(제2연)는 지난날의 민족적 슬픔의 배척이고, '청산'(제3연)은 희망차게 약동하는 새로운 조국건설을 상징한다.

지난날의 슬펐던 아픔의 눈물을 새삼스럽게 짓씹으며, '눈물 같은 골짜기에 달밤이 싫여'라는 배격 속에 감상(感傷)의 제어로서의 제3연은 건강한 의식의 밝고 활달한 심상으로서 '훨훨훨 깃을 치는 청산이 좋아라'(제3연)고 솟구치는 의기(意氣)를 표출시키고 있다. '사슴'과 '칡범'은 약자와 강자의 상징어로서, '고운 날'은 조국 광복인 해방의 기쁨과 동시에 인간과 자연의 친화 속에 보람을 이루는 시대를 표상하고 있다.

독실한 기독교 신자인 박두진은 '해'를 통하여, '태초에 하나님이 천지를 창조'했고 '흑암(黑暗)이 깊음 위에' 있어서 신은 '빛이 있으라!'고 명하여 천지간에 광명을 낳게 했다는 「창세기」의 그 빛이 이 땅에 밝게 비춰 주기를 염원했던 것이다. 박두진의 경우 이 시의 내면에서 우리는 그의 신앙적 자연관조의 경건한 자세도 아울러 살필 수 있다.

청록파(靑鹿派) 시인들은 시의 소재를 한결같이 자연에서 구하고 있는데, 자연미를 추구하는 관점이나 표현방법에는 각기 나름대로의 서로 다른 특색이 있다.

도봉道峯

산새도 날아와
우짖지 않고,

구름도 떠가곤
오지 않는다.

인적 끊인 곳
홀로 앉은 가을 산의 어스름.

호오이 호오이 소리 높여
나는 누구도 없이 불러 보나.

울림은 헛되이
빈 골 골을 되돌아올 뿐.

산 그늘 길게 늘이며
붉게 해는 넘어가고

황혼과 함께
이어 별과 밤은 오리니.

삶은 오직 갈수록 쓸쓸하고
사랑은 한갓 괴로울 뿐.

그대 위하여 나는 이제도, 이
긴 밤과 슬픔을 갖거니와,

이 밤을 그대는, 나도 모르는
어느 마을에서 쉬느뇨?

주제	가을날의 비탄과 우수(憂愁)
형식	2행 10연의 자유시
경향	서정적, 낭만적, 감상적
표현상의 특징	일상어에 의한 직서적인 표현으로 독자에게 전달이 잘 된다. 각 연을 2행시로 구성하고 있다. 작자의 삶의 성찰이 진술하게 드러나고 있다. 낭만적이고 감상적인 시어가 두드러지고 있다. 수사에 설의법(設疑法)을 쓰고 있다(마지막 연).

이해와 감상

　3인 시집 『청록집』(1946)에 수록된 작품이며, 서울 외곽의 도봉산에 올랐을 때 고독하고 암담한 현실에 좌절한 심경을 침통하게 엮고 있다. 박두진은 일제 침략기의 고통받던 발자취를 「시와 사랑」에서 다음처럼 지적하고 있다.
　"산을 찾고, 산에 숨어 살고, 그리고 안으로 울고, 그러한 심정을 얼마간 시로써 미화시키는 것으로 자위(自慰)를 삼았다. (중략) 그리하여 도피도 장했고, 서러움을 노래하는 것도 하나의 지조였다. 최후의 모국어에 그지없는 애착을 느끼고 그것을 깎고 다듬고 그 말로써 울었다." 10연의 작품이나 내용상 4개 문단으로 나누어 살피는 게 알맞다.
　광복직후 정치·사회적 혼란기의 고독한 상황을 담은 제1문단(1~3연), 역시 가을날의 외로움의 공허속의 제2문단(4~5연), '삶은 오직 갈수록 쓸쓸하고/ 사랑은 한갓 괴로울 뿐'이라는 소외감과 좌절의 제3문단(6~8연), 이상적인 대상에 대한 그리움을 호소하는 제4문단(9~10연)이다. 그런데 제7연의 '밤은 오리니'의 '밤'은 실제의 밤이며, 제9·10연의 '밤'은 모두 일제 강점기인 암흑시대를 상징한다.

이한직(李漢稷)

서울에서 출생(1921~1976). 호는 목남(木南). 일본 게이오(慶應)대학 법학과 3년 재학중 일본군 학도병으로 징집당했고 해방 이후 귀국했다. 『문장』에 시 「풍장」(1939. 5), 「온실」(1939. 8), 「낙타」 (1939. 8) 등이 추천 완료되어 문단에 등단했다. 대표시 「가정」(1939. 11), 「놉새가 불면」(1940. 3), 「동양의 산」(1952. 1), 「여백에」(1952. 1). 유고시집으로 『이한직 시집』(1977, 저자 소장)이 있다.

낙타

눈을 감으면

어린 시절, 선생님이 걸어 오신다.
회초리를 들고서

선생님은 낙타처럼 늙으셨다.
늦은 봄 햇살을 등에 지고
낙타는 항시 추억한다.
―옛날에 옛날에―

낙타는 어린 시절, 선생님처럼 늙었다.
나도 따뜻한 봄볕을 등에 지고
금잔디 위에서 낙타를 본다.

내가 여윈 동심의 옛 이야기가
여기 저기
떨어져 있음직한 동물원의 오후.

주제	어린 시절의 회고
형식	5연의 자유시
경향	서경적, 상징적, 회고적
표현상의 특징	산문적인 표현이나 주정적인 이미지의 내면 세계가 차분하게 표현되고 있다.

전체적으로 시 내용이 쉽게 전달되고 있다.
윤리의식을 담아 상징적으로 '선생님' 과 '낙타' 를 상관적으로 비유를 하고 있다.

이해와 감상

이 시는 「온실」과 함께 정지용의 추천으로 『문장』 제7호(1939. 8)에 발표된 작품이다.

이한직은 과작(寡作)의 시인으로서 모두 21편의 시를 유고시집인 『이한직 시집』에 담아 오늘에 남기고 있다.

늦은 봄날 동물원에서 낙타를 바라보면서, 그 모습을 통해 늙으신 은사와 더불어 소년 시절의 추억이 한 폭의 풍경화와 같이 서경적(敍景的)인 묘사 속에 포근하게 엮어졌다.

'어린 시절, 선생님이 걸어오신다/ 회초리를 들고서' (제1연)에서 이한직은 '낙타'의 쭈굴쭈굴한 형상에서 소년 시절의 늙은 은사의 모습을 연상하고 있어 흥미롭다.

'낙타는 어린 시절, 선생님처럼 늙었다' (제3연)고 하는 이 낙타의 의인화의 수법은 그 당시 만 18세의 약관(弱冠)에 쓰여진 것이었다. 윤리의식을 형상화 하고 있는 그의 시적 천재성에 대해 시인 박목월(朴木月)은 '조숙한 것도 슬픈 숙명일까/ 열 여덟에 떠오른 시단의 찬란한 별' 이라고 추모시 「이한직」에서 칭송하고 있다.

박두진(朴斗鎭)은 이한직의 추모사 「한직, 한직」에서, "1939년도는 암담한 시대였다. 무릇 민족이 지니고 있는 모든 민족적인 것을 모조리 박탈 말살하려던 제국주의 일본의 발악과 강포(强暴)가 차츰 그 극에 달해가고 있을 때였다. 이때 마지막 켜는 등불처럼 우리 앞에 나타난 것이 문예지 『문장』이었다. 그리고 그 비운(悲運)의 민족의 최후의 서정을 가장 순수하고 맑은 목소리로 울려내려던 나 어린 시인들이 『문장』의 추천시인들이었다. …(중략)… 그 중에도 특히 가장 나이가 어린 한직의 시는 그 시풍 자체가 매우 참신했다. 여리고 나긋나긋하면서도 격조가 높았다"(『이한직 시집』)고 회고했다.

필자는 『이한직 시집』이 일본에서 간행된(1979. 7) 직후에 그 가족으로부터 보내 준 시집을 신경림(申庚林) 시인을 통해 전달받아 지금껏 간직하고 있다.

동양東洋의 산山

비쩍 마른 어깨가
항의하는 양 날카로운 것은
고발 않고는 못 참는
애달픈 천품天稟을 타고난 까닭일 게다
격한 분화噴火의 기억을 지녔다
그때는 어린데도 심히 노해 볼 수도 있었기 때문이다.

식물들은 해마다 헛되이 뿌리를 박았으나
끝내 삼림森林은 이루지 못하였다
지나치게 처참함을 겪고 나면
오히려 이렇게도 마음 고요해지는 것일까

이제는 고집하여야 할 아무 주장도 없다.

지금 산기슭에 「바즈-카」포가 진동하고
공산주의자들이 낯설은 외국말로 함성을 울린다.
그리고 실로 믿을 수 없을 만큼 손쉽게
쓰러져 죽은 선의善意의 사람들
아 그러나 그 무엇이 나의 이 고요함을
깨뜨릴 수 있으리오
눈을 꼭 감은 채
나의 표정은 그대로 얼어 붙었나 보다.
미소마저 잊어버린

나는 동양의 산이다.

이해와 감상

이한직의 시는 모두 21편이거니와 그의 시세계의 특징은 시대적인 배경을 통해 각기 다른 경향을 보이고 있다.

초기 추천작품을 썼던 1939년도엔 일제 말기의 시 「풍장」이며 「낙타」, 「온실」 등의 시세계는 비교적으로 사뭇 안정되고 고요한 정신적인 배경 속에 작품이 이루어졌다. 일제의 가혹한 한민족 탄압시대였다는 점에서 그것은 안이한 시적 발상(發想)이었다는 평이 지적되기도 한다.

여기 발표된 시 「동양(東洋)의 산」은 시상(詩想)이 거세게 작동하면서 6·25 동족상잔의 시대적인 격랑(激浪)을 작품에 직설적으로 표현하고 있다. 더구나 이데올로기의 비판으로서 '공산주의자들이 낯설은 외국말로 함성을 울린다/ 그리고 실로 믿을 수 없을 만큼 손쉽게/ 쓰러져 죽은 선의(善意)의 사람들'(제3연)을 고발하는 과감한 표현을 주저하지 않는다.

이한직은 6·25동란 당시에는 종군작가의 일원이 되어 공군 소속인 '창공구락부'(蒼空俱樂部, 창설단장은 아동문학가였던 馬海松)에 속해 활동했다. 이 시기에 이 작품과 「여백(餘白)에」를 썼고, 뒷날 『한국시단』(韓國詩壇, 1968. 10, 韓國新詩六十年 記念事業會 발행)에도 발표했다.

「동양의 산」에서 화자는 스스로를 회의하고 탄식하면서, '아 그러나 그 무엇이 나의 이 고요함을/ 깨뜨릴 수 있으리오/ 눈을 꼭 감은 채/ 나의 표정은 그대로 얼어붙었나 보다/ 미소마저 잊어버린// 나는 동양의 산이다'(제3·4연)라고 비통해 하는 아픔의 시를 쓰고 있다.

1960년 4·19 이후에 이한직이 다시 4·19정신을 기리는 시 「깨끗한 손을 가진 분이 계시거든」과 「진혼(鎭魂)의 노래」를 썼던 것 역시 민족사를 배경으로 하는 일종의 상황시(狀況詩)였다고 본다.

조지훈(趙芝薰)

경상북도 영양(英陽)에서 출생(1920~1968). 본명은 동탁(東卓). 혜화전문 문과 졸업. 『문장』에 시 「고풍의상」(1939. 4), 「승무」(1939. 12), 「봉황수」(1940. 2) 등이 추천 완료되어 문단에 등단했다. 1940년 『백지』 동인. 세칭 청록파 시인 중의 1인. 시집 『풀잎 단장(斷章)』(1952), 『지훈 시선』(1956), 『역사 앞에서』(1959), 『승무(僧舞)』(1975), 『조지훈 시집』(1983), 『지훈육필시집』(2001), 시론 『시의 원리』(1953) 등이 있다.

승무僧舞

얇은 사紗 하이얀 고깔은
고이 접어서 나빌레라.

파르라니 깎은 머리
박사薄紗 고깔에 감추오고

두 볼에 흐르는 빛이
정작으로 고와서 서러워라.

빈 대臺에 황촉불이 말없이 녹는 밤에
오동잎 잎새마다 달이 지는데

소매는 길어서 하늘은 넓고
돌아설 듯 날아가며 사뿐히 접어 올린 외씨보선이여!

까만 눈동자 살포시 들어
먼 하늘 한 개 별빛에 모두오고

복사꽃 고운 뺨에 아롱질 듯 두 방울이야
세사에 시달려도 번뇌는 별빛이라.

휘어져 감기우고 다시 접어 뻗는 손이
깊은 마음 속 거룩한 합장인 양하고

이 밤사 귀또리도 지새우는 삼경三更인데
얇은 사紗 하이얀 고깔은 고이 접어서 나빌레라.

주제	한국 불교의 고전미
형식	9연의 자유시
경향	서정적, 불교적, 고전적
표현상의 특징	주정적인 섬세한 시어로 리듬감을 살리고 있다. 승무하는 여인의 외면과 내면을 구상적으로 표현하고 있다. 불교적인 선미(禪美)를 의식화 시키고 있다. '나빌레라(나비일레라의 준말로 나비와 같구나의 뜻)', '파르라니', '감추오고', '정작으로', '외씨보선', '삼포시', '모두오고' 등의 정감적 시어 구사를 하고 있다.

이해와 감상

이 시는 조지훈이 『문장』지에 추천된 두 번째의 작품이며, 『청록집』(1946)에도 수록되었다. 흔히 조지훈의 대표작으로 꼽는다.

촛불 켠 산사(山寺)의 오동잎 지는 달밤의 여승의 춤을 통한 불교적 승화의 의미를 추구하는 이 시는 각 연을 우리가 다음처럼 구분하면 이해가 쉬워질 것이다.

제1연은 고깔의 모양, 제2·3연은 고깔을 쓴 머리와 얼굴의 모습, 제4연은 춤추는 장소, 제5연은 팔다리의 움직임, 즉 춤사위의 특징, 제6·7연에서는 춤추는 여승의 얼굴 표정, 제8연에서는 손놀림의 신비스런 조화를 노래하고, 끝 연에서는 첫 연의 표현을 반복하여 수미상관의 안정감을 시도하는 동어반복의 강조를 하고 있다.

조지훈은 이 시를 쓴 경위를 밝히고 있다. 즉 그는 실제로 산사에서 여승이 춤추는 것을 보고 쓴 것이 아니란다. 그는 「승무」를 쓰게 된 동기가 한국화가였던 김은호(以堂 金殷鎬) 화백의 「승무도」라는 그림을 보면서 그 광경을 스케치하여 시를 쓰게 되었다.

20세가 되던 해의 여름에 첫 미술전람회에서 김은호(金殷鎬) 화백의 「승무도(僧舞圖)」를 보고 감동을 받았고, 그 몇 달 후 구왕궁(舊王宮) 아악부(雅樂部)에서 「영산회상(靈山會相)」을 듣고 난 뒤 구체화 되었다고 한다.

구체적인 경위를 다음처럼 조지훈의 술회로써 살펴보자.

"「승무」를 비로소 종이에 올리게 된 것은 내가 스무살 되던 해의 첫 여름의 일이다. 미술전람회에 갔다가 김은호의 「승무도」 앞에 두 시간을 서 있는 보람으로 나는 비로소 무려 7, 8매의 스케치를 가질 수 있었다. 움직임을 미묘히 정지태(靜止態)로 포착한 한 폭의 동양화에서 리듬을 찾을 수 있는 것은 당연한 발견이었으나 그 그림은 아마 기녀(妓女)의 승무를 모델로 한 상 싶어 내가 찾는 인간의 애욕, 갈등 또는 생활고의 종교적 승화 내지 신앙적 표현이 결여되어 그때의 초고는 겨우 춤의 외면적 양자를 형상하는 정도의 산만한 언어의 나열에 지나지 않았다. …(중략)… 먼저 초고에 있는 서두의 무대 묘사를 뒤로 미루고 직입적(直入的)으로 춤추려는 찰나의 모습을 그릴 것(제1~3연), 그 다음 무대를 약간 보이고(제4연), 다시 이어서 휘도는 춤의 곡절로 들어갈 것(제5연), 관능(官能)이 샘솟는 노출을 정화시킬 것(제7연), 그 다음 유장(悠長)한 취타(吹打)에 따르는 의상의 선(線)(제8연), 그리고 마지막 춤과 음악이 그친 뒤 교교한 달빛과 동터오는 빛으로써 끝막을 것(제9연), 이것이 그때의 플랜이었으나 이 플랜으로 나오는 사흘동안 퇴고에 퇴고를 거듭하여 스무줄로 된 한 편의 시를 겨우 만들게 되었다. 퇴고하는 중에도 가장 괴로웠던 것은 장삼(長衫)의 미묘한 움직임이었다. 나는 마침내 여덟줄이나 되는 묘사는 지워버리고 나서 단 두 줄로 '소매는 길어서 하늘은 넓고／ 돌아설 듯 날아가며 사뿐히 접어 올린 외씨보선이여' 라 하고 말았다. 이리하여 나는 전편 15행의 「승무」를 이루었던 것이다"(조지훈『詩의 原理』1953).
 시인 자신의 이와 같은 해설은 이 작품을 이해하는 데 도움이 된다. 그러나 매우 안타까운 사실은 「승무」가 직접 산사에서 여승이 춤추는 광경을 보고 난 뒤에 그 감동을 썼더라면 얼마나 좋았을까 하는 점이다. 그뿐 아니라 이당 김은호 화백의 모델이 된 것이 '여승'이 아니라 '기녀'였다는 것도 화백의 작위적인 작업태도를 엿보게 한다.
 일찍이 송재영(宋在永) 교수가 조지훈의 시세계를 논하면서, "그의 시는 액자 속에 갇힌 한 폭의 아름다운 풍경화처럼 보인다"(「조지훈론」1971)고 했는데, 그것은 조지훈 시의 심미적 표현의 한계를 지적한 것이기도 하다. 즉 한정된 언어에 구속당하는 시작법에 대한 것이다.

고풍의상古風衣裳

하늘로 날을 듯이 길게 뽑은 부연附椽 끝 풍경이 운다.
처마 끝 곱게 늘이운 주렴에 반월이 숨어
아른아른 봄 밤이 두견이 소리처럼 깊어가는 밤
곱아라 고와라 진정 아름다운지고
파르란 구슬빛 바탕에 자주빛 호장을 받친 호장 저고리
호장 저고리 하얀 동정이 환하니 밝도소이다.
살살이 퍼져 내린 곧은 선이 스스로 돌아 곡선을 이루는 곳
열 두 폭 기인 치마가 사르르 물결을 친다.
치마 끝에 곱게 감춘 운혜雲鞋 당혜唐鞋
발자취 소리도 없이 대청을 건너 살며시 문을 열고,
그대는 어느 나라의 고전을 말하는 한 마리 호접
호접인 양 사풋이 춤을 추라, 아미娥眉를 숙이고……
나는 이 밤에 옛날에 살아 눈 감고 거문고 줄 골라 보리니
가는 버들인 양 가락에 맞추어 흰 손을 흔들어지이다.

주제	한국 의상의 고전미 추구
형식	전연의 자유시
경향	서정적, 고전적, 전통적
표현상의 특징	주정적인 시어로 심도 있는 이미지를 부각시킨다.

부연(네모지고 짧은 서까래), 주렴(구슬을 꿰어 꾸민 발), 호장 → 회장(저고리의 깃·겨드랑이·끝동 등 각 부분에 장식으로 대는 색채 헝겊), 운혜(앞 코에 구름 무늬를 수놓은 여성용 마른신의 하나), 당혜(앞뒤에 당초문을 새긴 가죽신), 호접(蝴蝶, 나비), 아미(蛾眉, 미인의 눈썹) 등 특색 있는 시어가 고전적 분위기를 두드러지게 만든다. '~소리처럼', '호접인 양', '버들인 양' 등 직유의 표현을 하고 있다. '호장'은 잘못된 표현이며, 회장(回裝)이 표준어다.

이해와 감상

　조지훈이 『문장』(1939. 4)에 첫 추천된 작품이며, 『청록집』(1946)에도 발표했다.
　우리나라 고전의상을 제재(題材)로 하는 '옛날식의 옷'이라는 표제(表題) 그대로, 한국 의상의 고전미를 추구하는 작품세계다.
　이 시를 이해하기 위해서는 전편을 5개 문단으로 나누어 풀어보는 게 좋겠다. 시의 배경을 이루는 제1문단(1~3행)을 서두로 하여 제2문단(4~6행)에서 저고리의 우아미가 묘사된다. 제3문단(7~8행)은 치마의 곡선미의 율동, 제4문단(9~12행)에서 나비(호접)로 비유되는 여성미와 제5문단(13~14행)에서 어여쁜 미인의 춤추는 나긋나긋한 맵시가 거문고 가락에 어우러지는 것이다.
　한 폭의 고풍스러운 풍속화 그림을 보는 것 같은 시의 분위기는 역시 「승무」에서와 한결 같은 생동감 넘치는 역동적인 생명의 시가 아닌 정적인 의식세계의 미려사구(美麗辭句)로 장식된 표현미의 테두리에 머물고 있다는 지적을 받게 된다.
　그러기에 조지훈을 추천한 시인 정지용은 그 추천사에서 "매우 유망하시외다. 그러나 당신이 미인화(美人畵)를 그리신다면 이당(以堂) 김은호 화백을 당하시겠습니까. 당신의 시에서 앞으로 생활과 호흡과 연치(年齒)와 생략이 보고 싶습니다"라고 평했다.
　말하자면 전시품 그림과 같은 한계성의 시가 아닌 살아 있는 인간미와 신선한 문학성 등 심미성을 강하게 요청했다는 점을 우리는 아울러 살피게 된다.

너는 지금 3·8선三八線을 넘고 있다

　군용 트럭 한 구석에 누워
　많은 별빛을 쳐다보다 잠이 든다.

　오늘밤을 해주海州에서 쉬면
　내일 어스름엔 평양平壤엘 닿는다.

　갑자기 산을 찢는
　모진 총소리

　산마루 돌아가는 이 지점에서
　부슬비가 내린다.

　잔비殘匪를 경계하는 위하사격威嚇射擊
　이 차에는 실상 M1 한 자루가 있을 뿐.

젊은 중위中尉는
고향집에 가는 것이 즐겁단다.

문득 헤드라이트에 비취는 큰 글씨 있어
〈너는 지금 3·8선을 넘고 있다〉고.

사랑하는 사람들이 마주서서 우는
3·8선 위에 비가 내리는데

옮겨간 마음의 장벽障壁을 향하여
옛날의 삼팔선을 내가 이제 넘는다.

이해와 감상

조지훈의 초기시(추천 작품)인 「고풍의상」을 비롯하여 「승무」, 「봉황수」 등에서는 한국의 고전미며 불교적인 미의식의 세계를 묘사했다.

그러나 8·15 해방을 거쳐 6·25사변 이후에는 그의 시세계가 정치적인 사회시에로 전환한다. 그는 문총구국대(文總救國隊)의 기획위원장(1950)과 국방부의 6·25참전 종군문인단(從軍文人團) 부단장을 역임하면서 시작활동을 했다.

그 시기에 쓰여진 작품의 하나가 「너는 지금 38선을 넘고 있다」다.

6·25(1950. 6·25)때 3·8선을 처내려와 낙동강까지 밀고 내려왔던 인민군이 유엔군과 국군해병대의 9.15(1950. 9. 15) 인천상륙작전 성공으로 수도 서울을 수복하자, 파죽지세로 남하했던 인민군들은 북쪽으로 계속 패퇴(敗退)했다.

이 당시 북진(北進)하는 국군의 대오에서 조지훈은 광복 직후 말로만 들었던 국토분단의 민족 비극의 3·8선을 넘으면서 이 시를 썼던 것이다.

'젊은 중위는/ 고향집에 가는 것이 즐겁단다' (제6연)고 하는 젊은 중위의 고향은 '해주' 인지 '평양' 인지는 알 길 없으나 북한 땅인 것이다. 그 중위는 8·15 이후 3·8선을 넘어 월남했던 젊은이인 것이다.

광복 직후 열강의 소위 '포츠담선언' 으로 우리는 전혀 타의에 의해 국토가 동강나고 이데올로기의 양대 틈바구니에서 비통한 동족상잔을 치렀던 것이다. 그런 뜻에서 조지훈의 이 시는 또한 오늘날 우리에게 많은 것을 생각케도 한다.

박목월(朴木月)

경상북도 경주(慶州)에서 출생(1916~1978). 본명은 영종(泳鍾). 대구 계성(啓聖)중학을 졸업했다. 『문장』에 시 「길처럼」(1939. 9), 「산그늘」(1939. 12), 「그것은 연륜이다」(1940. 9), 「가을 으스름」, 「연륜」(1940. 9) 등이 추천 완료되어 문단에 등단했다. 엄밀한 의미에서 최초의 문단 등단은 동시 「통딱딱 통딱딱」(1933)이 윤석중(尹石重) 편집의 『어린이』 잡지에 특선된 시기인 17세 때였다. 청록파(靑鹿派) 시인 중의 1인. 시 잡지 『심상(心象)』 간행. 시집으로 『청록집』(1946), 『산도화』(1954), 『난·기타』(1959), 『청담』(1964), 『경상도의 가랑잎』(1968), 『무순』(1976), 『박목월 시선집』(1984), 『내 영혼의 숲에 내리는 별빛』(1981) 등과, 자작시 해설집 『보라빛 소묘(素描)』(1959) 등이 있다.

나그네

강나루 건너서
밀밭 길을

구름에 달 가듯이
가는 나그네.

길은 외줄기
남도南道 삼백 리,

술 익는 마을마다
타는 저녁놀.

구름에 달 가듯이
가는 나그네.

주제 자연과 인간의 친화
형식 2행 5연 자유시
경향 서정적, 향토적, 상징적
표현상의 특징 간결한 언어로 엮고 있고, 제2연과 제4·5연은 7·5조의 음수율로 리듬감을 잡고 있다. 대칭적인 '2행시'의 행의 배열과 향토색이 짙은 시어의 함축된 구사를 하고 있다. 제2연·제5연에서 같은 구절로 동어반복을 하고 있다.

이해와 감상

청록파(靑鹿派) 시인 박목월의 대표작이다.

조지훈의 「완화삼(玩花衫)」에 답하는 시로서 두 작품 모두 『상아탑』제5호(1946. 4)에 발표되었다. 기본율조가 7·5조 잣수율로 된 이 작품에 대해 "7·5조를 주로 쓴 김소월의 아류(亞流)"라고 비판한 평론가가 있으나, 7·5조는 백제가요 「정읍사」에 일찍이 나타난 우리의 민요조며 그 율조는 왕인(王仁, 4C~5C)에 의해 일본에까지 전파된 '와카'(和歌)에 역연하다는 것을 상기해야 한다. 상세한 것은 필자의 「7·5조 시가 연구론」(본서의 361쪽)을 참조 바란다.

박목월은 이 시에 대해서 스스로 말하기를 "나그네는 일제의 억압 아래 우리 겨레의 총체적인 얼(魂)의 상징이며, 버리는 것으로써 스스로를 충만하게 하는 그 허전한 심정과 그 심정이 꿈꾸는 애달픈 하늘, 그 달관의 세계, 이런 뜻의 총화적(總和的)인 영상(映像)이다"고 했다. 그러기에 구름에 달 가듯이 가는 나그네에게 남도 삼백 리 술 익는 마을은 인정이 넘치는 정다운 겨레의 터전이다.

'나그네' 하면 자칫 고독과 감상(感傷)에 빠지기 쉬우나 박목월의 시적 기량으로 우리는 인간과 자연 친화(親和)의 순수 서정미를 접하게 된다.

윤사월

송화松花가루 날리는
외딴 봉우리.

윤사월 해 길다
꾀꼬리 울면

산지기 외딴집
눈먼 처녀사

문설주에 귀 대고
엿듣고 있다.

주제	산촌(山村)의 정적미
형식	4연의 자유시
경향	서정적, 향토적, 감상적
표현상의 특징	절제된 시어로 엮은 7·5조 운율의 2행 자유시다. 4연의 구성은 기승전결에 해당한다. 초여름 산 속의 정경을 서경적으로 묘사하고 있다. '송화가루·꾀꼬리·산지기 외딴집·문설주' 등 향토적 색감이 짙은 간결한 시어로 정적미와 애절함을 두드러지게 한다.

이해와 감상

『상아탑』제6호(1946. 5)에 발표된 작품.

'외딴 봉우리·외딴집·눈먼 처녀' 등 3가지의 고독과 비극적인 요소로 시를 구성했다. 특히 '눈먼 처녀'는 가난한 산지기의 과년한 딸로서 이 처녀가 문설주에 귀를 대고 꾀꼬리 울음 소리를 엿듣고 있는 모습은, '윤사월'과 '눈먼 처녀'가 주는 애통스러운 뉘앙스(nuance, 미묘한 특색)와 동시에 빈곤한 전통적 천민(賤民)의 비극성을 고발하고 있다는 새로운 해석을 해야만 한다.

즉 이 시가 성공한 것은 단순한 자연미의 예찬에 머무는 데 있지 않다. 8·15 광복 직후 혼란한 정국이며 빈곤 속에 갈팡질팡하던 시대적 상황에 절망하고 있던 지식층 시 독자들에게 극단적 비극 현실이 한국적 토속 감정으로 비유되어 형상화 되므로써 시문학으로서의 빛을 발하게 되었다고 본다.

김수영(金洙暎)

서울에서 출생(1921~1968). 일본 도쿄 상대에 입학했으나 학병을 피해 귀국(1943). 연희 전문 영문과 중퇴(1945). 1945년 『예술부락』에 시 「묘정(廟庭)의 노래」를 발표하며 문단에 등단했다. 시집 『새로운 도시와 시민들의 합창』(공저, 1949), 『평화에의 증언』(공저, 1957), 『달나라의 장난』(1959), 『거대한 뿌리』(1974), 『주머니 속의 시』(1977), 『달의 행로(行路)를 밟을지라도』(1979), 『시인이여 기침을 하자』(1984) 등이 있다.

눈

눈은 살아 있다.
떨어진 눈은 살아 있다.
마당 위에 떨어진 눈은 살아 있다.

기침을 하자.
젊은 시인이여 기침을 하자.
눈 위에 대고 기침을 하자.
눈더러 보라고 마음 놓고 마음 놓고
기침을 하자.

눈은 살아 있다.
죽음을 잊어버린 영혼과 육체를 위하여
눈은 새벽이 지나도록 살아 있다.

기침을 하자.
젊은 시인이여 기침을 하자.
눈을 바라보며
밤새도록 고인 가슴의 가래라도
마음껏 뱉자.

주제 순수 가치 창조에의 갈망
형식 4연의 산문시
경향 주지적, 상징적, 저항적
표현상의 특징 산문체의 상징적 표현 속에 강렬한 순수 지향의 의지를 표현하고 있다. 일상어이면서도 지적인 내용을 담고 있다. '눈은 살아 있다'와 '기침을 하자'의 동어 반복을 하고 있다.

이해와 감상

 1950년대에 모더니즘(modernism) 시운동에 나섰던 김수영은 한때 도시문명의 비판에 앞장섰다. 하늘에서 내리는 '눈'이 지상에 떨어진 뒤에도 '살아 있다'고 시인은 노래한다. 그러나 여기서 '눈'이 '살아 있다'는 표현은 과연 무엇을 뜻하는 것인가. 눈은 순결의 상징이기도 하지만, 생명의 본질적 현상을 상징적으로 표현하고 있는 것이다.
 따라서 이 시는 실제로 내리는 눈을 묘사한 것이 아니라 눈의 순수성을 통해 불순한 일상적 상황에 대한 배격과 울분을 토로한 것이다.
 '기침'과 '가래침'은 불순한 것에 대한 김수영의 강렬한 비판의식과 저항정신을 상징적으로 표현한 것이다. 시민을 배반한 독재자에게, 신의를 저버린 모든 자에게, 또한 온갖 그릇된 것에 대한 신랄(辛辣)한 고발(기침·가래침)이다. 그러기에 순수 가치 창조에 대한 참다운 소망과 인간적인 고뇌를 담고 있다.
  그동안 김수영은 여러 시편에서 암담하고 험악한 시대사조에 저항하며 건전한 시민 정신 속에서 인간애의 휴머니즘 넘치는 시를 소박한 일상어로 엮는 독자적인 시세계 구축에 힘썼다. 이 점에 관해 김수영은 다음과 같이 말했다.

  "시의 내용— 종교적이거나 사상적인 도그마(dogma, 敎義)를 시 속에 직수입하고 싶은 충동을 느껴 본 일은 없다. 시의 어머니는 어디까지나 언어, 따라서 나는 시의 내용에 대하여 고심해 본 일이 없고 나의 가슴은 언제나 무(無), 이 무 위에서 파괴와 창조가 동시에 이루어진다. 앞으로 남은 문제는 어떻게 하면 생활을 더 심화시키는가 하는 것."

풀

풀이 눕는다
비를 몰아오는 동풍에 나부껴
풀은 눕고
드디어 울었다
날이 흐려서 더 울다가
다시 누웠다

풀이 눕는다
바람보다도 더 빨리 눕는다
바람보다도 더 빨리 울고
바람보다도 먼저 일어난다

날이 흐리고 풀이 눕는다
발목까지
발밑까지 눕는다
바람보다 늦게 누워도
바람보다 먼저 일어나고
바람보다 늦게 울어도
바람보다 먼저 웃는다
날이 흐리고 풀뿌리가 눕는다

이해와 감상

  김수영은 그의 주지적 시의 형상화 작업에서 한결같이 그 내면세계에 저항의지를 결연하게 담는다. 앞의 「눈」에서도 그렇거니와 그의 또 하나의 대표작인 「풀」에서는 자연의 오브제인 사물을 사회현상(social phenomina)에 가탁하여 신랄하게 풍자하고 있다.
  '동풍'(제1연)에 뒤흔들린 '풀은 눕고/ 드디어 울었다/ 날이 흐려서 더 울다가/ 다시 누웠다'는 이 메타포에는 군사독재에 시달렸던 시인 스스로의 아픔이 심도 있게 배어 있는 것이다. 저자와도 늘 명동의 주점 '구만리'에서 만났으며, 고통받던 선배 시인 김수영의 깊은 속을 자주 들을 수 있었다.
  군사정권에 저항하던 시인은 가슴 아프게도 귀가길에 그만 교통사고로 유명을 달리했던 것이다. '날이 흐리고 풀뿌리가 눕는다'는 이 표현에는 어딘가 시인의 눈부신 저항정신의 종국(終局)의 예감이 짙게 밴 결구가 되고 말았으며 그것이 못내 가슴 아프다.

박인환(朴寅煥)

강원도 인제(麟蹄)에서 출생(1926~1956). 경성 제일고보를 거쳐 평양의전 수료. 1946년 『국제신보』에 시 「거리」를 발표했고, 「남풍(南風)」을 『신천지(新天地)』(1947. 7)에 발표하며 문단에 등단했다. 합동시집으로 『새로운 도시와 시민들의 합창』(공저, 1949), 시집 『박인환 시선집』(1955), 『목마와 숙녀』(1976) 등이 있다.

목마木馬와 숙녀淑女

한 잔의 술을 마시고
우리는 버지니아 울프의 생애와
목마를 타고 떠난 숙녀의 옷자락을 이야기한다.
목마는 주인을 버리고 그저 방울 소리만 울리며
가을 속으로 떠났다. 술병에서 별이 떨어진다.
상심한 별은 내 가슴에 가볍게 부서진다.
그러한 잠시 내가 알던 소녀는
정원의 초목 옆에서 자라고
문학이 죽고 인생이 죽고
사랑의 진리마저 애증愛憎의 그림자를 버릴 때
목마를 탄 사랑의 사람은 보이지 않는다.
세월은 가고 오는 것
한 때는 고립을 피하여 시들어 가고
이제 우리는 작별하여야 한다.
술병이 바람에 쓰러지는 소리를 들으며
늙은 여류 작가의 눈을 바라다보아야 한다.
……등대燈臺……
불이 보이지 않아도
그저 간직한 페시미즘의 미래를 위하여
우리는 처량한 목마 소리를 기억하여야 한다.
모든 것이 떠나든 죽든
그저 가슴에 남은 희미한 의식을 붙잡고
우리는 버지니아 울프의 서러운 이야기를 들어야 한다.
두 개의 바위 틈을 지나 청춘을 찾은 뱀과 같이
눈을 뜨고 한 잔의 술을 마셔야 한다.

인생은 외롭지도 않고
그저 잡지의 표지처럼 통속通俗하거늘
한탄할 그 무엇이 무서워서 우리는 떠나는 것일까.
목마는 하늘에 있고
방울 소리는 귓전에 철렁거리는데
가을 바람 소리는
내 쓰러진 술병 속에서 목메어 우는데—

주제 현대인의 불안 의식과 고뇌
형식 전연의 자유시
경향 주지적, 상징적, 낭만적
표현상의 특징 산문체이면서도 리듬감 있는 구성이 독자의 공감도를 높여 주고 있다.
 '술·방울 소리·가을·별·소녀·인생·세월·작별·등대·청춘·잡지의 표지' 와 같은 서정과 낭만적인 시어의 구사로 6·25사변 후 폐허가 되었던 도시(서울)가 다시 조금씩 되살아나고 있는 때의 시대적 불안을 표현하고 있다.
 '목마' 는 불안과 허무의 시대상을 상징한다. 또한 '숙녀' 는 내면세계를 '의식의 흐름' 수법으로 철저하게 추구한 영국 작가 버지니아 울프(Adeline Virginia, Woolf, 1882~1941)를 가리킨다.
 '페시미즘 (pessimism)은 '염세주의' 또는 '비관론' 을 뜻한다.

이해와 감상

『박인환 시선집』(1955. 10)에 수록된 이 작품은 떠나가는 모든 것들에 대한 애상(哀傷)을 낭만적으로 노래한 시다.

6·25사변이라는 동족상잔의 비극이 휘몰아치고 간 폐허의 서울 땅. 불안과 무질서 등이 난무하는 혼란 속에서 치열한 생존경쟁으로 지새던 50년대 초에, 시인 박인환은 불안 의식과 문명의 위기의식을 상징적 수법에 의한 낭만적 감각으로 노래했다.

'한 잔의 술을 마시고' 이야기하는 버지니아 울프의 비극적 생애와 떨쳐 버릴 수 없는 불안과 허무의 시대가 '목마' 로 표상되어 있다. 즉 가을 속으로 떠나가 버린 목마와 숙녀의 허무 의지는 바로 작가의 고뇌이며 동시에 시대적 슬픔이다.

박인환이 애독했던 영국의 여류작가인 버지니아 울프의 출세작은 「제이컵의 집」(Jaycob′s house, 1922)이며, 대표작은 「델러웨이부인」(Mrs. Dalloway, 1925)이다. 「델러웨이부인」은 정치가의 마누라며, 중년여성인 그녀의 하룻 동안의 생활 속에서 과거사를 회고하는 내용으로 엮은 소설이다.

그녀의 작품들은 이른바 '의식의 흐름' (stream of consiousness)의 수법으로 쓴 소설들이다. '의식의 흐름' 이란 미국의 철학자이자, 심리학자며 소설가였던 제임즈(William James, 1842~1910)가 주창했다. 그는 "인간의 의식은 강물처럼 시시각각 변하면서 끊임없이 흐른다" 는 것이었다.

프루스트(Marcel Proust, 1871~1922)의 소설 「잃어버린 시간을 찾아서」(A ` la Recherche du Temps Perdu, 1907~27)와 죠이스(James A. Joyce, 1882~1941)의 「젊은 예술가의 초상」(A Portrait of the Artist as a Young Man, 1916)이 '의식의 흐름' 의 대표적

작품이기도 하다.
 31세의 젊은 나이로 타계한 박인환은 그 짧은 삶을 통해 시와 술을 벗하여 끈질기게 현대사회의 위기와 불안 의식을 낭만적인 감각으로 노래한 우수(憂愁)의 시인이었다.
 이 작품에서도 '목마는 하늘에 있고/ 방울 소리는 귓전에 철렁거리는데/ 가을 바람 소리는/ 내 쓰러진 술병 속에서 목메어 우는데' 와 같은 표현은, 그 당시 직정적(直情的)이며 감상(感傷)에 빠진 시단에 낭만적이며 동시에 주지적인 호소력을 보여주었다.

세월이 가면

지금 그 사람 이름은 잊었지만
그 눈동자 입술은
내 가슴에 있네.

바람이 불고
비가 올 때도
나는
저 유리창 밖 가로등
그늘의 밤을 잊지 못하지.
사랑은 가고 옛날은 남는 것
여름날의 호숫가 가을의 공원
그 벤취 위에

나뭇잎은 떨어지고
나뭇잎은 흙이 되고
나뭇잎에 덮여서
우리들 사랑이
사라진다 해도

지금 그 사람 이름은 잊었지만
그 눈동자 입술은
내 가슴에 있네.

내 서늘한 가슴에 있네.

이해와 감상

 박인환은 6·25동란으로 폐허가 돼 버린 이 땅의 불안한 시대의 우수 어린 시인이었다. 그러기에 그는 벅차게 삶을 고뇌하며 전쟁의 상처 속에서 그 위안제로 낭만적인 노래가 있어야만 했다. 시인은 이와 같은 애틋한 회상의 노래를 지었고, 작곡가였던 그의 벗(이진섭)은 즉흥적으로 그 시에다 샹송 스타일의 곡을 붙여 노래불러 주었던 것이다.
 전쟁이 할퀴고 간 황량한 도시에서 시인은 정서에 목이 말라 그 대신 술로 목을 적시고, 흘러간 사랑을 노래했고, 사랑이 무르익던 여름날의 호숫가며 가을날의 낙엽 지던 공원을 그리워했다.
 이 시를 통해서 우리는 전쟁에 깨어진 빌딩과 포연(砲煙)에 그슬린 벽돌담의 잔해가 나뒹굴던 서울의 1950년대 명동 거리와 초라한 주점 등을 연상(聯想)하게 된다. 오늘의 번화해진 명동에서는 그 옛날의 헐벗었던 자취란 찾을 길 없다.
 다만 6·25이후 한 때 '시공관'이라 부르던 일제 때 '명치좌'(明治座) 극장 외형만이 하나 명동 어귀에 덩그러니 남아있을 따름이다.

김춘수(金春洙)

경상남도 충무(忠武)에서 출생(1922~2004). 일본 니혼(日本)대학 예술과 수학. 1946년 『날개』에 시 「애가」를 발표하고, 1949년 『백민』에 시 「산악」, 『문예』에 시 「사(蛇)」를 발표하며 문단에 등단했다. 시집 『구름과 장미』(1948), 『늪』(1950), 『기(旗)』(1951), 『인인(隣人)』(1953), 『제일 시집』(1954), 『꽃의 소묘』(1959), 『부다페스트에서의 소녀의 죽음』(1959), 『타령조 기타』(1969), 『처용』(1974), 『남천(南天)』(1977), 『비에 젖은 달』(1980), 『처용 이후』(1982), 『서서 잠드는 숲』(1993), 『거울 속의 천사』(2001), 『쉰 한 편의 비가(悲歌)』(2002) 등이 있다.

꽃

내가 그의 이름을 불러 주기 전에는
그는 다만
하나의 몸짓에 지나지 않았다.

내가 그의 이름을 불러 주었을 때
그는 나에게로 와서
꽃이 되었다.

내가 그의 이름을 불러 준 것처럼
나의 이 빛깔과 향기에 알맞는
누가 나의 이름을 불러 다오.
그에게로 가서 나도
그의 꽃이 되고 싶다.

우리들은 모두
무엇이 되고 싶다.
나는 너에게 너는 나에게
잊혀지지 않는 하나의 의미가 되고 싶다.

주제	사물의 존재론적 인식과 가치 추구
형식	4연의 주지시
경향	주지적, 초현실적, 심층심리적
표현상의 특징	심층심리적인 바탕에서 꽃을 '그' 등으로 의인화(擬人化) 시키고 있다. 꽃과 나의 '존재'와 '관계'를 초현실적 수법으로 표현하고 있다. 일상적인 용어로 주지적 표현을 하고 있다.

> 이해와 감상

『현대문학』(1955. 9)에 발표되었다. 이 시는 서정시가 아니다. '꽃'이라는 생명체에 대한 존재론적 인식과 그 내면 세계를 추구하고 있는 심층심리적인 쉬르레알리슴의 시다.
'내가 그의 이름을 불러 주었을 때/ 그는 나에게로 와서/ 꽃이 되었다'(제2연)고 하는 꽃과 나의 '관계'가 비로소 초현실적으로 성립된다.
'이름을 불러 주었'다는 호명(呼名)에서 드디어 꽃의 존재가 확립된 것이다.
흔히 꽃을 그 형태미며 향기와 생명력을 가지고 노래해 온 서정시가 아닌, 주지시다.
말하자면 지성과 이미지를 근본으로 하는 시의 존재가치며 그 궁극적인 내면세계로 화자가 사상(思想)을 가지고 초현실적으로 들어가고 있다. 화자는 그가 꽃과 만나 꽃의 이름을 불러주어 교감(交感)하더니 이번에는 그가 '꽃'이 되기를 소망한다. 즉 '나의 이 빛깔과 향기에 알맞는/ 누가 나의 이름을 불러다오'(제3연) 하고 애원한다. 일상적인 의미로서의 꽃의 시가 아닌 삶의 새로운 의미를, 그 가치를 부여하는 시다.

부다페스트에서의 소녀의 죽음

다뉴브강에 살얼음이 지는 동구(東歐)의 첫겨울
가로수 잎이 하나 둘 떨어져 뒹구는 황혼 무렵
느닷없이 날아온 수 발의 소련제 탄환은
땅바닥에
쥐새끼보다도 초라한 모양으로 너를 쓰러뜨렸다.
바쉬진 네 두부(頭部)는 소스라쳐 삼십 보 상공으로 뛰었다.
두부를 잃은 목통에서는 피가
네 낯익은 거리의 포도를 적시며 흘렀다.
──너는 열 세 살이라고 그랬다.
네 죽음에서는 한 송이 꽃도
흰 깃의 한 마리 비둘기도 날지 않았다.
네 죽음을 보듬고 부다페스트의 밤은 목놓아 울 수도 없었다.
죽어서 한결 가비여운 네 영혼은
감시의 일만의 눈초리도 미칠 수 없는
다뉴브강 푸른 물결 위에 와서
오히려 죽지 못한 사람들을 위하여 소리 높이 울었다.
다뉴브강은 맑고 잔잔한 흐름일까,
요한 시트라우스의 그대로의 선율일까,
음악에도 없고 세계 지도에도 이름이 없는

한강의 모래 사장의 말없는 모래알을 움켜쥐고
왜 열 세 살 난 한국의 소녀는 영문도 모르고 죽어 갔을까?
죽어 갔을까, 악마는 등 뒤에서 웃고 있었는데
한국의 열 세 살은 잡히는 것 한 낱도 없는
두 손을 허공에 저으며 죽어 갔을까,
부다페스트의 소녀여, 네가 한 행동은 네 혼자 한 것 같지가 않다.
한강에서의 소녀의 죽음도
동포의 가슴에는 짙은 빛깔의 아픔으로 젖어든다.
기억의 분憤한 강물은 오늘도 내일도
동포의 눈시울에 흐를 것인가,
흐를 것인가, 영웅들은 쓰러지고 두 주일의 항쟁 끝에 너를 겨눈
같은 총부리 앞에
네 아저씨와 네 오빠가 무릎을 꾼 지금
인류의 양심에서 흐를 것인가,
마음 약한 베드로가 닭 울기 전 세 번이나 부인한 지금,
다뉴브강에 살얼음이 지는 동구東歐의 첫 겨울
가로수 잎이 하나 둘 떨어져 뒹구는 황혼 무렵
느닷없이 날아온 수 발의 소련제 탄환은
땅바닥에
쥐새끼보다도 초라한 모양으로 너를 쓰러뜨렸다.
부다페스트의 소녀여
내던진 네 죽음은
죽음에 떠는 동포의 치욕에서 역逆으로 싹튼 것일까.
싹은 비정非情의 수목들에서보다
치욕의 푸른 멍으로부터
자유를 찾는 네 뜨거운 핏속에서 움튼다.
싹은 또한 인간의 비굴 속에 생생한 이마아지로 움트며 위협하고
한밤에 불면의 염염炎炎한 꽃을 피운다,
부다페스트의 소녀여.

주제 자유 수호를 위한 불멸의 의지
형식 전연의 자유시
경향 주지적, 시사적, 풍자적
표현상의 특징 산문체의 일상어로 직서적인 표현을 하고 있다. 긴장된 언어와 박력 있는 역동적 표현이 두드러진다. 부다페스트의 소녀와 서울의 소녀를 상호 연관적 수법으로 심화 시킨다.
'뛰었다', '않았다', '없었다', '울었다' 등등 과거형 어미처리를 하고 있다. '~흐름일까', '~선율일까', '~갔을까?', '~것일까' 등 수사의 설의법을 써서 시적 감동을 고조시키고 있다.

김춘수

이해와 감상

시집 『부다페스트에서의 소녀의 죽음』(1959. 11)의 표제시다.

1956년 부다페스트의 반소·반정부 데모를 일으켰던 헝가리의 '자유화 항거사건'을 소재로 한 작품이다.

이 시에서는, 연상 수법의 교묘한 배합으로 다뉴브강의 흐름을 한강과 연달아 헝가리의 불행을 한국의 불행으로 맞물리는 그와 같은 인류의 공감적인 공통성(共通性)의 비극을 철저하게 투영하고 있다.

1956년 10월 23일에 헝가리(Hungary)의 수도 부다페스트(Budapest)에서 일어난 반소 반정부 사건이 거세게 폭발했던 그 배경을 모르고는 이 작품의 올바른 이해는 힘들다고 본다. 헝가리는 소련 공산당의 지배를 받는 소련의 위성국가였다. 헝가리의 대학생과 노동자들은 스탈린(Iosif V. Stalin, 1879~1953) 주의에 불만을 품고 이에 반대하며 반소·반정부 데모를 일으켰던 것이다. 헝가리 시민들의 항거는 약 2개월 지속되었으며, 소련군의 무자비한 군사적인 탄압과 친소 카다르(J. Kadar) 정권의 강압으로 의거는 끝장나면서 세계 여론은 비등했던 것이다.

그 비극적인 저항 사건을 소재로 김춘수의 시가 이루어진 것이다.

그런데 흥미 있는 일은 그 해인 1956년 2월(14~25일)에 모스크바에서 열린 소련 공산당 제20차 대회에서 후루시쵸프(Nikita S. Khrushchev, 1894~1971) 공산당 제1서기가 소련의 공산주의 독재자였던 스탈린을 비판하기 시작했던 것이기도 하다.

나의 아픔과 더불어 남의 아픔까지 천착하는 폭넓은 시각 속에 엮어진 「부다페스트에서의 소녀의 죽음」은 이른바 '국제화시대'라는 오늘의 시점에서 우리가 다시금 음미해 볼 만한 역편(力篇)이다.

홍윤숙(洪允淑)

평안북도 정주(定州)에서 출생(1925~). 서울대학교 사범대학 수학. 1947년 『문예신보』에 시 「가을」을 발표하며 문단에 등단했다. 『조선일보』(1958)에 희곡 「원정(園丁)」도 당선되었다. 시집 『여사(麗史)시집』(1962), 『풍차(風車)』(1964), 『장식론(裝飾論)』(1968), 『일상(日常)의 시계소리』(1971), 『타관(他關)의 햇살』(1974), 『하지제(夏至祭)』(1978), 『사는 법』(1983), 『태양의 건너 마을』(1987), 『경의선 보통열차』(1989), 『낙법(落法)놀이』(1994), 『실낙원의 아침』(1996), 『조선의 꽃』(1998), 『마지막 공무』(2000), 『내 안의 광야』(2002) 등이 있다.

겨울 포플러

나는 몰라
한겨울 얼어붙은 눈밭에 서서
내가 왜 한 그루 포플러로 변신하는지

내 나이 스무 살 적 여린 가지에
분노처럼 돋아나던 푸른 잎사귀
바람에 귀 앓던 수만 개 잎사귀로 피어나는지

흥건히 아랫도리 눈밭에 빠뜨린 채
침몰하는 도시의 겨울 일각一角
가슴 목 등허리 난타하고
난타하고 등 돌리고 철수하는 바람
바람의 완강한 목덜미 보며
내가 왜 끝내 한 그루 포플러로
떨고 섰는지

모든 집들의 창은 닫히고
닫힌 창 안으로 숨들 죽이고
눈물도 마른 잠에 혼불 끄는데

나는 왜 끝내 겨울 눈밭에
허벅지 빠뜨리고 돌아가지 못하는
한 그루 포플러로 떨고 섰는지

| 주제 | 시련을 초극(超克)하는 미의식
| 형식 | 5연의 주지시
| 경향 | 주지적, 상징적, 의지적
| 표현상의 특징 | 제1연 첫 행의 '나는 몰라'는 제1연의 어미(語尾)를 이어주는 '변신하는지', 제2연의 '피어나는지', 제3연의 '떨고 섰는지', 그리고 제5연의 역시 '떨고 섰는지'와 도치된 상태로 문장의 상호 호응 관계를 이루고 있다.
이것은 '나는 몰라'라는 시행을 세 번 생략하는 시어의 절약 효과와 동시에 '내가 모른다'는 사실을 더욱 크게 강조하는 성과를 거두고 있다.

이해와 감상

이 시는 서정시가 아닌 상징적 주지시다.

1년 4계절을 두고 포플러는 봄에 싹이 트고, 여름에 무성하며, 가을에 낙엽을 날린다. 그렇다면 홍윤숙은 하필이면 사철 중의 겨울 포플러를 택했는가. 그렇다. 겨울에는 나목(裸木)이 된다. 황량한 겨울 바람 속에, 매서운 북풍(北風)과 눈보라 속에 버티고 서서 가장 혹독한 계절의 응시자(凝視者)가 된다.

서정시인은 봄이나 여름 또는 가을의 포플러를 그의 시의 대상이나 소재(素材)로써 택할 것이지만 홍윤숙은 가장 험난한 계절 속의 포플러를 그 소재로 택했다. 그러나 사실은 이 포플러는 상징적인 의미의 포플러일 따름이다. 의인화 된 이 포플러는 홍윤숙 자신이 기도하고 고난받는 사람일 수도 있다. '겨울 포플러'는 분노(憤怒)의 의미를 내포하면서 바람의 횡포에 맞서 비폭력·무저항주의(non-resistancism)로 의연히 버티고 선 채 증언하며 인고(忍苦)한다. 불안에 떠는 겨울의 증언자는 허벅지까지 눈밭에 빠져서 그 매운 추위에 끝까지 끈질기게 맞선다. 사실, 포플러가 떨고 서 있는 이유를 화자가 어째서 모르겠는가. '나는 모른다'는 도치법으로써 안다는 사실의 부정적인 강조인 것이다.

여기서 또한 이 시는 클라이막스에 이르면서 최고조(最高潮)의 공감대를 형성한다. 우리는 시가 난해하다기에 앞서 그 시의(詩意)를, 즉 내면 추구의 심도를 올바르게 파악하는 것이 얼마나 중요한 것인가를 입증해 주는 한국 현대시의 가편(佳篇)이다.

여수旅愁

가을은
커다란 한 손을
주머니에 찌르고
한 걸음 앞서
쟈르뎅 룩쌍부르에 와 있었다.

그 키는

날마다 한 치씩 자라는가
하늘 만한 높이에서
이따금 사나운 손길을 흔들었다.

마로니에 둥근 잎들은
굵은 빗발치듯 후둑거렸고
그 때마다 내 마음은
금이 간 유리창처럼
덜컹거렸다.

> **주제** 가을 여로(旅路)에서의 우수(憂愁)
> **형식** 3연의 자유시
> **경향** 서정적, 상징적, 낭만적
> **표현상의 특징** 각 연의 마지막이 '있었다', '흔들었다', '덜컹거렸다'의 종결어미를 이루고 있다.
> 끝의 연에서 '마음'을 '금이 간 유리창'으로 직유(直喩)한 것은 타향(외국)에서의 불안한 의식을 극단적으로 고조시키는 동시에, 아늑한 고향(고국)의 품에 안기고 싶은 갈망, 즉 향수를 짙게 깔려는 의도에서이다.

이해와 감상

시는 멋과 맛이 있어야 한다고 한다.

이는 읽는 멋, 즉 공감대가 형성되어야 하고, 읽고 난 다음의 뒷맛, 즉 감흥이 수반되어야 한다는 것이겠는데, 그러한 의미에서 이 시의 멋과 맛을 살펴본다.

가을이 저도 모르는 사이 성큼 다가선 '룩쌍부르' 공원(프랑스·파리)에 들른 이 여류 시인은 본능적으로 고국의 가을을 머릿속에 떠올렸는지도 모른다.

고향의 가을에서도 적막감을 느끼는 것이 인지상정(人之常情)인데, 하물며 이역만리 타국 땅에서의 썰렁한 가을은, 실상 그 자연미의 정서적인 음미보다는 고향 생각, 그래서 이런 저런 걱정으로 연결되게 마련인 것이다.

가을은 깊어 가는데, '하늘 만한 높이에서' '사나운 손길을 흔'드는 스산한 바람과 '마로니에 둥근 잎'에 후드득거리는 빗발에서 우수에 젖은 나그네 마음은 '금이 간 유리창처럼/ 덜컹거' 리는 불안으로 퍼져 나갔다고 노래한다.

우리는 정갈하고 깔끔한 시어로 구성된 이 짤막한 시를 통하여 타관에서 절실하게 고국을 그리는 한 나그네의 가을에 공감과 감흥을 느끼게 되는 것이다.

김남조(金南祚)

대구(大邱)에서 출생(1927~). 서울대학교 사범대학 국문학과 졸업. 1948년 『연합신문』 (聯合新聞)에 시 「잔상」, 『서울대 시보』에 시 「성숙」 등을 발표하며 문단에 등단했다. 시집 『목숨』(1953), 『나 아드의 향유(香油)』(1955), 『나무와 바람』(1958), 『정념의 기』(1960), 『풍림(楓林)의 음악』(1963), 『겨울 바다』(1967), 『설일(雪日)』(1971), 『사랑초서(草書)』(1974), 『동행(同行)』(1976), 『빛과 고요』(1982), 『시로 쓴 김대건 신부』(1983), 『바람세례』(1988), 『평안을 위하여』(1995), 『희망학습』(1998) 등이 있다.

봄에게

1
아무도 안 데려오고
무엇 하나 들고 오지 않은
봄아,
해마다 해마다
혼자서 빈 손으로만
다녀가는
봄아,
오십 년 살고 나서 바라보니
맨손 맨발에
포스스한 맨머리결

정녕 그뿐인데도
참 어여쁘게
잘도 생겼구나
봄아,

2
잠시 만나
수삼 년 마른 목을 축이고
잠시 찰나에
평생의 마른 목을 축이고
봄 햇살 질펀한 데서
인사하고 나뉘니

인젠
저승길 목마름만 남았구나

봄이여
이승에선 제일로
꿈만 같은 햇빛 안에
나는 왔는가 싶어.

> **주제** 봄을 통한 순수생명의 가치 추구
> **형식** 2부작 4연의 자유시
> **경향** 서정적, 상징적, 존재론적(Ontologisch)
> **표현상의 특징** 잘 다듬어진 일상어로 봄을 의인화 시키는 정감 넘치는 표현 수법이 돋보인다. 사태의 본질을 예리하게 추구하는 지성미 넘치는 비유의 수법이 다채롭다. '봄아' 라고 호격조사 '아' 를 써서 3번 동어반복하는 수사(修辭)의 강조법을 쓰고 있으며, '봄이여' 의 '여' 라는 호격조사도 보이고 있다.

이해와 감상

　기상학(氣象學)에서는 지구의 북반구(北半球)의 3, 4, 5월이 '봄' 이라는 계절로 규정되어 있다. 그와 같은 한국인의 아름다운 봄 속에 살아가는 봄의 계절적 감각 속에서, 봄과 인생을 동반자(同伴者)로서 밀착시키며 삶의 진실을 추구하는 가편(佳篇)이다.
　시는 이렇게도 쓰는 것이구나 하는 한국 현대시의 새로운 표현 방법의 한 제시라고도 할 수 있다. 김남조는 인생 50의 달경(達境)에 서서 봄과 서로 대등한 존재로 봄을 응시하며, '해마다 해마다/ 혼자서 빈 손으로만/ 다녀가는' 봄에게 '정녕 그 뿐인데도/ 참 어여쁘게/ 잘도 생겼구나' (제2연)고 찬미한다.
　해마다 한 번씩 인간의 이승을 다녀가는 봄의 그 눈부신 몸짓 속에서 그 '잠시 찰나에/ 평생의 마른 목을 축이고' 오늘까지 값지게 살게 해 준 은혜로움을 참다히 깨달으며 '봄 햇살 질펀한 데서/ 인사하고 나뉘니/ 인젠/ 저승길 목마름만 남았구나' (제3연)하는 경건한 자성(自省)이 독자의 가슴을 뭉클하게 만든다. 인생을 힝싱 새로운 목숨의 소생 속에 이끌어 주고 있는 봄과의 만남 속에 참으로 목메이는 기쁨을 '꿈만 같은 햇빛 안에/ 나는 왔는가 싶어' (제4연)하고 생명파의 '목숨의 시인' 답게 뜨겁게 감사하고 있다.

목숨

아직 목숨을 목숨이라고 할 수 있는가
꼭 눈을 뽑힌 것처럼 불쌍한
산과 가축과 신작로와 정든 장독까지

누구 가랑잎 아닌 사람이 없고
누구 살고 싶지 않은 사람이 없고
불붙은 서울에서
금방 오무려 연꽃처럼 죽어갈 지구를 붙잡고
살면서 배운 가장 욕심 없는
기도를 올렸습니다.

반만년 유구한 세월에
가슴 틀어박고 매아미처럼 목태우다 태우다
끝내 헛되이 숨겨간 이건 그 모두
하늘이 낸 선천先天의 벌족罰族이더라도

돌멩이처럼 어느 산야에고 굴러
그래도 죽지만 않는
그러한 목숨이 갖고 싶었습니다.

> **주제** 생명에 대한 간절한 소망과 기도
> **형식** 4연의 자유시
> **경향** 주지적, 서정적, 종교적
> **표현상의 특징** 주지적이며 서정적인 세련된 시어의 표현이 돋보인다.
> 신앙의 깊이 속에서 우러나오는 잠언적(箴言的)인 비유가 감동적이다.
> 섬세한 상념과 경건하고 지적인 생활의 자세가 엿보인다.

이해와 감상

신뢰할 수 없는 인간 존재의 허망성에 대한 질문, '아직 목숨을 목숨이라고 할 수 있는가' (제1연)로 시작되는 이 시는 '가랑잎' 같은 생명의 절망감과 그 절망 끝에 얻어지는 신앙으로 이어지고, 그러므로 '돌멩이처럼 어느 산야에고 굴러/ 그래도 죽지만 않는/ 그러한 목숨이 갖고 싶었습니다' (제4연)와 같은 목숨에 대한 참으로 알뜰하며 간절한 소망과 기도가 절실하다고 맺은 짜임새 있는 구성을 살필 수 있다. 김남조는 인간성의 긍정과 생명의 연소를 바탕으로 한 참신한 정열을 언어로 다스리는 데 주력하며, 가톨릭적 사랑과 윤리가 작품의 배후에 자리잡은 주지적 서정시를 발표해 왔다. 이 작품은 전쟁의 비극적 상황에서 느낀 절박한 위기 의식을 형상화한 김남조의 초기시로, 처녀시집 『목숨』(1953)의 표제가 되었다.

6·25사변의 참화 속에서 인간 생명의 존귀함을 절실하게 표현한 민족의 현장시(現場詩)인 이 작품을 통해 이 여류 시인은, 전쟁의 비통한 상황 속에서, 그리고 폐허에서 아비규환(阿鼻叫喚)하던 사람들, 그들 하나하나의 목숨을 위하여 기도하는 것이다.

동족상잔의 비극을 극복하려는 애절하고 뜨거운 기구(祈求)의 자세를 선명하게 느낄 수 있는 김남조의 대표작의 하나이다.

김규동(金奎東)

함경북도 종성(鍾城)에서 출생(1925~). 경성중학교 졸업. 연변의과대학 수료. 1948년 『예술조선』에 「강」이 입선되어 문단에 등단했다. 시집 『나비와 광장(廣場)』(1955), 『현대의 신화』(1958), 『죽음 속의 영웅(英雄)』(1977), 『깨끗한 희망』(1985), 『오늘밤 기러기떼는』(1989), 『생명의 노래』(1991) 등이 있다.

나비와 광장廣場

현기증 나는 활주로의
최후의 절정에서 흰 나비는
돌진의 방향을 잊어버리고
피묻은 육체의 파편들을 굽어본다

기계처럼 작열한 작은 심장을 축일
한 모금 샘물도 없는 허망한 광장에서
어린 나비의 안막을 차단하는 건
투명한 광선의 바다뿐이었기에—

진공의 해안에서처럼 과묵寡默한 묘지 사이 사이
숨가쁜 Z기의 백선과 이동하는 계절 속
불길처럼 일어나는 인광燐光의 조수에 밀려
이제 흰 나비는 말없이 이즈러진 날개를 파닥거리다

하얀 미래의 어느 지점에
아름다운 영토는 기다리고 있는 것인가
푸르른 활주로의 어느 지표에
화려한 희망은 피고 있는 것일까

신도 기적도 이미
승천하여 버린 지 오랜 유역—
그 어느 마지막 종점을 향하여 흰 나비는
또 한 번 스스로의 신화와 더불어 대결하여 본다

주제	상처뿐인 조국에 대한 애정
형식	5연의 주지시
경향	주지적, 민족적, 상징적
표현상의 특징	'활주로'를 비롯하여 '파편', 'Z기'(젯트기) 등 전투비행기의 등장으로 6·25동란기를 상징적으로 부각시키고 있다.
'나비'를 의인화 시켜 동족상잔의 비극적 현실과 과감하게 대결하는 굳센 의지가 주지적으로 표현되고 있다. 즉, 감성적(感性的) 표현보다는 의식적인 사고(思考) 작용이 작품의 저변에 밀도 짙게 깔려 있다.

이해와 감상

풀밭이나 평화로운 산과 들을 누벼야 할 '나비'가 전쟁터 한복판을 날고 있는 것이다. '피묻은 육체의 파편들을 굽어본다'(제1연)는 나비의 현실은 누가 뭐래도 이미 비극의 현장을 배회하고 있는 버림받은 존재인 것이다.

그러기에 나비는 목이 타 숨막혀 질식할 처지에 직면했다. 우선 살기 위해 필사적으로 나래를 파닥이느라 심장은 최고조로 뜨거워졌으나 극심한 갈증을 녹일 한 모금의 샘물도 없는 전쟁터. 그 광장에서는 폭탄의 눈부신 작열로 나비는 눈이 가려 행방마저 잃고 만다(제2연). 모두가 다만 입을 꾹 다문 채 죽은 자들. 그 숱한 묘지가 조용히 흩어진 사이 사이를 아직도 살의(殺意)에 번뜩이는 젯트 전투기들은 하늘에 흰 선을 긋는다. 지상을 폭격하는 속에서 나비는 이미 날개가 일그러져서 사경을 헤맨다(제3연).

제4연에서 '하얀 미래'는 '희망'의 상징어다. 그러나 이 빈사의 나비가 자유와 평화를 누리며 살아가야 할, 아니 끝내 찾아가야 할 터전은 과연 어디에 있다는 말이냐. 나비는 울부짖으며 아직도 가혹한 절망 속에서 한 줄기 새 빛의 터전을 열망한다(제4연).

이미 전쟁의 포화 속에 폐허가 된 조국 강산은 신의 구원의 손길이거나 회생할 기적도 바랄 수 없는 나락의 터전이다. 그러나 나비는 결코 좌절하지 않는 스스로의 신념을 가슴 속에 굳게 다짐하는 것이다. 끝내 패배할 수 없는 한 마리 나비는 폐허의 조국, 그 광장에서 끈덕지게 새 희망('신화')을 창출하느라 이를 악물고 좌절을 극복하며 끈덕진 나래짓을 거듭하고 있는 것이다(제5연). 의인화된 나비는 곧 '시인' 자신의 존재론적 상징 표현이다. 1950년대 이후, 모더니즘 시의 영지 개척에 앞장섰던 김규동은 그 후 주지적 자각 속에 민족사적 리얼리즘의 구축에 힘써 왔다.

북에서 온 어머님 편지

꿈에 네가 왔더라
스물세 살 때 훌쩍 떠난 네가
마흔일곱 살 나그네 되어
네가 왔더라

살아 생전에 만나라도 보았으면
허구한 날 근심만 하던 네가 왔더라
너는 울기만 하더라
내 무릎에 머리를 묻고
한 마디 말도 없이
어린애처럼 그저 울기만 하더라
목놓아 울기만 하더라
네가 어쩌면 그처럼 여위었느냐
멀고먼 날들을 죽지 않고 살아서
네가 날 찾아 정말 왔더라
너는 내게 말하더라
다신 어머님 곁을 떠나지 않겠노라고
눈물어린 두 눈이
그렇게 말하더라 말하더라.

> **주제** 모정(母情)과 국토 통일
> **형식** 전연의 서간체(書簡體) 자유시
> **경향** 윤리적, 주지적, 감상적
> **표현상의 특징** 이산가족의 처절한 심경을 무리없이 편지 형식으로 설득력 있게 표현하고 있다.
> 어머니가 아들을 끔찍이 사랑하는 심경이 눈물겹게 엮어지고 있다.
> 자상한 어머니의 말투로써의 '네가' · '왔더라' · '말하더라' 등의 동어반복이 두드러지고 있다.

이해와 감상

이 시는 남북으로 흩어져서 처절한 마음으로 살고 있는 1천만 이산가족의 애절한 마음을 대변하는 눈물 젖은 목소리 넘치는 역편(力篇)이다. 굳이 해설을 붙이는 게 군더더기가 될 성싶다. 누구나 읽어서 가슴에 뜨겁게 와 닿는 내용이다.

'네가 왔더라'는 '왔더라'가 4번이나 반복되는 가운데 시인의 윤리덕(倫理德)이 전편에 효성(孝誠)으로 충만하고 있다.

사무치는 어머니에 대한 그리움이 화자의 편지 형식으로 엮어지는 가운데, 이산가족들 뿐 아니라 온 겨레를 울리고도 남는 비통한 아픔이 흘러 넘치고 있다.

'누구의 잘못으로 아무 죄 없는 선량한 우리 민족은 참담한 분단의 비극을 겪고 있어야만 한다는 말인가' 하는 민족적 분노가 부각되어 있다.

조병화(趙炳華)

경기도 안성(安城)에서 출생(1921~2003). 일본 도쿄고등사범학교 졸업. 아호는 편운(片雲). 시집 『버리고 싶은 유산』(1949)으로 문단에 등단했다. 이어서 『하루만의 위안』(1950), 『패각의 침실』(1952), 『인간고도』(1954), 『사랑이 가기 전에』(1955), 『서울』(1957), 『석아화』(1958), 『기다리며 사는 사람들』(1959), 『밤의 이야기』(1961), 『낮은 목소리로』(1962), 『공존의 이유』(1963), 『먼지와 바람 사이로』(1972), 『어머니』(1973), 『남남』(1975), 『딸의 파이프』(1978), 『안개로 가는 길』(1981), 『머나먼 약속』(1983), 『해가 뜨고 해가 지고』(1985) 등을 포함한 51권의 시집이 있다.

호수

물이 모여서 이야길 한다
물이 모여서 장을 본다
물이 모여서 길을 묻는다
물이 모여서 떠날 차빌 한다.

당일로 떠나는 물이 있다
며칠을 묵는 물이 있다
달폴 두고 빙빙 도는 물이 있다
한여름, 길을 찾는 물이 있다

달이 지나고
별이 솟고
풀벌레, 찌, 찌,

밤을 새우는 물이 있다
뜬눈으로 주야 도는 물이 있다
구름을 안는 물이 있다.
바람을 따라가는 물이 있다
물결에 처지는 물이 있다
수초밭에 혼자 있는 물이 있다

| 주제 | 물과 삶의 모습과 보람
| 형식 | 4연의 자유시
| 경향 | 주지적, 낭만적, 상징적
| 표현상의 특징 | 평이한 일상어로 단조롭게 경어체의 표현을 하고 있다.
주정적인 부드러운 감각의 이미지를 드러내고 있다.
리드미컬한 반복법에 의해 주제를 뚜렷하게 나타내고 있다.

이해와 감상

 조병화는 시가 난해해서는 안 된다는 것을 반증한 시인이다.
 현대적 도시풍의 서정시인다운 면목이 생생히 드러나 있는 경쾌한 터치의, 그러나 깊이가 있는 표현이다. 시가 어렵다는 것은 독자와 시를 멀게 만드는 한 원인이 되기도 한다. 그의 시는 쉽고 즐거우면서도 뜻이 깊다.
 『한국 전후 문제시집』「작가는 말한다」에 쓴 그의 시작 노트를 보면 "무엇보다도 자기 위안, 무엇보다도 자기 구원, 무엇보다도 자기 해결을 위해서 시라는 인간 정신의 서부(西部)로 뛰어들었다. 다시 말하면, 문학을 찾아서 시를 읽지 않았었고, 지식을 위해서 시를 읽지 않았었고, 이론을 세우기 위해서 시를 읽지 않았고, 교양을 쌓기 위해서 시를 읽지 않았고, 무엇보다도 문학사의 역사적 위치를 위해서 시를 읽지 않았었다"라고 하고 있다.
 "시의 본질은 언어의 본질로 파악되어야 한다"라고 주장했던 새로운 존재론자인 하이데거(Martin Heidegger, 1889~1976)의 말이 있기도 하지만, 그의 시는 일상어가 가지고 있는 고정관념을 배격하고 새로운 일상어를 창조해 냄으로써 언어의 본질을 새로이 파악하고 있는 것을 발견하게 된다.
 이 작품에서는 물이 모여서 이야기를 하고, 장을 보고, 길을 묻고 또 떠날 차비까지 한다. 지금까지 과연 어느 시인이 이러한 노래를 지어서 우리에게 들려주었는가. 이것은 전혀 새로운 일상어로 짜여져 있다. 그것이 곧 새로운 시언어다.
 언어의 본질을 파악해서 새로운 이야기를 노래해 주는 것이 현대시다.
 우리가 읽기에는 쉽되, 그것이 즐겁고 또 뜻이 깊은 데서 비로소 시로서의 형상화를, 예술로서의 승화(昇華)를 말할 수 있다.

이인석(李仁石)

황해도 해주(海州)에서 출생(1917~1979). 해주고보 졸업. 『백민』지(1950. 5)에 시 「우렁찬 노래」를 발표하며 문단에 등단했다. 시집 『사랑』(1955), 『종이집과 하늘』(1961), 『우짖는 새여, 태양이여』(1980)이 있고, 시극(詩劇) 「잃어버린 얼굴」(『자유문학』1960. 8) 등으로 시극운동에도 참여했다.

강서江西 고분벽화

문을 열어라
맥박 치며 육박해 오는 이 생명은 무엇인가
내 안의 어느 깊은 곳에 굳게 닫긴 석문石門을
이처럼 줄기차게 뒤흔드는 것은 무엇인가
연연 누천년…… 은밀히 묻혀 있던
우리 본연의 모습을
지금에야 알 것 같구나.

청룡백호靑龍白虎와 괴수怪獸들이
주홍빛 입으로 내뿜는 숨소리에서
봉황鳳凰과 주작朱雀이 푸르득거리는 나래짓에서
지금에야 알 것 같구나
창궁蒼穹과 광야를 주름잡아 비약하던 사나이들이
호랑이와 괴수를 강아지처럼 애무하던 사나이들이
살았었다는 것을
누구였던가를

석벽石壁에서 생동하는
강인하고 거침없는 선線과 선線은
웅혼雄渾한 역사의 흐름……
수제隋帝의 백만 대군을 도륙屠戮하던 슬기와 용맹이
대륙을 제패하던 위업이
여기에 왕양汪洋하게 흐르고 있다.

그것은 경이
그것은 율동
그것은 호연한 기상
발랄하고 청신한 정서
바로 그것은 눈부신 생활……

우뚝 우뚝 솟은 기암奇巖을 에돌며
굽이쳐 흐르는 주옥珠玉의 물결
맑은 아침 햇빛 속에 노루와 사슴들이
불로초 그늘을 넘노는 이 터전은
본시 무릉도원이런가
비선飛仙들이 청조青鳥를 멍에하고
운산雲山을 날아 넘는다.

가벼운 옷자락을 미풍에 나부끼며
꽃잎의 맨발로 구름을 헤쳐 날으는
피리 부는 여인이여
어느 오묘한 가락 있어
산천 초목과 짐승마저 황홀케 하였는가
붉은 천도天桃를 따는 선녀여
어느 영원의 문 앞으로 손짓하려는가.

그것은 환희
그것은 사랑
그것은 현묘玄妙한 조화
다함 없는 아름다운 꿈
바로 그것은 무한한 가능……
문을 열어라
우리의 피와 핏속을 질주하는
고구려의 모습을
오늘에 살아서 맥박 치며 육박해 오는
찬란한 생명을
지금에야 알 것 같구나

| **주제** | 민족적 우월성의 재발견
| **형식** | 7연의 자유시
| **경향** | 민족적, 전통적, 감각적
| **표현상의 특징** | 고구려 고분벽화의 기백을 회화적(繪畵的) 수법으로 형상화 시키고 있다.
제1연과 제7연의 마지막 행에서 수미상관으로 '지금에야 알 것 같구나'의 동어반복(同語反復)을 함으로써 수사의 강조 효과를 얻고 있다.
'~무엇인가', '~는가' 등 설의법(設疑法)을 쓰고 있다.

이해와 감상

고구려의 강서대묘(江西大墓) 고분벽화를 통해서, 웅휘(雄輝)했던 우리 겨레의 숨결과 드높은 민족문화 예술의 경지(境地)를 시로써 재현하고 있는 작품이다.

이인석의 일련의 작품 경향은 역사 의식에 대한 자각의 자세이다. 민족의 참다운 숨소리를 예술로 승화시켜 그것을 독자들의 가슴 속에 생생하게 심어 주려는 의지가 넘치고 있다.

'강서대묘'는 서기 6세기 후반에서 7세기 초경에 평안남도 강서군 우현리(遇賢里)에 그 당시 고구려인 지배자의 무덤으로 만들어진 대형 고분이다. 이 지역에는 모두 3기의 무덤이 있는데, "그 중에 가장 큰 '강서대묘'는 고구려 고분벽화 가운데 그 기운(氣韻)이 생동하는 '사신도'(四神圖)가 웅휘하게 표현되었다"는 것이 최순우(崔淳雨) 교수의 평가다.

이 고분의 벽화는 불교와 신선사상을 배경으로 하던 종교관의 그림이다. 현실의 석면(石面) 위에다 아름다운 채색 그림의 그림을 그린 것인데, 동쪽 벽의 '청룡'(靑龍)을 비롯하여, 서쪽 벽의 '백호'(白虎), 남쪽 벽은 '주작'(朱雀), 북쪽 벽은 '현무'(玄武) 그림이다. 또한 천정에는 그 중앙에 '황룡'(黃龍)을 중심하여 '인동'(忍冬), '연화당초문'(蓮花唐草文)과 그밖에 산악(山岳)이며, 신선(神仙), 천녀의 비천(飛天), 봉황(鳳凰), 기린(麒麟) 등등의 그림으로 담겨 있다. 이와 같은 훌륭한 고구려 고분벽화는 북한 땅 여러 곳과 지금의 중국땅(만주) 지역에도 널리 이루어져 있어서 고구려의 세력권이 고대의 부여·고구려시대로부터 동북아시아를 주름잡은 민족의 발자취를 역연하게 입증한다.

그 뿐이 아니다. 고구려 고분벽화는 지난 1969년 봄에, 일본땅 나라(奈良)지방 아스카(飛鳥)지역에서 발견되어 한일 고대사학계 뿐 아니라 세계적인 주목을 모았던 것이다. 이른바 '다카마쓰총'(高松塚)이라 부르게 된 이 고구려인 고분에서는 아름다운 채색 그림의 '사신도'와 고구려 여인 등 인물들의 그림이 벽면에 생생하게 살아있듯 표현되어 있다.

저자는 직접 이 고분에 여러 차례 가 보았으며 졸저(『한국인이 만든 일본국보』문학세계사, 1996)로써 밝힌 바 있음을 아울러 적어둔다.

천상병(千祥炳)

경상남도 창원(昌原)에서 출생(1930~1993). 서울대학교 상대(商大) 수학. 『죽순』에 시「공상(空想)」(1949. 7) 등 2편이 추천되었고, 『문예(文藝)』에 시「강물」(1952. 1), 「갈매기」(1952. 6) 등이 추천 완료되어 문단에 등단했다. 또한 『문예』에 평론「사실(寫實)의 한계」(1953. 11), 「한국의 현역대가」(1955. 5)를 발표했다. 시집 『새』(1971), 『주막(酒幕)에서』(1979), 『요놈 요놈 요 이쁜 놈』(1991), 『저승가는 데도 여비가 든다면』(1995), 『귀천』(2001), 『아름다운 이 세상 소풍 끝내는 날』(2001) 등이 있다.

귀천歸天

나 하늘로 돌아가리라
새벽 빛 와 닿으면 스러지는
이슬 더불어 손에 손을 잡고,

나 하늘로 돌아가리라
노을 빛 함께 단 둘이서
기슭에서 놀다가 구름 손짓하면은,

나 하늘로 돌아가리라
아름다운 이 세상 소풍 끝내는 날,
가서 아름다웠더라고 말하리라.

주제 천국에의 동경
형식 3연의 자유시
경향 서정적, 낭만적, 초현실적
표현상의 특징 특별한 기교를 부리지 않고 있으나 이상향(천국)에 대한 영상미가 잘 다듬어진 서정어(抒情語)로 부각되고 있다.
사물을 비유의 대상으로 삼지 않고 초현실적 이미지로 자연스럽게 표현하고 있다. 온갖 이성적 관념을 무시하는 시작 태도가 드러난다. 각 연에서 동어반복과 도치법을 쓰고 있다.

이해와 감상

천상병은 때묻지 않은 어린 소년과도 같은 세속에 전혀 타협하지 않은 순수한 심성의 시인이었다.

그러기에 험난한 세상과 마주치는 그에게는 가난이 늘 그의 무거운 등짐이었다.

천상병이 결혼했던 초기의 일이다. 저자와 소설가 정인영(鄭麟永)이 시인의 처 목순옥(睦順玉) 씨를 만났을 때, 목 여사는 우리에게 말하기를 "너무 착한 분이라서 돈벌이는 힘들겠고, 그 대신 제가 열심히 일해서 잘 살아갈 겁니다"고 하며 그 당시 자수를 생계수단으로 삼고 있었다. 그것이 1974년 경의 일이다.

'나 하늘로 돌아가리라' (제1·2연)를 동어반복하는 이 시인에게 있어서 이 직설적 표현은 이승에서의 아무런 스스로의 책무나 작업 등 전혀 부담을 느끼지 않는 순수한 심경의 토로다. 그는 마누라가 지어주는 밥을 먹고 떠오르는 시상(詩想)을 써내는 것밖에는 달리 할 일은 없었다. 명동(明洞)의 송원기원(松垣棋院·원장은 趙南哲 9단)을 기웃거리고, '양철집'에 들러 대포 한 잔 마시고는 거리를 누빈다. 남산을 올라가 돌기도 했다.

그러기에 그에게는 '아름다운 이 세상 소풍 끝내는 날/ 가서 아름다웠더라고 말하리라' (제3연)는 깨끗하고도 담담한 자세가 늘 갖춰져 있었다.

'새벽 빛 와 닿으면 스러지는/ 이슬 더불어 손에 손을 잡고' (제1연), '노을 빛 함께 단 둘이서/ 기슭에서 놀다가 구름 손짓하면' (제2연) 그는 '나 하늘로 돌아가리라' 고 했듯이, 천상병은 '이승'과 '노을'이며 '구름' 등 자연계의 물상(物象)이며 현상(現象)마저 의인화 시키는 뛰어난 메타포의 솜씨를 발휘하고 있다.

새

외롭게 살다 외롭게 죽을
내 영혼의 빈 터에
새 날이 와, 새가 울고 꽃잎 필 때는,
내가 죽는 날
그 다음 날

산다는 것과
아름다운 것과
사랑한다는 것과의 노래가
한창인 때에
나는 도랑과 나뭇가지에 앉은
한 마리 새

정감에 그득찬 계절
슬픔과 기쁨의 주일,
알고 모르고 잊고 하는 사이에
새여 너는
낡은 목청을 뽑아라

살아서
　　좋은 일도 있었다고
　　나쁜 일도 있었다고
　　그렇게 우는 한 마리 새

> **주제** 삶의 고독과 애환(哀歡)
> **형식** 4연의 자유시
> **경향** 서정적, 낭만적, 감상적
> **표현상의 특징** 새를 소재로 인간적 고독의 본질을 추구하고 있다.
> 　　역설적(逆說的)인 표현수법을 통해 삶과 죽음의 내면의식을 파헤치고 있다.
> 　　낭만적인 색채가 짙게 드러나고 있다.
> 　　정감 어린 시어구사이나 다분히 관념적 표현을 한다.

이해와 감상

　천상병이 즐겨 다루는 제재(題材)인 '새' 중의 대표작이다.
　인간은 이 세상에 혼자 태어날 때부터 어쩌면 이미 고독한 존재다. 다만 가족이라든가 친구며 이웃이 서로 손잡고 있어서 고독한 사실을 망각하고 있는 것이다.
　그와 같이 따져 볼 때 '외롭게 살다 외롭게 죽을/ 내 영혼의 빈 터'(제1연)라고 시인이 적극적으로 고독을 의식한다는 것이 어쩌면 철저히 외로움을 깨닫는 의도적 방법인 것 같다.
　그런데 더욱 가슴 조이게 하는 것이 천상병은 그의 영혼의 빈 터에 '새 날이 와, 새가 울고 꽃이 필 때는/ 내가 죽는 날/ 그 다음 날'이라고 하는 고독 속의 죽음의 예감이다.
　그러므로 그의 시적 논리는 철두철미한 절대 고독이다. 왜냐하면 시인 스스로가 '죽은 그 다음 날'에야 '새가 울고 꽃이 핀'다니 말이다.
　천상병은 젊은 날부터 독신으로 살면서 문학을 공부했다.
　그러기에 그는 자서전적으로 스스로의 고독한 생(生)을 고백하기를 '산다는 것과/ 아름다운 것과/ 사랑한다는 것과의 노래가/ 한창인 때에/ 나는 도랑과 나뭇가지에 앉은/ 한 마리 새'였다고 노래하는 것이다.
　그가 장가 든 것도 나이 40을 훌쩍 넘긴 때, 주변의 벗들의 주선으로 겨우 이루어졌다. 따지고 보자면 그는 천래(天來)의 타고난 시인이며, 죽어서도 영원한 이 땅의 시인이다.
　그는 애당초부터 결혼은 생각지도 않는 고독한 유랑의 시인이었고, 한 때는 오랜 기간 동안 명동거리를 떠났었다.
　그는 한 때(60년대 말기) 저 멀리 인천시 남동구 만수동 외떨어진 한적한 농촌(지금은 대도시 아파트 단지)에 방 한 칸을 빌어 밤이면 걸어서 그 먼 곳까지 서울 명동을 출입했다. 그 무렵 저자도 함께 그의 거처를 가 본 일이 있다.
　'살아서/ 좋은 일도 있었다고/ 나쁜 일도 있었다고/ 그렇게 우는 한 마리 새'(제4연)에서 그의 '좋은 일'이란 목순옥 씨와의 결혼이며 '나쁜 일'이란 고독 속의 병마와 싸운 나날 등이라고 본다.

박재삼(朴在森)

일본 도쿄에서 출생하고 경상남도 삼천포(三千浦)에서 성장(1933~1997). 고려대학교 국문학과 수료. 시조 「강물에서」가 『문예(文藝)』(1953. 11)에, 「섭리(攝理)」가 『현대문학』(1955. 6)에, 시 「정적(靜寂)」이 『현대문학』(1955. 4)에 각기 모윤숙, 유치환, 서정주 추천으로 실려 문단에 등단했다. 시집 『춘향이 마음』(1962), 『햇빛 속에서』(1970), 『천년의 바람』(1973), 『어린 것들 옆에서』(1975), 『뜨거운 달』(1979), 『비 듣는 가을나무』(1980), 『추억에서』(1983), 『내 사랑은』(1985), 『대관령 근처』(1985), 『찬란한 미지수』(1986) 등이 있다.

밤바다에서

누님의 치맛살 곁에 앉아
누님의 슬픔을 나누지 못하는 심심한 때는
골목을 빠져나와 바닷가에 서자.

비로소 가슴 울렁이고
눈에 눈물 어리어
차라리 저 달빛 받아 반짝이는 밤바다의 진정할 수 없는
괴로운 꽃비늘을 닮아야 하리.
천하에 많은 할 말이, 천상의 많은 별들의 반짝임처럼
바다의 밤물결 되어 찬란해야 하리.
아니 아파야 아파야 하리.

이윽고 누님은 섬이 떠 있듯이
그렇게 잠들리.
그때 나는 섬가에 부딪치는 물결처럼 누님의 치맛살에 얼굴을 묻고
가늘고 먼 울음을 울음을.
울음 울리라.

주제 한국적 정한의 순수가치 추구
형식 3연의 자유시
경향 주정적, 상징적, 영상적
표현상의 특징 산문체이면서도 내재율을 살려 짙은 정감을 풍기고 있다.
감각적이고도 섬세한 언어 구사로 이미지를 명징(明澄)하게 처리하고 있다. 제2연에서 '~하리'라는 종지사(終止詞)를 어미로 세 번 다루었으며, 제3연의 마지막 두 행에서 '울음을 울음을/ 울음 울리라' 는 동어반복 등 효과적인 점층법(漸層法)으로 감정을 고조(高潮)시키고 있다.

이해와 감상

이 시는 『현대문학』(1957. 3)에 발표된 그의 초기 대표작의 하나이다.

박재삼의 시에서 두드러진 특징은 '한국적 정한'을 애련한 가락으로 엮고 있다는 것이다. 시인이 선천적으로 타고난다 하는 것은 시인의 천성적 재능을 두고 이르는 것이겠지만, 거기에 후천적으로 다듬어진 야무지며 질기고 향기로운 말을 그 타고난 감정과 가락으로 노래(시)로 읊을 때 비로소 우리는 그를 명실상부한 시인으로 일컫게 되는 것이다. 박재삼은 신시 90년사에 있어서 그만이 지닌 특유의 서정과 가락으로 시를 써 왔다.

누님의 슬픈 사연은 시인의 여린 가슴에 여인의 한(恨)을 깨닫게 하고 나이 어린 시인은 슬픔을 대신할 수 없어 밤바다로 뛰어나가며, 소리를 죽여 울음을 씹어 삼킨다.

박재삼은 소박한 일상생활과 자연에서 소재를 택하여 애련하고 섬세한 여성적 가락으로 한국적 정한의 세계를 읊고 있다.

포도葡萄

형刑틀에 매여 원통하던 일을 이승에서야 다 풀고 갔으련만
저승에 가 비로소 못 잊겠던가
춘향春香이 마음은 조롱조롱 살아 다시 열렸네.

저것은 가냘피 아파 우는 소리였던 것을,
저것은, 여럿이 구슬 맺힌 눈물이던 것을,
못 견딜 만큼으로 휘드리었네.

우리의 무릎을 고쳐, 무릎 고쳐 뼈마치는 소리에 우리의 귀는 스스로 놀라고,
절로는 신물이 나, 신물나는 입맛에 가슴 띨리어,
다만 우리는 혹시或時 형리刑吏의 손아픈 후예後裔일라……

그러나 아가야, 우리에게도 비치는 것은
네 눈이 포도라, 살결 또한 포도라……

이해와 감상

포도를 바라보는 시인의 눈에서 춘향의 정절과 옥고의 뼈아픔을 연상해낸다.

이 시는 고도의 상징적 서정시다. 포도송이들이 마치 형틀에 묶여 있는 것으로 압축된 표현을 하고 있다. 의인화 된 포도송이를 통해 춘향 뿐 아니라 우리 겨레의 민족사적 아픔으로까지 확대 연장시켜 메타포(은유)하고 있다.

박재삼 특유의 민족적인 정한이 물씬하게 밴 포도송이가 주렁주렁 매달려 있다.

한성기(韓性祺)

함경남도 정평(定平)에서 출생(1923~1984). 대전사범학교 교사로 있다가 신병으로 사직하고, 한 때 입산(入山) 생활도 했다. 『문예』에 시 「역(驛)」(1952. 5), 「병후(病後)」(1953. 9), 『현대문학』에 「아이들」, 「꽃병」(1955. 4) 등으로 추천 완료되어 문단에 등단했다. 시집 『산에서』(1963), 『낙향 이후』(1969), 『실향』(1972) 등이 있다.

말

거리의 모퉁이에
다수굿이 서 있는 말
바람이 지나갔다
갈기머리의 빗자국
앞머리의 빗자국
누가 빗어 주었겠느냐
또그닥 또그닥
네 굽을 놓을 때의 발굽소리
바람이 지나갔다
바람이 지나간 자국
등어리며
배며
볼기짝이며
누가 쓿었겠느냐
말은 다수굿이 서 있다
그
바람소리가 들리는 듯……

주제 순수미의 추구
형식 전연의 자유시
경향 서정적, 낭만적, 관조적
표현상의 특징 평이한 일상어를 쓰면서도 시적 기교가 돋보이는 표현을 하고 있다.
동적(動的)인 존재를 피동적(被動的)인 위치에 설정한 예리한 관찰력이 잘 나타나고 있다.
작자의 정적(靜的)인 인간미의 의식이 조명되고 있다.

이해와 감상

한성기의 시는 정적(靜的)인 존재와 동적(動的)인 사물을 서로 대비시키는 관조(觀照)의 수법이 남달리 뛰어나다. '거리의 모퉁이에/ 다수굿이 서 있는 말' 에서처럼 가장 동적인, 아니 역동적(力動的)인 동물의 하나인 말을 조용하게 길모퉁이에다 세워놓고 서경적(敍景的)으로 독특하게 묘사하고 있다.

'바람이 지나갔다/ 갈기머리의 빗자국/ 앞머리의 빗자국/ 누가 빗어 주었겠느냐' (제 3~6행). 이처럼 가지런한 말의 갈기털과 앞머리를 바라보면서 매우 예리한 시각적 감각의 표현미를 이루고 있다.

지나간 바람이 말의 갈기머리며 앞머리를 곱게 빗어주고 갔다는 이 우의적(寓意的)인 표현이 자못 흥미롭다. 말이 걷는 발자국 소리를 통해 작자는 말을 의인화 시켰고, 인간의 숙명적인 슬픔을 말 발자국 소리로 비유하며 청각과 시각 묘사로서 공감각적으로 조화시킨다. 끝내 한성기는 말의 아름다운 자태에서 울려오는 심정적(心情的) 충동을 향기가 번져온다는 조어(造語) '운향' (韻香)까지 만들어내는 등, 심도 있는 애마(愛馬)의 동물애호정신을 발휘하고 있다.

다만 이 시에서 우리가 주목할 것은 '바람' 의 존재론적(存在論的)인 고찰이 아닌가 한다. 이를테면 19세기 영국 여류시인 크리스티나 로제티(Christina. G Rossetti, 1830~1894)의 시「누가 바람을 보았나」(Who has seen the wind)를 살펴보면 어떨까.

'누가 바람을 보았나?/ 나도 당신도 보지 않았어/ 그러나 나뭇잎이 흔들릴 때/ 바람은 지나쳐 가는 것이지' (Who has seen the wind?/ Neither I nor you;/ But when the leaves hang trembling,/ The wind is passing through).

김소월(金素月)의 경우도 우리가 바람의 존재론적 견지에서 한성기의「말」에 앞서서 소월의 시「개여울의 노래」를 주목하게 된다. 즉, '그대가 바람으로 생겨났으면/ 달 돋는 개여울의 빈 들 속에서 내 옷의 앞자락을 불기나 하지' 가 그것이다.

인간의 눈으로는 볼 수 없는 자연계의 존재인 바람이 나뭇잎을 흔든다, 옷자락을 흔들거나 말의 갈기를 흔들었다는 각자의 이미지 처리에는 공통성이 뚜렷하다.

한국시가 1908년 이전의 정형시(定型詩, 시조ㆍ창가 등)로부터 자유시(自由詩)에로 새로운 시 형식으로 전환하는 과정에서 당연히 서양의 자유시의 형식을 도입했으며, 또한 이미지의 표현법이며 시 경향에 있어 서구의 다양한 영향을 받았던 것을 우리는 고찰해야 한다.

그런 견지에서 앞으로 한국 현대시사(韓國現代詩史) 연구에 있어서 마땅히 서구시며 동양시(중국ㆍ일본 등)와의 근본적인 상호 비교 분석 등 종합적인 연구에 힘써야 할 일이다.

김관식(金冠植)

충청남도 논산(論山)에서 출생(1934~1970). 호는 현현자(玄玄子). 동국대학교 농과대 수료. 어렸을 때부터 최남선(崔南善), 오세창(吳世昌) 등 한학 대가들 밑에서 성리학(性理學), 동양학(東洋學), 서예(書藝) 등을 사사(師事)했으며, 『현대문학』에 시「연(蓮)」(1955. 5),「계곡에서」(1955. 6),「자하문 근처」(1955. 11) 등이 추천 완료되어 문단에 등단했다. 시집 『낙화집(落花集)』(1952), 『해넘어 가기 전의 기도』(공저, 1956), 『김관식 시선』(1956), 역시집 『노당한시존』(老棠漢詩存, 1958) 등이 있다.

가난 송가頌歌

귀를 씻고 세상 일 듣지 말거나
피에 젖은 아우성
고달픈 삶에, 가쁜 호흡을 지키기 위해
사나이는 모름지기 곡괭이 들고
여자여. 너는……

세리稅吏도 배 고파 오지 않는 곳
낮거미 집을 짓는 바람벽에는
썩은 새끼에 시래기 두어 타래……
가난 가난 가난 아니면
고생 고생 고생이렷다
(시름없이 튕겨 보는 가야금 줄에 청승맞게 울면서 흐느끼는 가락은)

단정학丹頂鶴은 야위어 천년을 산다
성인聖人에의 지름길은 과욕寡慾의 길
밭고랑에서 제 땀방울을 거둬들이는
부지런한 지나支那의 꾸리[苦力]와 같이
기나긴 세월을 두루미 목에 감고 견디어 보자.

가만히 내 화상畵像을 들여다본 즉
이렇게 언 구렁창에 내던져 괜찮은 건가.
'눈으로 눈이 들어가니'
'눈물입니까' '눈물입니까'
요지경 같은 세상을 떠나

오늘도 나는 누더기 한 벌에 바릿대 하나
눈보라 윙윙 기승부리고
사람 자국이 놓인 일 없이
흰곰의 떼 아프게 소리쳐 우는, 저
천산북로天山北路를 넘어가노라.

주제	삶의 우수(憂愁)
형식	5연의 자유시
경향	해학적, 풍자적, 주지적
표현상의 특징	일상어로 빈곤한 삶의 아픔과 그 현실을 진솔하게 고백하는 표현을 하고 있다. 해학적으로 문답형의 대화체(제4연)를 도입하고 있다. '꾸리'를 비롯하여 '천산북로' 등 중국과 연관된 단어를 시어로 표현하고 있다.

이해와 감상

김관식은 50년대 중반인 젊은 날 노장(老莊)에 심취하여 시를 썼고, 해박한 한학(漢學)으로 우리 시단을 풍미하면서 동양적인 예지로써 서정의 꽃을 피운 그의 시「무(無)에 대하여」,「연」(蓮),「자하문 밖」 등 가편(佳篇)을 엮어냈다.

그러나 정계 입문(1960년 국회의원 출마 등)에 실패하여 서울 세검정(洗劍亭)의 과수원을 팔아야 하는 등 가세가 기우는 가운데 가난은 그를 호되게 엄습했던 것이다. 그는 당시(1950년대 말기) 인천(仁川)에 살고 있던 저자의 집에도 몇 번씩 찾아왔고 김양수(金良洙, 인천 거주 문학평론가)와 셋이서 '3백밀리포'라는 독한 술을 마셨던 나날도 있었다. 표제처럼 가난을 찬양하는 노래라는 「가난 송가」란 풍자적이며 자학적인 반어(反語)의 표현이 아닐 수 없다.

제1연에서 '피에 젖은 아우성'(제1연)은 '4·19학생의거'(1960)이며, '여자여. 너는…'의 여자는 가난에 고생하는 아내에 대한 목메이는 아픔이 여운지는 대목이다.

제2연의 '세리도 배 고파 오지 않는 곳'이란 김관식이 살고 있던 '문화촌' 산간지대의 무허가 판자집 동네를 가리킨다. 지금은 아파트 단지 등 도시의 부촌이 되었으나 그 당시에는 한적하기 그지없는 빈민촌이다. 우리는 이 시를 통해 시인의 가난뿐 아니라 우리 국민들이 6·25와 4·19 이후 거의 대부분의 사람이 빈곤에 허우적이던 시대를 역사적으로 되돌아 보게 되는 것이다. 물신숭배가 난무하는 오늘의 시대에 어쩌면 이 시 한 편은 우리를 반성시키는 참다운 각성제가 되었으면 좋겠으나, 어찌 그걸 바랠 수 있으랴.

제3연의 '단정학'은 정수리에 혈관이 뭉쳐서 붉고 아름답게 보이는 천연기념물의 학이며, 장수조(長壽鳥)로 알려지는 속설(俗說)을 나타낸다.

'지나의 꾸리'란 근세 중국의 빈곤한 노동자를 가리킨다.

제4연의 '눈물'은 '눈(雪)물이냐 눈물(涙)이냐'의 해학적 표현이다.

'천산북로'(제5연)는 중국 신강성(新彊省) 천산산맥 이북지역이며 실크로드로 이어지는 고대부터 동서 교통의 요지다. 김관식은 이 대목에서 고대 동서양문명의 교류지대로 바릿대(승려의 밥그릇)를 지니고 정신의 양식을 구하려는 수도승(修道僧)이 되어 고행하는 명상적인 자아를 표현하고 있어 감동적이다.

박봉우(朴鳳宇)

광주(光州)에서 출생(1934~1990). 호는 추풍령. 전남대학교 문리대 수료. 1956년 『조선일보』 신춘문예에 시 「휴전선(休戰線)」이 당선되어 문단에 등단했다. 『영도(零度)』, 『신춘시(新春詩)』 동인. 시집 『휴전선(休戰線)』(1957), 『겨울에도 피는 꽃나무』(1959), 『사월(四月)의 화요일』(1962), 『황지(荒地)의 풀잎』(1976), 『서울하야식』(1986) 등이 있다.

휴전선

산과 산이 마주 향하고 믿음이 없는 얼굴과 얼굴이 마주 향한 항시 어두움 속에서 꼭 한 번은 천둥 같은 화산이 일어날 것을 알면서 요런 자세로 꽃이 되어야 쓰는가.

저어 서로 응시하는 쌀쌀한 풍경.
아름다운 풍토는 이미 고구려 같은 정신도 신라 같은 이야기도 없는가, 별들이 차지한 하늘은 끝끝내 하나인데…… 우리 무엇에 불안한 얼굴의 의미는 여기에 있었던가.

모든 유혈流血은 꿈같이 가고 지금도 나무 하나 안심하고 서 있지 못할 광장. 아직도 정맥은 끊어진 채 야위어 가는 이야기뿐인가.

언제 한 번은 불고야 말 독사毒蛇의 혀같이 징그러운 바람이여. 너도 이미 아는 모진 겨우살이를 또 한 번 겪으라는가 아무런 죄도 없이 피어난 꽃은 시방의 자리에서 얼마를 더 살아야 하는가 아름다운 길은 이뿐인가.

산과 산이 마주 향하고 믿음이 없는 얼굴과 얼굴이 마주 향한 항시 어두움 속에서 꼭 한 번은 천둥 같은 화산이 일어날 것을 알면서 요런 자세로 꽃이 되어야 쓰는가.

- **주제** 분단 비극 극복의 의지
- **형식** 5연의 자유시
- **경향** 서정적, 상징적
- **표현상의 특징** 각 연의 마지막 시행의 어미(語尾) 처리에 있어서 '쓰는가', '있었던가', '뿐인가', '이뿐인가' 등과 같이 한결같이 설의법의 종결어미 '가'로 끝나고 있다. 비극적 현실에 대한 준엄한 고발을 통해 분단의 비통한 상황이 상징적으로 강렬하게 묘사되고 있다.

이해와 감상

 이 시는 『조선일보』 신춘문예(1956) 당선작으로, 국토 분단과 동족상잔의 비극, 그리고 휴전이라는 불안한 상황을 실감케 하는 현실 고발의 차원 높은 시다.
 동족상잔의 상흔이 가시지 않은 불신의 상황에서 또 다시 이토록 뼈저린 민족의 비극이 일어나서야 되겠느냐 하는 시인의 외침이 너무나도 숙연한 분위기를 자아낸다.
 화자는 '별들이 차지한 하늘은 끝끝내 하나인데…' 하면서(제2연) 분단의 아픔과 통일의 의지를 풍자적으로 표현하고 있다.
 이 시가 우리 시단에 화제를 꽃피웠던 것도 1950년대 중반이니 벌써 50년의 긴 세월이 흘렀다. 이 땅은 언제쯤 조국의 평화로운 통일의 숙망(宿望)을 이루게 될 것인가.
 강렬한 통일 의지를 내면 의식으로 불사르고 있는 이 작품으로 하여 분단의 아픔을 더욱 절절히 통감(痛感)하게 된다.

박희진(朴喜璡)

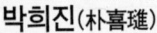

경기도 연천(延川)에서 출생(1931~   ). 고려대학교 영문학과 졸업. 『문학예술』에 시 「무제」, 「허(虛)」(1955), 「관세음상(觀世音像)에게」(1956) 등이 추천 완료되어 문단에 등단했다. '60년대 사화집' 동인. 시집 『실내악(室內樂)』(1960), 『청동시대(靑銅時代)』(1965), 『미소하는 침묵』(1970), 『빛과 어둠의 사이』(1976), 『서울의 하늘 아래』(1979), 『가슴 속의 시냇물』(1982), 『4행시 134편』(1982), 『라일락 속의 연인(戀人)들』(1985), 『아이오와에서 꿈에』(1985), 『시인아 너는 선지자 되라』(1985), 『산화가(散花歌)』(1988), 『북한산 진달래』(1990), 『연꽃 속의 부처님』(1993), 『몰운대의 소나무』(1995), 『문화재, 아아 우리 문화재』(1997), 『화랑영가』(1999), 『하늘·땅·사람』(2000), 『1행시 960수와 17자시 730수·기타』(2003) 등이 있다.

관세음상觀世音像에게

         1
석연石蓮이라
시들 수도 없는 꽃잎을 밟으시고
환히 이승의 시간을 초월하신 당신이옵기
아 이렇게 가까우면서
아슬히 먼 자리에 계심이여

어느 바다 물결이
다만 당신의 발 밑에라도 찰랑이겠나이까
또 어느 바람결이
그 가비연 당신의 옷자락을 스치이겠나이까

자브름하게 감으신 눈을
이젠 뜨실 수도 벙으러질 듯
오므린 입가의 가는 웃음결도
이젠 영 사라질 수 없으리니
그것이 그대로 한 영원永遠인 까닭이로라

해의 마음과
꽃의 훈향을 지니셨고녀
항시 틔어 오는 영혼의 거울 속에
뭇 성신의 운행을 들으시며 그윽한 당신
아 꿈처럼 흐르는 구슬줄을

사붓이 드옵신 손가락 하나 움직이지 않으시고

　　　2
당신 앞에선 말을 잃습니다
미美란 사람을 절망케 하는 것
이제 마음 놓고 죽어 가는 사람처럼
절로 쉬어지는 한숨이 있을 따름입니다

관세음보살
당신의 모습을 저만치 보노라면
어느 명공의 솜씨인고 하는 건 통
떠오르지 않습니다

다만 어리석게 허나 간절히 바라게 되는 것은
저도 그처럼 당신을 기리는 단 한 편의
완미完美한 시를 쓰고 싶은 것입니다 구구절절이
당신의 지극히 높으신 덕과 고요와 평화와
미美가 어리어서 한 궁필의 무게를 지니도록
그리하여 저의 하찮은 이름 석자를 붙이기엔
너무도 아득하게 영묘한 시를

주제 절대자에 대한 찬미
형식 2부작 7연의 자유시
경향 서정적, 불교적, 상징적
표현상의 특징 잘 다듬어진 경어체(敬語體)의 일상어로 전편에 근엄한 시의 분위기를 이루고 있다.
설의법(設疑法)을 써서 절대자에 대한 숭앙심(崇仰心)을 간접적으로 강조하는 수사의 표현을 하고 있다. '너무도 아득하게 영묘한 시를 → 완미(完美)한 시를 쓰고 싶은 것입니다'(제7연)로 이어지는 도치법을 쓰고 있다.

이해와 감상

　관세음보살(Avalokiésvara)은 불교의 부처의 다음가는 지위에 있는 대자대비(大慈大悲)한 성인(聖人)이다. 박희진은 그의 참다운 불심(佛心)을 관세음상 앞에 합장하며 불도를 닦고 있다. 보리(菩提)를 구하고 아울러 뭇 중생을 교화해 주는 관음의 거룩한 뜻을 받아 이와 같은 불교적인 작품을 현대시로써 형상화 시키고 있다.
　'어느 바다 물결이/ 다만 당신의 발 밑에라도 찰랑이겠나이까/ 또 어느 바람결이/ 그 가비연 당신의 옷자락을 스치이겠나이까'(제2연) 하는 장엄한 묘사에서처럼 시의 제재(題材) 그 자체가 좀처럼 다루기 힘든 시세계이나, 속깊은 불도(佛道)에서 우러나는 메타포는 자못 감동적이다. 명공(名工)의 빼어난 조각상(제6연)보다는 중생이 괴로울 때 구원해 주는 자비로운 관세음보살의 진리를 깨달은 본성(本性)에 머리숙이며, '당신 앞에 선 말을 잃습니다/ 미란 사람을 절망케 하는 것/ 이제 마음 놓고 죽어 가는 사람처럼/ 절로 쉬어지는 한숨이 있을 따름입니다'(제5연)고 엄숙한 고백을 하고야 만다.
  아니 '당신을 기리는 단 한 편의/ 완미(完美)한 시를 쓰고 싶은 것입니다'(제7연)고 절절한 소망을 피력하고 있다.

항아리

무슨 흙으로 빚었기에
어느 여인의 살결이 이처럼 고울 수 있으랴
얇은 하늘빛 어리인 바탕에
그려진 것은 이슬 머금은 닭이풀인가
만지면 스러질 듯 아련히 묻어 오는
차단한 기운이여

네가 놓이는
자리는 아무데고 끝인 동시에
시작이 되는 너는 그런 하나의 중심이라
모든 것은 잠잠할 때에도
너는 끊임없이 숨쉬며 있는

오 항아리
너 그지없이 둥근 것이여
소리없는 가락의 동결(凍結)이여
물 위에 뜬
연꽃보다도 가벼우면서 모든 바위보다
오히려 무겁게 가라앉는 것

네 살결 밖을 감돌다 사라지는
세월은 한갓 보이지 않는 물무늬인가
항아리 만든 손은 티끌로 돌아가도
불멸의 윤곽을 지니인 너 항시 우러른
그 안은 아무도 헤아릴 길이 없다

| **주제** | 청자(靑磁) 항아리의 미(美)
| **형식** | 4연의 자유시
| **경향** | 서정적, 전통적, 낭만적
| **표현상의 특징** | 세련된 시어로 민족문화재의 외형미뿐 아니라 내면 세계의 미를 은유하고 있다. 시각적 묘사와 동시에 촉각적(차단한 기운), 청각적(소리없는 가락의 동결)인 공감각적 표현이 두드러진다. '~이여' 하는 감동의 호격조사이며, 동어반복도 하고 있다.

이해와 감상

메타포의 뛰어난 솜씨가 고려청자를 새로운 시로써 빚어내고 있다.

'네가 놓이는/ 자리는 아무데고 끝인 동시에/ 시작이 되는 너는 그런 하나의 중심이라'(제2연)고 하는 고려 청자의 민족미(民族美)로서의 영구불멸성(永久不滅性)의 은유는, 이 가품(佳品)을 우리 시문학사에서 부동의 항아리로 자리매김할 수 있다고 본다.

여기서 박희진의 「항아리」시작상(詩作上)의 심미적(審美的) 표현기법도 주목할 만하다. 그는 「항아리」를 통한 주제(主題)의 바리에이션(variation)을 역동적 변주 형식으로 구성하므로써 메타포의 신선한 표현미를 보여주고 있다.

여기서 말하는 주제의 바리에이션이란 음악으로 치자면 변주곡(變奏曲)을 뜻한다. 물론 시에 있어서는 이미지(image)와 포름(forme, 형식), 리듬(rhythm, 운율) 따위가 다양하게 변화하지만 그 밑바닥을 흐르는 '주제' 그 자체에는 변화가 없다. 더구나 때와 장소에 따라서 다양한 변주가 가능하다면 가능한 만큼 그 주제는 그 속에 내재(內在)하면서 점점 더 그 깊이와 빛을 더하며 번쩍이게 된다.

박희진의 '항아리'는 바로 그런 주제의 변주를 통해서 심미적 깊이와 메타포의 솜씨를 발휘하고 있다고 본다.

신경림(申庚林)

충청북도 중원(中原)에서 출생(1935~). 본명은 응식(應植). 동국대학교 영문학과 졸업. 『문학예술』에 「낮달」(1955. 12), 「갈대」(1956. 1), 「석상(石像)」(1956. 4) 등이 추천 완료되어 문단에 등단했다. 시집 『농무(農舞)』(1973), 『새재』(1980), 『달넘세』(1985), 『남한강』(장시집, 1987), 『가난한 사랑노래』(1988), 『길』(1990), 『쓰러진 자의 꿈』(1993), 『어머니와 할머니의 실루엣』(1998), 『뿔』(2002) 등이 있다.

농무 農舞

징이 울린다 막이 내렸다
오동나무에 전등이 매어달린 가설 무대
구경꾼이 돌아가고 난 텅 빈 운동장
우리는 분이 얼룩진 얼굴로
학교 앞 소줏집에 몰려 술을 마신다
답답하고 고달프게 사는 것이 원통하다
꽹과리를 앞장 세워 장거리로 나서면
따라붙어 악을 쓰는 건 쪼무래기들뿐
처녀애들은 기름집 담벽에 붙어 서서
철없이 킬킬대는구나
보름달은 밝아 어떤 녀석은
꺽정이처럼 울부짖고 또 어떤 녀석은
서림이처럼 해해대지만 이까짓
산구석에 처박혀 발버둥친들 무엇하랴
비료값도 안 나오는 농사 따위야
아예 여편네에게나 맡겨 두고
쇠전을 거쳐 도수장 앞에 와 돌 때
우리는 점점 신명이 난다
한 다리를 들고 날나리를 불꺼나
고갯짓을 하고 어깨를 흔들꺼나

주제 농민의 순수 저항의지
형식 전연의 주지시
경향 애향적, 저항적, 전통적
표현상의 특징 시어가 상징적이며 주지적으로 심도 있는 표현을 하고 있다. 신경림의 초기 대표시 「갈대」와 같은 일반적인 서정시의 이미지 중심 묘사의 테두리를 완전히 벗어나고 있다. '고달프다', '원통하다', '악을 쓴다', '울부짖다', '발버둥친다' 등과 같은 정서적으로 극한적인 시어구사가 농민의 참상을 리얼하게 고발하고 있다. 우리의 정통 농악기인 '징'을 비롯하여 '꽹과리', '날나리' 등이 농악의 분위기를 고조시키는 청각적 이미지의 구성 효과를 보이고 있다.

이해와 감상

『창작과 비평』(1971, 가을호)에 발표된 작품.

우리 농촌은 전통적으로 '농민은 천하의 으뜸'(農者天下之大本)이라는 농기(農旗)를 드높이 쳐들었다. 그러나 항상 지배자들로부터 가혹하게 수탈만 당하는 서글픈 농민들의 농악대는 마을이며 장터를 돌았으나 근심 걱정 끊일 날 없어 늘 가슴 속은 쓰리고 허전했다. '농자천하지대본'은 위정자들의 허울 좋은 구두선(口頭禪)일 따름, 전혀 실행 없는 헛소리였다. 날로 해를 거듭할수록 농촌은 피폐해 갔다. 더구나 탐관오리들은 각 지방에서 피골이 상접한 농민들의 고혈을 빨았으니, 견디다 못해 끝내 죽기를 각오하고 간악한 관가에 대항하여 조선조 명종(明宗, 1545~1567) 14년(1559)에 황해도 땅에서의 임꺽정(林巨正, 생년미상~1562)의 봉기를 필두로, 순조(純祖, 1800~1834) 11년(1811)에 와서는 평안도의 홍경래(洪景來, 1780~1812), 뒤이어 1894년 전라도 고부에서 전봉준(全琫準, 1853~1895)이 앞장선 동학혁명(東學革命)이 횃불을 쳐들었던 것이다.

벽초 홍명희(碧初 洪命憙)의 대작 『임꺽정』에 등장하는 혁명가 임꺽정 등 인물이 신경림의 시 「농무」에 등장하므로써, 1960년대 이후 군사정권 당시, 피폐했던 우리 농민의 아픔을 '이까짓 산구석에 처박혀 발버둥친들 무엇하랴/ 비료값도 안 나오는 농사 따위야'(후반 부분)하며 저마다 입을 모아 비통하게 탄식한다.

이 시의 클라이맥스를 이루는 마지막 대목을 다시 집중해서 살펴보자.

'쇠전을 거쳐 도수장 앞에 와 돌 때/ 우리는 점점 신명이 난다/ 한 다리를 들고 날나리를 불거나/ 고갯짓을 하고 어깨를 흔들거나'에서 농무하는 농민들의 '점점 신명이 난다'는 반어법(反語法)의 구사다. '쇠전'은 '우시장'(牛市場)이 아닌 비참한 농촌의 절박한 현장에 대한 비극적 상징이며, '도수장'은 소의 처형장이 아닌 농민들의 죽음에 직면한 참담한 역사 현장을 고발하는 심도 있는 메타포다.

갈대

언제부턴가 갈대는 속으로
조용히 울고 있었다.

그런 어느 밤이었을 것이다. 갈대는
그의 온몸이 흔들리고 있는 것을 알았다.

바람도 달빛도 아닌 것.
갈대는 저를 흔드는 것이 제 조용한 울음인 것을
까맣게 몰랐다.

──산다는 것은 속으로 이렇게

조용히 울고 있는 것이란 것을
그는 몰랐다.

주제	자연을 통한 인간적 자아 성찰
형식	4연의 자유시
경향	서정적, 주지적, 감상적
표현상의 특징	'언제부턴가 갈대는 속으로/ 조용히 울고 있었다' (제1연)고 하는 감정이입(感情移入)의 의인법을 쓰고 있다. 잘 다듬어진 시어로 내재율을 살리고 있다. 또한 감각적인 기교로 감성의 순수미를 표현하고 있다.

이해와 감상

신경림의 대표적 초기시다.

1950년대 중반에 그는 순수 서정의 시세계를 처음으로 보여주었다. 일찍이 파스칼(Blaise Pascal, 1623~1662)이 '인간은 한 줄기 갈대에 지나지 않는다. 인간은 생각하는 갈대' 라고 그의 『명상록(Pensées)』에서 내세우면서 사고(思考)에 의한 인간성의 근본 자각이 신(神)에 이르는 길이라고 내세웠다. 그러나 신경림은 파스칼의 관념의 세계와는 상반하는 문학 창작의 예술의 경지를 보여준 것이 그의 시 「갈대」이다.

이 작품은 수사(修辭) 운용에서 주지주의(intellectualism)의 시창작 방법론을 저변에 깔고 있으나, 주정주의(emotionalism)의 서정적 시작법을 혼용한 독특한 스타일의 작품임에 틀림없다고 본다. 신경림은 '생각하는 갈대' 가 아니고 '깨닫는 갈대의 노래' , 즉 자연의 경이(驚異)를 인간의 삶과 일체화(一體化) 시키면서 철학이 아닌 예술(시)로써 형상화 시키고 있는 것이다.

우리들은 50년대에 이 시를 대하면서 감동했고, 이 땅에 새로운 지평(地平)을 여는 한 주지적 서정시인이 등장하고 있음을 지켜봤던 것이다. 그 당시 신경림의 시는 종래 한국시의 전통적인 주정적(主情的) 서정시에서 주지적(主知的) 서정시로의 전환 작업을 전개했던 것이다.

박용래(朴龍來)

충청남도 부여(扶餘)에서 출생(1925~1980). 강경상업학교를 졸업한 후 은행원, 중고교 교사 역임. 『현대문학』에 시 「가을의 노래」(1955. 6), 「황톳길」(1956. 1), 「땅」(1956. 4) 등이 추천 완료되어 문단에 등단했다. 시집 『싸락눈』(1969), 『백발의 꽃대궁』(1975), 시선집 『강아지풀』(1978) 등이 있다.

탁배기濁盃器

무슨 꽃으로 두드리면 솟아나리.
무슨 꽃으로 두드리면 솟아나리.

굴렁쇠 아이들의 달.
자치기 아이들의 달.
땅뺏기 아이들의 달.
공깃돌 아이들의 달.
개똥벌레 아이들의 달.
갈래머리 아이들의 달.
달아, 달아
어느덧
반백半白이 된 달아.
수염이 까슬한 달아.
탁배기濁盃器 속 달아.

- **주제** 연상적 표현미
- **형식** 2연의 변형 자유시
- **경향** 서정적, 전통적, 감각적
- **표현상의 특징** 시의 표제를 우리의 전통 농주인 막걸리를 담아 마시는 둥근 탁주 사발로 삼은 것이 이채롭다. 밀도 있는 간결한 언어구사 속에 시의 리듬감을 연상적 수법으로 살리고 있다.
  전편에 걸쳐 동어반복(同語反復)의 수법이 두드러지게 나타나고 있다. 우리나라 재래의 여러 가지 아이들 놀이의 민속(民俗)을 소재로 삼아 전통적 정서를 고루 일깨워 주고 있다.

이해와 감상

향토적인 서정시로서 심상을 깔끔하게 승화시키는 솜씨가 빼어난 시인답게, 「탁배기」에서도 우리 겨레의 정서를 뛰어난 감각시로 형상화 시키고 있다.
둥글고 하얀 막걸리 사발과 둥근 달을 대칭적으로 비유하는 시각적인 묘사가 다른 시인에게서 찾아볼 수 없는 독보적인 경지를 개척한 작품이다.
　막걸리 사발에 담긴 탁주를 마시는 시인의 정서는 스스로의 어린 시절의 회상을 통해 영상화(映像化) 시키는 언어의 화면적(畵面的)인 나라타즈(narratage) 수법이 동원되고 있어서 매우 흥미롭다.
　굴렁쇠를 굴리면서 달리던 어린 시절, 자치기도 하고 땅뺏기며, 여자 애들의 공기놀이, 또한 밤에는 개똥벌레 잡으러 냇가에 노닐던 아이들, 갈래머리 소녀들이랑 그 모든 것이 이제는 지난 날의 아름다운 추억이 되고 있다.
　벌써 시인의 얼굴엔 수염이 까칠하고, 희끗희끗한 머리가 막걸리 잔 속에 비치며 어른거린다(시의 마지막 2행). 예부터 강릉(江陵)의 명승 경포대(鏡浦臺)에서는 다섯 개의 달, 즉 밤하늘의 달, 바다의 달, 호수의 달, 술잔에 비친 달, 그리고 마음 속의 달이 뜬다 했는데, 박용래에게는 어린 날의 여러 유희의 광경이 탁배기 속에 달로써 뜬 모양이다.

저녁눈

늦은 저녁때 오는 눈발은 말집 호롱불 밑에 붐비다.
늦은 저녁때 오는 눈발은 조랑말 발굽 밑에 붐비다.
늦은 저녁때 오는 눈발은 여물 써는 소리에 붐비다.
늦은 저녁때 오는 눈발은 변두리 빈터만 다니며 붐비다.

이해와 감상

　『월간문학』(1969. 4)에 발표된 작품이다. 눈 내리는 농촌의 저녁 무렵이 잘 다듬어진 함축된 시어로 평화롭게 묘사된 역동적인 서정시다.
　'저녁 때 오는 눈발은――' 하는 동어반복을 하면서, 눈이 날리는 장소의 변화가 자못 흥미롭게 전개되고 있다. 눈발은 호롱불 밑에 번거롭게 날리는가 하면, 심지어 조랑말 발굽 밑에, 또한 여물 써는 작두소리 속에도 침투한다. 그러더니 끝내 눈발은 변두리 빈터로만 다니면서 역동적인 활동 그 자체도 고적(孤寂)한 경지에 이른다는 정서의 변화가 군더더기 없는 서정적인 시어로 깔끔하게 마무리되고 있다.
　전체적으로 볼 때 박용래의 시작법의 특징은 언어의 최대한의 생략으로써 군소리를 없애는 절제가 큰 특징이다. 따라서 압축된 함축미의 표현이 돋보이고 있다.

김해성(金海星)

전라남도 나주(羅州)에서 출생(1935~). 본명 희철(熹喆). 호 소심(素心). 경희대학교 국문학과 졸업, 동 대학원과 서울대학교 신문대학원을 거쳐 동국대학교 대학원 수료. 『자유문학』에 시 「목련」(1956. 12), 「신라금관」(1957. 3), 『현대문학』에 시 「나비와 화분」(1957. 11), 「밭」(1957. 11) 등이 추천 완료되어 문단에 등단했다. 이후 『서울신문』 신춘문예(1967)에 문학평론 당선. 시집 『바다 제비』(1959), 『풍토(風土)』(1961), 『신라금관』(1963), 『꽃사랑나무』(1970), 『백제금관』(1976), 『구건포』(1976), 『영산강』(서사시집, 1969), 『치악산』(서사시집, 1977), 『물동이사연』(1985), 『김해성 시선집』(1986) 등이 있다.

신라금관新羅金冠

아침 햇발이 유달리 눈부신 서라벌 하늘 밑의 박물관博物館 한 구석, 안으로만 소원을 몸부림치며 천년을 침묵 속에 살아온 금관. 신라의 호사 찬연한 치국비화治國秘話가, 거기 조용히 잠들고 있는 관冠, 쉬흔 여섯 임금의 고혼孤魂은, 금빛발 속에 생생히 살아 있다냐.

아아 어디선가
금관이 울며 지심地心을 흔드는 소리
천년 전 그 날 밤에 반짝이는 별은 지금도 눈떴는데
꽃잎처럼 피어나던 신라의 옛 모습은,
주렁주렁 매어 달린 수술 소리 낭랑한 음향으로 하여
그 때의 흥성興盛한 시절을 이야기 듣는 듯 싶어라.

만호궁전萬戶宮殿 숱한 향연饗宴도
이제는 노을밭에 날던 갈매기의 기도
선선히 틔어 원광圓光이 도는 하늘
그 하늘이사 컴컴한 밤에도
해 돋는 순간처럼 밝아 온 또 다른 태양인데
억년 훗날도 변치 않을
내 땅의 하늘을 샅샅이 돌아
에밀레종은 목놓아 천년을 울어울어
세월을 잊은 듯 금빛발치는
또 다른 동방의 빛 빛 빛, 빛발이여.

여기 서라벌 하늘 밑에 천년을 변함 없이 살아 있어, 땅속 깊이 묻힌 수많은 임금의 비원悲願이 내재하여 있는 관冠. 아아 신라 터전에, 피맺힌 하늘을 이고 새 순이 돋아날 것만 같아, 한 그루 서 있는 설뚜꽃은 언제 핀다냐.

> **주제** 신라금관의 순수가치 추구
> **형식** 4연의 변형 자유시
> **경향** 전통적, 상징적, 감각적
> **표현상의 특징** 잘 다듬어진 시어로 상징적으로 엮어낸 역사의 발자취가 독자에게 감동적으로 전달되고 있다. '천년'을 비롯하여 '금빛발', '빛' 등의 동어반복의 수사(修辭)가 한결 감각적 이미지를 북돋고 있다.
> 제1연과 제4연은 기승전결의 서론과 결론 형식의 독특한 수미상관의 구조를 보이고 있다.

이해와 감상

신라 천년의 찬연한 민족사를 상징하는 신라금관을 경건하게 마주선 시인의 심혼(心魂)이 빼어난 감각의 비유를 하고 있다. 내 것이 없이 남의 것만이 있을 수 없으며, 자랑스러운 민족의 보배인 '안으로만 소원을 몸부림치며 천년을 침묵 속에 살아온 금관'(제1연)은 천년 뒤 마침내 김해성의 상징적 솜씨로 새로운 명품 금관의 시로 형상화되어 독자들을 즐겁게 해준다.

이 작품은 약관의 김해성이 1957년 『자유문학』에 노산 이은상의 추천을 받은 작품이다.

'아아 어디선가/ 금관이 울며 지심을 흔드는 소리'(제2연)는 역사의 아픔이며, '천년 전 그날 밤에 반짝이는 별은 지금도 눈떴'(제2연)다는 것은 민족사를 우리가 결코 잊지 말고 다시금 성찰(省察)하자는 화자의 역사 인식에 대한 각성의 메시지다.

이 제2연은 특히 청각적 이미지가 우리들 마음 속에 '주렁주렁 매어 달린 수술 소리 낭랑한 음향'의 감각적 이미지로 은은히 메아리쳐 준다.

'그 하늘이사 컴컴한 밤에도/ 해 돋는 순간처럼 밝아 온 또 다른 태양'(제3연)으로서 신라금관은 겨레의 역사 위에 군림하며, 박물관을 찾아드는 세계인들에게 부러움과 찬양을 받고 있는 것이다. 여기 덧붙여 두자면 일본 등 외국의 박물관에서는 훌륭한 진열품의 벽면(壁面)에는 송시(頌詩)며 찬양의 글을 써붙이고 있거니와, 이 「신라금관」의 시편도 경주박물관 벽면에 장식되었으면 한다.

일본의 국보 제1호는 본래 7세기 초에 신라 진평왕(眞平王, 579~632 재위)이 왜(倭)의 여왕(推古, 592~628 재위)에게 보내준 신라 목조(赤松) 불상(보관미륵보살 반가사유상·일본 국보 제1호)이다 (일본 고대 불교왕조실록 『扶桑略記』 13C 등).

바로 이 신라 불상을 찬양한 독일 철학가 야스퍼스(Karl Jaspers, 1883~1969)가 예찬한 글이 고류지(廣隆寺·京都市太秦) 사찰의 영보전(靈寶殿) 벽면에 게시된 것을 저자는 교토 땅에 갈 때마다 늘 지켜본다는 것도 굳이 여기에 밝혀두련다.

그런데 이 사찰에서는 '신라 불상' 이라는 국적 표시를 전혀 외면하고 있다. 더구나 자기네가 직접 만들었다는 시늉을 하느라 불상 설명서에서 "일본 아스카(飛鳥)시대(7C) 불상이다"는 표현을 하고 있다. 이곳 '고류지'의 신라불상과 거의 형태가 똑같은 것이 서울의 국립박물관에 있는 한국 국보 제83호(금동미륵보살반가상)다.

영산강榮山江
―序章

            1

태초에
어느 거령신巨靈神
하늘과 땅을 갈랐을
그 순간부터

여기 소백·노령小白蘆嶺에서
맑은 샘이 솟구쳐
서해로 오백리
몇억 광년을 두고 두고……

백사白蛇와 용龍과 같이
꿈틀거리고 노래하는
너 영산강아!

너의 줄기찬 생명으로
청산을 한 몸에 안고
넓은 평야를 감돌며

선학仙鶴의 나래를 적시는데
얼마나 많은 범선들이
오르 나렸더냐

영산강은
어제도―
오늘도―
내일도―

잔잔히 흐르면서
아무도 모를 비밀 안고
역사를 겹쳐 쌓은
여운을 남겨 좋다.

큰 파도가 일지 않아
평화로운 강심江心이 더욱 좋다.

주제 영산강의 역사 의미 추구
형식 장편 서사시
경향 역사적, 전통적, 상징적
표현상의 특징 겨레의 곡창을 관통하는 풍요한 젖줄의 발자취를 비유의 수법으로 웅혼하게 표현하고 있다. 고대 백제의 역사를 비롯하여 고려와 조선시대에 이르는 역사의 사항들을 빠짐없이 다루고 있다. 신화와 설화, 씨족의 계보, 민요 등 폭넓게 취재한 한국적 정취가 물씬하게 표현되고 있다.

이해와 감상

김해성이 1969년에 창작한 서사시집 『영산강』의 서장(序章)의 서두만을 여기에 실어 둔다. '태초에/ 어느 거령신/ 하늘과 땅을 갈랐을/ 그 순간부터// 여기 소백 노령에서/ 맑은 샘이 솟구쳐' (제1·2연) 영산강 그 풍요한 젖줄은 천지창조 이래 우리 하늘의 거령신(巨靈神)의 솜씨로 만경벌을 이루며 '서해로 5백리/ 몇억 광년을 두고 두고' (제2연) 흘러 내리기 시작한 것이란다. 그 흐르는 물줄기는 백사처럼 들판을 희고 길게 번뜩이며 구불구불 내리는가 하면 또한 용처럼(제3연) 꿈틀거리며 큰 강줄기로 줄기차게 이어진다.

우리에게 민족의 역사가 얼마나 소중한 것인가는 새삼 논할 것이 없거니와 내외의 시문학사를 돌아볼 때, 역시 방대한 스케일의 민족인인 서사시는 여러 가지 형태로 엮어져야만 하는 게 아닌가 한다.

박성룡(朴成龍)

전라남도 해남(海南)에서 출생(1932~1999). 호는 남우(南隅). 중앙대학교 국문학과 졸업. 『영도(零度)』(1954) 동인. 『문학예술』에 시 「교외(郊外)」(1955. 12), 「화병정경(花甁情景)」(1956. 7) 등이 추천 완료되어 문단에 등단했다. 『60년대 사화집』동인. 시집 『가을에 잃어버린 것들』(1969), 『춘하추동(春夏秋冬)』(1970) 등이 있다.

과목果木

과목에 과물들이 무르익어 있는 사태처럼
나를 경악케 하는 것은 없다.

뿌리는 박질薄質 붉은 황토에
가지들은 한낱 비바람들 속에 뻗어 출렁거렸으나

모든 것이 멸렬滅裂하는 가을을 가려 그는 홀로
황홀한 빛깔과 무게의 은총을 지니게 되는

과목에 과물들이 무르익어 있는 사태처럼
나를 경악케 하는 것은 없다.

──흔히 시詩를 잃고 저무는 한 해, 그 가을에도
나는 이 과목의 기적 앞에 시력을 회복한다.

- **주제** 창조의 의미 추구
- **형식** 5연의 2행 자유시
- **경향** 서정적, 상징적, 감각적
- **표현상의 특징** 감각적인 조사(措辭)에 의해서 전편이 신선감으로 넘치고 있다.
  제5연에서 시인의 경건한 시작 태도가 표현되고 있다.
  제1연과 제4연은 각기 전연(全聯)이 동어반복(同語反復)으로 내용을 크게 강조하고 있다.

이해와 감상

이 시는 가을날에 과일들이 익어 가는 그 원숙(圓熟)함과 생명 탄생의 경이에 감복하면서, 또한 시인이 시 작업에 충실하지 못했던 것에 대해 과목 앞에서 자아를 반성하는 이색적인 표현을 하고 있다.

조물주의 생명 창조의 그 경이로움에 화자가 다시금 깨우치는 감동의 시세계(詩世界)를 펼쳐 보이고 있다. 이 시에 대해 박성룡은 스스로 시작 동기를 다음처럼 말하고 있다.

"「과목」이란 작품은 '신의 은총'을 주제로 하였다. 그러나 엄밀히 말하면 어느 은사의 말 한 마디에서 얻은 소재였다. …그 은사께서는 '참 신기하단 말야. 저렇게 토박한 땅에서 저런 과일이 열리다니…' 하시는 것이었다. 그 은사의 그 한 마디는 오랜 동안 내 머리 속에서 사라지질 않았다. 그래서 그것을 작품화해 본 것이었다."

풀잎

풀잎은
퍽도 아름다운 이름을 가졌어요.
우리가 '풀잎' 하고 그를 부를 때는,
우리들의 입 속에서는 푸른 휘파람 소리가 나거든요.

바람이 부는 날의 풀잎들은
왜 저리 몸을 흔들까요.
소나기가 오는 날의 풀잎들은
왜 저리 또 몸을 통통거릴까요.

그러나, 풀잎은
퍽도 아름다운 이름을 가졌어요.
우리가 '풀잎', '풀잎' 하고 자꾸 부르면,
우리의 몸과 맘도 어느덧
푸른 풀잎이 돼 버리거든요.

이해와 감상

풀잎의 싱싱한 생명력과 그 발랄한 율동의 생동미(生動美)를 '풀잎은/ 퍽도 아름다운 이름을 가졌어요'(제1연) 등 전편에 걸쳐 정다운 '동요체(童謠體)'로 노래하고 있는 흥미로운 서정시다.

또한 '~요'와 같은 상냥한 어미처리는 이 시의 주제를 더욱 선명히 하는데, 그것은 어린이의 말이 주는 신선감, 그리고 신생(新生)의 약동하는 기운을 독자에게 듬뿍 느끼게 한다. 화자의 빼어난 표현의 기교로서 '풀잎'의 생명력과 생동미가 독자와 밀착되어 공감도를 더욱 드높여 준다. 이 시의 주제는 '풀잎의 순수한 생명력 추구'다.

성찬경(成贊慶)

충청남도 예산(禮山)에서 출생(1930~). 서울대학교 영문학과 졸업, 동 대학원 수료. 『문학예술』에 시 「미열(微熱)」(1956. 1), 「궁(宮)」(1956. 6), 「프리즘」(1956. 8) 등이 추천 완료되어 문단에 등단했다. '60년대 사화집' 창간동인. 시집 『화형둔주곡(火形遁走曲)』(1966), 『벌레소리 송』(1970), 『시간음(時間吟)』(1982), 『반투명』(1989), 『황홀한 초록빛』(1989), 『묵극』(1995), 『나의 별아 너 지금 어디에 있니?』(2000) 등이 있다.

보석밭

가만히 응시하니
모든 돌이 보석이었다.
모래알도 모두가 보석알이었다.
반쯤 투명한 것도
불투명한 것도 있었지만
빛깔도 미묘했고
그 형태도 하나하나가 완벽이었다.
모두가 이름이 붙어 있지 않은
보석들이었다.
이러한 보석이
발 아래 무수히 깔려 있는 광경은
그야말로 하늘의 성좌를 축소해 놓은 듯
일대 장관이었다.
또 가만히 응시하니
그 무수한 보석들은
서로 빛으로
사방 팔방으로 이어져 있었다.
그 빛은 생명의 빛이었다.
이러한 돌밭을 나는 걷고 있었다.
그것은 기적의 밭이었다.
홀연 보석밭으로 변한 돌밭을 걸으면서
원래는 이것이 보석밭인데
우리가 돌밭으로 볼 뿐이 아닌가 하는
생각이 들었다.
있는 것 모두가 빛을 발하는

영원한 생명의 밭이
우리가 걷고 있는 곳이다.

> **주제** 생명적 새 가치 부여
> **형식** 전연의 주지시
> **경향** 주지적, 상징적, 잠언적
> **표현상의 특징** 평이한 일상어로 고도의 상징적 표현을 하고 있다.
> 　　주지적인 표현이면서도 의미의 심도가 깊다
> 　　전체적으로 시의 내용이 아포리즘(aporism)을 담고 있다

이해와 감상

　성찬경의 「보석밭」을 읽어 보자. 시인의 뛰어난 상상적(想像的) 표현미는 그 시인의 시어 구사의 기교에 따라서 심도 있는 이미지화 속에서 두드러지게 나타난다는 것을 깨닫게 하는 작품이다.
　모두 27행으로 쓴 「보석밭」에서 '모든 돌이 보석이었다' (제2행)의 돌과 '모래알도 모두가 보석알이었다' (제3행)의 모래알이 시인의 상상적 표현력에 의해서 '보석' 으로 독자에게 이미지화 되고 있다.
　그것이 바로 이 작품의 특성임을 누구나 쉽게 파악할 것이다.
　시인은 지금 돌밭을 걸어가고 있다(제19행). 그러나 시인은 곧 그의 상상의 세계에서 보석밭으로 변한 돌밭(제21행)을 걷고 있는 것이다. 시인은 이와 같이 그의 순수한 언어를 통해서 그가 선정한 '대상' (對像)에게 '새로운 가치' 를 부여하는 것이다.
　즉 '있는 것 모두가 빛을 발하는/ 영원한 생명의 밭이/ 우리가 걷고 있는 곳이다' (제25~27행)라고. 이것을 가리켜 우리는 '시적(詩的) 가치' 로 부르게 된다. 다시 말해서 그 가치는 '정신적 가치' 이며 동시에 '진실의 의미' 인 것이다.
　시가 독자에게 위안을 줄 수 있다는 것은 시인의 뛰어난 언어 표현의 예술로서 독자들에게 시의 참다운 가치를 인식시키는 일이다. 독자가 시를 읽고서 위안이 되고 즐겁거나 감동을 받았다면 그것은 곧 독자가 시로부터 구원(relief)받은 것을 뜻한다.

눈물

눈물을 통해서 세상을 본다.
눈물 안에 여러 빛이 어려온다.
무지개 사리알 구슬 따위가 뿜는 그런 빛이다.

어쩌다가 고인 눈물이다.
그러나 이 눈물 밑엔

무거운 삶의 짐이 산으로 솟아 있다.

잠시 고인 눈물에서 깊은 평화를 얻는다.
눈물에 비치는 세상은 역시 아름답기 때문이다.
눈물이 마음 안에 고운 노을로 퍼진다.

> **주제** 눈물의 순수 가치 추구
> **형식** 3연의 주지시
> **경향** 주지적, 잠언적, 상징적
> **표현상의 특징** 산문체의 일상어로 심도 있는 심상 표현을 하고 있다.
> 주지적 표현이나 상징적 수법을 쓰고 있다. 시의 모든 행에 '~다'라는 단정적인 종결어미를 달고 있다. 표제의 '눈물'로부터 '눈물'이 각 연마다 동어반복되고 있다.

이해와 감상

'눈물'이라고 하는 대상을 제재(題材)로 하는 시인의 인스피레이션(靈感)이 던지는 메시지는 '눈물을 통해서 세상을 본다'고 했다.

서양의 속담에 '눈물에 젖은 빵을 먹어 보지 않고는 인생을 논하지 말라'고 했다. 성찬경은 그런 세속적 교훈이 아닌 시로서 승화된 '눈물'의 존재 가치를 우리에게 뚜렷이 제시했다.

여기서 세상을 투시하는 눈물의 상징적 의미는 무엇인가. 그것은 '무지개'며 '사리(舍利)알', '구슬(玉)' 따위라고 했다. 무지개가 물성학(物象學)에서는 물방울에 햇빛이 통과하는 일시적 굴절 반사 현상이지만 시에서는 '이상'(理想)으로서의 눈부신 상징이다.

'사리알'이란 불교에서 성인(聖人)의 유골에서만 생성된다는 가장 성스러운 뼈의 알갱이다. 또한 옥이란 돌인 각섬석(角閃石)으로서 반투명의 담록색 보석이다.

눈물에서 '무지개 사리알 구슬 따위가 뿜는 그런 빛이' 나온다고 했으니, 그 빛은 인간 세상에서 가장 아름답고 진실하며 오묘한 빛을 가리킨다. 그와 같은 빛이 나오기 위해서 눈물이 생겨나는 그 뒷바탕의 모습은 과연 어떤 것일까.

화자가 제시하는 것은 가장 순수한 것, 또한 가장 고통스러운 것을 참고 견디며 진실을 추구한 데서 이루어진 빛깔로서의 눈물이다. 그 구체적인 제시는 '눈물 밑엔/ 무거운 삶의 짐이 산으로 솟아 있다'(제2연)고 비유한다. '삶의 짐'이란 인생의 고역(苦役)이다. 그러기에 인고(忍苦)를 극복한 참다운 '눈물에서 깊은 평화를 얻는다'(제3연)는 것이다.

김창직(金昌稷)

경상북도 영주(榮州)에서 출생(1930~   ). 호는 부원(芙園). 경북사대 국어국문학과 수료. 『시(詩)와 시론(詩論)』(1958) 창간 동인. 『시와 시론』지를 통해 시 「칠석」(1958. 4), 「바다」(1960), 「조국의 이름을 명읍(鳴泣)하는 성좌」(1961) 등을 발표하며 문단에 등단했다. 시집 『인상(印象)』(1961), 『냉전지대(冷戰地帶)』(1962), 『시인의 연대표』(1978), 『연기의 풍속도』(1980), 『눈썹 위의 영가(靈歌)』(1990), 『달과 영혼과의 간주곡』(1997) 등이 있다.

도깨비 타령

앵두빛
별 하나 슬며시
창문으로 넘어와
밤새껏 얼룩지더니

꿈 속을 파헤쳐
가슴 통째
아주 난장판 치더니만

옆자리에
머리맡에
손 저어 더듬어 봐도

서걱서걱
창빛 쓸려간 새벽녘
체온만 남아 쌔근댄다.

주제 순수 이미지 추구
형식 4연의 자유시
경향 서정적, 풍자적, 해학적
표현상의 특징 작자의 진한 인간미가 유머러스하게 독자에게 전달된다. 연상적 수법으로 시의 표현미를 북돋고 있다. 현실비판의 시정신을 역으로 뛰어나게 표현하고 있다.

이해와 감상

현대시라고 해서 직설적이거나 직서적(直敍的)인 현실 비판만 한다면 결코 독자들은 시의 '맛'을 느끼지 못할 것이다.

그러므로 정견(政見) 같은 역설(力說)은 정치가들에게 떠맡기고, 시인은 시재(詩才)랄까 에스프리(esprit)가 번뜩이는 서정미(抒情美)를 제시하는 게 매우 바람직하다고 볼 수 있다. 이 세상에 도깨비가 어디 있다는 것인가. 있다면 조용한 우리 사회를 허황되게 뒤흔드는 살아있는 쓸모없는 존재들이 도깨비일 것이다.

김창직은「도깨비 타령」을 표제(表題)로 제시하면서 역(逆)으로 오늘의 어지러운 사회 현실을 해학적으로 풍자하고 있다. 제2연의 '꿈속'을 '부조리한 현실'로 대입시키고, '가슴 통째'를 '현대사회'로, 또한 '난장판' 치는 것을 온갖 불의와 부도덕한 행위로써 메타포하고 있는 것이다. '앵두빛/ 별' (제1연)은 낮의 세계의 악동(惡童)이 밤의 시간에 도깨비로써 나타나 선량한 시인의 침실로 침입한 것은 아니런가.

화자는 도깨비가 머물다 간 자리에 '체온만 남아 쌔근거린다'고 온후한 인간적 연민의 정을 유감없이 발휘하고 있는 현대시의 가편(佳篇)이다.

춘한 春寒

녹슬은
창살에
유령처럼 일렁이는
지난 밤 꿈자리.

얼부푼
살갗을
향유香油로 닦아내도
개구리의 촌보寸步는 힘에 겹다.

아무렇지 않게
이젠
아픈 데를 쓰다듬는
등신불等身佛.

인종忍從의 세월은
수없이 앗기어도
잎새처럼 쌓인
저 하늘빛은
아직도 차가웁다.

이해와 감상

감성적(感性的)인 세련된 시어의 표현미가 밝은 색조(色調)의 뉘앙스(nuance, 미묘한 특색)를 이루고 있는 빼어난 기교의 현대 서정시다.

꽃샘 속에서 화자는 '인종의 세월은/ 수없이 앗기어도/ 잎새처럼 쌓인/ 저 하늘빛은/ 아직도 차가웁다'(제4연)고 계절을 상징적으로 비유하며, 자아(自我)를 돌아본다. 아니 현실에 대한 시각을 날카롭게 번뜩인다.

시인의 의지적인 심성(心性)이 투명한 계절 감각과 시대의식속에 눈부시게 조화를 이루는「춘한」(春寒)이 차다기보다는 맵고, 맵다고 하기엔 너무도 밝다.

정지용의「춘설」(春雪)이 주정적(主情的) 계절 감각의 서정시라면 (「정지용」항목 참조 요망) 김창직의「춘한」(春寒)은 주지적(主知的) 계절 감각의 상징시다.

바로 이와 같은 시의 커다란 표현차이는 곧 시대적인 큰 간격과 변화 속의 한국현대시의 발전상을 입증하는 일이다.

향유(香油) → 향기가 좋은 고급 기름.
촌보(寸步) → 몇 발자국도 안 되는 걸음.
등신불(等身佛) → 불교적인 발원(發願)으로 자신의 키와 똑같게 만든 불상(佛像)이다.

고 은(高銀)

전라북도 군산(群山)에서 출생(1933~   ). 본명 은태(銀泰). 법명 일초(一超). 『현대문학』에 시 「봄밤의 말씀」, 「눈길」, 「천은사운(天隱寺韻)」(1958. 11) 등이 추천 완료되어 문단에 등단했다. 시집 『피안감성(彼岸感性)』(1960), 『해변의 운문집(韻文集)』(1962), 『부활(復活)』(1975), 『제주도』(1976), 『입산(入山)』(1973), 『새벽길』(1978), 『조국의 별』(1984), 『마침내 시인이여』(1984), 『전원시편』(1986), 『가야 할 사람』(1986), 『만인보』(1·2·3, 1986), 『시와 현실』(1987), 『백두산』(서사시), 『남과 북』(2000), 『히말라야시편』(2000), 『순간의 꽃』(2001) 등이 있다.

상구두쇠

조선 철종 때
한양성 밖 장단 지경에
김 구두쇠가 있었겄다
그가 장 구두쇠네 집에
아들 시켜 장도리 빌리러 보냈겄다
빈 손으로 돌아왔겄다
안 빌려 준대요 못질하면 장도리 닳는다고
그러자 김 구두쇠 에이 그놈의 영감 구두쇠로군
하는 수 없다 우리 집 장도리 꺼내어 오너라
안방 벽장 왼쪽 안구석에 있다
고조 할아버지 때부터 내려온 장도리다
장단에서 더 가면 개성 구두쇠
거기서 더 가면 해주 구두쇠
개성 구두쇠는 오줌 팔 때 오줌에 물 타는데
해주 구두쇠는 그 오줌 살 때
손가락으로 오줌 찍어 맛보고
물 탔나 안 탔나 보고 사 간다는 것이렸다
이런 구두쇠 여러분에 의해
조선 상업이 이루어져 왔나니
그 구두쇠 온 데 간 데 없더니 나라 기우는 것이렸다
암 그렇고 말고
구두쇠도 정기여 민족정기여

이해와 감상

이 작품은 고은의 전작시 「만인보」(萬人譜·2, 1986)에 발표된 작품이다. 조선왕조 때의 장단 지경 김 구두쇠를 필두로 개성 구두쇠, 해주 구두쇠 등등 기라성 같은 검약가(儉約家)며 절세의 상술가(商術家)들이 출몰했다는 재담(才談)이 독자들을 마냥 즐겁게 감싸 안는다. 이쯤 되면 일찍이 19세기부터 오늘의 21세기에 이르는 오랜 가계(家系)의 세계 대표 재벌인 로스차일드(Rothschild) 재벌의 마이어 · A 바우어(Mayer Amschel Bauer, 1744~1812)가 그 옛날 다섯 아들을 함께 불러 놓고, "인생에 있어서 가장 중대한 것은 돈이다. 너희들은 하나에도 저금, 둘에도 저금, 셋도 저금 하잖음 안 돼" 했더니, 넷째 아들이 "그러면 아버지, 넷째로는 무엇을 하면 좋은가요?"라고 물었다. "솔로몬아, 아주 잘 물었어. 네 번째로도 너희들이 할 일은 오로지 저금이닷!" 했다지만, 진작에 우리의 상구두쇠를 만났더라면 그들 6부자는 오늘날 더 큰 재벌이 되었을지도.

고은은 이 시의 결어에서 강력한 풍자의 메시지를 내던지고 있다.

'그 구두쇠 온 데 간 데 없더니 나라 기우는 것이렸다／ 암 그렇고 말고'.

화자는 이 새타이어(satire, 풍자)에 뒤이어 본론을 일깨운다. 즉 '구두쇠도 정기여 민족정기여'. 정경유착으로 부정부패가 극심하고, 인륜(人倫)은 땅에 떨어진 지 오래지 않은가. 더더구나 졸부들의 사치와 허영으로 끝 모르는 망국적(亡國的) 낭비의 난동상. 물신숭배의 원시적인 페티시즘(fetishism, 물신숭배) 망령(亡靈)들이 온 나라를 휘적거리는 현대의 가증스러운 물신(物神)주의자들을 각성시키겠다는 '근검 절약정신'의 애국적 의기에 우리는 공감하게 되는 것이다.

임종臨終

우리여, 나는 서방정토에 가지 않으렵니다.
죽어도 죽어도 이 나라에 있으렵니다.
죽어서 몸이야 흙이 되건만 물과 바람이 되건만
내 넋은 흉흉한 귀신이 되어서 이 나라 강산에 있으렵니다.
그동안 살아오면서 집 없이 떠돌기도 했습니다.
죽어서는 이 나라가 온통 집입니다. 영산강 기슭에도 떠돌고
갈 수 없던 대동강 모란봉 위에도 떠돌면서
울고 싶은 백 사람의 눈물이 되고 깊은 밤 술이 되어
우리 억압자의 배 안에 들어가렵니다.
이 나라에서 태어날 때는
다른 나라에 살려고 태어나지 않았습니다.
하나의 괴로움은 여러 괴로움, 함께 괴롭고 함께 사랑하여
이 나라의 즈믄 달빛으로 살았습니다.
우리여, 나는 서방정토에 가지 않으렵니다.
한평생 이 나라에 산 것인 양
죽어도 죽어도 이 나라의 그믐밤 귀신이 되렵니다.
물이 얼고 모진 바람이 불어도 함께 얼음 밑의 물이 되고

함께 바람의 아픔으로 바람 소리가 되렵니다.
우리여, 어찌하여 이 나라를 떠나겠습니까.
이 나라의 흙과 풀
황토 언덕의 잔 소나무들도
몇 천년의 역대로 죽은 할아버지들입니다.
죽어도 죽어도 그들과 함께 있으렵니다.
억압자와 내 마음의 침략자의 오줌이 되어
이 나라의 풀 한 포기를 기르렵니다.
우리여, 나는 죽어서 서방정토에 가지 않으렵니다.
그런 곳에 가다니 그런 곳에 가다니,
왜 그런 곳에 가겠습니까.
죽어도 이 나라의 귀신이 되렵니다.

주제 생명의식의 민족애 추구
형식 전연의 자유시
경향 민족적, 종교적, 명상적,
표현상의 특징 사설조(辭說調)의 전연시이다. 작자의 주관적 세계가 직서적(直敍的)으로 민족애를 묘사하고 있다. 불교적인 귀의(歸依)를 거부하며, 토속적인 독특한 민족 종교관의 시세계를 관념적으로 표현하고 있다. 경어체(敬語體)를 구사하는 기도문과 같은 호소가 외형미와 내용미의 조화를 이루며 공감도를 드높이고 있다. '영산강'이며 '대동강 모란봉' 등 지명과 불교의 극락인 아미타불의 세계 '서방정토'를 대비적으로 묘사하고 있어 시간과 공간을 초월하는 분위기 또한 이채롭다. '우리여'는 '나'라는 개체가 아닌 민족적 객체의 '우리 민족'에다 호격조사(呼格助詞) '여'를 매달아 '우리 민속이여'의 준말인 셈이다.

이해와 감상

불교 승려였던 작자는 그가 장차 죽으면 마땅히 돌아가야 할 극락세계 서방정토 대신에 그의 조국강산에 '흉흉한 귀신이 되어' 살아가겠다는 비장한 결의를 내세우고 있다.
저승에 가서 편히 쉬기보다는, 역사적으로 수난과 고통만을 거듭해 온 조국의 터전을 떠돌겠다는 의지가 자못 경건하다. 즉, 소아(小我)가 아닌 대아(大我)를 추구하기 위해 세속적인 집도 없이 애족의 일념으로 고초 속에 떠돌던 방랑의 길에서, 그런 소가(小家)가 아닌 그야말로 대가(大家)인 내 나라 내 땅에서만 영원토록 살겠다는 절절한 소망이다.
'서방정토에 가지 않고'(제19행) '갈 수 없던 대동강 모란봉 위에도 떠돌면서/ 울고 싶은 백 사람의 눈물이 되고'(제10·11행) 싶다는 열망이 감동스럽다.
이것이야말로 그의 조국통일 의지의 강렬한 메타포(은유)다. 그는 두 손을 꽉 마주 쥐고 깊게 머리숙인 채, 조국통일을 염원하는 절절한 아픔의 눈물을 함께 흘리면서, 통일된 조국의 기쁨의 눈물을 겨레와 함께 흘릴 날을 간절하게 기원하는 것이다.
'하나의 괴로움은 여러 괴로움/ 함께 괴롭고 함께 사랑하여'(제16·17행) 온 조국 강토이기에 '물이 얼고 모진 바람이 불어도/ 함께 얼음 밑의 물이 되고/ 함께 바람의 아픔으로 바람 소리가 되'(제22~24행)겠다는 이 확고부동한 의지 또한 가상하다.
그러기에 '몇 천년의 역대로 죽은 할아버지들'(제28행)인 소나무들과 함께 '이 나라의 귀신이 되렵니다'(마지막 행)는 임종(臨終)의 유언 또한 비장한 것이다.

권용태(權龍太)

경상남도 김해(金海)에서 출생(1937~). 중앙대학교 대학원 수료. 『자유문학』에 시 「바람에게」(1958. 2), 「산(山)」(1958. 8), 「기(旗)」(1958. 11) 등이 추천 완료되어 문단에 등단했다. 시집 『아침의 반가(反歌)』(1968), 『남풍(南風)에게』(1980), 『북풍에게』(1999) 등이 있다.

남풍南風에게

1

겨우내
굳어 버린 나뭇가지에서
남풍은 되살아나
싱싱한 아침의 모습으로
고향의 봄을 맞는다.

꽃눈이 내리기를 기다리는
산곡山谷의 어느 여울목에서
남풍은
바다의 노을처럼 경이로운
메아리로 피어난다.

남풍은
밀림으로 통하는 카니발의
해안통海岸通을 따라
사랑의 유적遺蹟을 방황하다가,
나의 부끄러운 의식儀式으로
비산飛散해 가는 종소리가 아닌가.

기旗가 펄럭일 때마다
남풍은 울었다.
성城을 쌓고 비碑를 세우고
싶은 언덕에서.

2

남풍은
내 일과가 시작되는 아침나절
이 우울한 살롱에 들러
계절의 언어를 나누고 돌아간다.

남풍은
조용히 음악을 다스리는
수목 곁에서
사과나무를 기어오르는
다갈색茶褐色 손짓을 남겨둔 채
떠나간
초록 댕기 같은 그런 유흔遺痕 같은 거.

여름날
출구를 잃은 바람은
그리운 밤의 체온 속을 돌아 나오다가
굳어 버린 수목들을
흔들어 깨우기도 하고
연인들의 뜨거운 가슴 속에
소낙비를 뿌리게도 하고,

남풍은
나뭇가지에 걸려
다 해체되어 가는

포플라 같은 손을 흔들며
소리없이 떠나간
봄비가 아닌가.

밤의 창틀 속에 갇혀
달아날 하구河口를 잃고
서성대는
사랑 같은 그런 속삭임이 아닌가.

3

남풍은
누구의 계시도 없이
살아날 파도 속에 묻혀
허전한 가슴으로 울어댄다.

어쩌면
구름으로 덮인 거리에서
의지를 잃고 서성대는
외로운 우리의
눈짓을 닮아간다.

남풍은

남풍은
다시는 되살아 올 수 없는
마네킹의
그림자와도 같은 기억 속에서
모든 가슴을 적시고 간
눈물을 생각한다.

남풍은
전쟁이 돌아간
성벽의 비원悲願 속에 묻혀
울고 섰는
감미로운 그런 음악이 아닌가.

주제 삶의 진실을 추구하는 자세
형식 3부작의 자유시
경향 서정적, 주지적, 낭만적
표현상의 특징 일상어를 상징적으로 구사하면서 감각적인 정감을 자아내고 있다.
산문체이나 리듬의 효과를 살리면서 연상작용의 수법으로 내면세계를 추구하고 있다.
장시형의 연작시(連作詩)로서 이미지가 명징(明澄)하다.
제1부의 마지막 연은 수사의 도치형을 이루고 있다.

이해와 감상

　남풍(南風)이란 무엇인가. '마파람', 즉 남쪽에서 불어오는 훈훈한 바람이다. 여기서 시인은 이 따사로운 마파람을 상징적 존재로 의인화하고 있다.
　이 '남풍'은 시인이 설정한 '희망'이요 미학이고, '생명'이며 '이상', 그리고 모든 것의 '가능적(可能的)인 존재'다. 그러기에 이 남풍은 제1부에서 '아침', '메아리', '종소리', '울음'으로 전화(轉化)되고, 제2부에서는 '화자', '흔적', '바람', '봄비'로, 그리고 제3부에서는 '울음', '표정', '밀어', 그리고 마지막에는 '남풍'으로서 본연의 존재를 확인한다. 이상에서 살펴본 것처럼, 이 시에서 남풍은 시인이 추구하는 진실의 추적자(追跡者)이다. 시인은 '남풍에게' 온갖 피노미너(phenomena, 事象)를 통해, 그 하나 하나의 현상 본질을 파악하면서 삶의 참다운 의미를 천착하는 것이다.
　권용태가 전개하는 지적 이미지 속에서 우리는 삶의 환희와 비애, 인생의 맛과 멋, 고뇌와 낭만의 들판을 남풍과 함께 달리는 것이다.

봄편지

봄 뜰에
햇살이 모이는 이맘 때쯤은
적조積阻하게 지냈던
고향 친구에게
편지를 띄우는 게 멋이네.

묵은 벼루에
묵墨을 갈고,
고전古典의 어투로
무슨 안부부터 물을까.

속진俗塵으로 때묻은

나의 서울 생활,
먼지 털듯 털어놓고
삼동三冬을 지난
고향 사람들의 소식이나
물을까.

때로는 봄의 갈증을
소주잔으로 달래며
아무리 살아 보아도
흙범벅이 된 내 구두,
마음은 언제나
고향 언덕에 머물고 있네.

주제 고향땅의 순수미 추구
형식 4연의 자유시
경향 서정적, 주지적, 전통적
표현상의 특징 절제된 시어와 고풍스런 토착어로써 전통적인 향리(鄕里)의 정서를 부각시키고 있다.
 '물을까' (동어반복)로 수사의 설의법을 표현하고 있다.
 '~ 멋이네', '~ 있네' 등의 감동적인 종결어미를 달고 있다.

이해와 감상

 권용태는 「봄편지」라는 표제에다 구김없는 고향땅의 정서를 제재(題材)로, 도심 속 생활의 자아 성찰을 하고 있다.
 봄이 오고 정다운 고향 친구 생각에 오랜만에 먹을 갈아 붓으로 옛 글투의 편지를 써보고 싶으나 '무슨 안부부터 물을까' (제2연) 망설인다.
 '속진으로 때묻은/ 나의 서울 생활/ 먼지 털듯 털어놓고/ 삼동을 지난/ 고향 사람들의 소식이나/ 물을까' (제3연)하고 또 다시 주저한다.
 어째서일까. 서울살이에 아스팔트 위에서도 '흙범벅이 된 내 구두' (제4연) 탓인가.
 '흙범벅' 이란 도시의 공해며 오염된 잡다한 것 밖에는 무엇 하나 순수한 고향에 떳떳이 전할 게 없다는 자성(自省)의 목청이다. 그러기에 깨끗한 고향이 그리운 것이다.

이제하(李祭夏)

경상남도 밀양(密陽)에서 출생(1938~). 홍익대학교 조각과 수료. 『현대문학』에 시 「노을」(1957. 7), 「설야(雪夜)」(1958. 9) 등이 추천되었고, 단편소설 『황색(黃色) 강아지』(1958. 6)가 『신태양』지의 현상공모에 당선되어 문단에 등단했다. 시집 『저 어둠 속 등불들을 느끼듯이』(1982), 『빈 들판』(2003) 등이 있다.

빨래

이처럼 희디 흰 것을 여성들에게만
전담시킬 수가 없다. 마치
발바닥까지 바랜 듯이
우쭐한 기분이므로,
남자들도 때로 빨래를 해보지 않으면 안 된다

나로서는
백 여덟 번을 정식으로 결혼을 하고
백 여덟 번을 정식으로 이혼을 해도
통째 깨끗해질 수는 없다.

콘돔,
제리,
순금의 링,
어느 피임기구를 사용해도
죄는 씻겨지지 않는다.

죄는 늘어붙어 언제나
뒤집혀 있기 때문에,
참으로 윤회輪廻가 사실이라면
나로서는, 죽어서
빨래 같은 것이 한 번 되어 보고 싶다.

내장도 피도 없는 그런 것이 되어 보고 싶다.
하지만 어느 누구에게 입혀지고 싶지는 않다.
어느 산악山嶽 같은 모성, 어느 벌판 같은
조부의 품으로부터도 떠나

높은 가시 울타리에 두 팔을 벌리고
눈부시게 걸려서
진정으로 죄를 지은 자가 진정으로 울면서
바라다 볼 때
나로서는
다만 청명하게
마주 보아 주고만 싶다.

- **주제** 개혁적 자의식(自意識)의 미(美)
- **형식** 6연의 주지시
- **경향** 주지적, 심미적(審美的), 풍자적
- **표현상의 특징** 즉물적 심리 현상을 산문체의 일상어로 직서적 표현을 하고 있다. 시적 기교를 부리지 않는 진솔한 고백이 독자에게 호응되고 있다. 상징적 수법의 표현도 있으나 전체적으로 독자에게 이미지 전달이 잘 되고 있다. 각종 피임기구가 시어로 등장하여 이색적이다.

이해와 감상

이제하는 이미 50년대 후반에서 60년대 초에 걸쳐, 전통적 요소의 제거에 과감하게 나선 전위적(前衛的) 시인으로 평가된다. 그는 이 작품 「빨래」에서 제시하고 있듯이, 자의식(Selbstbewuβtsein)을 통한 기성적인 사고방식이며 범상한 인간의 일상성(日常性)의 타파를 대전제로 하는 참신한 포에지(poésie)의 시정신을 발휘하고 있다.

이 시의 제1연에서처럼 '남자들도 때로 빨래를 해보지 않으면 안 된다'고 했듯이, 그것이 곧 21세기라는 오늘의 새로운 시대에 적응하는 60년대 시(詩)인 「빨래」의 놀라운 미래의 통찰력으로서, 지금 와서 작용하고 있지 않은가. '나로서는/ 백 여덟 번을 정식으로 결혼을 하고/ 백 여덟 번을 정식으로 이혼을 해도/ 통째 깨끗해질 수는 없다'(제2연)에서처럼, 화자는 하나의 가설(假說)을 제시하면서 인간 본연의 원죄(原罪)를 불교적인 윤회의 방법론을 통해 신랄하게 고발하고 있다. '백 여덟 번'은 불교의 인간의 108가지 백팔번뇌(百八煩惱)를 가리킨다. '나로서는, 죽어서/ 빨래 같은 것이 한 번 되어 보고 싶다// 내장도 피도 없는 그런 것이 되어 보고 싶다'(제4·5연)에서 끝내 이제하는 탐미주의(眈美主義, aestheticism)의 죽음의 미학을 연상시키면서 원천적으로 '빨래'를 통한 가장 깨끗한 환각적인 상징의 이미지를 흥미롭게 제시하고 있다.

빈 들판

빈 들판으로
바람이 가네 아아

빈 하늘로
별이 지네 아아

빈 가슴으로 우는 사람
거기 서서

소리 없이
나를 부르네

어쩌나 어쩌나
귀를 기울여도

마음 속의 님
떠날 줄 모르네

빈 바다로
달이 뜨네 아아

빈 산 위로
밤이 내리네 아아

빈 가슴으로 우는 사람
거기 서서

소리 없이
나를 반기네

이해와 감상

낭만적인 '2행 자유시'의 형식을 취하고 있는 가사체(歌詞體)다.
이제하는 통기타를 치며 스스로 작사 작곡에 노래까지 부르는 한국 시단의 '싱어송라이터'(singer song writer)다. 1950년대 서울 명동(明洞)의 전쟁의 잿더미 속에서 낭만시를 읊던 우수의 시인 박인환(「박인환」항목 참조 요망)이 노래 「세월이 가면」을 쓰자, 그의 벗(방송작가 이진섭)은 샹송 스타일의 곡을 붙여 아픔의 시대를 함께 노래부르기도 했다. 지난 날 우리가 명동을 함께 거닐던 날의 청년 시인 이제하는 오늘 21세기의 새로운 우수 시인으로 「빈 들판」을 새롭게 들고 나왔다.
'빈 들판', '빈 하늘', '빈 가슴', '빈 바다', '빈 산' 등, 이 모든 텅빈 공허(空虛)의 의식 세계는 고도산업화 속에 선진국을 운운하는 우리들에게 온갖 불의와 부패, 위선과 허위에 대한 시인의 날카로운 고발이다.
가슴 속 적시는 멜로디로 부드럽게 감싼 역사에의 저항이다, 도전이다, 강력한 이미지의 비판이다. 21세기 우수의 시인 이제하는 배가본드(vagabond, 정처 없는 나그네)가 아닌 어쩌면 역사 비판의 새로운 보헤미안 포이트리(bohemian poetry, 방랑시)를 마악 쓰기 시작한 것이다.

홍윤기(洪潤基)

서울에서 출생(1933~   ). 호는 귀암(龜岩). 한국외국어대학교 영어과 졸업. 일본 센슈우대학 대학원 국문학과 수료. 『현대문학』에 시 「석류사초(石榴詞抄)」(1958. 8), 「비둘기」(1959. 2), 「신령지(新領地)의 노래」(1959. 4)가 3회 추천 완료되었고, 『서울신문』 신춘문예(1959)에 시 「해바라기」가 당선되어 문단에 등단했다. 『신춘시(新春詩)』 동인. 시집 『내가 처음 너에게 던진 것은』(1986), 『수수한 꽃이여』(1989), 『시인의 편지』(1991), 시해설집 『한국현대詩‧이해와 감상』(1987), 『한국 명시 감상』(1987), 『시창작법』(1992), 역시집 『이벤젤린』(1980), 『바이런 시집』(1991), 『한국현대詩해설』(2003) 등이 있다.

단풍

기운 썩 좋은 낯 붉은 아이들
아우성치면서 벼랑 타고 오르는 소리.

성대聲帶 썩 좋은 아이들
온통 산에 불 지르는 함성이다.

아니 온몸 속속들이
시뻘겋게 달아올라
이윽고 분출噴出하는 화산火山이다.

불타는 산 속에서 나도 불붙어
고래고래 외친다.

───────────────────────────────
주제 생명력의 순수 가치 추구
형식 4연의 자유시
경향 서정적, 상징적, 감각적
표현상의 특징 문덕수(文德守) 교수는 이 작품의 '표현상의 특징'을 다음과 같이 지적하고 있다.
"대상을 의인적(擬人的) 수법으로 생동감(生動感)이 있게 표현할 뿐 아니라 전편의 결구(結構)가 간결하게 잘 짜여져 있다."(『세계문예대사전』, 성문각, 1975)
───────────────────────────────

이해와 감상

정한모(鄭漢模) 교수는 이 작품에 대하여 다음과 같은 해설을 하고 있다.
"가을의 '불꽃'이라고 할 수 있는 '단풍'의 이미지를 멀리 정관(靜觀)하는 눈이 아니라, 안에서 용솟음치며 끓어오르는 힘, 즉 역동적 이미지로 표현하고 있다.
 1, 2연은 단풍을 '기운(힘) 썩 좋은 아이들'의 '아우성(고함) 소리'로 비유(은유)한 청각적 이미지로, 3연은 '시뻘겋게 달아올라', '터져 솟는 화산(火山)'으로 비유한 시각적

이미지로 표현하고 있다. 다 같이 살아 있는 힘에 넘치고 있는 이미지들이다. 이러한 세 연을 받아 마지막에서 드디어 '불타는 산 속에서 나도 불붙어/ 고래고래 외' 치는 것이 다. 역동적인 3개의 이미지들이 적층적(積層的)인 효과를 가지고 마지막 연과 하나가 되면서 이 작품은 완벽하게 짜여진다. '단풍' 의 내면적 에너지가 이 시인으로 하여 더욱 역동적인 생명력으로 표출되고 있는 수작(秀作)이다."

홍윤숙(洪允淑) 시인은 「단풍」을 다음처럼 평했다.

"붉게 물든 가을 단풍을 보면서 시인 뿐 아니라 모든 사람들은 깊은 감회에 젖는다. 하여 어떤 이는 애상에 빠질 수도 있고, 또 어떤 이는 향수 또는 소박한 신비감에 빠져 영탄적이거나 잠언적인 술회를 하기도 한다. 불같이 화려하고 아름다운 단풍을 보면서 대개는 계절의 추이라던가 시간의 흐름 또는 쓸쓸한 상실감 같은 것에 이끌려 착잡한 심정이 되는 것이 상례이다.

그런데 홍윤기 시인의 「단풍」은 우선 한 마디로 통쾌하고 시원하다.

'기운 썩 좋은 아이들이' 아무런 두려움 없이 '불을 지르며 함성을 지르는' 그 단풍의 형상에서 원목 같은 건강함과 직선적인 일격에 가슴이 탁 뚫리는 것 같은 통쾌함을 맛보게 한다. 사물을 보는 시인의 시각에 따라 같은 사물일지라도 전연 새로운 영상을 창조해내는 힘, 그것이 바로 시인이 지닌 능력이며 생명이라 할 것이다.

'불타는 산 속에서 나도 불붙어/ 고래고래 외친다' 를 읽으면서 미루어 짐작한다. 홍윤기 시인은 영원히 늙지 않는 정열과 폭발하는 힘을 지닌 시인일 것이라고……."

또한 이상국(李相國) 교수는 「단풍」에 대해 다음처럼 평가했다.

"이 시는 단풍을 제재로 하여 자연과 인간과의 일체감을 보여준 시이나 그 표현 수법에 있어 특이한 시다. 1연의 '기운 썩 좋은 낯 붉은 아이들' 이나 2연의 '성대(聲帶) 썩 좋은 아이들' 은 다 같이 단풍을 의인화한 표현인데, 그 단풍을 기운 좋고 성대 좋은 아이들로 보고 있는 발상이 매우 특이하다. 흔히 이런 제재(題材)의 시라면 보통의 경우 가을 산의 정적(靜的) 배경을 통해서 단풍의 시각적 이미지를 보여주거나 아니면 또 다른 내면적 세계를 보여주는 것이 보통인데 이 시에서는 매우 발랄한 역동적(力動的) 이미지를 도입하여 시 전체가 마치 불타는 화산을 보는 것과 같은 신선감을 주고 있다.

특히 이 시의 4연에서 '불타는 산 속에서 나도 불붙어/ 고래고래 외친다' 와 같은 표현은 시각과 청각이 공감각(共感覺)을 이루어 그야말로 물아일체(物我一體)의 경지를 보여 준다. 단풍이라는 흔한 제재를 통하여 그 이미지의 창출 수법이 얼마나 참신한가를 눈여겨 볼 일이다. 지난 날의 영탄적인 음풍농월의 시들과 비교해 보면 현대시의 감각적인 시어의 신선감을 이해하게 될 것이다."(『韓國代表詩總解說』 1987)

해바라기

한동안 놀빛 성난 바다가 흠씬 떠밀려와 꽃 한 송이, 풀 한 포기, 나뭇잎 하나 없이 말끔히 씻겨내린 황토 언덕으로 검은 사멸死滅과도 같은 고요가 내리면 나는 원죄原罪를 짓씹는 꽃.

아니 태초, 황량한 원시림의 수많은 짐승들이 암흑을 꿰뚫어 울부짖던 그 핏물 든 포효…….
　더욱 진한 오늘의 의미.

　그것은 당신을 향하여, 아니 나를 향한 이 기나긴 어둠 속에 파묻힌 채 어쩌면 마지막 절정에로 파열하는 몸부림의 무거운 종소리……
　또 저렇게 숨막히는 캄캄한 벽
　허물어진 가슴을 다시 한 번 짓밟고 선 공허의 모든 흔들림이여

　해바라기……
　오늘 해바라기는 울지도 웃지도 않는 오로지 피묻은 나래의 파문…….
　그것은 눈을 부릅뜬 복병伏兵의 무너진 잔등 위에 올라탔던 내가
　무명용사無名勇士와도 같은 서러운 명예의 핏빛 태양의 아들인 까닭이냐.

　사뭇 엄숙한 식민지의 하늘 아래 들끓어 간 순교자들이여
　또 그 날은 낯설은 철조망 언저리에서 너희는 모두다 황금빛 찬란한 목청의 해바라기는 아니었는가
　저마다 괴로운 가슴을 쥐어뜯으며 더 짙붉은 규환叫喚의 낱낱 버림받은 폐상廢像으로
　우리들은 포화砲火가 뒹굴어 간 울 안에 쓰러진 채 생채기진 얼굴을 파묻고—
　더러는 짤리운 모가지를 흔들며 죄없이 웃어야만 했거니

　지금 마악 창 밖으로 하늘을 찢어 땅을 가르던 천둥이 끊이더니
　황폐의 도시 저편엔 소나기가 퍼붓고……
　누굴 향해 소리치는 저 겹겹 벗어날 수 없는 밤 속엔 함성의 강
　피눈물진 열망의 목소리가 끓는가
　새로운 아침을 말하라 분향焚香의 해바라기
　목메인 절규여
　저마다의 가슴에 빛나야 할 그 날의 둥근 해, 둥근 해……

주제	민족적 비극 극복의 의지
형식	5연의 자유시
경향	민족적, 주지적, 상징적
표현상의 특징	저자의 작품이므로 이 항목은 주관적 해설을 생략하며, 다음의 김종길 교수와 성찬경 교수 및 유안진 교수의 작품해설을 참고하시기 바란다.

홍윤기 | **171**

이해와 감상

김종길(金宗吉) 교수는 이 작품 「해바라기」에 대해 다음처럼 해설했다.

"이 작품은 처절한 역사의 격랑 속에 놓인 한국 민족의 모습을 '해바라기'의 이미지로 상징하고 있다. 도합 다섯 부분으로 구성된 호흡이 긴 자유시 형식을 취했고 어조가 열정적이다. 수사적으로는 전체적으로 과장법(hyperbole)이 사용되고 있다. 주로 상징적 기법을 채택한 작품으로 한국 민족의 모습을 처절하고 적막한 시공간 속에 '원죄를 짓씹는 꽃'으로서의 '나'의 모습으로 대표시킨 첫부분이 단적으로 그 점을 보여준다.

그러나 첫부분의 후반에서 '사멸(死滅)과도 같은 고요'는 '수많은 짐승들'의 '핏물 든 포효'로 바뀌고 그것은 다시 둘째 부분에서 '몸부림의 무거운 종소리'로 변한다. 셋째 부분에서 '해바라기'의 이미지는 피가 묻은 채 '울지도 웃지도 않는' 무표정의 그것이다. 그것은 넷째 부분과 끝 부분에서 넌즈시 암시되듯 일제 식민통치와 조국의 분단과 한국전쟁을 거치면서도 '저마다의 가슴에 빛나야 할 그날의 둥근 해'를 바램으로만 간직해야 하는 민족의 딱한 좌절의 이미지인 것이다."

「해바라기」에 대해 유안진(柳岸津) 교수는 다음과 같이 평했다.

"읽는 이로 하여금 불타는 열기와 눈부시어 눈뜰 수 없는 태양 아래 노오랗게 피어 오르는 해바라기 그의 숨가쁜 호흡과 열정의 숨찬 외침이 들려오는 듯한 홍윤기의 「해바라기」는, 타오르는 태양이 되어 태양과 겨루며 태양에 항거하는 모습을 선연하게 떠올리게 한다. 하늘에 태양이 있다면, 땅에 뿌리내리고 사는 우리 모두는 저마다 땅의 태양인 해바라기가 아닐까 하는 격정에 사로잡히게 하는 홍윤기의 「해바라기」. 저마다 설정한 이상의 표적을 향해 발돋움하고 피어오르는 꽃, 맹렬히 불타 오르다가 스스로 무너지는 해바라기. 그래서 식민지의 하늘 아래 들끓어간 순교자들로 형상화하여, 해바라기 꽃의 특성을 잘 살려내는 데 성공했지 않을까. 일제 강점기와 동족상잔의 6·25 비극을 거치면서 이 땅에 사는 목숨이 상처와 원죄와 암흑과 철조망과 폐상과의 투쟁으로, 또한 몸부림과 찢기움과 황폐함으로 이어질수록 홍윤기의 「해바라기」의 절규는 숨막히는 태양열보다 더 숨막히는 메아리가 된다고 보았을까. 시인의 생애만이 아니라 모든 이의 저마다의 생애도 그러함을 이 시의 화자는 불가마처럼 토해내고 있다. 시의 화자가 곧 독자가 아닌가."

「해바라기」에 대해 성찬경(成贊慶) 교수는 또한 다음처럼 평한 바 있다.

"이 시에서 '해바라기'의 심상은 우선 인간존재의 뿌리에 응어리처럼 박혀 있는 '원죄'의 의미를 담는다.

또한 시대의 역사적 격랑과 투쟁, 고난과 순교의 아픔을 뜻하기도 한다. 동시에 '해바라기'는 질기면서도 서민적인 그 특성으로 해서 무명성(無名性)과 맥이 통하기도 한다.

이러한 '해바라기'가 미래를 바라볼 때 그것은 '피눈물진 열망(熱望)의 목소리'와 '새로운 아침'을 여는 '분향'이 되기도 하지만, 언제 어디서고 항존(恒存)하는 이 꽃은 삶의 원초적 비극성을 상징하는 구실도 갖게 되는 것이다.

디오니소스적인 정열을 균제된 틀에 담은 빼어난 시라 하겠다."

산山을 보면

산을 보면
큰 뼈대가 꿈틀대는 것을 굵직하게 볼 수 있다
묵직한 생각이 깊게 괸 저 골짜기
거기다 파묻어 온 우리 백성들의 우렁찬 목소리가
금시라도 쩌렁쩌렁 울려 올 것 같다

기나긴 역사의 한(恨)이 서린 저 산맥을 타고
솟구치는 것은 무엇인가
아직도 머리를 숙인 채 묵묵히
고개를 넘고 또 넘어 오는
저 군중들의 기이다란 행렬이 보이는가

아, 산을 보면 저절로 눈물이 난다
염통이 우직끈거리는 분노의 커다란 불덩어리가
분명 저 속에서 이글거리고 있을 것 같다.
산을 보면

이해와 감상

「산을 보면」(『新東亞』1986. 5)에 대해 박재삼(朴在森) 시인은 다음과 같이 평한 바 있다.
"이 작품은 우선 은유(메타포)의 솜씨가 매우 뛰어난 시라고 하겠다.
『현대문학』등단 때(1958~59)부터 박두진(朴斗鎭) 선생께서 늘 칭찬했던 홍윤기 시인은 민족적 정서를 순화시킨 품격 높은 시를 우리나라 시단(詩壇)에 꾸준하게 발표하여 오고 있다.
「산을 보면」에서는 역사적 3·15부정선거며 5·16군부사건을 배경으로 이에 항거하는 군건한 민족의지를 역동적으로 비유하는 상징시의 새로운 모습을 시적으로 승화시키고 있다. 거듭 지적하자면 이 작품은 우리 겨레가 겪어 왔거나 또한 지금도 겪고 있는 겨레의 정한(情恨)이 흠뻑 밴 공감성 드높은 저항(抵抗) 의지와 더불어 그 시심(詩心)이 빛나고 있다.
읽고 다시 음미해 보면 시인의 고매한 기상(氣尙) 또한 우리들 가슴에 뜨겁게 젖어드는 감동적인 시라고 본다."

신동엽(申東曄)

충청남도 부여(扶餘)에서 출생(1930~1969). 전주사범학교, 단국대학교 사학과 졸업. 건국대학교 대학원 국문학과 수료. 1959년『조선일보』신춘문예에 장시「이야기하는 쟁기꾼의 대지」가 입선되어 문단에 등단했다. 이후 석굴암을 지은 김대성(金大成)의 애인 아사녀의 간절한 사랑을 그린 장시『아사녀(阿斯女)』(1963)와 동학혁명을 주제로 한 장편 서사시(敍事詩)『금강(錦江)』(1967)을 발표했다. 시집『신동엽전집(申東曄全集)』(1975),『누가 하늘을 보았다 하는가』(1980),『꽃같이 그대 쓰러진』(1989),『금강』(1989),『젊은 시인의 사랑』(1989) 등이 있다.

4월은 갈아엎는 달

내 고향은
강 언덕에 있었다.
해마다 봄이 오면
피어나는 가난.

지금도
흰 물 내려다보이는 언덕
무너진 토방가선
시퍼런 풀줄기 우그려넣고 있을
아, 죄 없이 눈만 큰 어린 것들.

미치고 싶었다.
4월이 오면
산천은 껍질을 찢고
속잎은 돋아나는데,
4월이 오면
내 가슴에도 속잎은 돋아나고 있는데,
우리네 조국에도

어느 머언 심저心底, 분명
새로운 속잎은 돋아오고 있는데,
미치고 싶었다.
사월이 오면
곰나루서 피 터진 동학의 함성,
광화문서 목 터진 사월의 승리여.

강산을 덮어, 화창한
진달래는 피어나는데,
출렁이는 네 가슴만 남겨놓고, 갈아엎었으면
이 균스러운 부패와 향락의 불야성 갈아엎었으면
갈아엎은 한강 연안에다
보리를 뿌리면
비단처럼 물결칠, 아 푸른 보리밭.

강산을 덮어 화창한 진달래는 피어나는데
그날이 오기까지는, 사월은 갈아엎는 달.
그날이 오기까지는, 사월은 일어서는 달.

주제 부정 부패 척결의 추구
형식 5연의 자유시
경향 주지적, 풍자적, 저항적
표현상의 특징 일상어의 주지적 표현속에 심도있는 이미지가 잘 전달되고 있다.
사회부정에 대한 저항의지가 역동적으로 세차게 표현되고 있다.
'미치고 싶었다', '갈아 엎었으면', '그 날이 오기까지는' 등 동어반복을 하고 있다.

이해와 감상

남달리 역사의 저항의식이 투철한 시인이 '4월은 갈아엎는 달'이라고 주창한다.

'갈아엎는 것'은 '혁명'의 상징이다. 그러면 어째서 갈아엎어야 하는지, 그 내용이 알아듣기 쉬운 일상어로 또렷이 제시되고 있다.

이 땅의 오랜 빈곤 속의 '내 고향은/ 강언덕에 있었다/ 해마다 봄이 오면/ 피어나는 가난// ……시퍼런 풀줄기 우구려 넣고 있을/ 아, 죄없이 눈만 큰 어린 것들'(제1·2연)이 초근목피(草根木皮)를 씹는 그 비통하기 이를데 없는 4월 보리고개의 가난을 갈아엎자는 것이다.

이 시에서도 「껍데기는 가라」에서처럼 '미치고 싶었다/ 사월이 오면/ 곰나루서 피터진 동학의 함성/ 광화문서 목터진 사월의 승리여'(제4연)하고 또 다시 '동학혁명'과 '4·19의거'(제4연)가 공시적(共時的)으로 등장하고 있다.

더구나 불의와 부정으로 치부한 자들의 '이 균스러운 부패와 향락의 불야성을 갈아엎었으면'(제5연)하고, 그 부패한 자들이 향락하는 타락의 터전을 갈아엎고, '갈아 엎은 한강 연안에다/ 보리를 뿌리면/ 비단처럼 물결칠, 아 푸른 보리밭'(제5연)이라는 참으로 신성한 보리밭의 풍요를 가꾸자는 것이다.

풍년가 속에 깨끗한 삶의 터전을 이루는 날을 위해, 불의와 부패는 척결하자는 것이 이 풍자시의 주제이다.

누구나 알아듣기 쉬운 직서적인 일상어로 엮고 있어서 쉽게 이해할 수 있을 것이다.

껍데기는 가라

껍데기는 가라.
4월도 알맹이만 남고
껍데기는 가라.

껍데기는 가라.
동학년東學年 곰나루의, 그 아우성만 살고
껍데기는 가라.

그리하여, 다시
껍데기는 가라.
이 곳에선, 두 가슴과 그 곳까지 내논
아사달과 아사녀가
중립中立의 초례청 앞에 서서

신동엽

부끄럼 빛내며
맞절할지니

껍데기는 가라.
한라에서 백두까지
향그러운 흙가슴만 남고
그 모오든 쇠붙이는 가라.

주제 민족정신의 고취
형식 4연의 주지시
경향 민족적, 저항적, 상징적
표현상의 특징 '껍데기는 가라' 고 하는 표제의 명령문이 이채롭다.
'껍데기는 가라' 가 본문에서 6번이나 동어반복 되는 강조법을 리듬감 있게 거듭하여 쓰고 있다.
우리 민족사의 큰 발자취들을 종합적인 제재(題材)로 취급하고 있다. 우리 역사의 수난을 극복하려는 불굴의 의지가 서사시적인 배경을 깔고 설득력 있게 표현되고 있다.

이해와 감상

　알기 쉬운 일상어로 민족정신을 고양하는 시인의 절규가 자못 비장하다.
　민족사의 수난의 현장에서 신동엽은 역사 앞에 비굴한 위선자들을 향하여 '껍데기는 가라!' 고 꾸짖고 있다. '3·15 부정선거' 당시 불의에 맞서, 자유당 정권의 총검 앞에 대항하며 피 흘린 것은 이 땅의 꽃다운 젊은 학도들이었다. 그러나 그 성스러운 희생에도 불구하고 4·19의거 정신을 역사에 모독한 것은 박정희의 5·16군사 쿠데타였다. 그러기에 시인은 군사정권의 불의를 규탄하며 물러가라고, '4월도 알맹이만 남고/ 껍데기는 가라' 고 모두부터 외친다.
　또한 제2연에서는 '동학년 곰나루의, 그 아우성만 살고/ 껍데기는 가라' 고 다시 고함친다. 고종 31년(서기 1894년)에 녹두장군 전봉준이 앞장서서 악정(惡政)을 바로 잡자고 봉기했던 동학혁명의 절규와 그 고매한 민족정신의 계승을 강조하고 있다.
　제3연에서는 '두 가슴과 그 곳까지 내논' 그야말로 순수한 벌거벗은 아사달·아사녀의 혼례식을 연출하는 것이다. 경주 불국사의 석가 3층석탑, 무영탑(無影塔) 축조 전설의 석공(石工)인 아사달과 그를 연모하던 처녀 아사녀를 청순한 한 쌍의 민족상(民族像)의 모델로써 결혼시키는 것이다.
　제4연은 우리의 국토통일을 은유하는 마지막 소중한 대목이다. '한라에서 백두까지/ 향그러운 흙가슴' 이라는 이 메타포야말로 우리 민족의 숙망인 조국의 평화통일을 절절히 열망하는 참뜻으로서의 민족적 상징의 존재를 '향그러운 흙 가슴' 으로 은유하고 있다.
　마지막 행(行)의 '쇠붙이' 는 '총검' 즉 '군사독재' 를 비유하며 그것을 배격하는 강력한 저항의지다.

박경석(朴慶錫)

충청남도 조치원(鳥致院)에서 출생(1933~). 필명 한사랑(韓史郎, 1959~1981). 육군사관학교 및 육군대학 졸업. 국방대학원 수료. 시집 『등불』(1959)이 수주(樹州) 변영로(卞榮魯)의 추천으로 문단에 등단했다. 시집 『한강은 흐른다』(1983), 『꽃이여 사랑이여』(1984), 『어머니인 내 나라를 향하여』(1986), 『그리움에 타오르며』(1986), 『별처럼 빛처럼』(1987), 『사랑이 지핀 불꽃 재우며』(1991), 『상록수에 흐르는 바람』(1994), 『부치지 못한 편지』(1995), 『꽃처럼』(1997) 등이 있다.

조치원역에서

빠알간 조치원역 벽돌 창문 사이
아직도 그 때 그 별이 보이는가

통학열차 타고 대전으로 향하던
먼 지난날 더듬으며
어머니 따라 지나던 길 오늘도 거닐면
또렷이 들려오는 기적소리
거기 두고 오고 싶은 또 하나의 나

거센 비바람 맞으며
갈갈이 부서져 사라진다 하여도
나는 그곳에 언제까지나 머물고 싶다
착하디 착한 고향 사람들과

가끔은 지쳐 보이는 순박한
낯익은 듯한 저 얼굴 정다운 사투리
어딘가에서 한 번쯤 스쳤을 옷소매 한 자락
그래서 찾아가는 우리들의 정거장
나는 이렇게 서성이고 있다

새로 지은 조치원역 이층 창문 사이
지금도 그 별은 빛나고 있는데

> **주제** 향토애와 삶의 진실 추구
> **형식** 5연의 자유시
> **경향** 서정적, 상징적, 낭만적
> **표현상의 특징** 절절한 애향심이 잘 다듬어진 일상어를 통해 시각과 청각의 공감각적 이미지를 부각시키고 있다. 과거 지향적인 주정적인 묘사 속에서도 새로운 삶의 가치를 추구하는 의미 내용의 전달이 차분하게 전개되고 있다. 제1연과 마지막 제5연이 수미상관의 연상적 묘사를 통해 과거의 시대와 현대와의 접목이 조화롭게 형상화되고 있다.

이해와 감상

조치원 시인 박경석의 애향시다.

"빠알간 조치원역 벽돌 창문 사이/ 아직도 그 때 그 별이 보이는가"라는 설의법을 동원시킨 역동적인 메시지는 독자를 매료시키는 수사로써 압도해 온다.

비단 조치원 시민뿐 아니라, 누구에게나 이 시는 불현듯 제 고향의 정다운 역사(驛舍)를 그립게 하며, 지난날 떠나온 고향에 달려가고 싶은 정감적 충동을 안겨준다.

시는 누구나 다 쓸 수 있으나, 명시는 시인 누구나 다 쓰는 것은 아니다.

"별 하나의 시와/ 별 하나에 어머니, 어머니"를 외쳤던 시인 윤동주는 고향땅 어머니에 대한 그리움을 「별 헤는 밤」에서 낭만적으로 노래하여 인구에 회자되고 있거니와, 이제 박경석은 "어머니 따라 지나던" 조치원역 길에서 "착하디 착한 고향 사람들"과 그들의 "정다운 사투리" 속에서 "언제까지나 머물고 싶다"는 뜨거운 고향 사랑을 노래하고 있다.

지난날 기차통학 시절을 겪은 이들이야말로 누구나 고통스러운 그런 나날 속에서 저마다 새벽 하늘의 별을 보며 정거장으로 나갔고, 밤하늘의 별을 안고 기적소리와 함께 고달픈 귀가를 서둘렀던 것이다. 그런 날의 청소년 시절, 조치원역에서 늘 바라보았던 그 이상(理想)의 별. 시인은 끝내 그 별을 어깨에 달고 고향에 돌아오지 않았는가. 이 땅의 자랑스런 대한민국 국군의 별을.

씀바귀

남은 날
모두 주고
얻고 싶던 단 한 사람

이룰 수 없는
엉겅퀴 가로놓여
생으로 앓다가

쓰디쓴
그리움은
하얗게 익어간다

뿌리가 더 쓴
씀바귀던가
사랑은

주제	사랑의 순수가치
형식	4연의 자유시
경향	서정적, 상징적, 낭만적
표현상의 특징	세련되고 절제(節制)된 시어로 야무지게 주제를 표현하고 있다. 엄밀한 구조로 빼어난 조사(措辭) 처리를 하고 있다. 고도(高度)의 상징적 수법으로 표현미를 드러내고 있다.

이해와 감상

 고집스럽게 현대의 서정시(lyric poem)만을 써서 이름난 릴리시스트(lyricist, 서정시인) 박경석의 대표작이 「씀바귀」다. 한국 사람에게는 한국 사람만의 민족적 정서가 있고 애환이 있으며 또한 한국인들만이 체득하는 사랑의 그리움과 아픔과 미움이 한 데 어우러져 애틋하게 엮어내는 정한(情恨)이 우리들 가슴마다 깊숙이 깃들여 왔다.
 그러기에 서양의 서정시를 잘 썼다는 셸리나 존 키이츠, 바이런, 하이네, 괴테 등의 시가 안겨주는 사랑의 애환이 한국인들에게는 아무래도 황진이나 김소월, 김영랑에게서처럼 절절한 충동이 부딪쳐 오지 못한다. 가령 크리스티나 로제티(Christina. G Rossetti, 1830~1894)와 같은 영국의 빼어난 여류시인의 애절한 사랑의 시편들일지라도, 조선의 여류시인 황진이의 명시 「동짓달 기나긴 밤」한 편과도 비길 수 없는 것이다. 다시 말해서 서양의 서정시는 한국인의 정서적 충동과는 맥이 사뭇 다른 것이다.
 한국인에게는 서양과 다른 한국인만의 끈끈한 서정의 숨결이 있고 그 진한 목숨의 가락이 있는 것이다. 그와 같은 맥락에서 살펴볼 때 박경석의 「씀바귀」는 가슴을 파고드는 사랑의 감칠맛 나는 비유며, 한국적 정한(情恨)의 정서가 넘치고 있다. 시인은 씀바귀라고 하는 화초를 통해서 삶의 진실과 사랑을 낭만적 서정시로 엮고 있다. 이 시는 꽃을 의인화 시키며 동시에 꽃을 통해서 사랑의 아픔을 눈부시게 메타포하고 있어, 다시 읽으면 읽을수록 정제(精製)된 서정미가 우리의 심혼과 밀착화하고 있다.

샐비어

몇 해 전
무작정 집을 나와
우연히 흘러든 찻집에서
언제나처럼 껌을 씹고 있던

순옥이가
길가 좌판에 널려 있는
붉은 색 루즈를 하나 골라
지금 막 칠하고 있다

이해와 감상

 짙붉은 농홍색의 꽃을 피우는 샐비어(salvia)는 차조기과에 속하는 다년초다.
 시인은 오늘의 사회상을 날카롭게 투시하며 감각적인 상징수법으로 이농(離農)이며 가출 등 반윤리적인 세태를 풍자하고 있다. '몇 해 전/ 무작정 집을' 나온 '순옥이'의 역경(逆境)은 결코 남의 불행으로 외면할 수 없는 우리의 우수(憂愁)이며 심각한 사회문제다. 박경석은 샐비어 꽃을 통해 연상적으로 불행한 청춘상(靑春像)을 부각시켜 고발하며 오늘의 그 현실적인 위기의 경각심과 동시에 사회적 병리(病理)의 제거와 무지(無智)의 아픔에 대한 구원(救援)의 따사로운 손길을 촉구하고 있다.

마종기(馬鍾基)

일본 도쿄(東京)에서 출생(1939~). 연세대학교 의과대학 졸업. 서울대학교 대학원 의학과 수료. 『현대문학』에 시 「해부학교실(解剖學敎室)」(1959. 1), 「나도 꽃으로 서서」(1959. 4), 「돌」(1960. 2) 등이 추천 완료되어 문단에 등단했다. 시집 『조용한 개선』(1960), 『두 번째 겨울』(1965), 『변경의 꽃』(1976), 『안 보이는 사랑의 나라』(1980), 『마종기 시선』(1982), 『모여서 사는 것이 어디 갈대들 뿐이랴』(1986), 『이슬의 눈』(1997), 『새들의 꿈에서는 나무 냄새가 난다』(2002) 등이 있다.

해부학 교실解剖學 敎室·1
— 조용한 개선凱旋

재생하는 환희에 넘쳐
넘쳐 나는 개선가.

여기는, 먼 먼 시대로부터 시작하여 눈 먼 몇 십대의 할아버지 때부터 시작하여, 아직까지도 우리의 감격을 풀지 못하는 나약한 꽃밭.

여기는 또 조용한 갈림길, 우리는 깨끗이 직각으로 서로 꺾여져 가자. 다시 돌아다볼 비굴한 미련은 이제 팽개쳐 버리자.

갑자기 너는 무엇이 안타까워 눈물을 흘리는가? 우리 오랫동안 부끄러워 눈길을 피하던, 영원한 향수가 익어 있는 어머니의 젖가슴, 너는 다시 우리를 낳아 준 본래 어머니의 젖가슴으로 돌아가야 한다.

허면, 우리는 고운 매듭을 이어주는 숨소리를 음미할 때마다, 살아 있는 보람이 물결 일어 넘쳐나는 개선가를 불러 준다.
여기는 먼 먼 시대로부터 시작하여 단 한 번의 서정을 느껴보는 스스로의 꽃밭.

주제 인간의 생존적 본질 추구
형식 5연의 자유시
경향 관조적, 상징적, 낭만적
표현상의 특징 일상어에 의한 시적 이미지로 병원 해부학 교실 풍경을 관조하고 있다. 감각적이며 관념적인 시어들이 역동적으로 표현된다.
'개선가'를 비롯하여 '시대', '꽃밭' 등이 동어반복되고 있다. '꺾여져 가자', '팽개쳐 버리자'는 구호적 연결어미와 '돌아가야 한다'는 종결어미가 내면적인 의미를 강조하고 있다.

이해와 감상

의사인 마종기가 의학적 수술에 의한 생명의 재생을 기뻐하는 '재생하는 환희에 넘쳐 / 넘쳐 나는 개선가' (제1연)를 노래하는 대목은 감동적인 메시지의 제시다.

그럼에도 불구하고 '눈 먼 몇 십대의 할아버지 때부터 시작하여, 아직까지도 우리의 감격을 풀지 못하는 나약한 꽃밭' (제2연)으로써 '나약한 꽃밭' 이라고 비유하는 해부학 교실의 산적한 중대 과제에 대한 미숙함을 성찰한다. '눈 먼 몇 십대' 란 현대의학이 대두하기 이전의 시대를 가리킨다.

'우리는 깨끗이 직각으로 서로 꺾여져 가자' (제3연)는 것은 서로가 상반(相反)하는 방향으로 가자는 것이며, 이것은 새로운 의술(醫術)의 개발을 위한 냉철한 시각의 참신한 면학(勉學)을 제창하는 것이다. 그것을 밑받침하는 것이 '다시 돌아다볼 비굴한 미련은 이제 팽개쳐 버리자' 고 하기 때문이다. 잘못 된 과거에 대한 집착이며 관습은 결연하게 벗어나야 한다는 것. '너는 다시 우리를 낳아 준 본래 어머니의 젖가슴으로 돌아가야 한다' (제4연)는 것은 또 무엇을 메타포하고 있는 것일까. 잘못된 과거는 타파하더라도 '우리를 낳아 준 본래 어머니의 젖가슴' (제4연) 즉 순수한 전통의 세계는 지켜 나가자는 주장이다. 물론 이 시는 반드시 의학적인 해부학(인체 등의 수술, 생물학적 발생학 등)의 견지로서만 따지지 말고 인생론적인 인간학적 입장에서도 비유되는 시로 풀이해도 흥미로울 것임을 아울러 지적해 둔다.

정신과 병동

비 오는 가을 오후에
정신과 병동은 서 있다.

지금 봄이지요. 봄 나음엔 겨울이 오고 겨울 다음엔 도둑놈이 옵니다. 몇 살이냐고요? 오백 두 살입니다. 내 색시는 스물 한 명이지요.

고시를 공부하다 지쳐 버린
튼튼한 이 청년은 서 있다.
죽어 버린 나무가 웃는다.

글쎄, 바그너의 작풍作風이 문제라니 내가 웃고 말밖에 없죠. 안 그렇습니까?

정신과 병동은 구석마다
원시의 이끼가 자란다.

나르시스의 수면이
비에 젖어 반짝인다.

이제 모두들 제자리에 돌아왔습니다.

추상을 하다, 추상을 하다
추상이 되어 버린 미술 학도,

온종일 백지만 보면서도
지겹지 않고
까운 입은 뻬에로는
비 오는 것만 마음 쓰인다.

이제 모두들 깨어났습니다.

주제	사회병리의 현실의식
형식	9연의 주지시
경향	주지적, 풍자적, 사회병리적
표현상의 특징	일상어에 의해 알아듣기 쉬운 표현으로 전달이 잘 된다. 관념적인 시어가 많이 쓰이고 있다. 설의법과 경어체의 표현도 하고 있다.

이해와 감상

　정신과 병동의 풍경은 결코 남의 일이 아닌 우리의 현실을 풍자하는 시작(詩作) 태도의 의미가 짙다. 저자의 외우(畏友)인 백상창(白尙昌) 박사는 "정신과의 참다운 치료방법은 우리가 살고 있는 사회의 병리(病理)를 제거하는 데서 비로소 가능하다"는 것을 밝혀, 국내외에 그 학론(學論)이 높이 평가되고 있다. 바로 그와 같은 사회병리현상이 이 시에 고스란히 담겨 있는 것이다. 계절이 가을철이지만 '지금은 봄이지요, 봄 다음엔 겨울이 오고 겨울 다음엔 도둑놈이 옵니다'(제2연)라는 이 풍자적 현실 표현을 과연 누구가 정신이상자의 주장이라고 부정할 수 있을 것인지 되새겨보게 된다.
　첫째 세계적으로 오늘 날의 기상이며 계절(季節)의 변화가 어떤가.
　여름철 홍수 대신에 눈이 퍼부었다는 남방국가의 기상이변은 남의 나라 얘기만도 아니다. 지난 4월(2003년 4월 8일) 꽃이 한창 피던 강원도 땅에 폭설이 퍼부었으니, '봄 다음엔 겨울이 오고'가 실현된 현상인가. 더더구나 사회병리학의 견지에서는 '겨울 다음엔 도둑놈이 옵니다'(제2연)는 또 어떤가.
　온갖 산업재해 등 공해에 의한 기상이변의 속출, 또한 이 나라 구석구석 심지어 사회 지도층에서도 이따금 '도둑놈' 소리를 듣는 파렴치한 인물은 선량한 다수 국민을 슬프게 만들고 있으니, 정신과 병동에서 치료받고 있는 환자들의 세계에다 앵글을 맞춘 이 작품은 우리 사회의 온갖 병리며 아픔에 대한 강력한 고발이다.

이근배(李根培)

충청남도 당진(唐津)에서 출생(1940~). 호는 사천(沙泉). 서라벌예술대학 문예창작과 졸업. 1961년 『서울신문』 신춘문예에 시조 「벽(壁)」이 당선되고, 『경향신문』 신춘문예에 시 「묘비명(墓碑銘)」이 당선되어 문단에 등단했다. 또한 『조선일보』 신춘문예에 시 「압록강」이 입선되었으며, 1962년에는 동시 「달맞이꽃」이 『조선일보』 신춘문예에 당선되었다. 이어 1964년에는 시 「북위선(北緯線)」이 『한국일보』 신춘문예에 당선되었다. 『신춘시(新春詩)』 동인. 시집 『사랑을 연주하는 꽃나무』(1960), 『노래여 노래여』(1981), 『한강(漢江)』(장편서사시, 1985), 『사람들이 새가 되고 싶은 까닭을 안다』(2004) 등이 있다.

평원

비로소 나의 개간이 어리석음을 알았다.

간밤에 비를 맞은
풀꽃들의 우수.

내 함성이 다 건너지 못하는
저 무량한 꿈의 밭을
이제는 바람도 불지 않는다.

성장한 별들이 그 나름의 감회로 잠이 들 때
초목들은 무어라고 내 반생의 허물을 문답할 것인가.

오랜 날을 자의(自意)로만 살아온
아 이 슬픈 매몰을,

목숨이여,
휴식의 잠잠한 때에
금빛으로 닦아 놓고.

노동의 꽃으로 가득히 채울
무변(無邊)한 땅에서
나는 눈물 고여야겠다.

| 주제 | 삶의 순수 가치 추구
| 형식 | 7연의 자유시
| 경향 | 서정적, 상징적, 감각적
| 표현상의 특징 | 일상어로 상징적인 제재(題材)를 동원하여 주정적인 표현을 하고 있다.
'풀꽃들의 우수', '꿈의 밭', '성장한 별들', '초목들~ 문답' 등 사물을 의인화 시키고 있다.
'~ 알았다', '~ 않는다', '~여야겠다' 는 등 단정적인 종결어미가 두드러지고 있다.

이해와 감상

　스스로 걸어온 반평생의 인생을 넓은 들판으로 설정하고 연민하며 자성의 눈을 번쩍 뜰 때, '비로소 나의 개간이 어리석음을 알았다'(제1연)는 마음의 눈동자가 빛난다.
　「평원」이라는 표제(表題)는 범상한 것 같으나 '내 함성이 다 건너지 못하는/ 저 무량한 꿈의 밭'(제3연)처럼 자아성찰의 들판은 보다 폭넓고 다채로운 참신한 이미지의 전개에 썩 어울리는 것 같다.
　그러기에 이근배가 평원(平原)에서 '성장한 별들이 그 나름의 감회로 잠이 들 때/ 초목들은 무어라고 내 반생의 허물을 문답할 것인가// 오랜 날을 자의로만 살아온/ 아 이 슬픈 매물을'(제3·4연)하고 회오할 때, 그 평온은 결코 순탄한 벌판이 아닌 황야(荒野)의 거센 소용돌이의 행로이기도 했던 것을 깨닫게 해준다.
　솔로몬왕이 허구 많은 훈언(訓言)을 남겼지만, 그보다는 참다운 뉘우침이 그 어떤 역설적(力說的)인 잠언(箴言, proverb)보다도 값지고 눈부신 것이 아닐까.
　이제 앞으로 남은 다시 반생의 평원을 향해 화자는 결연히 '목숨이여/ 휴식의 잠잠한 때에/ 금빛으로 닦아 놓고// 노동의 꽃으로 가득히 채울/ 무변한 땅에서/ 나는 눈물 고여야겠다'(제6·7연)고 참으로 가난한 마음의 진한 결의를 한다.

내가 산이 되기 위하여

　어느 날 문득
　서울 사람들의 저자거리에서
　헤매고 있는 나를 보았을 때
　산이 내 곁에 없는 것을 알았다
　낮도깨비처럼 덜그덕거리며
　쓰레기 더미를 뒤적이며
　사랑 따위를 팔고 있는 동안
　산이 떠나 버린 것을 몰랐다
　내가 술을 마시면
　같이 비틀거리고

내가 누우면 따라서 눕던
늘 내가 되어 주던
산을 나는 잃어버렸다
내가 들르는 술집 어디
만나던 여자의 살냄새 어디
두리번거리고 찾아도
산은 보이지 않았다
아주 산이 가버린 것을 알았을 때
나는 피리를 불기 시작했다
내가 산이 되기 위하여.

주제 진실 추구와 자아성찰
형식 전연의 자유시
경향 서정적, 상징적, 연상적
표현상의 특징 지적인 표현미가 고도의 서정성으로 융화되고 있다. 자아인식의 치열한 이미지들이 빛의 편린처럼 번뜩이며, 연상작용에 의한 회화적 표현이 돋보인다.

이해와 감상

　이 작품에서 이근배가 제시한 '산'은 가장 소중한 '삶의 가치'의 상징어다.
　시인들이 왕왕 도그마(dogma, 교리)에 빠지는 것은 자아성찰이 부족한 데 기인한다. 그러나 이근배는 그러한 함정을 훌륭하게 극복하면서 서정시의 새로운 경지를 펼치고 있다. 생활의 흔들림 속에서 잃어버렸던 자아를 찾는 그의 시세계가 새로운 서정(抒情)으로 형상화되고 있다. 누구나 친근해질 수 있는 노래이면서 그 심미적 의미 또한 우리에게 새로운 감동을 안겨주고 있다.
　'서울 사람들… 산이 내 곁에 없는 것을 알았다'는 각성은 스스로 잃어버린 진실, 스스로 등을 돌렸던 정신세계와의 순수한 재결합이다. 순수와 진실은 정신세계를 비유하는 상징어다.

박이도(朴利道)

평안북도 선천(宣川)에서 출생(1938~). 호는 석동(石童). 경희대학교 국문학과 졸업, 동대학원 수료. 1962년 『한국일보』 신춘문예에 시 「황제와 나」가 당선되어 문단에 등단했다. '신춘시(新春詩)' 동인. 시집 『회상(回想)의 숲』(1968), 『북향(北鄕)』(1969), 『폭설』(1975), 『바람의 손끝이 되어』(1980), 『불꽃놀이』(1983), 『빛의 형상(形象)』(1985), 『안개주의보』(1987), 『홀로 상수리나무를 바라볼 때』(1991), 『약속의 땅』(1994), 『을숙도에 가면 보금자리가 있을까』(2000), 『민담시집』(2002) 등이 있다.

소시장에서

가난을 풀어 가는 길은
너를 소시장에 내놓는 일이다
한숨으로 몇 밤을 지새고
작은 아들쯤 되는 너를 앞세우고
마을을 나선다
너는 큰 자식의 학비로 팔려 간다

와자지껄 막걸리 사발이 뒹군다
소시장 말뚝만 서 있는 빈 터
찬 달빛이 무섭도록 시리다
헛기침 같은 울음으로

새 주인에 끌려 가던 너의 모습
밤 사이 이슬만 내렸다

우리집 헛간은 적막에 싸이고
아들에게 쓰는 편지글에
손이 떨린다

소시장에서 울어 버린
뜨거움
아들아, 너는 귀담아 들어라
오늘 우리 집안의 이 아픔을

주제 삶의 우수와 진실
형식 4연의 주지시
경향 주지적, 상징적, 저항적
표현상의 특징 우리의 현실상황을 감성적인 순수한 시어로 심도 있게 전달해 주고 있다.
직서적(直敍的)인 표현 속에 뒤숨은 선의식이 감동적으로 전달되고 있다.
'아들아…/ …이 아픔을' (마지막 연)하고 도치법을 써서 시의 의미를 강조하는 표현을 하고 있다.

이해와 감상

이 작품에서 우리는 이른바 선진국입네, 경제성장 운운하고 있는 우리의 대도시와 농어촌의 엄청난 경제적 격차며, 부익부 빈익빈의 일그러진 축재와 숨찬 빈곤을 대비적으로 연상하지 않을 수 없다. 이러한 시대를 살아가는 시인의 예지의 눈빛은 오늘 '소시장'의 현장 리포트로서, 그 제재가 설정되고 동시에 휴머니즘의 인간애 정신은 그 구원의 시적 방법론으로서 오늘의 처절한 현실을 풍자하며 고발한다.

선량한 농민에게 그 집안의 농우는 참으로 사랑하고 사랑 받는 혈육이나 진배없는 '작은 아들 쯤 되는'(제1연) 가족이다. 그 작은 아들녀석을 대처에 유학간 '큰 자식'의 등록금이며 생활비 때문에 내다 파는 가장의 눈에서는 남의 눈에 보이지 않는 피눈물 같은 것이 소리없이 '밤사이 이슬'(제2연)로 내렸던 것이다. '찬 달빛이 무섭도록 시리다'(제2연)는 은유는 '비통한 현실이 저주스럽도록 뼈아프다'는 직설(直說)로부터의 시적 형상화다.

화자는 '아들아, 너는 귀담아 들어라/ 오늘 우리 집안의 이 아픔을'(마지막연) 했는데, 여기서 '아들'은 누구인가. '위정자'가 아니겠는가. '우리 집안'은 '우리의 사회현실'이며 '아픔'은 남을 속일 줄 모르는 성실하고 선량한 다수 국민의 '고통'의 상징이다.

'소시장'은 우리들이 눈시울 적시며 살고 있는 오늘의 '시련의 터전'이다.

빛의 하루

해 속에서 새 빛가루를 묻히고
바닷속 헤집고 나와
반짝반짝 전파를 낸다.
제일 먼저
산봉우리 바위 틈
비집고 나오는 멧새
밤새 흘린 어둠의 눈물

이슬이 괴어 그의 눈 속에
빛을 준다.
고목古木에 감긴 여린 수박풀에 앉아
마을을 내려다본다.
숫아오르는 굴뚝 연기
하늘 높이 흩어지는
시간의 피안彼岸을 좇는다.

주제 삶의 진실 추구
형식 전연의 자유시
경향 서정적, 상징적, 감각적
표현상의 특징 시어 구사가 매우 간결하며 감성적인 표현을 하고 있다. 한 마리의 멧새를 의인법으로 등장시켜 상징적으로 묘사하고 있다. 언어의 시각적, 영상적 표현으로 감각적인 효과를 이루고 있다.

이해와 감상

진실은 빛이며 삶의 길잡이이다. 시인은 한 마리 이름 모를 멧새에게서도 빛을 추구한다. 화자는 스스로 빛을 캐는 한 마리의 멧새가 되려는 것이다.

기독교 『성경』의 「창세기」를 보면 태초에 신이 세상 천지를 창조했을 때는 혼돈과 공허와 어둠이었다. 신은 '빛이 있으라!' 명하여 비로소 빛은 탄생되었다고 한다.

이 작품은 신이 창조한 빛을 시적으로 형상화(形象化) 시키려는 그러한 진지한 자세가 드러나 보인다. 하루 생활의 빛, 그것은 가난하되 정직하고 근면하고 성실하며, 이웃을 아끼고 상처 입은 이를 어루만져 주는 참사랑의 빛일 것이다. 경건한 신앙 속에 참다운 삶의 빛(진실)을 추구하는 화자의 빛의 하루하루의 모습을 우리가 역력히 볼 수 있다.

허영자(許英子)

경상남도 밀양(密陽)에서 출생(1938~). 숙명여자대학교 국문학과 졸업, 동 대학원 수료. 『현대문학』에 시 「도정연가(道程連歌)」(1961. 2), 『사모곡(思母曲)』(1962. 4), 『연가삼수(戀歌三水)』(1962. 9) 등이 추천 완료되어 문단에 등단했다. '청미회(靑眉會)' 동인. 시집 『가슴엔 듯 눈엔 듯』(1966), 『친전(親展)』(1971), 『어여쁨이야 어찌 꽃뿐이랴』(1977), 『빈 들판을 걸어가면』(1984), 『조용한 슬픔』(1990), 『기타를 치는 집시의 노래』(1995), 『목마른 꿈으로써』(1997) 등이 있다.

겨울 햇볕

내가 배고플 때
배고픔 잊으라고
얼굴 위에 속눈썹에 목덜미께에
간지럼 먹여 마구 웃기고

또 내가 이처럼
북풍 속에 떨고 있을 때
조그만 심장이 떨고 있을 때
등어리 어루만져 도닥거리는

다사로와라
겨울 햇빛

주제 사랑의 진실추구
형식 3연의 자유시
경향 서정적, 낭만적, 상징적
표현상의 특징 세련된 섬세하고 감각적인 시어로 서정을 짙게 표현하고 있다.
사상(事像)을 빼어난 비유의 솜씨로 메타포하고 있다. 도치법을 쓰고 있다.
'얼굴 위에', '속눈썹에', '목덜미께에' 등 '~에' 라는 처소격조사(處所格助詞)를 인체부위에 집중적으로 표현한다.

이해와 감상

표제(表題)인 「겨울 햇볕」은 심도 있는 복합 상징어다.
'겨울'은 '고난', '시련', '아픔'의 시어며, '햇볕'은 '희망', '용기', '약동'의 시어다. 그러므로 겨울과 햇볕은 상대어(相對語)다. 즉 반의어(反意語)며 반대다
이 시는 우리가 영문(英文)의 구조를 뒤로부터 거슬러 오며 해석을 하듯이, 제3연에서

주어(主語) 즉 '겨울 햇빛'을 찾아내게 된다.
 '배가 고플 때'처럼 인간 고통의 극치는 따로 없을 것이다. 배가 고프면 끝내 목숨을 잃지 않는가. 이 생리적인 생체적인 아픔은 삶과 죽음의 고빗길에 놓여 있다.
 대관절 허영자는 무엇에 배가 고프다는 것인가. 밥에, 지식에, 사랑에 그 어느 것을 가리키는 배고픔인가를 우리는 따져볼 일이다.
 여기서 시인은 참다운 '사랑'에 배가 고프다고 본다면 어떨까. 그 사랑이란 반드시 연정(戀情)만이 아닌 휴머니즘의 인간애, 인류애를 가리킬 수도 있다. 물론 그 해석은 독자가 어느 쪽을 택하든지 자유에 속한다는 대전제하에 말이다.
 정말 밥을 먹을 수 없는 가난 속에 배고플 때 '배고픔 잊으라고/ ~간지럼 먹여 마구 웃기고' 있다는 처절하고도 비통한 상황은 현실적으로 빈곤한 역사 속에 장구한 세월 살아온 우리 민족에게, 특히 현대에는 6·25동란 때 거의 모든 사람이 굶주림에 시달렸던 뼈저린 현실도 존재했던 일이기도 하다.
 여하간에 가령 어린애들이 너무 배고파 서로 간지럼을 먹여 잠시나마 웃으며 배고픔을 잊으려는 그 참상은 시인의 해맑은 소녀다운 순수한 정서적 발상과 같은 가장 구김 없고 따사로운 이미지의 결정(結晶)이다.
 배고픔 다음의 고통을 추위라고 일컬을 때 '내가 이처럼/ 북풍 속에 떨고 있을 때'(제2연)야말로 설상가상의 참혹한 아픔이다. 그러나 참으로 다행스러운 결론이 내려진다. '등어리 어루만져 도닥거리는// 다사로와라/ 겨울 햇빛'이라니 이제, 온갖 고난과 시련이며 아픔은 끝나는 것이다.
 시인은 진한 목소리로 '고난 속에서의 구원'이라는 '큰 사랑'의 인간애, 인류애를 우리로 하여금 각성시키고 있다.

바위

한 여인이
그 영혼을
송두리째 드린다 하면

한 여인이
그 살을
피를
내음을
송두리째 드린다 하면

아아,

그대의 고독은 풀릴 건가.

차겁고 어둡고 말 없는 얼굴
그대 마음을 풀 길 없는
크나큰 이 슬픔

울먹이며 떨며 머뭇대는
나의 사랑아!

주제	사랑의 진실
형식	5연의 자유시
경향	서정적, 낭만적
표현상의 특징	강렬하고도 유현(幽玄)한 서정성이 넘치는 시어를 구사하고 있다.
	섬세하고도 호소력 있는 언어의 감각미가 넘실댄다.
	이미지의 명징성이 두드러지게 형상화되고 있다.

이해와 감상

허영자는 '사랑'을 주제로 하는 참다운 삶의 의미를 추구하는 서정시인이요, 그러한 가운데 사랑의 진실을 캐고 있는 시인이다.

그 사랑이란 청춘의 연정만이 아닌 인간의 모든 사랑을 포용하고 있다. 사랑이란 과연 무엇인가. 진실이 어떻게 담겨 있는 형상인가, 어떤 의미이며 내용이고, 몸부림인가.

화자는 '차겁고 어둡고 말 없는 얼굴/ 그대 마음을 풀 길 없는/ 크나큰 이 슬픔// 울먹이며 떨며 머뭇대는/ 나의 사랑아'(제4·5연) 하고 「바위」를 통해서 상징적으로 '굳센 사랑'의 진실을 천착하고 있다.

우리의 가슴에 뜨거운 서정의 울림을 듬뿍 안겨 주는 호소력 넘치는 가편(佳篇)이다.

이성부(李盛夫)

광주(光州)에서 출생(1942~). 경희대학교 국문학과 졸업. 『현대문학』에 시 「소모(消耗)의 밤」(1961. 10), 「백주(白晝)」(1962. 7), 「열차(列車)」(1962. 12) 등이 추천 완료되어 문단에 등단했다. 1967년에는 『동아일보』 신춘문예에 시 「우리들의 양식」이 당선되기도 했다. 시집 『이성부 시집』(1969), 『우리들의 양식』(1974), 『백제행』(1976), 『전야(前夜)』(1981), 『빈 산 뒤에 두고』(1989), 『야간산행』(1996), 『지리산』(2001) 등이 있다.

백제행 百濟行

잡혀 버린 몸
헛간에 눕혀져
일어설 줄 잊었네.

고요히 혀 깨물어도
피흘리는 손톱으로 흙을 쥐어뜯어도
벌판의 자궁에서 태어난 목숨
그 어머니인 두 팔이 감싸주네.

이 목마른 대지의 입술 하나,
이 찬물 한 모금,
죽은 듯 다시 엎디어 흙에 볼을 비벼 보네.
해는 기울어
쫓기는 남편은 어찌 됐을까?

별들이 내려와 그 눈을 맑게 하고
바람 한 점
그 손길로 옷깃을 여며 주네.

어둠 속에서도
눈밝혀 걸어오는 사람들의 발자국 소리,
귀에 익은 두런거림.

먼 데서 가까이서
더 큰 해일海溢을 거느리고 사랑을 거느리고

아아 기다리던 사람들의
돌아오는 소리 들려오네.

> **주제** 대의(大義) 추구의 의지
> **형식** 6연의 자유시
> **경향** 서정적, 저항적, 상징적
> **표현상의 특징** 세련된 주정적 시어로 심도 있는 이미지를 표현하고 있다.
> 연상적 수법으로 암시적이고 비약적인 사상을 담고 있다.
> '~잊었네', '~감싸주네', '~비벼보네' 등등 감동적인 종결어미 '네'를 잇대어 달고 있다.

이해와 감상

표제의 「백제행」은 백제 땅으로 간다는 뜻인데, 여기서 독자는 간다는 '행'(行)은 '백제를 생각해 보자'는 인식 논리가 저변에 짙게 깔렸다는 것을 먼저 살필 일이다.

5·16쿠데타 이후 철저하게 소외당했던 것이 어느 지역이라는 것은 상식적인 지적이 된다. 이 저항시의 무대는 그러기에 옛날 백제 터전이 되고, 여기에 드라마틱한 백제 무대에 서정적인 비유의 대상인 주인공들이 여럿 등장한다.

'잡혀 버린 몸'(제1연)의 '아내', '쫓기는 남편'(제3연), 그리고 '걸어 오는 사람들'(제5연)이 그것이다. 여기 메타포 된 주인공들이란 좀더 적극적인 표현을 하자면 군사정권에 '저항'하는 '반체제 인사'와 그 때문에 붙잡혀 행방을 밝히라고 고문당하며 고통받는 아내, 그리고 남편의 동지들이다. 아내는 영어의 몸이면서도 동지들이 집단적으로 '더 큰 해일을 거느리고 사랑을 거느리고'(마지막 연) 돌아오는 발자국 소리에 기쁨을 숨기지 못한다. 여기서 '해일'은 '혁명'의 상징어다.

오늘날 유일하게 전해 오는 백제가요 「정읍사」(본서 361쪽 「7·5조 시가연구론」 참조 요망)에서 행상을 떠난 남편을 기다리던 백제 여인의 개인적인 사랑과, 이성부가 설정한 서정적 비유의 대상인 백제여인의 사랑은 남편에 대한 애정뿐 아니라 그의 동지들이 함께 무사하여 '큰 해일'을 반드시 이루고 다가오기를 기다리는 역사적인 의(義)로운 기다림의 정신을 메타포하고 있다.

매월당梅月堂

다 버리고 돌아서서
흐르는 물에 두 발 담그고
이마의 땀 씻고
고인 가래 뱉어내고
문득 눈 들어 바라보면 보인다.

뜬 구름 한 점, 그리움 한 점,
육신 찢겨져 무덤에 이르지 못하고
청천 하늘 떠돌며 굽어보는
부릅뜬 눈 보인다.
거지가 되어
삭발 민대가리 누더기가 되어
더더욱 불타는 몸이 되었으니
혼자가 되어 혼자가 아님을 알았으니.
종이 위에 쓰여진 시
찢어
흐르는 물에 띄워 보내고
다시 써 보는 말씀
한 묶음의 고요
또 찢어 흘러 보낸다.
다 버리고 나면 이 세상 산천초목
안 보이는 힘
모두 내 것이며 우리인 것을.

주제 매월당(梅月堂)의 행적과 진실 추구
형식 전연의 자유시
경향 서정적, 주지적, 풍자적
표현상의 특징 역사적인 인물의 발자취를 시로써 정감 있게 표현하고 있다.
의식의 내면을 주지적으로 심도 있게 부각시키고 있다.
상징적이고 풍자적인 표현으로 인간적 고뇌와 진실 추구의 분위기를 잘 살리고 있다.

이해와 감상

　매월당은 조선 세종조에 태어나 성종 때에 직고한 문인이며 학사인 김시습(金時習, 1435~1493)을 말한다. 어려서는 신동(神童)이었으나 소년 시절에 부모를 여의고 역경을 겪으면서, 삭발하고 중이 되었는가 하면, 방랑과 가난 속에서도 남에게 굴하지 않고 그른 것을 단호하게 나무라고 양심을 지키며 절의(節義) 속에 시를 짓고, 이 땅 최초의 한문 소설 『금오신화(金鰲神話)』를 펴낸 인물이다.
　이성부는 그러한 매월당의 편모를 시로 형상화 시킴으로써 삶의 짙은 의미와 그 내면적 진실을 추구하고 있다. '다 버리고 돌아서서'로 시작이 되는 이 첫 행에서 우리는 김시습이 세속과의 타협을 단호히 거절하고 청빈 속에 통절(痛切)한 진실을 추구하는 고행(苦行)의 시발(始發)을 여실하게 깨닫게 된다. 이 작품의 마지막 세 줄의 행(行)에서 다시금 우리는 이 시의 절정을 발견한다. '다 버리고 나면 이 세상 산천초목/ 안 보이는 힘/ 모두 내 것이며 우리인 것을'이 바로 그것이다. 즉, 세속적인 탐욕의 소아(小我)를 과감히 떨쳐 버리고 구경(究竟)의 진리인 대아(大我)를 발견하는 일이다.

이수익(李秀翼)

경상남도 함안(咸安)에서 출생(1942~). 서울대학교 사범대학 영어교육과 졸업. 1963년 『서울신문』 신춘문예에 「고별(告別)」이 당선되어 문단에 등단했다. 『현대시』 동인. 시집 『우울한 샹송』(1969), 『야간열차』(1978), 『단순한 기쁨』(1986), 『아득한 봄』(1991), 『푸른 추억의 빵』(1995), 『눈부신 마음으로 사랑했던』(2000), 『불과 얼음의 콘서트』(시선집, 2002) 등이 있다.

우울한 샹송

우체국에 가면
잃어 버린 사랑을 찾을 수 있을까
그곳에서 발견한 내 사랑의
풀잎 되어 젖어 있는
비애를
지금은 혼미하여 내가 찾는다면
사랑은 처음의 의상으로
돌아올까

우체국에 오는 사람들은
가슴에 꽃을 달고 오는데
그 꽃들은 바람에
얼굴이 터져 웃고 있는데
어쩌면 나도 웃고 싶은 것일까
얼굴을 다치면서라도 소리내어
나도 웃고 싶은 것일까

사람들은
그리움을 가득 담은 편지 위에
애정의 핀을 꽂고 돌아들 간다.
그때 그들 머리 위에서는
꽃불처럼 밝은 빛이 잠시
어리는데
그것은 저려오는 내 발등 위에
행복에 찬 글씨를 써서 보이는데

나는 자꾸만 어두워져서
읽질 못하고,

우체국에 가면
잃어 버린 사랑을 찾을 수 있을까
그곳에서 발견한 내 사랑의
기진한 발걸음이 다시
도어를 노크
하면,
그때 나는 어떤 미소를 띠어
돌아온 사랑을 맞이할까

> **주제** 삶의 우수와 그 의미 추구
> **형식** 4연의 자유시
> **경향** 서정적, 상징적
> **표현상의 특징** 상징적 표현으로 이미지의 깊이를 담고 있다.
> 짙은 서정성이 풍기고 있는 이 시의 제1연과 마지막 제4연에서 '우체국에 가면……내 사랑의'(동어반복)라는 수미상관의 강조적 수사가 이어지고 있다.

이해와 감상

샹송(chanson)이란 프랑스 사람들의 시민정신이 담긴 노래라고 풀이하면 될 것이다. 이 시의 표제(表題)는 상징적이다. 이수익의 시에서 일관되게 나타나고 있는 것은 '우수'의 흐름인데, 「우울한 샹송」에서도 그것은 예외가 아니다.

'우체국'이란 어떤 곳인가. 우체국이야말로 참다운 인간의 육성(肉聲)이 겉으로 소리를 내는 것이 아닌 '편지'라는 통신문들의 집합과 이산 속에 조용하지만 삶의 내용 자체가 생생하게 살아 있는 곳이요, 인생의 애환의 짙은 의미가 집결되고 있는 곳이다.

그러기에 시인은 '우체국'을 그의 삶의 진실을 캐는 참다운 사랑의 광(鑛)으로 삼은 것이다. 이는 결코 범상한 발상일 수 없으며 시인이 부단히 추구해 온 시어(詩語)의 눈부신 발굴이기도 하다.

과연 우리는 '우체국에 가면/ 잃어 버린 사랑을 찾을 수 있을까.'(제1·4연)

산적되어 있는 저 편지 더미 속에 분명 참다운 인간애가 들어 있을 것이다. 그렇다면 그 어떤 편지가 나에게, 내가 찾고 있는 참다운 사랑을 안겨 줄 수 있을 것인가.

아니 우리가 이 삶의 터전에서 '잃어 버린 사랑'을 회복해 줄 수 있을 것인가. 헐벗고 아픈 온갖 사회적 고통의 상처를 치유해 줄 수 있을 것인가.

현대인의 우수(憂愁)가 지적으로 형상화 된 이수익의 대표작이다.

김종해(金鍾海)

부산(釜山)에서 출생(1941~). 『자유문학』 신인 현상문예에 시 「저녁」(1963. 3)이 당선되어 문단에 등단했다. 1965년에는 『경향신문』 신춘문예에 시 「내란(內亂)」이 당선되기도 했다. 『현대시』, 『신년대(新年代)』 동인. 시집 『인간의 악기(樂器)』(1966), 『신의 열쇠』(1971), 『왜 아니 오시나요』(1979), 『천노(賤奴) 일어서다』(1982), 『항해일지』(1984), 『풀』(2001) 등이 있다.

가을 비감悲感

여보, 지금 바람은 차고 밤은 깊었소
내 창문을 닫아주오, 빗장을 걸어야겠소
시들은 들꽃으로 귀를 가리고
내 잠시 세상을 잊으려 하오
세상에는 노오란 안개, 노오란 연기
떠들썩한 소음을 잊으려 하오
세상에서 떨어지는 그 숱한 가랑잎에
젖지 않기 위하여
꿈꾸는 내 하늘을 우산으로 가리고
오늘은 내 잠시 잠들려 하오
여보, 지금 바람은 차고 밤은 깊었소
내 침상으로 잦아지는 벌레들의 눈물
아아, 저것 벌레들 벌레들 벌레들……
여보, 우리가 깊이깊이 숨겨둔 사랑의 이름을
오늘 시들은 내 들꽃의 이마 위에
다시 한 번 꽂아주오
내일 우리 집 현관에 매달린 광주리에
하나님이 수레로 싣고 온 장미빛 새벽을
하나 가득 풀면
우리가 가야 할 길은 또렷이 떠오르고……
그러면 갑시다, 우리가 가진 사랑의 열쇠로
우리처럼 지쳐 쉬는 굳게굳게 닫힌 집으로
여보, 굳게굳게 닫힌 집으로!

> **주제** 삶에의 순수 의지
> **형식** 전연의 주지시
> **경향** 주지적, 상징적, 문명비평적
> **표현상의 특징** 의식세계의 내부를 상징적 수법으로 절도 있게 표현하고 있다.
> 세련된 언어의 지적 미감(美感)이 넘친다.
> 대화체 형식의 다감한 목소리로 영상적 이미지를 엮어내고 있다.

이해와 감상

　표제(表題) 「가을 비감」은 어쩐지 슬픔의 이미지가 강하게 밀어닥친다.
　따질 것도 없이 가을은 조락(凋落)이 던져 주는 쓸쓸함과 결별(訣別)의 의미로 하여 슬픔이 이는 계절이다.
　김종해는 상징적으로 계절을 설정하고, 오프닝 메시지에서 '여보, 지금 바람은 차고 밤은 깊었소' 하면서 '내 창문을 닫아주오, 빗장을 걸어야겠소' 하고 일체 사상(事象)과의 접근을 막으며 단절을 선언한다.
　이 메타포의 시는 의식세계에 있어서 외부와의 교감(交感)의 중지를 뜻한다.
　무엇 때문에 화자는 이렇듯 가을을 비감하는 것인가.
　'세상에는 노오란 안개, 노오란 연기/ 떠들썩한 소음을 잊으려' (제5·6행) 하기 때문이란다. 즉 산업화 사회가 날로 심각하게 저지르는 온갖 공해에 대한 단호한 문명비평의 결의가 은유되고 있다.
　더더구나 '세상에서 떨어지는 그 숱한 가랑잎에/ 젖지 않기 위하여/ 꿈꾸는 내 하늘을 우산으로' (제7~9행) 지키겠다는 것. 여기에는 공해 등 자연파괴뿐 아니라, 정치며 사회악적 오염요소로부터 격리하는 순수의지의 수호정신이 아울러 강조되고 있는 것이다.
　꿈꾸는 내 하늘은 시인의 이상세계이다.
　1960년대에 발표된 작품으로 산업화 사회의 부조리한 현실 속에서 인간존재와 그 가치를 추구하고 있는 김종해의 대표작의 하나다.

겨울 메시지

시들 것은 시들고 떨어질 것은 모두 떨어졌다.
들판이여, 목마른 이 땅을 기르던 여인들은 모두 집으로 숨고
새벽에 일어나 저희 우물을 긷던 그 부산한 소리마저 들리지 않는다.
집집마다 등불을 끄지 않고 이 밤에 다들 자지 않지만
오오, 이제 바람이 불면 마을의 문들을 꼭꼭 닫으시오
허나 대문에 빗장을 내다지르고도 저희는 잠들지 못한다.
서로의 아픔과 슬픔을 익숙하게 비벼댈 이 깊은 어둠 속에서

저희의 불빛은 더 희게 번쩍인다
캄캄한 숲 속에서 컹, 컹, 컹, 컹 울리는 저 울부짖음
사나운 한 마리 짐승의 울부짖음이 차라리 그리운 이 외롭고 어두운 날
목마른 대지에 젖을 먹여 기르던 여인들은 모두 집으로 숨고
들판은 새로 태어날 제날을 안고 머리를 숙이었다
이 외롭고 어두운 날, 아버지여
시들은 풀꽃의 죽지 않은 뿌리, 짓밟히고 억눌린 모든 것의 얼굴들에
이제 곧 저희의 배가 가까이 옴을 예언하소서

주제	절망극복의 순수 의지
형식	전연의 자유시
경향	서정적, 상징적, 풍자적
표현상의 특징	산문체의 일상어로 심도 있는 이미지를 담고 있다. '않는다', '못하다' 등의 부정적 의지의 종결어미가 눈길을 끈다. '~여'(호격조사), '~하소서' 등으로 강렬한 소망을 연호하고 있다.

이해와 감상

이 작품도 1960년대에 발표된 것으로서 「가을 비감」과 같은 시기의 김종해의 대표작이다. 「겨울 메시지」, 즉 '겨울 성명(聲明)' 이다.

추운 겨울의 이야기란 무엇인가.

'새벽에 일어나 저희 우물을 긷던 그 부산한 소리마저 들리지 않는다' 는 것은 겨울 추위에 '얼어붙음' 을 은유하고 있다.

춥고 어두운 겨울날에 대한 시적 이미지의 변용이 상징적으로 형상화 되고 있다.

이 땅에 빚어진 1960년 군사쿠데타의 독재 정권이 빚는 온갖 정치적 탄압으로부터 자유민주주의는 4 · 19의거의 참다운 보람마저 짓밟히고야 말았던 것이다.

그러기에 '대문에 빗장을 내다지르고도 저희는 잠들지 못한다/ 서로의 아픔과 슬픔을 익숙하게 비벼댈 이 깊은 어둠 속에서' (제6 · 7행) 모두는 온갖 고통을 감내하며 시달리는 것이다.

화자는 딕테이터(dictator, 독재자)의 광폭한 외침을 짐승의 울부짖음으로 신랄하게 풍자하여 '캄캄한 숲 속에서 컹, 컹, 컹, 컹 울리는 저 울부짖음' (제9행)으로 규명하며, '사나운 한 마리 짐승의 울부짖음이 차라리 그리운 이 외롭고 어두운 날' (제10행)이라고 가슴 아파 한다.

조태일(趙泰一)

전라남도 곡성(谷城)에서 출생(1941~1999). 경희대학교 국문학과 졸업, 동 대학원 수료. 1964년『경향신문』신춘문예에 시「아침 선박(船舶)」이 당선되어 문단에 등단했다.『신춘시』동인. 시집『아침 선박』(1965),『식칼론』(1970),『국토』(1975),『가거도』(1983),『연가』(1985),『별 하나에 사랑과』(1986),『자유가 시인더러』(1987),『산속에서 꽃속에서』(1991),『풀꽃은 꺾이지 않는다』(1995),『혼자 타 오르고 있었네』(1999) 등이 있다.

국토 · 2

참말로 별일이다.
내 꿈속의 어떤 촌락에서는
헐벗은 눈물과 눈물들이
소리 없이 만나고, 쉴 새 없이 부딪쳐서
또 다른 눈물들을 탄생시킨다.

눈물의 새끼들은 순식간에 자라서
애무도 맘놓는 정처도 없는 곳에
또 다른 눈물들을 탄생시킨다.

뿐이랴.
어메의 눈물이 아베의 맨살에 닿자
살도 어느덧 눈물이 되고,
아베의 눈물이 어메의 맨살에 역습하자
그 살도 또한 눈물이 되는,

오오, 황홀한 범람,
그것은 모두 부릅뜬 눈망울인데,
하염없이 바라만 보아도
내 몸도 거칠게 출렁이는 눈물이 된다.
어차피 피와 살이 한 통속이 되고
뼈따귀와 혼이 한 함성으로 번지는,
눈물의 정점, 정점,
참말로 별일이다.

- **주제** 시대적 고통에 대한 애한(哀恨)
- **형식** 5연의 주지시
- **경향** 주지적, 감상적, 현실비판적
- **표현상의 특징** 잘 다듬어진 일상어의 표현 속에 심도 있는 이미지가 부각되고 있다. 소외당한 궁핍한 농촌의 시대상을 엿볼 수 있다. '눈물'의 동어반복이 이어지고 있다.

이해와 감상

조태일의 연작시「국토」는 조국에 대한 참다운 '국토애'라는 사랑을 담고 있다. 그는 1960년대 중반에 문단에 등단하여 저자 등과 '신춘시' 동인 활동을 하던 중, 베트남 전쟁에 파병된 일원으로 월남전선에 다녀왔다.

조태일이 월남에서 돌아온 뒤부터 그는 군사독재 체제에 반기를 들고 그야말로 현실의식이 강한 저항시를 쓰기 시작했다. 그는 그 암울했던 정치적 탄압에 남달리 강렬하게 저항했으며 거기서 그의 연작시「국토」는 한 편 한 편 탄생했다.

우리는 조태일의 시를 문학성을 가지고 논하기에 앞서 그의 과감하고 건강했던 저항의지를 먼저 높이 사줘야 한다. 프랑스를 점령한 나치스 독일군이 자유주의자들을 내몰고 시인 화가 등 지식인을 박해하며 예술과 학문의 자유를 유린했을 때 이에 맞선 것은 시인 폴 발레리(Paul Valéry, 1871~1945) 등 수많은 문인들이었다. 이들에 의해서 이른바 '레지스탕스'(r′esistance, 저항) 문학이 등장한 것이었다.

군사독재 체제에 대항한 조태일의 저항시「국토」는 그런 견지에서 한국 시문학사에서 우선 평가되어야 할 것이다. 이 작품「국토·2」는 체제에 대한 직서적인 비판의 시가 아닌, 삶의 아픔을 노래한 주지적 상징시의 가편(佳篇)이다.

'눈물의 새끼들은 순식간에 자라서/ 애무도 맘놓는 정처도 없는 곳에/ 또 다른 눈물들을 탄생시킨다'(제2연)고 하는 이 메시지는 독재체제하의 극심한 가난에 시달리며 도저히 견딜 수 없는 혹독한 삶의 아픔이 불가항력적인 '눈물'로써 모든 대상이 메타포(은유) 되고 있는 것이다. 그러나 눈물에 흠뻑 젖은 눈의 강렬한 적의(敵意)는 '오오, 황홀한 범람/ 그것은 모두 부릅뜬 눈망울인데/ 하염없이 바라만 보아도/ 내 몸도 거칠게 출렁이는 눈물이 된다'(제4연)고 저항의지는 안으로 분노를 삼키고 있다.

깃발이 되더라
— 국토·14

내 몸을 떠난 팔다리일 망정
쉬지 않고 늘 파닥거리는 뜻은
미움을 사랑으로 뒤바꾸기 위해서라서
그 행동의 끝을 끝끝내 만나기 위해서라서

길고 캄캄한 굴뚝 속의 한밤중을

맨주먹으로만 활보를 해도
어느덧 전신은 그냥 가득한
발광하는 빛이 되더라.

발광하는 빛이 되더라.
한恨 많은 휴지들이 끼리끼리 모여서

자기 살결에 오순도순 불을 지피는
이 치열한 정적靜寂 속을 활보하면
어느덧 전신은 천지간에 가득한
들끓는 가마솥이 되더라.
들끓는 가마솥이 되더라.

내가 날리는 목소리가 네 몸에 닿으면
네 몸은 곳곳을 부딪치는 함성이 되고

내가 뱉는 숨결이 네 몸에 닿으면
네 몸은 그냥 갈기갈기 찢기는 폭풍이 되고

내가 뿌리는 눈물이 네 몸에 닿으면
네 몸은 그냥 내리꽂는 폭포가 되고

내가 기른 머리털이 네 몸에 닿으면
네 몸은 원없이 나부끼는 깃발이 되더라

깃발이 되더라.
깃발을 올라타고 가물거리는 사랑은
사랑을 올라타고 또 떠나는 행동은.

이해와 감상

이 작품의 표제(表題)의 '깃발'은 '승리'의 상징어다. 군사독재 체제와 맞싸워서 마침내 불의의 집단을 제거시켰을 때에 나부끼는 자유와 승리의 기쁨의 깃발이다.

그와 같은 화자의 굳은 의지, 불타는 신념(제4연)은 국토애(國土愛)로 승화되는 것이다(제9연). 모두 9연으로 엮은 이 시는 각 연마다 키워드(keyword)가 제시되어 있다.

즉 '희생'(제1연)으로 시작하여, '암흑 정치'(제2연), '저항운동'(제3연), '불굴의 의지, 신념'(제4연), '규탄'(제5연), '투쟁'(제6연), '결사'(結社, 제7연), '자유 쟁취'(제8연), '승리'(제9연)로 맺어진다. 이 시의 서두에서의 '내 몸을 떠난 팔다리일 망정'(제1연 1행)은 불의에 저항하기 위해 싸우다 희생된 것을 강렬하게 비유하는 암유(暗喩)다.

'미움을 사랑으로 뒤바꾸기 위해서'(제1연 3행)에서의 '미움'은 독재체제에 대한 '증오'이며, 그러한 '증오의 시대'를 물리치므로써 참다운 나라사랑을 할 수 있는 새로운 시대에 대한 '사랑'을 각기 비유하고 있는 것이다. 이와 같은 맥락에서 독자들은 「깃발이 되더라」를 무난히 이해할 수 있을 것이다.

성기조(成耆兆)

충청남도 홍성(洪城)에서 출생(1931~). 호는 청하(靑荷). 국민대학교 및 경희대학교 대학원 국문학과 수료. 1963년에 제1시집 『별이 뜬 대낮』을 상재(上梓)하고 문단에 등단했다. 시집 『근황(近況)』(1972), 『흙』(연작시집, 1980), 『사랑을 나누면서』(1988), 『바람 쐬기』(1989), 『방문을 열며』(1991), 『사는 법』(1996), 『다락리에서』(1999), 『나무가 되고 싶다』(2001) 등이 있다.

꽃

여기 사뭇 허허한 벌판에 한 송이
꽃이 피었다.

태초로부터 아무도 있어 주질 않는
황량한 벌판

풀과 풀, 돌과 돌 사이—

다만 푸른 하늘과 벌판, 벌판과
구름을 벗하여 신의 은총인

태양과 이야기할 뿐……

하늘을 날으는 새의 몇마디
즐거운 말을 듣고

벅찬 가슴을 그 누구와도 말할 수 없는
그저 허허虛虛 내년도 또 후년도
몇해고 졌다 필 꽃, 꽃이 여기
한 송이 피었다.

주제 꽃의 존재론적 의미 추구
형식 6연의 주지시
경향 주지적, 상징적, 존재론적
표현상의 특징 평이한 일상어를 쓰면서도 심도 있는 이미지를 담고 있다.
구조적으로 주지적이면서도 고도의 상징적 수법을 쓰고 있다. 연상적인 표현미를 엮어내고 있다.

이해와 감상

꽃에 관해 시의 제재로써 많은 시인들이 시를 써 오고 있다. 꽃이야말로 다각적인 견지에서 우리가 추구할 수 있는 서정적 또는 주지적 시대상이 아닐 수 없다.
성기조가 꽃의 내면세계나 생태 또는 형태적인 접근이 아닌, 꽃의 존재론적인 의미를 형상화 시키는 데 주력한 것이 이 「꽃」이다. 기독교 『구약성경』에 보면 "태초에 말씀이 있었다"고 했는데, 성기조는 주목할 만한 메시지를 우리에게 던지고 있다.
그것은 즉 '여기 사뭇 허허한 벌판에 한 송이/ 꽃이 피었다'는 대전제다. 더구나 그 벌판은 '태초로부터 아무도 있어 주질 않는/ 황량한 벌판'(제2연)에서란다.
그 꽃이 '신의 은총인/ 태양과 이야기할 뿐'(제4연)이며 '새의 몇마디/ 즐거운 말을 듣고'(제5연) 있다는 것이다. 여기서 꽃은 자연의 꽃이 아닌 인간적으로 의인화(擬人化) 된 상태라는데 우리의 관심이 쏠리지 않을 수 없다.

사랑 별곡

바람이 부는데 살랑이는 바람이
그 속에 사랑이란 사랑이 흘러 녹아
내 귀에 들려오는데 음악처럼
사랑은 귓속에서 속삭이는데
사랑이라고—.

구름이 가는데 구름이
햇볕에 쫓겨 흩어지는 구름이
눈을 흘기는데
높이 떠 있는 해를 발돋움하고 입맞추려는
해바라기를 질투하는데
뜨거워야 사랑이냐고—.

사랑은 꽃잎에 머물러 방싯 웃고
사랑은 꿀벌이 되어 호박꽃 속에 머물고
사랑은 나비가 되어 화분花粉을 입에 물고
빙빙 하늘을 선회하는데
어질어질하는 눈 속으로 사랑이 들어오네

사랑은 눈 속에서 가슴의 문을 열고 들어오네
사랑은 다소곳하지 않고 너울너울 춤을 추네
사랑이—사랑이라고.

- **주제** 사랑의 순수미 추구
- **형식** 4연의 자유시
- **경향** 서정적, 낭만적, 상징적
- **표현상의 특징** 주정적인 시어로 심도 있는 이미지가 잘 전달되고 있다.
  정감적인 시어를 리듬감 있게 구사함으로써 명쾌한 음악성이 돋보인다. '사랑'이라는 낱말이 14개가 들어 있는 등 조사(措辭)의 독특성을 살피게 된다. '사랑이라고—', '사랑이냐고—' 등의 동의어(同義語) 반복 또는 동어반복을 하고 있다.

이해와 감상

표제(表題)에, 중국 시가(詩歌)에 대하여 운(韻)이나 조(調)가 없이 된 것이라 하여 한국의 독특한 시가를 일컫는 말인 '별곡(別曲)'을 붙여서 보다 한국적인 서정의 세계를 연상시키고 있다. 음악으로 친다면 변주곡(變奏曲)과도 같은 느낌을 주는, 시의 변주가 사랑의 내면적인 다양성을 자연스럽게 전개하고 있는 서정시다.

앞에서도 지적했지만 이 시에서는 '사랑'이라는 말이 14번이나 반복되고 있지만 우리 눈에 거슬리지 않는 것은 이 시가 사랑의 의미를 외향적(外向的)으로 외치지 아니 하고 오히려 내향적(內向的)으로 그 의미를 부드러운 전개 속에 응축(凝縮)시키는 시적 작업을 하고 있기 때문이다. 사랑시의 가편(佳篇)이다.

이 탄(李炭)

서울에서 출생(1940~). 본명 김형필(金炯弼). 한국외국어대학교 영어과 졸업. 단국대학교 대학원 국문학과 및 한양대학교 대학원 국문학과 수료. 1964년 『동아일보』 신춘문예에 시 「바람불다」가 당선되어 문단에 등단했다. 시집 『바람불다』(1967), 『소등』(1968), 『줄풀기』(1975), 『옮겨 앉지 않은 새』(1979), 『솔잎 소리』(1983), 『대장간 앞을 지나며』(1983), 『철마의 꿈』(1990), 『당신의 꽃』(1993), 『반쪽의 님』(1996), 『윤동주의 빛』(1999) 등이 있다.

아침을 오게 하자

아침을 보리밭의 푸른 빛에서 오게 하자.
아침을 고깃배의 삐걱거리는 소리에서 오게 하자
아침을 오게 하자
아침을 오게 하자

우리들은 다시 흙으로 간다며
우리들은 다시 흙이 된다며
고향을 다듬자
우리들의 고향을 다듬자

우리들의 낮과 밤을 만들고
우리들이 자랑스런 목숨을 만들자.

기다리는 시간처럼 어둡고 괴로운 게 어디 있으랴
우리가 스스로 사랑을 배우고
우리가 스스로 지식을 쌓아올리듯
터를 다듬자

가난이 누구의 죄냐
아침을 오게 하자
아침을 오게 하자

주제	숭고한 애향 정신
형식	5연의 주지시
경향	주지적, 상징적, 감각적
표현상의 특징	간결한 시어구사로 '아침을 오게 하자' 등 상징성이 강한 동어반복을 하고 있다. 주제를 강력하게 드러내는 심도 있는 이미지가 음악성을 곁들이고 있다. 지성에 바탕을 둔 언어감각이 신선하게 전달되고 있다.

이해와 감상

　피폐해진 우리의 농어촌의 재건은 이 땅의 애국적인 젊은이들에게 주어지는 중대한 과제다. 저자는 외국에서 농촌 복귀를 이른바 '유우턴'(U-turn)이라고 표현하며, 지방자치단체들이 활발하게 움직이는 것을 볼 수 있었다. 이탄의 '아침을 오게 하자'는 어서어션(assertion)은 우리 시대에 가장 소중한 양심의 주장이다. 그러기에 '아침을 오게 하자'고 하는 화자의 요망을 우리는 조금도 거부감 없이 받아들일 수 있다고 본다.
　'아침을 보리밭의 푸른 빛에서 오게 하자/ 아침을 고깃배의 삐걱거리는 소리에서 오게 하자'(제1연)고 농어촌의 활기찬 새아침을 절실하게 소망한다.
　여기서 '보리밭의 푸른 빛'이란 무엇인가. 그것은 '삶의 희망'의 상징이다.
　보리의 풍년을 비유하는 풍요한 양식을 뜻한다. '고깃배의 삐걱거리는 소리'는 또 무엇인가. 이것은 '풍어(豊漁)'의 청각적 비유다. 만선(滿船)의 고깃배는 워낙 물고기를 그득 잡아서 실었으니 목선이라 저절로 삐걱거릴 수밖에. 밭에서는 양식이 잘 자라고 바다에선 물고기가 잘 잡히는 '아침을 오게 하자'는 시인의 노래는 아무리 반복을 해도 우리를 다만 즐겁게 해줄 따름이다. 제2연에서는 애향(愛鄕)의 정신이 빛나고 있다. 고도산업화 사회에서의 이농(離農)이 빚는 갖가지 비극적 요소를 원색적으로 풍자하고 야유하기보다는 오히려 뜨거운 포용의 가슴으로 애향의 노래를 부르고 있다. 제3연에서 시인의 메시지가 '우리들이 자랑스런 목숨을 만들자'고 심도 있는 호소력을 이루어 준다. 그리고 제4연에서 괴로움을 극복하고 사랑의 터를 가꾸자는 것. 가난을 탓하기 전에 모든 긍정적인 삶 속에서 어둠을 떠나 보내고 참다운 아침이 밝도록 하자는 간절한 메시지는 새로운 시의 빛이다. 그것은 눈부신 새아침을 오게 하는 시적 형상화 작업이다. 이탄은 수사(修辭)에서 반복법(反復法)을 절도 있게 구사하고 있거니와, 이것은 시의 의미를 고조시키는 일종의 강조법이기도 하다. 그러므로 「아침을 오게 하자」에서처럼 반복법을 효과적으로 쓴다면 그만큼 시의 심도 있는 이미지를 독자에게 전달시키게 마련이다.

과수원에서

　가끔 생각은 했지만 내 다리가 너무 약하구나, 등을 꼿꼿이 하고 하늘을 향한 어깨가 믿음직한 과수원의 나무들 사이에서 나는 너무 심했던 음주飮酒를 미안하게 생각한다. 미안하다, 미안하다. 한 해의 결실을 풍성히 거둔 열매를 보면 좁은 소견머리가 더욱 미안해진다.
　제자리에서 비와 바람을 이기며 완성의 눈을 감는 나무의 냄새가 마음을 적신다.
　단추마다 과일의 풋풋한 맛이 괴고 여기선 해가 달다.
　믿었다 말았다 믿었다 말았다, 사람들 틈에서 나는 때 묻은 머리칼의 냄새를 날리며 히히 웃었지 웃었지, 미안할 뿐이다.
　과일나무 하나하나에 나는 미안하다는 인사를 하며 서툰 그림을 그린다. 인내의 등과 푸근한 어깨를, 붓에다 향기를 듬뿍 적신다.

주제	순수 자아의 성찰
형식	전연의 자유시
경향	서정적, 주지적, 상징적
표현상의 특징	산문체이면서도 내재율에 의한 리듬감을 살리고 있다. '미안하다, 미안하다', '웃었지 웃었지', '믿었다 말았다 믿었다 말았다'와 같은 동어 반복으로 의미내용을 강화시키고 있다.

이해와 감상

여기서 '과수원'이란 무엇인가. 이탄이 설정한 '과수원'은 인생의 터전, 곧 우리가 사는 사회를 과수원에 비유하고 있는 것이다. 그러면서 이 과수원의 계절을 수확기(收穫期)에 설정하고 있다. 자아를 돌아보는 겸허한 자세를 통한 인간미가 이 시 전반에 물씬하게 풍기고 있다. '한 해의 결실을 풍성히 거둔' 자아에 대한 진지한 반성이며, 실로 진솔한 삶의 자세. 그것은 인생의 참 노래이다. 그러기에 진실됨을 노래하는 이 시는 드높은 생명력을 얻게 된다.

줄풀기

수면水面 위에서
바람의 얼굴을 만난다.
수면 위에서 마침내 마음의 줄을 풀고
물 속 깊이
일그러진 감정의 아가미를 낚는다.

어둠의 뼈
비늘 같은 눈물,
한평생 인간은 줄을 풀고

얽힌 줄을 풀어 내고
자신을 만든다.

저만큼
물 위에 반짝인 햇빛의
점 하나

빈 낚싯대 같은 인생을 모두 불러다
점 하나를 낚는다.

이해와 감상

상징적 수법에 의한 인생훈(人生訓)의 시적 아포리즘(잠언)이다.

시인이 인생을 관조하는 진지한 자세, 거기에서 자아를 돌아보는 혜안(慧眼)이 번뜩이고 있다. 시란 반드시 난해하고 어려워야 그 의미가 강하고 사유의 깊이가 심오한 것은 아닐 것이다. 인간의 삶이란 이탄이 노래하는 것처럼 '한평생 인간은 줄을 풀고/ 얽힌 줄을 풀어 내고/ 자신을 만든'는 과정이 아닐 수 없다는 「줄풀기」는 가편(佳篇)이다.

줄이 몹시 엉켰다 하여 성급하고 초조해서는 안 된다. 그럴수록 더 차근히 성실하게 얽힌 것을 풀면서 '물 위에 반짝인 햇빛의/ 점 하나'(제3연)의 진실을 평생토록 낚아야 한다는 것은 감동을 안겨준다.

유안진(柳岸津)

경상북도 안동(安東)에서 출생(1941~). 서울대학교, 미국 플로리다주립대 대학원 수료. 1965년 『현대문학』에 시 「달」, 「위로」, 「별」 등이 추천 완료되어 문단에 등단했다. 시집 『달하』(1970), 『절망시편(絶望詩篇)』(1972), 『물로 바람으로』(1975), 『그리스도 옛 애인(愛人)』(1978), 『달빛에 젖은 가락』(1981), 『영원한 느낌표』(1985), 『꿈꾸는 손금』(1987), 『월령가 쑥대머리』(1987), 『구름의 딸이요 바람의 연인이어라』(1990), 『누이』(1995), 『봄비 한 주머니』(1999) 등이 있다.

사리舍利

가려주고
숨겨주던
이 살을 태우면

그 이름만 남을 거야
온 몸에 옹이 맺힌
그대 이름만

차마

소리쳐 못 불렀고
또 못 삭여 낸

조갯살에 깊이 박힌
흑진주처럼

아아, 고승高僧의
사리처럼 남을 거야
내 죽은 다음에는.

- **주제** 사리(舍利)에의 희원(希願)
- **형식** 5연의 자유시
- **경향** 불교적, 서정적, 상징적
- **표현상의 특징** 선명한 주제를 제시하여 전편에 걸쳐 설득력이 강한 표현을 하고 있다.
  세련되고 정감 넘치는 시어 구사를 하고 있다. 각 연의 끝에 '태우면'(제1연), '이름만'(제2연), '못 삭여 낸'(제3연), '흑진주처럼'(제4연)에서와 같이 '~다', '~네' 등의 종결어미를 쓰지 않고 있다.
  '내 죽은 다음에는'(제5연)에서는 도치법을 쓰고 있다.

이해와 감상

표제(表題)인 사리(舍利)는 불타(佛陀)나 고승 등 성자(聖者)의 유골인 불사리(佛舍利)를 가리킨다. 화장(다비)한 다음에 나온다는 가장 정결하고 빛나는 '사리'인 그 알갱이는 모든 불자(佛者)가 극락왕생(極樂往生) 길에 간절히 소망하는 것이라지만, 어디 그리 세상에 손쉽게 남길 수야 있겠는가.

유안진은 제5연에서 도치법을 써서 스스로의 간절한 소망을 '내 죽은 다음에는/ 아아, 고승의/ 사리처럼 남을 거야'라고 시를 끝맺고 있다. 여기서 유안진이 남기겠다는 '사리'는 곧 그의 분신(分身)인 '빛나는 시(詩)'인 것이다. '가려주고/ 숨겨주던/ 이 살을 태우면// 그 이름만 남을 거야/ 온 몸에 옹이 맺힌/ 그대 이름만'(제1, 2연)에서 두드러지게 나타난 '이름'은 곧 성자의 '사리'이며 고매한 시인의 '시'가 아닐 수 없다.

유안진은 사리를 '조갯살에 깊이 박힌/ 흑진주처럼'(제4연)으로 비유하고 있거니와 세상에 보기 드물다는 흑진주는 시인의 가슴 속에서 오랜 세월 응축된 정수인 '참다운 시'의 존재이기도 하다. '사리'에 관한 우리나라의 옛 기록은 일본 고대사(古代史)에 처음으로 나타나고 있기에, 다음처럼 그 발자취를 참고삼아 밝혀둔다.

서기 588년에 일본 최초의 7당 가람인 아스카절(飛鳥寺・法興寺)을 나라(奈良)의 아스카(飛鳥) 땅에서 짓기 시작한 것은 백제인 건축가 태랑미태(太良未太, 생몰년 미상)와 문가고자(文賈古子, 생몰년 미상) 등 8명의 백제인들이었다. 그 당시 혜총(惠總) 스님과 영근(令斤) 스님 등 세 분은 백제로부터 부처님 진신사리(眞身舍利)를 가지고 백제 건축가들과 함께 왜왕실로 건너갔다(『日本書紀』720).

그 후 백제인들이 아스카절을 5년째 건축하고 있던 당시인 서기 593년 1월에, 그 당시 왜의 나라 스이코여왕(推古, 592~628 재위)은 백제옷(百濟服)을 입은 만조백관과 더불어 부처님 진신사리를 아스카절 탑신 속에 봉안했다(『扶桑略記』13C)는 것이다.

김치

우리 피붙이들끼리는
생리적으로 내통되는 입맛이었구나

눈물겹도록 고집스런 체실이 증명해 주는
밥 반찬 이상의 으뜸 음식이었구나

너무나 혈연적인 천륜天倫 관계였구나

차라리 식욕을 앞지르는
높으나 높은 정신이었구나.

주제 한국 김치의 찬양
형식 4행의 자유시
경향 전통적, 주지적, 감각적
표현상의 특징 민족 정서가 순화된 내면세계의 감동적인 묘사를 하고 있다.
표현대상이 주관적 및 객관적 복합 구조를 이루면서 차분하게 조화되고 있다.
시어 구사가 감각적이며 '~었구나', '~였구나' 등 과거형의 정다운 종결어미 처리를 하고 있다.

이해와 감상

김치는 한국인이 세계에 자랑삼을 만한 우리나라 고유의 전통음식이다.
'우리 피붙이들끼리는/ 생리적으로 내통되는 입맛'이라는 이 '입맛'의 진한 의미를 어느 외국인이고 간에 과연 한국인만큼 감칠맛 나게 가슴 속에 파악할 수 있을까.

시인이 우리의 기호식품에 대한 애정을 가지고 노래한다는 것은 결코 국수적(國粹的)인 것이 아니며 매우 소중한 자랑스러운 조국의 선양 작업이다. 오늘날 우리의 김치를 외국인들이 세계 각지에서 칭송하지만 더구나 그들이 '김치'를 제재(題材)로 제대로 된 시는 쓸 수는 없을 것이다. '내통되는 입맛(제1연)·으뜸 음식(제2연)·천륜 관계(제3연)·높은 정신(제4연)'의 이 점층적(漸層的) 메타포가 던져주는 공통분모의 수사적인 강조법은 가히 명품(名品)에로의 귀결이다. 일인(日人)들이 '김치'를 '키무치'(キムチ) 운운하며, 어처구니 없게도 저희들 것이라고 법석을 떨었지만 '세계식품기구'는 "김치는 한국 고유식품"(2002)이라고 우리의 손을 번쩍 들어주는 판정을 내린 바 있다.

서리꽃

손발이 시린 날은
일기日記를 쓴다

무릎까지 시려 오면
편지를 쓴다
부치지 못할 기인 사연을

작은 이 가슴마저
시려 드는 밤이면
임자 없는 한 줄의

시詩를 찾아 나서노니

사람아
사람아
등만 뵈는 사람아

유월에도 녹지 않는
이 마음을 어쩔래
육모 서리꽃
내 이름을 어쩔래.

주제 참사랑에의 소망
형식 5연의 자유시
경향 서정적, 상징적, 감각적
표현상의 특징 신선한 언어 감각으로 처리한 시적 뉘앙스가 선명하다.
'서리꽃'이라는 표제(表題)는 독특하고 인상적이다. 유안진 특유의 아늑하고 섬세한 서정이 전편에 걸쳐 차분하게 서려 있어 군더더기가 없는 맑고 투명한 이미지가 배어나오고 있다.

이해와 감상

　겨울의 서정으로는 매우 섬세한 감각이 작용하고 있는 어여쁜 노래다. 유안진은 이 시에서도 그렇거니와 한결같이 그의 시에서 자못 예리한 동공으로 인생을 꿰뚫어 보려는 자태를 보인다. 서리꽃이란 매우 추운 겨울날의 된서리의 모습이다. 물론 식물에도 서리(鼠李)꽃, 즉 갈매나무꽃이 있다. 그러나 여기서는 냉혹한 현실을 서리꽃으로 비유하고 있는 것이다. '일기', '편지', 그리고 마침내 '시'로써 진실을 호소해야 하는 상황, 그 상황은 어떤가. 등을 돌리고 있지 않은가. 비리(非理)와 배반(背反) 속에서 사는 현실을 시인은 의연하게도 서리꽃으로 극복하려고 한다. 뜨거운 태양이 뜨는 6월에도 녹지 않는 서리꽃의 언 마음을 과연 누가 달래 줄 것인가. 유안진의 대표작의 하나이다.

정현종(鄭玄宗)

서울에서 출생(1939~). 연세대학교 철학과 졸업. 『현대문학』에 시 「화음(和音)」(1964. 5) 「여름과 겨울의 노래」(1965. 8) 등이 추천 완료되어 문단에 등단했다. '60년대 사화집', '사계' 동인. 시집 『사물의 꿈』(1972), 『고통의 축제』(1974), 『떨어져도 튀는 공처럼』(1984), 『거지와 광인(狂人)』(1985), 『나는 별아저씨』(1988), 『사랑할 시간이 많지 않다』(1990), 『한 꽃송이』(1992), 『세상의 나무들』(1994), 『이슬』(1996), 『갈증이며 샘물인』(1999) 등이 있다.

그대는 별인가
― 시인을 위하여

하늘의 별처럼 많은 별
바닷가의 모래처럼 많은 모래
반짝이는 건 반짝이는 거고
고독한 건 고독한 거지만
그대 별의 반짝이는 살 속으로 걸어 들어가
'나는 반짝인다' 고 노래할 수 있을 때까지
기다려야지
그대의 육체가 사막 위에 떠 있는
거대한 밤이 되고 모래가 되고
모래의 살에 부는 바람이 될 때까지
자기의 거짓을 사랑하는 법을 연습해야지
자기의 거짓이 안 보일 때까지

주제 시의 진실과 시인의 사명
형식 전연의 주지시
경향 주지적, 상징적, 풍자적
표현상의 특징 절제된 시어구사와 더불어 심도 있는 풍자적 이미지를 담고 있다. 수사(修辭)의 반어법(反語法)을 통해 시의 의미를 강화시키고 있다. 난해시 같으면서도 비교적으로 전달이 잘 되는 설득력이 표현되고 있다. '반짝이는', '반짝인다' 등의 동의어(同義語) 반복을 하고 있다.

이해와 감상

부제 '시인을 위하여'를 달고 있듯이, 정현종은 그의 시와 시인에 대한 관념을 '별'로 비유하면서, 「그대는 별인가」, 즉, '그대는 시인인가' 라고 설의(設疑)하는 수사(修辭)의 독특한 표제(表題)를 달고 있다. '하늘의 별처럼 많은 별/ 바닷가의 모래처럼 많은 모래' 라고 '시인이 많다' 고 하는 직유를 하는 동시에 문제 제기를 하고 있다.

오늘날 우리나라에는 '시인이 1만명이 넘는다' 는 말이 돌고 있으나, 결코 많은 편은 아니다. 저자가 오랜 세월 살았던 일본 땅에는 '시인이 3만명이 넘는다' 고도 한다.

인구 비례로 한일간의 시인수는 비슷한 셈. 시인이 많은 것은 좋으면 좋았지 나쁜 일은 결코 아니다. 악인이 많다면 문제가 크겠지만. 다만 중요한 것은 한국 시문학사를 장식할 만한 시인이 얼마나 나왔으며, 또 앞으로 얼마나 될 것인가에 우리는 기대를 걸어야 하겠다. '그대 별의 반짝이는 살 속으로 걸어 들어가/ 나는 반짝인다'고 노래할 수 있을 때까지/ 기다려야지'에서 '살 속으로 걸어 들어가'는 것이란 '시인의 시의 내부 세계의 탐색'이다. 더구나 '나는 반짝인다'는 은유는 '훌륭한 시로 성공하고 있는 시인'을 가리킨다. 바로 그런 빛나는 시인의 탄생을 스스로를 포함하여 기다리겠다는 의지다.
　이제 반짝이는 시인이 탄생하기 위해서는 '기대한 밤이 되고 모래가 되고/ 모래의 살에 부는 바람이 될 때까지' 시련과 피나는 탁마가 뒤따라야만 될 것이다.
　도치법을 쓰고 있는 마지막 두 행에서 '자기의 거짓이 안 보일 때까지/ 자기의 거짓을 사랑하는 법을 연습해야지'는 역설적(逆說的)인 반어의 표현이다.
　즉 '거짓'은 '진실'·'참다움'의 상징어로 풀어지게 된다.

빛— 꽃망울

당신을 통과하여
나는 참되다, 내 사랑
당신을 통과하면
모든 게 살아나고
춤추고
환하고
웃는다.
터질 듯한 빛—
당신, 더 없는 광원光源이
빛을 증식한다!
(다시 말하여)

모든 공간은 꽃핀다!

당신을 통해서
모든 게 새로 태어난다, 내 사랑.
새롭지 않은 게 있느냐
여명의 자궁이여.
그 빛 속에서는
꿈도 심장도 모두 꽃망울
팽창하는 우주이니
당신을 통과하여
나는 참되다, 내 사랑.

이해와 감상

　표제인 「빛— 꽃망울」은 절대자인 '당신'의 '빛'이며 동시에 '꽃망울'이다.
　'당신을 통과하여/ 나는 참되다, 내 사랑/ 당신을 통과하면/ 모든 게 살아나고/ 춤추고/ 환하고/ 웃는다'(제1연)는 이 진지한 표현에는 정현종이 설정한 절대자인 '당신'에게 대한 경건한 신앙적인 고백이 환상적으로 담겨 있다. 이 시의 키워드(keyword)는 당신의 '빛'이다. 그 빛에 의하여 '모든 공간은 꽃핀다!'고 하지 않는가.
　'당신을 통해서/ 모든 게 새로 태어난다'(제2연)고 한다.
　그리하여 '당신을 통과하며/ 나는 참되다, 내 사랑'이라고 결어(結語)를 맺었는데, 이것이 지시하는 것은 '빛'은 절대자이며 '꽃망울'은 빛에 의해서 이루어지는 '참다운 사랑'이다. 이와 같이 알맞은 비유를 통해서 시인의 정서도 함께 빛나는 가편(佳篇)이다.

천양희(千良姬)

부산(釜山)에서 출생(1942~). 이화여자대학교 국문학과 졸업. 1965년 『현대문학』에 시 「정원(庭園) 한 때」, 「화음(和音)」, 「아침」 등이 추천 완료되어 문단에 등단했다. 시집 『신이 우리에게 묻는다면』(1983), 『사람 그리운 도시』(1988), 『하루치의 희망』(1992), 『마음의 수수밭』(1994), 『단추를 채우면서』(1996), 『물에게 길을 묻다』(1998), 『오래된 골목』(1998), 『나는 터널처럼 외로웠다』(2002) 등이 있다.

어떤 하루

건설중인 빌딩 꼭대기에
둥지를 튼 송골매 두 마리가
새끼를 낳아
다른 곳으로 날아갈 때까지
공사를 중단했다는 이야기가 몇 년 전
오스트렐리아 맬버른에서 들려와
나를 감동시키더니
우리는 언제 저렇게 아름답게
살 수 있을까 궁금해지더니
며칠 전 신문을 보고
일어날 수 없는 일이 일어난 것처럼
놀랐느니

아파트 공사장에
까치 한 마리가 새끼를 낳아
다른 곳으로 날아갈 때까지
공사를 중단했다는 이야기가
맬버른이 아닌
우리나라 서울에서 들려와
나를 감동시키느니
이것이 사랑하며 얻는 길이거니
득도의 길이거니
아름다움과 자비는
어디에서나 자랄 수 있는 것
나, 오늘 무우전(無憂殿)에 들고 말았네.

주제	삶의 본질적 가치 추구
형식	전연의 주지시
경향	주지적, 동물애호적, 불교적
표현상의 특징	일상어에 의한 전달이 잘 되는 표현을 하고 있다. 주지적 표현의 감동적인 이미지를 부각시키고 있다. '~더니', '~느니', '~거니' 등의 사유를 밝히는 연결어미를 반복하고 있다.

이해와 감상

천양희는 미담가화(美談佳話)를 통해, 불교적인 자연친화의 동물애호사상을 흥미롭게 전개시키고 있어 주목된다. 흔히 전래되어 오는 방생사상은 한국 불교의 자비로운 동물애호 정신으로 높이 평가되는 것이다. 그런 반면에 오늘의 고도산업화 사회의 도시 고층화 건설 등은 동물 등 생태계 보존에 크나큰 불안요인이기에 「어떤 하루」의 시적 메시지는 중대한 의미를 포용하고 있다. 따지고 보자면 시문학의 존립 자체도 자연보호를 배경으로 할 때만이 이 언어예술의 발전이 더욱 알차게 이루어질 것이다. 근심 걱정없는 순리대로의 사회 건설이야말로 우리 모두를 정신적인 '무우전'에 안주시킬 것이다.

은사시나무같이

인간의 온갖 이름과 모양을 버리고
사랑은 뿌리는 것이 아니라 거두는 것이라고
은사시나무같이
반짝이는 신화 하나 남겨줄 아버지도 없다.

잘못 묶여진 길 찬 서리로 내려앉아
깃을 칠 수풀도 보이지 않고
덤불 속으로 잎들의 한가운데 잠들어 있는
모든 너의 희망은
묵은 가지처럼 구부러져
이 지상의 화살로 꺾이려 한다.

산지사방
네 근심의 쓰디쓴 뿌리
다만 무참히 파고들기 위하여
갈 곳도 없이 길손처럼
진을 치는 어둠 속을 기고 기어서
우리가 우리에게 가까이 왔노라고
은사시나무같이
반짝이는 유서 하나 남겨줄 아버지도 없다

주제	혼미한 시대상에 대한 우수(憂愁)
형식	3연의 주지시
경향	주지적, 서정적, 풍유적(諷諭的)
표현상의 특징	일상어의 산문체 표현을 하고 있으나 내면적으로 시적인 운율을 살리고 있다. '은사시나무같이'(제1·3연)라는 수미상관의 동어반복의 직유를 하고 있다. '반짝이는 신화 하나 남겨줄 아버지도 없다'(제1연)와 '유서 하나'(제3연)의 수미상관의 역대어구(逆對語句) 반복도 하고 있다. '~없다'라는 존재론적인 부정의 종결어미를 반복하고 있다(제1·3연).

이해와 감상

　잠언시가 솔로몬왕으로부터 시작되거니와, 천양희는 '사랑은 뿌리는 것이 아니라 거두는 것'이라는 새로운 명제(命題)를 제시하고 있다. 기독교에서는 '사랑은 베푸는 것'이 그 종교적 이념이라는 것을 살필 때, 흥미로운 대조를 이룬다.
　이 시에서 등장하는 '아버지'(제1·3연)라는 절대자의 설정은 무엇을 비유하고 있는 것인가가 이 시의 난해성을 푸는 열쇠다. 아버지는 온갖 혼미한 오늘의 난세난국(亂世亂局)의 새로운 구원자로서 화자가 은유하고 있는 절대자로서의 존재라고 풀이하면 시의 이해가 빠르게 이루어질 것 같다.

천양희 | 213

문효치(文孝治)

전라북도 군산(群山)에서 출생(1943~). 동국대학교 국문학과 졸업. 1966년 『한국일보』 신춘문예에 시 「산빛(山色)」, 『서울신문』 신춘문예에 「바람 앞에서」가 당선되어 문단에 등단했다. 시집 『연기(煙氣) 속에 서서』(1976), 『무령왕(武寧王)의 나무새』(1983), 『백제의 달은 강물에 내려 출렁거리고』(1988), 『백제 가는 길』(1991), 『바다의 문』(1993), 『선유도를 바라보며』(1997), 『남내리 엽서』(2001) 등이 있다.

무령왕武寧王의 청동식리靑銅飾履

하늘이 주신 목숨을 다 살으시고, 하나도 빼지 않고 다 살으시고, 곱슬거리는 백발白髮을 날리며, 달이라도 누렇게 솟고 퍼런 바람도 불고 하는, 참 재미도 많은 날, 이윽고 옷 갈아입으시고 왕후王后며 신하들 다 놓아 두고, 혼자 길을 떨치고 나서서, 꾸불꾸불한 막대기 하나 골라 짚고, 아, 참말 미끄러운 저승길로 가실 때 이 신을 신으신다.

돌밭, 가시밭, 진흙 뻘길을 허리춤 부여잡고 달음질도 하고 수염을 쓰다듬으며 점잖게 걷기도 하여 임금님을 저승까지 곱게 모신 후 이제 또 다시 여기에 돌아와 쇠못이 박힌 불꽃 무늬의 신이여 누구를 모셔가려 함이냐. 하늘이 정한 목숨을 구석구석 다 살으시고 그리고 웃으며 떠날 그 누구를 모셔가려 함이냐.

- **주제** 무령왕의 민족사적 의의 추구
- **형식** 전연의 변형 자유시
- **경향** 민족적, 전통적, 낭만적
- **표현상의 특징** 공주(公州) 무령왕릉에서 발굴된 부장품의 일종인 쇠못장식 청동신발의 역사적 의미를 민족적 정서로 유연하게 표현하고 있다.
연상적 수법으로 왕의 모습이 정답고 위엄있게 드러나고 있다.
전연(全聯) 형식이나 2연으로 나눈 것 같은 구성이다.

이해와 감상

우리 민족의 역사와 전통적 정서를 이미지화 시키는 데 주력해 오는 문효치의 시작업은 우선 한국 시단에서 평가되어 마땅하다고 본다.

민족적인 고유한 문학 내용은 오늘날의 국제적인 지구가족 시대이기에 매우 바람직하다고 본다. 일본의 '역사왜곡'을 감안할 때 더욱 그렇다.

이 작품을 이해하려면, 먼저 우리는 공주(公州) 땅에서 1971년 7월 8일 발굴된 백제 제25대 무령왕(武寧王, 501~523 재위)의 '왕릉'(王陵)의 역사적 의의가 한국 민족에게 얼마나 크고 값진 일인지 다시금 돌아보아야 할 일이다.

그 당시 '무령왕릉'이 발굴되므로써, 우리는 비로소 무령왕의 휘(이름)가 왕의 묘지석

(墓誌石)으로 '사마'(斯麻)라는 사실을 고고학적으로도 확인하게 되었다.
 또한 무령왕이 62세가 되던 계묘년, 즉 서기 523년 5월 3일 승하한 사실을 알게 되었다(寧東大將軍百濟斯麻王年六十二歲).
 그뿐 아니라 일본 고대의 청동거울인 '인물화상경'(人物畵像鏡)은 무령왕이 왜에 살고 있던 친동생 케이타이 천황(繼體天皇, 507~531 재위)이 장수하도록 염원하여 백제왕실에서 직접 만들어 보내준 것(홍윤기 『일본문화사』 서문당, 1999)도 입증하게 되었다.
 '무령왕릉'이 발견되므로써 일본 고대역사학계는 비로소 일본 왕실과 고대 정치사회의 문화가 근본적으로 백제(白濟)를 배경으로 이루어졌다는 것이 하루 아침에 밝혀졌다.
 일본의 저명한 고대사학자인 교토대학(京都大學)의 우에다 마사아키(上田正昭, 1927~)교수는 그 무렵 무령왕릉을 직접 답사하고 난 뒤에 다음과 같이 밝혔다.
 "무령왕의 묘지석이 일본 고대역사에 던져준 파문은 크다. 왜냐하면 역사교과서에도 종종 취급하여 온 유명한 스다하치만신사(隅田八幡神社, 和歌山縣橋本市)에 소장되어 있는 '인물화상경'의 명문(銘文)의 해석에도 재검토할 필요가 있다는 것을 시사하기 때문이다"(『古代史再發見』角川書店, 1975).
 '인물화상경'에는 대왕(大王)인 백제 무령왕(사마)으로부터 왜땅에 살고 있는 아우왕(케이타이천황)이 오래도록 잘 살기를 염원하여 청동거울을 만들어서 보내준다는 글씨가 새겨져 있다(홍윤기 『일본천황은 한국인이다』 효형출판, 2000).
 무령왕과 왕비의 부장품인 청동으로 만든 쇠못장식 쇠신발인 '청동식리'며 '장식 귀고리', 다리미 등등 왕릉 속의 현실에서 발굴이 된 각종 매장물들은 일본의 옛 무덤(古墳)에서 발굴된 것과 거의 똑같은 것들이었다. 그 때문에 즉각 일본의 양식 있는 고대역사 학자들은 일본 고대의 지배자가 백제인들이었음을 지적하기 시작했던 것이다.
 문효치는 무령왕의 민족사적 위치를 왕릉 속에서 발굴된 '청동식리'를 매개하여 고양시키고 있다. 그의 민족사의 전통적 제재(題材)에 의한 시창작 작업은 앞으로 한국 시단이 주목해야만 할 작업임을 여기 거듭 지적해 둔다.

무령왕武寧王의 나무 두침頭枕

나는 이제 천년의 무게로
땅 속에 가 호젓이 눕는다.

살며시 눈감은 하도 긴 잠 속
육신은 허물어져 내리다가
먼지가 되어 포올포올 날아가 버리고,

그 자리에 나의 자유로운 영혼은

한 덩이의 푸르른 허공이 되어
섬세한 서기瑞氣로 남느니.

너는 이 때에 한 채의 현금玄琴이 되어
빛깔 고운 한 가닥 선율이 되어
안개처럼 멍멍히 젖어 들어오는
그리운 노래로나 서리어 다오.

이해와 감상

　무령왕의 왕릉 발굴 당시 나온 1천여 점의 부장품의 하나가 '나무 두침(頭枕)' 인 목침(머리고임)이다.
　왕이 살아 생전에 베고 취침했던 애완품이다.
　무령왕은 서기 538년에 왜나라 왕실에다 처음으로 불교를 전한 성왕(聖王, 523~554 재위)의 생부이다. 그 당시의 왜왕은 케이타이(繼體)천황의 아들인 킨메이천황(欽明, 538~571 재위)이었다.
　쉽게 말해서 백제 성왕의 사촌동생이 왜나라의 킨메이천황이다.
　무령왕은 백제 제24대 동성왕(東成王, 479~501 재위)의 왕자이며, 동성왕이 서거했을 때, 백제인 지배의 왜왕실에서 살고 있다가 백제로 귀국하여 왕위에 올랐던 것이다(홍윤기『일본천황은 한국인이다』효형출판, 2000).
　문효치는 고대 일본을 지배했던 백제 왕족의 상징적인 군왕(君王)인 무령왕릉의 역사적 발자취를 여러 편의 작품으로 구상화 시키고 있어서, 이 전통적 민족시 작업을 우리는 관심을 기울여야 할 것이다.
　오늘날 일본이 군국화 경향 속에 역사 왜곡으로 물의를 빚고 있는 허다한 잘못을 규명하기 위해서도 시를 공부하는 우리는 또한 한일고대사 규명에 힘써야 하지 않을까 한다.

양채영(梁彩英)

경상북도 문경(聞慶)에서 출생(1935~). 본명은 재형(在瀅). 충주사범학교 졸업. 국민대학교 대학원 국어교육과 수료. 1966년 『문학춘추』와 『시문학』에 시 「안테나 풍경」, 「가구점」, 「내실의 식탁」이 추천 완료되어 문단에 등단했다. '한국시(韓國詩)', '내륙문학회(內陸文學會)' 동인. 시집 『노새야』(1974), 『선(善)·그 눈』(1977), 『은사시나무잎 흔들릴 때』(1984), 『지상의 풀꽃』(1994), 『한림(翰林)으로 가는 길』(1996), 『그리운 섬아』(1999), 『그 푸르른 댓잎』(2000) 등이 있다.

신세계 新世界

오늘은 마른 풀잎에 누워
꿈을 꾸자.
오늘은 나무에 기대어
하늘을 보자.
이 세상에 한(恨)이 맺힌 것은
너 뿐인가.
울고 간 소리도 아우성도
모두 들어보자.
저 바람소리 속에도
피는 섞여 울고
밤길, 밟히는 달빛에도
칼에 맞아 떨어진
날개죽지는 퍼득인다.
울고 가는 바람도
울고 오는 아우성도
하늘에서 푸른 빛깔이 되고
나뭇잎에서 나뭇잎이 되고
반짝이는 강물에서
강물이 되듯이
오늘 내 옆에 놓인
너의 손,
너의 무너진 가슴에
한 송이 꽃을 달아주며…

> **주제** 평화 통일의 소망
> **형식** 전연의 자유시
> **경향** 서정적, 상징적, 감각적
> **표현상의 특징** 세련된 시어로 시대적 상황의식을 배경에 깔고 있다.
> 　　소재 자체는 현실적이며 비평적인 내용을 전달하고 있다.
> 　　시 전체 구성에 있어서 대칭적(對稱的)인 수사의 표현 기교를 보이고 있다.
> 　　'오늘은', '울고', '너의' 등, 동어반복을 하고 있다.

이해와 감상

　양채영은 「신세계」에서 감각적인 이미지들을 동원하여 통일의 눈부신 의지를 절절하게 다루고 있다.
　얼핏 읽어보기엔 일반적인 서정시라고 여기기가 쉽다. 그러나 이 시의 내면 세계는 어김없는 조국 통일의 의지가 그득히 담겨 있다.
　전연(全聯)으로 엮어진 이 시의 제2행인 '꿈을 꾸자'는 것은 통일에 대한 '소망'을 뜻하는 상징어이고 제4행의 '하늘을 보자'는 것은 통일에 대한 '이상(理想)'을 가리킨다.
　제5행에서의 '한(恨)'이란 우리 민족의 분단의 비통함을 지시하고 있다. 제7행 역시 분단의 아픔을 나타내는 청각적 이미지의 표현이다.
　그리고 제10행에서의 '피는 섞여 울고'는 민족의 동질성과 그 비극의 처절한 민족적 비극의 묘사이다.
　전체적으로 이 시는 시각 이미지와 청각 이미지를 구사해서 공감각적 기법의 수사로 '신세계'라는 '통일의 새 날, 새 세상'을 추구하고 있다.
　관념적인 통일 의지의 표현을 극복하고, 잘 다듬어진 시어들을 통해서 서정적인 이미지들을 새로운 통일 의지의 시세계로 구상화 시키고 있는 가편(佳篇)이다.

그 나뭇가지에

　　내 언젠가
　　몸도 마음도 정결타 믿던 때에
　　어느 산천에 난
　　사려 깊은 나무 한 그루
　　이 마당가에 심었다.
　　전쟁이 터지고
　　모든 것이 터지고
　　그 나무는 내게서
　　멀리 떠나 버렸다.

싸움에도 지치고
　　별도 지고
　　이젠 남을 용서해 줄까
　　망설이는 때
　　누군가 내 어깨를 툭 친다
　　어느 날 마당가에 심었던
　　커다란 나뭇잎이었다.
　　아직 나무에는
　　새가 남아 울고
　　그때 그 산천에서 보았던
　　구름 한 덩이가
　　그 나뭇가지에 얹혀 있다.

주제 동족상잔의 비극과 우수
형식 2연의 자유시
경향 서정적, 상징적, 문명비평적
표현상의 특징 간결하고 명징(明澄)한 시어로 밀도 있는 이미지를 표현하고 있다.
　　　　　　　　　우수에 찬 시이나 문명비평적 수법으로 주지적 사상을 기교적으로 담고 있다.
　　　　　　　　　감각적 이미지에 치중하고 있다.
　　　　　　　　　'터지고'(동어반복), '지치고', '지고', '울고' 등의 연결어미 '고'가 두드러지고 있다.

이해와 감상

　양채영은 한국 시단의 뛰어난 기교파 시인이다. 이 작품 역시 그의 빼어난 솜씨가 역사적으로 아픔의 시대를 살아가는 우수(憂愁)의 시대 상황을 주정적인 감성과 밀도 있는 지성으로 혼합된 참신한 이미지를 창출하고 있다.
　'몸도 마음도 정결타 믿었던 때'란 화자의 청소년 시절이다.
　'전쟁이 터지고/ 모든 것이 터지고/ 그 나무는 내게서/ 멀리 떠나 버렸다'(제1연)는 6·25동족상잔의 비극이 평화롭던 가정과 이웃, 사회와 국가의 모든 것을 파괴시키면서 민족의 아픔은 그 자국이 너무도 커졌다.
　'싸움에도 지치고/ 별도 지고'(제2연)는 전쟁통에 사상자가 많이 발생하고, 국민들은 남부여대 피난생활에 지친 가운데, 젊은이들은 꿈 많던 청소년 시절의 이상(별)마저 깨지고 말았다는 비통한 현실 고발이다.
　'이젠 남을 용서해 줄까/ 망설이는 때'(제2연)란 휴전 이후 남북의 화해와 교류의 시대를 상징적으로 표현하고 있다.
　'아직 나무에는/ 새가 남아 울고/ ······구름 한 덩이'(제2연)에서 새의 울음은 분단의 아픔이며 구름 한 덩이는 전쟁의 구름이다.
　이 시에서 '나무'는 시인이 설정시킨 민족의 자유와 평화 지향의 '선의식'(善意識)의 상징어다.

이항아(李鄕莪)

충청남도 서천(舒川)에서 출생(1938~). 본명 영희(英姬). 경희대학교 국문학과 졸업, 동대학원 수료. 1966년 『현대문학』에 시 「설경(雪景)」, 「가을은」, 「찻잔」 등이 추천 완료되어 문단에 등단했다. 시집 『황제여』(1970), 『동행하는 바람』(1975), 『눈을 뜨는 연습』(1978), 『물새에게』(1983), 『껍데기 한 칸』(1986), 『갈꽃과 달빛과』(1987), 『강물 연가』(1989), 『어디서 누가 실로폰을 두드리는가』(1993), 『환상일기』(1994), 『종이등 켜진 문간』(1997), 『살아 있는 날들의 이별』(1998), 『당신의 피리를 삼으소서』(2000), 『오래된 슬픔 하나』(2001), 『꽃들은 진저리를 친다』(2003) 등이 있다.

사과꽃

6·25사변이 터진 몇 해 후
이북에서 월남했다는 내 친구 경옥이
경옥이 얼굴은 사과꽃같이 작았다
목청을 떨며 사과꽃 노래를 불렀었다
이북에서 배웠노라는 소련 노래 사과꽃
발바닥으로 마룻장 굴러 손뼉을 치며

아버지가 알면 혼찌검이 난다면서
그애는 졸라대면 사과꽃을 불렀었다
우리가 이남에서 미국 노래를 배울 때
경옥이는 이북에서 사과꽃을 배웠다
지금은 수녀가 된 내 친구 경옥이
소련에 핀 사과꽃은 경옥이의 노래였다.

- **주제** 국토 분단의 비극적 의미추구
- **형식** 전연의 주지시
- **경향** 주지적, 풍자적, 상징적
- **표현상의 특징** 섬세한 시어가 아닌 평이한 일상어의 묘사이나, 국토 분단의 민족적 아픔이 애절하고도 강력하게 전달된다. 우정으로 넘치는 절절한 이미지의 구상적(具象的) 표출이 시의 분위기를 맛깔스럽게 만들고 있다. 주지적 표현이면서도 상징적 수법을 효과적으로 동원하고 있다.
  '불렀었다'(동어반복) 등 종결어미 처리가 과거형으로 일관되고 있다.

이해와 감상

통일을 열망하는 의지의 시는 여러 가지 유형으로 여러 시인들에게서 다양하게 묘사되어 오고 있다. 이항아의 「사과꽃」은 국토 분단의 민족적인 비애를 「사과꽃」이라는 소련(러시아)의 노래를 비유해서 절절하게 엮어낸 수작(秀作)이다.

물론 이 시는 '통일'을 하자고 제창을 하는 목청 큰 유형의 시는 아니다.

그러나 누구나 이 한편의 시에서 우리 겨레의 국토 분단의 비극이 얼마나 통절(痛切)한 것이었는지를 가슴 깊이 되새기게 해줄 것이다. 이런 아픔의 시야말로 시인의 통일 염원이 안으로 응축된 빛나는 노래라고 하겠다.

시인이 통일을 절규하기보다는 이렇듯 우리가 겪은 분단의 비극적 현실을 투명한 감성으로써 여과시켜 마무리는 심상의 시작업이야말로 우리의 숙망(宿望)을 구현하려는 참다운 의지의 열매라고도 하겠다. 예리한 역사의식을 절묘한 시로써 승화(昇華)시키는 메타포의 솜씨가 「사과꽃」을 자못 눈부시게 개화(開花)시키고 있다.

'우리가 이남에서 미국 노래를 배울 때/ 경옥이는 이북에서 사과꽃을 배웠다'고 하는 이 상반하는 비극적 현실을 극복하려는 풍자와 더불어 화자의 굳건한 의지가 가상하다. 시인이 직접 자유화가 된 오늘의 러시아를 1991년에 여행하면서 쓴 작품이라는 것도 아울러 밝혀두는 게 독자들에게 이해의 폭을 더 넓혀 주리라고 본다.

돌아누우며

돌아누울 때마다 등이 시리다.
배반하는 자보다 나는
춥다.
멀고 먼 지층의 사닥다리 밑으로
아리한 절망,
아 하강.

돌아누울 때마다 언제나
새로 만나는 낯선 어둠의
아까 버린 어둠보다
육중한 손
밤새도록 뒤채겨도 끝내는,

한 치 밖으로도 도망하지 못하면서
나는 끝없이 끝없이
돌아눕는다.

슬프다.
머리 끝에서 발 뒷꿈치까지
떨리는 인욕의 날을 세우고
내일 아침 한 웅큼 삭아내릴
후회로나 남을까
망설이며 맹세하듯
돌아눕는다.

- **주제** 허무의식의 극복
- **형식** 3연의 주지시
- **경향** 주지적, 상징적, 풍자적
- **표현상의 특징** 산문체의 형식으로 직서적 표현을 하고 있다. 시의 리듬을 살리기 위해 시어의 마디를 얽어서 만드는 조사(措辭)의 표현이 각 연의 끝부분에서 제각기 구도석인 특징을 보이고 있다. 상징적인 표현 수법으로 주제의 분위기를 한층 고조시키고 있다.

이해와 감상

어쩌면 이 지구는 배반의 커다란 덩어리인지도 모른다. 민족이다 국가며 집단, 나아가 인간 개개인의 사회, 이 모든 구성요소에는 배반이 담겨 있다.

'배반하는 자보다 나는/ 춥다'(제1연)고 하는 허망함 속에서 부대끼며 살아가는 것이 현대인의 일상사인 것 같다. 바로 그러한 배반이라는 개념을 관념으로서가 아닌 시 예술의 언어로써 형상화 시킨다는 작업은 좀처럼 엄두를 내거나 손댈 만한 게 못되는 것이 사실이다. 어쩌면 그와 같은 거창한 제재(題材)이기 때문에 나는 이향아의 여러 시편 중에서 「돌아누우며」를 애써 택해 보았다. '읽히는 시' 보다는 '씹히는 시' 의 그 깊은 맛을 음미하기에 알맞은 명품(名品)인 것 같다.

이건청(李健淸)

경기도 이천(利川)에서 출생(1942~). 한양대학교 국문학과 졸업, 동 대학원 수료. 1967년 『한국일보』 신춘문예에 시 「목선(木船)들의 뱃머리가」가 입선되었으며, 『현대문학』에 시 「손금」(1968. 11), 「구시가(舊市街)의 밤」(1969. 10), 「구약(舊約)」(1970. 1) 등이 추천 완료되어 문단에 등단했다. 시집 『이건청 시집』(1970), 『망초꽃 하나』(1983), 『하이에나』(1989), 『해지는 날의 짐승에게』(1991), 『코뿔소를 찾아서』(1995), 『석탄형성에 관한 관찰기록』(2001) 등이 있다.

눈먼 자를 위하여

눈먼 자여
잎이 진다. 말없이 잎이 진다.
푸른 잎이 푸른 채 진다.
빙글빙글 돌며 지상에 내린다.
눈먼 자여, 그대가 가는 길 어디에나
나무들은 울창하고
나무들은 어디에나 서서
나무들의 뜻과 느낌을 키운다.
그대가 볼 수 없는 나무들의 뜻과 느낌이
흔들린다. 바람이 불 때마다 흔들린다.
눈먼 자여,
서쪽을 향해 부는 바람이
서쪽으로 잎을 흔든다.
동쪽으로 부는 바람이
동쪽으로 잎을 흔든다.
그러나,
서쪽을 향해 부는 바람이
서쪽으로 잎을 흔드는 것도
동쪽으로 부는 바람이
동쪽으로 잎을 흔드는 것도
눈먼 그대는 볼 수 없다.
그대가 볼 수 없는 지상에
잎은, 바람에 불려 떨어진다.
빙글빙글 돌며 지상에 내린다.
그대가 볼 수 없는 5월의 푸르름 위에
눈먼 자여 잎이 진다.
소리 없이 잎이 진다.

> **주제** 생명의 가치와 그 존엄성 추구
> **형식** 전연의 자유시
> **경향** 주지적, 상징적, 문명 비평적
> **표현상의 특징** 산문체이나 내재율을 잘 살리고 있다. 일상어를 구사하면서도 선명한 이미지로 비극적 내면성을 파고 들고 있다. 제2행과 제3행에서 '진다'가 반복되면서 점층적 강조의 표현이 이루어진다. 또한 마찬가지로 마지막 시행 부분에서도 '떨어진다', '내린다', '진다' 등 수미상관(首尾相關)의 유어(類語)와 동어(同語)의 반복으로 클라이맥스를 이루고 있다.

이해와 감상

 보다 더 잘 살아보겠다는 고도산업화(高度産業化) 과정에서 각종의 끔찍한 공해유발로 인간은 오히려 스스로를 파괴하고 있다. 그것은 베르그송(Henri L. Bergson, 1859~1941)이 내세운 '생의 비약' (elan vital)이 아니라, '생의 파괴'일 따름이다.
 '푸른 잎이 푸르른 채' 지는 이유는 무엇인가. 환경의 오염이 푸르고 싱싱한 잎의 생명을 끊고 있고, 생태계를 파괴하면서 모든 생명의 가치와 그 존엄성을 파괴하고 있음을 이건청은 일찍이 1970년대 초에 우리나라 최초의 문명비평적인 신선한 감각으로 증언한 것이 바로 이 작품이었다. 산업 공해로 인한 선의의 피해자인 어질고 선하고 약한 자가 '눈먼 자'가 된다면 문명을 제 손에 쥔 그들도 '눈먼 자'로서 시인은 그들도 함께 구제해야만 할 것이 아니런가. 그 거대한 슬픔을 극복하기 위해 이건청이 건강한 휴머니즘의 인간애로써 '눈먼 자'를 위하여 감동적으로 노래하고 있는 가편(佳篇)이다.

황야의 이리 · 5

산성에 갇혀서 왕이 운다.
눈이 내려 쌓여 나뭇가지를 휘이게 하고
눈은 내려 쌓여 나뭇가지를 부러뜨린다.
툭 하고 부러뜨린다.
산성에 갇혀서 왕이 운다.
눈에 덮인 저 비탈에
추운 척후斥候가 매복해 있다.
적들은 잠들고 말들만 깨어 있다.
눈을 맞으며 깨어 있다.
말들이 눈 내린 성 밖, 적들 곁에 서 있다.
말들은 적이 아니다.
산성에 갇혀서 왕이 운다.
기왓장이 하나 무너져 내린다.

말들은 적이 아니다.
눈은 풀풀 내려 마른 풀들을 덮는다.
우물이 하나 지워진다.
우물이 둘 지워진다.
눈이 내린다.
깨진 기왓장과 척후 위에 내려 쌓인다.
얇은 옷을 입은 왕이 운다.
적들이 적설을 이루고 있다.
밤새도록 쌓이고 있다.
남문이 닫혀 있다.
북문이 닫혀 있다. 동문, 서문이 닫혀 있다.
눈은 내려 쌓여 나뭇가지를 부러뜨린다.
툭, 툭, 툭 도처에서 가지들이 꺾이고 있다.

이해와 감상

연작시 「황야의 이리 · 5」(『현대문학 사화집』1987)는 현대사회의 정신적 위기를 각성시키는 초현실적 풍자시다. '산성'은 몰락의 상징적 파멸의 현장으로 설정되어 있다.
이 페이블(fable, 우화)의 주인공인 우는 왕은 과연 누구인가. 우리는 1980년대의 비극적 역사상황을 결코 망각할 수 없다. '눈에 덮인 저 비탈에/ 추운 척후가 매복해 있다/ 적들은 잠들고 말들만 깨어 있다/ 눈을 맞으며 깨어 있다/ 말들이 눈 내린 성 밖, 적들 곁에 서 있다/ 말들은 적이 아니다/ 산성에 갇혀서 왕이 운다'에서 '적'은 군사독재의 '주구'들이라면 '말'은 눈을 동그랗게 뜨고 적의 죄상을 지켜보고 있는 '군중'의 상징어일 수도 있겠다. 그리고 '우는 왕'이란 설명할 것도 없이 '독재자'가 아니겠는가. 그 당시 발표되어 인구에 널리 회자되었던 이 작품은 심층의식의 초현실시로서 주목된다.
눈쌓여 오갈 데 없는 산성에 갇힌 '왕이 운다'는 이 해학적인 비극적 현실. 그것은 이건청의 시대적 불안의식과 아픔의 표상성(表象性)이 심층심리의 사고(思考)의 받아쓰기로서 이상(李箱)의 「거울」(「이상」 항목 참조 요망) 이래 새로이 평가할 만한 초현실시의 하나로 살피고 싶다.

김시종(金市宗)

경상북도 문경(聞慶)에서 출생(1942~). 호 영강(潁江). 한국방송대학교 법학과 졸업. 1967년 『중앙일보』 신춘문예에 시조 「도약(跳躍)」이 당선되어 문단에 등단했고, 『월간문학』(1969)에 시 「타령조」를 발표하면서 자유시로 전환했다. 시집 『오뉘』(1967), 『청시(靑枾)』(1971), 『불가사리』(1974), 『창맹의 입』(1978), 『보랏빛 목련』(1981), 『교정의 소리』(1982), 『흙의 소리』(1984), 『신의 베레모』(1988), 『대동여지도』(1991), 『초로의 밤』(1995), 『사는 법』(1998) 등이 있다.

불의 여신女神

불의 여신을
신문에서 두어 번 보았다.

실오라기 하나 가리지 않은
누드 모델 같은 그녀를.

그녀는 호텔의 겁화劫火 속을
터럭 하나 다치지 않고
용케 빠져 나왔다.

ㄷ호텔의 화재 때도
ㄷ코너의 큰 불에도
그녀는 있었지만
불사신不死神이었다.

그녀를 울린 사내는
타 죽었지만
울던 그녀는
외려 살아 남았다.

불肉火을 일으킬 뿐
불에 타지 않는 불의 여신.

맨몸으로 살아가는
정직한 그녀를
아무도 모른다.
이 세대의 누구도 알아주지 않는다.

- **주제** 인간애의 정신
- **형식** 7연의 자유시
- **경향** 풍자적, 휴머니즘적, 시사적(時事的)
- **표현상의 특징** 작자의 순수한 의식세계를 상징적으로 표현하고 있다.
  인간의 숭고한 생명의식을 직서적으로 나타내고 있다.
  시사적인 소재를 휴머니즘의 인간애로 넘치게 한다.

이해와 감상

시의 소재는 무궁무진하지만, 시인이 새로운 시의 세계를 개발하는 작업은 결코 손쉬운 것이 아니다. 김시종은 신문 사회면의 화재사건에다 그의 예리한 사고(思考)의 앵글을 갖다대고, 이 시대의 삶의 의미를 심도 있게 해학적으로 풍자하며 이미지화 시키고 있다. '실오라기 하나 가리지 않은/ ……// 그녀는 호텔의 겁화 속을/ 터럭 하나 다치지 않고/ 용케 빠져 나왔다' (제2, 3연)는 '불사신(不死神)이었다' (제4연)고 경탄한다. 또 한편에서 우리는 이 시를 읽으면서 참으로 다행한 일이었다고 안도한다.

오늘날, 누구의 잘못인지는 몰라도 이른바 '러브호텔' 이 주택가며 심지어 농촌 주변까지 난립하는 어지러운 세태 속에서, 나락을 모르고 추락하고 있는 세상의 타락을 개탄하고만 눌러 앉아 입을 틀어막고 조용히 있을 것인가.

화자는 「불의 여신」을 통해, 오늘의 문란하기 그지 없는 사회 윤리에 경종을 울리기보다는 오히려 가엾은 '불의 여신' 의 구원을 절절하게 호소하고 있는 것이다. 이것은 '페미니즘' 이 아닌 오늘의 시대에 너무도 절실한 참다운 인간애의 '휴머니즘' 의 고양이다.

불가사리

송도말년松都末年
불가사리란
놈이 있었다.

쇠란 쇠는
모두 먹고
과부 침모針母
바늘조차
삼키고

그 불가사리가
요즘에
다시 나타났다.

동빙고에 나타나고
인왕仁旺에도 보이고

시골에도 출몰한다.

분명 쇠를
먹긴 먹었는데
X-ray에도
문제의 쇠는
잡히지 않는다.

불가사리는
스님의 목탁도
의금부의 아령도
끄떡 없이 먹어 치우고

막판엔
이태백의 원고지를
찢어 삼키려 든다.

- **주제** 부정부패와 우수(憂愁)
- **형식** 7연의 자유시
- **경향** 풍자적, 해학적, 상징적
- **표현상의 특징** 간결한 시어로 사회악에 대한 조명이 선명하다.
  현실 고발의 시정신이 잘 전달되고 있다.
  반어적(反語的)인 표현 수법이 공감도를 드높여 준다.

이해와 감상

고려(高麗, 918~1392)가 망할 무렵의 극심한 부정부패의 풍자의 대상이었던 괴물이 '불가사리'(不可殺伊)였다는 것은 유명한 전설이다.

상상의 짐승인 불가사리는 곰처럼 생겼으나 코끼리의 코와 무소의 눈, 쇠꼬리, 범의 다리를 가졌는데 쇠를 먹고 살았단다. 이 녀석이 고려 땅에 나타나 쇠라는 쇠는 심지어 바늘까지 몽땅 먹어 치웠다니 그게 사실이라면 나라가 온전할 리 있었을까.

'쇠란 쇠는/ 모두 먹고/ 과부 침모/ 바늘조차/ 삼키고'(제2연) 했다던 '그 불가사리가/ 요즘에/ 다시 나타났다'(제3연)는데, 어디에 나타났는가.

'동빙고에 나타나고/ 인왕에도 보이고/ 시골에도 출몰한다'(제4연).

동빙고(東氷庫)란 서울의 동빙고동을 가리키는 것으로서 이 작품이 발표(『現代文學』 1972. 2)될 당시, 그 지역에 부정부패한 사람들이 산다고 언론에서 지적이 되기도 했다. 인왕은 청와대의 맞은편 산이다. '막판엔/ 이태백의 원고지를/ 찢어 삼키려 든다' 니 당(唐)나라 시성(詩聖)의 '원고지'가 오늘에 남았다면야 중국의 국보요 그 값어치 또한 황금에 비길 것인가. 21세기가 밝은 오늘은 불가사리가 또 어디서 서식하고 있을 것인가. 「불가사리」는 발표 당시 인구에 회자(膾炙)되었음을 아울러 밝혀두련다.

강은교(姜恩喬)

서울에서 출생(1945~). 연세대학교 영문학과 졸업, 동 대학원 국문학과 수료. 1968년 『사상계(思想界)』 신인문학상에 시 「순례자(巡禮者)의 꿈」이 당선되어 문단에 등단했다. 시집 『허무집(虛無集)』(1971), 『풀잎』(1974), 『빈자일기(貧者日記)』(1978), 『소리집』(1982), 『붉은 강』(1984), 『바람노래』(1987), 『오늘도 너를 기다린다』(1989), 『벽 속의 편지』(1992), 『어느 별에서의 하루』(1996), 『시간은 주머니에 은빛 별 하나 넣고 다녔다』(2002) 등이 있다.

우리가 물이 되어

우리가 물이 되어 만난다면
가문 어느 집에선들 좋아하지 않으랴
우리가 키 큰 나무와 함께 서서
우르르 우르르 비 오는 소리로 흐른다면

흐르고 흘러서 저물 녘엔
저 혼자 깊어지는 강물에 누워
죽은 나무뿌리를 적시기도 한다면
아아, 아직 처녀인
부끄러운 바다에 닿는다면

그러나 지금 우리는
불로 만나려 한다
벌써 숯이 된 뼈 하나가
세상에 불타는 것을 쓰다듬고 있나니

만리 밖에서 기다리는 그대여
저 불 지난 뒤에
흐르는 물로 만나자

푸시시 푸시시 불 꺼지는 소리로 말하면서
올 때는 인적 그친
넓고 깨끗한 하늘로 오라

주제	참다운 생명과 평화의 추구
형식	5연의 자유시
경향	서정적, 상징적, 주지적
표현상의 특징	세련된 시어로 상징적 표현 속에 서정미가 조화롭게 담겨 있다. 우수(憂愁)에 찬 내용이면서도 고도의 지성과 융합된 시적 감동을 준다. 시적 기교와 더불어 진솔한 표현이 호소력을 배가시키고 있다.

이해와 감상

 지구의 생명원(生命源)을 논할 때 가장 소중한 것이 물이기에, 시인은 '물' 을 제재(題材)로 하여 인류 구원의 방법론을 메타포하는 시의 형상화 작업을 하고 있다.
 물은 '죽은 나무 뿌리를 적시기도 한다면' (제2연) 과연 죽은 나무도 다시 살릴 수 있을 것인가 하고 화자는 모두와 함께 스스로도 '물이 되어' (제1연) 만능한 생명원이 되어 주고 싶다는 박애(博愛)의 정신을 호소한다. 여기서 '죽은 나무' 는 말라 죽은 나무만이 아니고, 이 세상 온갖 '억울한 죽음' 의 상징이다. 어째서 비통한 죽음이 생겼는가. 그 허무(虛無)의 극복은 자애로운 시심(詩心)으로라도 따뜻이 감싸주고 위안해 주어야만 한다.
 비참한 전쟁. 우리 민족이 겪은 역사상의 허구 많은 전쟁, 더구나 6·25라는 동족상잔은 말할 것도 없고, 근년에는 팔레스타인과 이스라엘의 끊임없는 충돌이며, 이라크 전쟁 등등, '지금 우리는/ 불로 만나려 한다' (제3연)고 강은교는 '불' 을 경고하면서, '벌써 숯이 된 뼈 하나가/ 세상에 불타는 것을 쓰다듬고 있나니' 하며 몹시 근심한다. '숯이 된 뼈' 는 '전쟁의 아픔' 이며 동시에 적의(敵意)의 '보복' 의 상징이다. '만리 밖에서 기다리는 그대' 는 누구인가. '그대' 는 '조국' 이다. 조국이 또 다시 전쟁의 불덩이 속에 휘말려 들어도 될 것인가.
 시인의 '물' 의 마음으로 우리는 세상의 온갖 악의에 찬 난폭한 '불' 을 꺼야 할 것이다.

백성

나는 한 마리 바퀴벌레올시다.
더듬이 하나로 온 땅과 입맞추는
징그러운 징그러운 바퀴벌레올시다.

어둠의 입이올시다.
폐허의 눈이올시다.
평화의 원자(原子)올시다.
순진한 공포올시다.

나는 열심히 벽을 기어오르나이다.

방방곡곡 숨어서 눈뜨나이다.
오늘 밤에도 저 십리의 벽을 타고 넘으면

아
다정히 누워 있는 수평선 같은 수챗구멍
등때기엔 달디단 쓰레기
눈먼 달 따라 엎어져

울어라 더듬이여
흘러라
흘러라
더듬이여

나는 한 마리 바퀴벌레올시다.
더듬이 하나 삼천리 절망에 펄럭이는
불쌍한 불쌍한 평화주의자올시다.

- **주제** 삶에 대한 연민의 정
- **형식** 6연의 자유시
- **경향** 풍자적, 저항적, 상징적
- **표현상의 특징** 일상어에 의한 풍자적이며 해학적 표현을 하고 있다.
  사태의 본질을 집요하고 예리하게 문명비평적으로 파헤치고 있다.
  직서적인 표현이면서도 이미지가 부드럽게 전달되고 있다.

이해와 감상

우리가 약방에 찾아가 살충제, 그것도 바퀴벌레 전문 살충약을 사다 집안 구석구석 뿌린다. 그야말로 혐오의 대상인 '징그러운 징그러운 바퀴벌레'(제1연)로써 무고하게 살해당하는 벌레의 운명.

이 작품은 1970년대의 우리들의 사회상을 배경으로 군사독재 치하에서 자유민주주의를 절실히 추구하던 선량한 다수 국민(백성)의 아픔을 상징적으로 바퀴벌레에다 비유한 풍자적 저항시다.

'나는 열심히 벽을 기어오르나이다/ 방방곡곡 숨어서 눈뜨나이다/ 오늘 밤에도 저 십리의 벽을 타고 넘으면// 아/ 다정히 누워 있는 수평선 같은 수챗구멍/ 등때기엔 달디단 쓰레기/ 눈먼 달 따라 엎어져// 울어라 더듬이여'(제3~5연)의 비참한 그런 '바퀴벌레'처럼 천대받던 백성들의 피눈물나는 저항의지가 지금 이 작품을 통해 새롭게 공감된다. 즉 그것은 '어둠의 입'이요 '폐허의 눈'이고 '평화의 원자'이며 '순진한 공포'(제2연) 그 자체 하나하나였기 때문이다.

오세영(吳世榮)

전라남도 영광(靈光)에서 출생(1942~). 서울대학교 대학원 국문학과 수료. 1968년 『현대문학』에 시 「잠깨는 추상(抽象)」 등이 추천 완료되어 문단에 등단했다. 『현대시』 동인. 시집 『반란(反亂)하는 빛』(1970), 『가장 어두운 날 저녁에』(1982), 『모순(矛盾)의 흙』(1985), 『불타는 물』(1988), 『사랑의 저쪽』(1990), 『꽃들은 별을 우러르며 산다』(1991), 『신의 하늘에도 어둠은 있다』(1991), 『어리석은 헤겔』(1994), 『무명연시(無明戀詩)』(1995), 『아메리카 시편』(1997), 『너, 없음으로』(1997), 『적멸의 불빛』(2001) 등이 있다.

바람 소리

육신肉身으로 타고 오는
바람 소리.
잘 있거라, 잘 있거라,
해어름 나루터에 달빛 지는데
강 건너 사라지는 님의
말 소리.

육신肉身으로 타고 오는
갈잎 소리.
잘 가거라, 잘 가거라,
세모시 옷고름엔 별빛 지는데
속눈썹 적시는 가을
빗소리.

이승은 강물과 바람뿐이다.
옷고름 스치는 바람뿐이다.
치마폭 적시는 강물뿐이다.

육신肉身으로 타고 오는
물결 소리
마른 하상河床 적시는 가을
빗소리.

> **주제** 인간과 자연의 전통적 인식
> **형식** 4연의 자유시
> **경향** 서정적, 상징적, 낭만적
> **표현상의 특징** 이 시는 그 어느 것이나 절제된 시어로 공감각적 이미지를 역동적으로 구상화(具象化)시키고 있다. '세모시 옷고름', '치마폭' 등 여성 한복을 통해 전통적 인식을 표현하고 있다.
> 우리가 주목해야 할 것은 동어반복의 표현이며 제1연의 '잘 있거라, 잘 있거라'와 제2연의 '잘 가거라, 잘 가거라'와 같은 정감 넘치는 대구적(對句的) 동어반복은 이 시를 감성적(感性的)으로 두드러지게 압도하고 있다. 제3연 전체의 감각적인 동어반복과 이어(異語)반복은 절묘한 조화미 속에서 정감적인 형상화를 하고 있다고 본다.
> 즉 우리 민족의 전통적인 정한(情恨)의 주제를 현대적인 시각에서 승화시키고 있다.

이해와 감상

연작시 「무명연시」44에 해당되는 시다. 이 작품은 오세영의 공감각적 이미지를 두드러지게 부각시키는 전형적인 상징적 서정시다.

심리적인 감각 작용에는 이른바 공감각(共感覺, synesthesis)의 작용도 있다. 예를 든다면 청각적인 소리를 듣는 동시에 시각적인 색채나 형태 등을 동시에 느끼는 경우를 말한다. 즉 하나의 자극에 의해서 생기는 어떤 감각의 작용과 동시에 또 다른 영역의 감각이 작용하는 것을 말한다. 시에 있어서의 그런 공감각의 작용은 이미지의 부각에 크게 기여하며 시의 생동(生動) 내지는 역동적 이미지를 북돋아 주는 중요한 구실을 한다.

'바람 소리, 말 소리'(제1연), '갈잎 소리, 빗소리'(제2연), '물결 소리, 빗소리'(제4연) 등 자연의 소리를 통한 정서를 인간(말 소리)과 친화(親和)시키고 있는 작품 형태이다.

'육신으로 타고 오는/ 바람 소리'가 '잘 있거라 잘 있거라'라는 이별의 말 소리(제1연)를 낳고, '육신으로 타고 오는/ 갈잎 소리'가 '잘 가거라 잘 가거라'고 역시 조락의 나뭇잎지는 가을날의 이별의 빗소리(제2연)를 흘린다.

제1연의 '님'을 남성, 제2연의 '세모시 옷고름'은 여성으로 서로가 대칭적인 연(聯)을 구성하고도 있다. 한국 현대시에서 최초의 '소리'의 시는 주요한의 '빗소리'(「주요한」항목 참조 요망)였다는 것을 여기에 아울러 밝혀 둔다.

무명연시 無明戀詩
— 님은 가시고 · 1

님은 가시고
꿈은 깨었다.

뿌리치며 뿌리치며 사라진 흰 옷,
빈 손에 움켜 쥔 옷고름 한 짝,

맺힌 인연 풀 길이 없어
보름달 보듬고 밤새 울었다.

열은 내리고
땀에 젖었다.

휘적 휘적 사라지는 님의 발자국,
강가에 벗어 논 헌 신발 한 짝,
풀린 인연 맺을 길 없어
초승달 보듬고 밤새 울었다.

베갯머리 놓여진 약탕기藥湯器 하나
이승의 봄밤은 열에 끓는데,

님은 가시고
꿈은 깨이고.

주제	절대자와의 이별
형식	6연의 자유시
경향	서정적, 낭만적, 불교적
표현상의 특징	「——님은 가시고 · 1」의 부제를 달고 있듯이, 님과의 이별의 슬픔을 전통적인 정서로 나타내고 있다. '님은 가시고/ 꿈은 깨었다' (제1연)와 '님은 가시고/ 꿈은 깨이고' 가 수미상관의 수사적 표현을 하고 있다. '깨었다', '울었다', '젖었다' 등의 과거형 종결어미를 쓰고 있다. 시 전체적인 표현이 구조적으로 매우 기교적이다.

이해와 감상

표제의 '무명' (無明)은 불교에서 불교의 근본의(根本義)에 통달하지 않은 심리적 상태로서, 번뇌의 근원이 되는 진리에 어두운 것을 가리킨다. 오세영은 연작시 「무명연시」로써 불심(佛心)의 존재론적인 인식을 시로써 형상화 시키는 다양한 작업을 해왔다.

'뿌리치며 뿌리치며 사라진 흰 옷/ 빈 손에 움켜 쥔 옷고름 한 짝' (제2연)은 극력한 사랑의 아픔이 처절하게 민족적인 전통 표현을 곁들이며 메타포되고 있다.

뿌리치며 떠나간 님의 옷은 '백의민족' 의 흰 옷이며, 떠나 버린 님(절대자)의 옷고름 한 짝을 쥐고 '보름달 보듬고 밤새 울었다' 는 표현에는 님과의 통절한 이별의 아픔을 담는다.

'휘적 휘적 사라지는 님의 발자국/ 강가에 벗어 논 헌 신발 한 짝' (제4연)에서 '헌 신발 한 짝' 은 '옷고름 한 짝' (제2연)과 대구적(對句的)인 상관 관계를 드러낸다.

제2연에서 '보름달' 과 제4연에서의 '초승달' 은 이별이 15일 이상이나 시간적으로 경과한 것을 상징적으로 표현하고 있다.

김여정(金汝貞)

경상남도 진주(晉州)에서 출생(1933~). 본명 정순(貞順). 성균관대학교 국문학과 졸업. 경희대학교 대학원 국문학과 수료. 1968년 『현대문학』에 「남해도(南海島)」, 「화음(和音)」, 「편지」가 추천 완료되어 문단에 등단했다. 시집 『화음(和音)』(1969), 『바다에 내린 햇살』(1973), 『겨울새』(1978), 『파도는 갈기를 날리며』(1982), 『어린 신(神)에게』(1983), 『날으는 잠』(1986), 『해연사(海燕詞)』(1989), 『사과들이 사는 집』(1991), 『봉인 이후』(1995) 등이 있다.

술 마시는 여자

여자가 독한 술을 마신다.
여자가 시퍼런 바다를 마신다.
여자가 섬을 마신다.
여자가 남자를 마신다.
여자가 칼을 마신다.
여자가 절망을 마신다.
여자가 죽음을 마신다.

독한 술을 마신 여자가
독한 술이 되어 출렁인다.
시퍼런 바다를 마신 여자가
시퍼런 바다가 되어 넘친다.

섬을 마신 여자가
섬이 되어 흐르고
남자를 마신 여자가
하늘이 되어 열리고
칼을 마신 여자가
칼이 되어 번쩍인다.

절망을 마신 여자가
절망을 마신 여자가
절망이 되어 무너진다
절망이 되어 무너진다
죽음을 마신 여자가
무덤이 되어
솟아오른다.

주제 여성의 남녀평등권 추구
형식 4연의 주지시
경향 주지적, 페미니즘(feminism)적, 풍자적
표현상의 특징 직설적이고 직서적인 표현이 독자에게 쉽게 전달되고 있다.
시의 수사(修辭)에 있어서 이 작품은 철저한 동어반복의 시세계를 보여주고 있다.
동어반복의 적층효과를 통해 '여자'의 존재가치를 철저하게 파헤치고 있다.

이해와 감상

김여정의 이 작품은 페미니즘(남녀동권주의·여성해방론)의 차원에서 이 땅의 획기적인 작품이다. 20세기에 들어선 1930년대부터 서구사회는 페미니즘에 비로소 눈을 뜨기 시작했다. 역사적으로 서양사회에서도 여자들은 남녀동권은 고사하고 속박당하며 천시되어 여성의 참다운 권리는 언급조차 되지 못했다. 심지어 여자는 '바지'를 입지 못

하게 했다. 여자가 바지를 입는다는 것은 남자의 세계에 대한 도전이었다.
 미국에서 여자가 바지를 입으면 경찰에 체포당했다. 이것은 넌센스가 아니라 그 당시 미국의 신문 기사들이 전하고 있다. 프랑스에서도 영국에서도 바지 입는 여성은 어처구니 없게도 '교통법규 위반죄'로 단속의 대상이었다. 바지는 단순히 남자의 복장이 아니라 '일할 수 있는 복장'이다. 그러기에 여자도 치렁치렁한 치마며 스커트 대신 바지를 입고 활동하자는 '블루머리즘'(bloomerism)이 복장개혁 운동가 아메리아 블루머 (Ameria Bloomer, 1818~1892)에 의해 장차 남녀 동권운동으로 발전한 것이다.
 여자가 '독한 술'로부터 '시퍼런 바다'며 '섬', '남자', '칼', '절망', '죽음'까지 '마신다'(제1연)는 제시는 여성의 남녀 동권뿐 아니라 여성의 온갖 능력, 그리고 여성의 남성과 똑같은 좌절과 종말까지도 함께 누리며 공유(共有)할 것을 메타포하고 있다.
 여기서 '남자를 마신다'는 것은 '남성 지배'이며 '칼을 마신다'는 것은 '권력의 장악'이다. 그러므로 여자도 남자처럼 당연히 그 과정에서 실의에 빠지기도 하고 멸망하는 것이다. 이와 같은 차원에서 이 시는 여성의 정당한 평등권의 실현과 그 프로세스가 풍자적으로 설득력 있게 전개되어 주목되는 작품이다.

콩새
― 여름

콩새야
올 여름에 콩새야
찬란한 빛 속에서 날아나와
떼지어 날아나와
여름 바다에 푸른 피 섞어
여름 바다로 태어나
청옥靑玉
하늘의 눈알이 되는

여름 하늘에 콩새야.

싱싱 하늘의 눈동자가 빛난다.
싱싱 바다의 피가 솟구친다.
싱싱 하늘의 날개 바다의 날개가
천으로 만으로
푸득인다 번쩍인다.

이해와 감상

「콩새」는 누구나가 정답고 즐겁게 낭송하며 동화되는 살아 있는 리듬 감각이 뛰어난 역동적인 작품이다. 김여정은 여름날과 콩새를 서경적(敍景的)으로 조명하면서 시각화를 시도하고 있다. 그러나 일반적인 서경(敍景)으로서의 시각화가 아니라 정신 내면 세계의 심도 있는 시각적 전개라고 하겠다.
 좀 더 구체적으로 지적한다면 환상적(幻想的) 시각화를 시도하고 있다. 그러기에 이와 같은 시각적 이미지의 전개는 유니크(unique)한 독자성(獨自性) 때문에 신선감이 넘친다. 우리가 시를 읽는 즐거움은 다각적으로 살필 수 있다.
 여기서는 우리의 전통적 민요의 가락이 안겨주는 리듬감 속의 민족적인 정서가 심성적(心性的)인 공감각의 조화를 이뤄주고 있다.

오규원(吳圭原)

경상남도 밀양(密陽)에서 출생(1941~). 동아대학교 법학과 졸업. 『현대문학』에 시 「겨울 나그네」(1965. 7), 「우계(雨季)의 시」(1967. 6), 「몇 개의 현상(現象)」(1968. 11) 등이 추천 완료되어 문단에 등단했다. 시집 『분명한 사건』(1971), 『순례(巡禮)』(1973), 『사랑의 기교』(1975), 『왕자가 아닌 한 아이에게』(1978), 『이 땅에 씌어지는 서정시』(1981), 『희망 만들며 살기』(1985), 『가끔은 주목받는 생(生)이고 싶다』(1987), 『사랑의 감옥』(1991), 『길, 골목, 호텔 그리고 강물 소리』(1995), 『토마토는 붉다 아니 달콤하다』(1999) 등이 있다.

부재不在를 사랑하는 우리집 아저씨의 이야기

빨래가 빨래줄에서 마를 동안 빨래가 이름을
비워 둔 사실을 아시나요?
코스모스가 언덕에서 필 동안 코스모스의 육신이 서 있는
위치를 혹시 아시나요?
우리의 확신이 거울 앞에서 빠져 나간 뒤 어디에서
옷을 벗고 누웠는지 아시나요?
그리고
부재를 사랑하는 우리집 아저씨의 현실이
어디에 있는지 모르시나요?

옆집 아저씨의 말은 언제나 분명하고
너무 분명하기 때문에
너무 분명한 것의 두려운 오류 때문에
나는 믿지를 못하고 우리집 사람들도
모두 믿지를 못하고
저 많은 나라의 외투를 벗기려 펄럭이는 한 자락 바람을
차라리 아끼는 우리집
뜰의 풀잎들은 제각기 흩어져
(풀잎 위의 이슬도 제각기 흩어져 흔들리며)
고독하게 귀가 마릅니다.
은하수를 아시나요?
빨래가 이름을 비워 둔 그 부재(不在)는 방법입니다.
코스모스가 서 있는 그 위치는 이상입니다.
옷 벗은 확신은 참회입니다.

그리고
부재를 사랑하는 우리집 아저씨의 현실은 꿈의 대문 안쪽입니다.

> **주제** 존재의 역설적(逆說的) 의미 추구
> **형식** 2연의 주지시
> **경향** 주지적, 풍자적, 존재론적
> **표현상의 특징** 알기 쉬운 일상어의 주지적 표현이나 고도의 상징적 수법을 쓰고 있다.
> 외형적으로는 난해시 같지 않으나 내재적인 의미의 심도가 깊은 난해시다.

이해와 감상

이 시는 부재(不在)의 외형적 묘사가 아닌 고통받고 있는 존재(存在)에 대한 내재적이며 본질적인 의미와 가치를 추구하고 있다. 한 마디로 난해시다. 이 시를 이해하기 위해서는 현실과 꿈(이상)이라는 이율배반(二律背反)의 논리로부터 우리가 이해하며 들어가야 한다. 가령 당신이 지금껏 성실하고 정직하게 살아가려고 애쓰지만 과연 그만한 노력의 참다운 땀의 대가를 얻고 있냐고 내가 묻는다면 당신은 내게 뭐라고 대답할 것인가.
어쩌면 당신은 '노우' 하고 내게 고개를 저을 것이다.
부재(不在)는 이곳에 없는 것이고, 따라서 존재는 이 자리에서 떠나가 버린 것, 없는 것이다. 오규원이 이 시의 서두에 제시한 '빨래'는 '현실' 이고, '코스모스'는 '이상' (理想)으로써 설정하고 있으며, 그 해답은 이 시의 뒤쪽에서 '부재를 사랑하는 우리집 아저씨의 현실은 꿈의 대문 안쪽입니다'(마지막 행)라고 명백하게 밝혀주고 있다.
다시 이 시의 서두로 돌아가 보자. 즉 '빨래가 이름을/ 비워 둔 사실'에서의 '이름' 이라는 것은 '존재'를 가리키는 것이다. 따라서 이름을 비워둔 것은 '존재' 가 아닌 '부재'를 지적하는 것이다. 부재란 더 구체적으로 지적하면 버림받은 즉 '소외' 당한 존재다.
어째서 인간이 소외당하느냐? 여기서 마르쿠제(Herbert Marcuse, 1898~1979)가 외친 것처럼 고도산업 사회의 인간 소외론을 들추거나, 에리히 프롬(Erich Fromm, 1900~1980)의 물신숭배의 문명비평을 제시할 것도 없이 다만 이 시의 주인공인 '우리집 아저씨' 는 바로 그러한 고난의 시대의 수난자들이다. 더구나 '많은 나라의 외투를 벗기려 펄럭이는 한 자락 바람' 속에서, 그러한 외세(外勢)의 소용돌이 속에서 정신차려야만 할 우리집 아저씨며 옆집 아저씨들의 가련한 처지다.
바깥 바람뿐 아니라 집안에서, 아파트 청약 모델하우스에서도 거센 바람은 직간접으로 아저씨들의 등덜미를 때린다.

한 잎의 여자

나는 한 여자를 사랑했네. 물푸레나무 한 잎같이 쬐그만 여자, 그 한 잎의 여자를 사랑했네. 물푸레나무 그 한 잎의 솜털, 그 한 잎의 맑음, 그 한 잎의 영혼, 그 한 잎의 눈, 그리고 바람이 불면 보일 듯 보일 듯한 그 한 잎의 순결과 자유를 사랑했네.

정말로 나는 한 여자를 사랑했네. 여자만을 가진 여자, 여자 아닌 것은 아무 것도 안 가진 여자, 여자 아니면 아무 것도 아닌 여자, 눈물 같은 여자, 슬픔 같은 여자, 병신 같은 여자, 시집(詩集) 같은 여자, 영원히 나 혼자 가지는 여자, 그래서 불행한 여자.

그러나 누구나 영원히 가질 수 없는 여자, 물푸레나무 그림자 같은 슬픈 여자.

이해와 감상

「한 잎의 여자」의 '잎'은 나뭇잎을 가리킨다.

한 사람의 여자의 '사람'이라는 인칭명사보다, 싱싱한 나뭇잎을 연상시키는 푸른 '잎'의 호칭은 매우 신선한 느낌을 준다.

오늘의 시가 독자에게 읽히기 위해서는 '시는 시다워야 한다'는 시인의 제시가 절실하게 요망되고 있다. 시다워야 한다는 '제시'는 곧 새로움이다. 신선한 감각의 새 표현법을 찾기에 시인들이 도전하고 있는 게 오늘의 현실이다.

'나는 한 여자를 사랑했네. 물푸레나무 한 잎같이 쬐그만 여자, 그 한 잎의 여자를 사랑했네. 물푸레나무 그 한 잎의 솜털, 그 한 잎의 맑음, 그 한 잎의 영혼, 그 한 잎의 눈'이라는 이 페미니즘(feminism, 남녀동권주의)적인 여성 칭송 감각의 참신성은 새로운 메타포가 아닐 수 없다.

'물푸레나무'는 우리나라 산야 널리 분포된 우리와 친숙한 나무다. 낙엽 활엽 교목이며 잎은 난형(卵型)으로 탐스럽고, 잎 뒷면의 주맥(主脈)에 갈색 털이 나 있다.

이 시는 구어체의 전달이 잘 되는 표현을 하고 있어서 누구나 읽어서 이해가 잘 될 것이라고 본다.

이시영(李時英)

전라남도 구례(求禮)에서 출생(1949~). 서라벌예술대학 문예창작과 졸업. 고려대학교 대학원 국문학과 수료. 1969년 『중앙일보』 신춘문예에 시조 「수(繡)」가 당선, 같은 해 『월간문학』 신인상에 시 「채탄」, 「어휘」 등이 당선되어 문단에 등단했다. 시집 『만월(滿月)』(1976), 『바람 속으로』(1986), 『길은 멀다 친구여』(1988), 『이슬 맺힌 노래』(1991), 『무늬』(1994), 『사이』(1996), 『조용한 푸른 하늘』(1997) 등이 있다.

이름

밤이 깊어 갈수록
우리는 누군가를 불러야 한다
우리가 그 이름을 부르지 않았을 때
잠시라도 잊었을 때
채찍 아래서 우리를 부르는 뜨거운 소리를 듣는다

이 밤이 길어 갈수록
우리는 누구에게로 가야 한다
우리가 가기를 멈췄을 때
혹은 가기를 포기했을 때
칼자욱을 딛고서 오는 그이의
아픈 발 소리를 듣는다

우리는 누구인가를 불러야 한다
우리는 누구에게로 가야 한다
대낮의 숨통을 조이는 것이
형제의 찬 손일지라도
언젠가는 피가 돌아
고향의 논둑을 더듬는 다순 낮이 될지라도
오늘 조인 목을 뽑아
우리는 그에게로 가야만 한다
그의 이름을 불러야 한다
부르다가 쓰러져 그의 돌이 되기 위해
가다가 멈춰 서서 그의 장승이 되기 위해

주제	민중정서의 건강한 회복
형식	3연의 주지시
경향	주지적, 저항적, 풍자적
표현상의 특징	시어가 매우 상징적이며, 동시에 상징 수법으로 주지적 사상을 심도 있게 표현하고 있다. 전체적으로 그 표현 양식이 우수에 차 있으면서도 지성의 세련미와 더불어 독자에게 큰 감동을 안겨준다. '우리는'을 비롯하여 '누구', '~때' 등의 동어반복이 두드러지게 나타나고 있다.

이해와 감상

1960년 이후 겉으로 드러나기까지 한 '페이터'(fetter, 족쇄)의 잔혹한 속박시대를 사는 지성, 시인은 족쇄 집단에 대한 강렬한 저항의지로 반정부 운동에 참여(參與)하며 가슴 속이 까맣게 타들어갔다.

그러기에 누군가의 이름을 부르지 않고는 배겨낼 수 없는 것이다.

'밤이 깊어 갈수록／우리는 누군가를 불러야 한다'고 호소하는 화자는 이 역사의 암흑의 현장을 '밤'이라는 상징어로써 통렬하게 풍자하며 고발하고 있다.

'채찍 아래서 우리를 부르는 뜨거운 소리'는 끝내 저항하며 일어선 선량한 민중의 절규다. 군사독재의 '채찍' 아래 시달리던 시민들은 참다운 데모크라시와 그 자유를 쟁취하기 위해 앞장선 민중의 지도자를 찾아 헤맨 것이다. 그러기에 누군가의 이름을 부르며 '누구에게로 가야'만 했다.

그러나 상황은 또 어떤가. 얼마나 절박한가. '우리가 가기를 멈췄을 때／혹은 가기를 포기했을 때／칼자욱을 딛고서 오는 그이의／아픈 발 소리를 듣는다'고 화자는 침통하게 호소했다. 총검 앞에서 사정없이 구타당하고 모질게 고문당한 '칼자국'의 주인공, 바로 '그이의 아픈 발소리'는 우리들의 가슴을 찢는 시민 공동의 아픔인 것이다.

그러기에 '우리는 누구인가를 불러야 한다／우리는 누구에게로 가야 한다'(제3연)고 '이름'을 찾아갈 것을 거듭 외치며 역설하는 것이다.

'언젠가는 피가 돌아／고향의 논둑을 더듬는 다순 낮이 될지라도' 그보다 더욱 시급한 것은 숨막히는 독재를 타파하는 정의의 대오에 선뜻 나서서, '이름'을 부르며 '이름'에게로 나아가자는 절박한 현실 의식이다. 이 작품은 이시영의 대표시 「서시」(序詩)와 또한 「너」와 일맥 상통하는 가편(佳篇)이다.

'어서 오라 그리운 얼굴
산 넘고 물 건너 발 디디러 간 사람아
댓잎만 살랑여도 너 기다리는 얼굴들
봉창 열고 슬픈 눈동자를 태우는데
이 밤이 새기 전에 땅을 울리며 오라
어서 어머님의 긴 이야기를 듣자'

이상의 「서시」를 함께 독자들이 참고하기 바란다.

후꾸도

장사나 잘 되는지 몰라
흑석동 종점 주택은행 담을 낀 좌판에는 시푸른 사과들
어린애를 업고 넋 나간 사람처럼 물끄러미
모자를 쓰고 서 있는 사내
어릴 적 우리집서 글 배우며 꼴머슴 살던
후꾸도가 아닐는지 몰라
천자문을 더듬거린다고
아버지에게 야단 맞은 날은
내 손목을 가만히 쥐고 쇠죽솥 가로 가
천자보다 좋은 숯불에 참새를 구워 주며
멀뚱멀뚱 착한 눈을 들어
소처럼 손등으로 웃던 소년
못줄을 잘못 잡았다고
보리밭에 송아지를 떼어놓고 왔다고
남의 집 제삿밤에 단자를 갔다고
사랑이 시끄럽게 꾸중을 들은 식전 아침에도
말없이 낫을 갈고 풀숲을 헤쳐
꼴망태 위에 가득 이슬 젖은 게들을 걷어와
슬그머니 정지문에 들이밀며 웃던 손
만벌매기가 끝나면
동네 일꾼들이 올린 새들이를 타고 앉아
상머슴 뒤에서 함박 웃던 큰 입
새경을 타면 고무신을 사 신고
읍내 장터로 서커스를 한판 보러 가겠다고 하더니
갑자기 서울서 온 형이
사년 동안 모아둔 새경을 다 팔아갔다고 하며
그믐날 확독에서 떡을 치는 어깨엔
힘이 빠져 있었다
그날 밤 어머니가 꾸려준 옷보따리를 들고
주춤주춤 뒤돌아보며 보름을 쇠고
꼭 오겠다고 집을 떠난 후꾸도는
정이월이 가고 삼짇날이 가도 오지 않았다

장사나 잘 되는지 몰라
천자문은 다 외웠는지 몰라
칭얼대는 네댓살짜리 계집애를 업고
하염없이 좌판을 내려다보며 서 있는 사내
그리움에 언뜻 다가서려고 하면
나를 아는지 모르는지 모자를 눌러쓰고
이내 좌판에 달라붙어
사과를 뒤적거리는 사내

주제 전통정서와 삶의 우수
형식 전연의 주지시
경향 주지적, 전통적, 인간애적
표현상의 특징 농촌의 전통적인 정서와 인간애의 선의식(善意識)을 진솔하게 표현하고 있다.
　　　　　항토색 짙은 토속적인 시어들이 잃어져가는 한국인의 소박한 민족 정서를 깔끔하게 되살리고 있다.
　　　　　마지막 행 '사과를 뒤적거리는 사내'는 첫 번째 행 '장사나 잘 되는지 몰라'와 이어지는 도치법을 쓰고 있다.

이해와 감상

　이시영은 물신적(物神的)인 사리사욕에 눈 먼 악랄한 이기주의자들이 들끓는 침울한 시대를 극복하려는 소외당한 서민의 애절한 현실을 리얼하게 고발하고 있다. 그러기에 따사로운 인간성 상실의 시대에서 시인이 삶의 참다운 가치를 추구하는 작업이야말로 한국시의 새로운 변모를 제시하는 유닉한 시 작업이 아닐 수 없다.
　누구나가 읽어가면서 자연스럽게 우리의 옛날 농촌과 오늘의 시대가 대비적으로 연상되는 가운데 독자로 하여금 뜨거운 친화력(親和力)을 안겨준다.
　'후꾸도'라는 '꼴머슴'은 어쩔 수 없는 탈농(脫農)의 이농자(離農者)다. 소위 잘 산다고 하는 산업화 사회로 몸소 뛰어든 그에게는 현실 또한 얼마나 가혹한 것인가. 변두리 노점의 사과장수는 그의 젊은 마누라가 뎅그라니 아이만 후꾸도에게 또 하나의 무거운 짐으로 내팽개치고 어디론가 도망친 것은 아닌가. '어린애를 업고 넋 나간 사람처럼 물끄러미/ 모자를 쓰고 서 있는 사내'에게 화자는 연민의 정을 듬뿍 느끼면서 그의 소시적의 순박한 인간미를 가슴 속으로부터 정겹게 예찬한다. '숯불에 참새를 구워 주며', '이슬 젖은 게들을~ 들이밀며 웃던 손', '읍내 장터로 서커스를 한판 보러 가겠다'고 별렀으나 그 조그만 소박한 꿈마저 이루지 못한 채, 생홀아비 사과장수로 전락하여 고역을 치루는 불우하기 그지없는 인생. 이들 '도시 빈민'의 현장은 이른바 고도 산업화에 뒤이은 첨단 정보화 사회를 떠벌이는 오늘의 우리 주변에서 수두룩하게 발에 채이고 있지 않은가. 투기꾼, 사기꾼보다 더욱 못된 검은 큰 손들의 등쌀에 짓눌린 채, 오늘의 서민 대표 '후꾸도'의 앞날은 또 어찌 변모해 갈 것인지. 한국 20세기 농촌과 도시의 현상학적인 한 단면의 이 형상화 작업은 어쩌면 이제 우리가 마악 21세기에 들어선 오늘에 당면한 현대시의 또 하나 살아 있는 새로운 제재(題材)로서 평가될 것이다.

김지하(金芝河)

전라남도 목포(木浦)에서 출생(1941~). 본명은 영일(英一). 서울대학교 미학과 졸업. 1969년 『시인(詩人)』에 시 「비」, 「황톳길」, 「가벼움」, 「녹두꽃」, 「들녘」 등을 발표하며 문단에 등단했다. 『사상계』(1970. 5)에 담시(譚詩) 「오적(五賊)을 발표했다. 시집 『황토(黃土)』(1970), 『타는 목마름으로』(1982), 대설(大說) 『남(南) 1, 2』(1984), 『애린』(1986), 『별밭을 우러르며』(1989), 『뭉치면 죽고 헤치면 산다』(1991), 대설(大說) 『남(南) 3, 4, 5』(1994), 『중심의 괴로움』(1994), 『틈』(1995), 『오적(五賊)』(2001), 『마지막 살의 그리움』(2002), 「절, 그 언저리」(2003) 등이 있다.

타는 목마름으로

신새벽 뒷골목에
네 이름을 쓴다 민주주의여
내 머리는 너를 잊은 지 오래
내 발길은 너를 잊은 지 너무도 너무도 오래

오직 한 가닥 있어
타는 가슴 속 목마름의 기억이
네 이름을 남 몰래 쓴다 민주주의여

아직 동트지 않은 뒷골목의 어딘가
발자욱 소리 호르락 소리 문 두드리는 소리
외마디 길고 긴 누군가의 비명 소리
신음 소리 통곡 소리 탄식 소리 그 속에 내 가슴팍 속에
깊이깊이 새겨지는 네 이름 위에
네 이름의 외로운 눈부심 위에
살아오는 삶의 아픔
살아오는 저 푸르른 자유의 추억
되살아오는 끌려가던 벗들의 피묻은 얼굴
떨리는 손 떨리는 가슴
떨리는 치떨리는 노여움으로 나무판자에
백묵으로 서툰 솜씨로
쓴다.

숨죽여 흐느끼며
네 이름을 남 몰래 쓴다.
타는 목마름으로

타는 목마름으로
민주주의여 만세

- **주제** 민주주의 회복의 열망
- **형식** 4연의 주지시
- **경향** 주지적, 저항적, 풍자적
- **표현상의 특징** 직설적인 표현으로 비민주적 시대를 날카롭게 비판하고 있다. 산문체의 표현이나 언어의 내재율을 담아내고 있다. 수사적(修辭的) 표현 대신에 심정적 정서가 역동적으로 표현되어 전달이 잘 되고 있다. 표제의 '타는 목마름으로'를 비롯하여 '네 이름을', '민주주의여', '살아오는', '떨리는' 등 동어반복이 두드러지고 있다.

이해와 감상

김지하는 군사독재 치하에서 부단한 민주화 투쟁으로 누차 옥고를 치른 현대의 대표적인 저항시인이다. 1980년대 초에 발표된 이 작품은 이 땅의 정치적 자유민주주의 국가의 건설을 절규하는 시인의 절절한 목소리 그 자체다.

'신새벽 뒷골목에/ 네 이름을 쓴다 민주주의여' (제1연), '네 이름을 남 몰래 쓴다 민주주의여' (제2연)에서처럼 김지하는 뒷골목에서, 옥중에서도 목이 메어 민주주의의 회복을 갈망한 것이다.

일제 강점기에 이 땅의 애국 저항시인들이 조국의 광복을 절규한 이래, 군사독재하에서 여러 시인들이 저항하며 절규했거니와, '아직 동트지 않은 뒷골목의 어딘가/ 발자욱 소리 호르락 소리 문 두드리는 소리/ 외마디 길고 긴 누군가의 비명 소리/ 신음 소리 통곡 소리 탄식 소리' (제3연)에 그런 공포정치하에서 화자는 스스로도 신음하고 통곡하며, 탄식하면서 '살아오는 삶의 아픔' 속에 '끌려가던 벗들의 피묻은 얼굴'을 직시하며 '떨리는 손 떨리는 가슴/ 떨리는 치떨리는 노여움으로 나무판자에/ 백묵으로 서툰 솜씨로' 민주주의를 썼다고 한다.

'타는 목마름으로/ 민주주의여 만세'로 결구(結句)되는 이 주지적 저항시는 우리의 역사와 함께 시문학사에 길이 새겨질 것이다.

녹두꽃

빈손 가득히 움켜쥔
햇살에 살아
벽에도 쇠창살에도
노을로 붉게 살아
타네
불타네
깊은 밤 넋 속의 깊고

깊은 상처에 살아
모질수록 매질 아래 날이 갈수록
흡뜨는 거역의 눈동자에 핏발로 살아
열쇠 소리 사라져 버린 밤은 끝없고
끝없이 혀는 짤리어 굳고 굳고
굳은 벽 속의 마지막
통곡으로 살아
타네
불타네
녹두꽃 타네
별 푸른 시구문 아래 목 베어 횃불 아래
횃불이여 그슬러라
하늘을 온 세상을
번뜩이는 총검 아래 비웃음 아래
너희, 나를 육시토록
끝끝내 살아.

- **주제** 동학혁명 정신과 현실의 울분
- **형식** 전연의 자유시
- **경향** 상징적, 저항적, 역사적
- **표현상의 특징** 잘 다듬어진 상징적 시어로 심도 있는 이미지를 담고 있다.
  동학혁명 정신을 배경으로 깔고 저항의지를 짙게 표현하고 있다.
  '타네/ 불타네' 와 '타네/ 불타네/ 녹두꽃 타네' 의 동의어(同義語)반복을 하고 있다.

이해와 감상

김지하는 표제(表題) 「녹두꽃」으로써 녹두장군 전봉준(全琫準, 1853~1895)의 동학혁명(1894) 정신을 상징적으로 표방하고 있다.
작자는 그가 군사독재에 저항하며 옥중에서 투쟁하던 당시의 상황에서 '빈손 가득히 움켜쥔/ 햇살에 살아/ 벽에도 쇠창살에도/ 노을로 붉게 살아/ 타네/ 불타네' 하며, 전봉준의 혁명정신을 노을로 붉게 탄다는 상징적인 칭송을 하고 있다.
시인은 그가 고문당하며 옥고 속에 '깊은 상처에 살아/ 모질수록 매질 아래 날이 갈수록' 시달리는 형국의 나날을 '굳은 벽 속의 마지막/ 통곡으로 살아' 가면서도 '타네/ 불타네/ 녹두꽃 타네' 의 눈부신 신념 속에 순교의 '횃불 '을 가슴 속에 불지른다.
'시구문' (水口門, 수구문의 구어체화)이란 지금 서울의 광희문(光熙門, 태조 5년인 서기 1396년에 초창) 옛 터전으로서 조선왕조 때 처형당한 사람들을 이곳에 내다버렸던 통곡의 문이다. '육시' (戮屍)란 이미 죽은 이에게 다시 목을 치는 참형이거니와, 작자는 군사독재의 탄압 아래 '너희, 나를 육시토록/ 끝끝내 살아' 로써 참혹한 죽음 속에서도 녹두꽃 정신은 영원히 빛난다는 비장한 결의를 담고 있다.

정희성(鄭喜成)

경상남도 창원(昌原)에서 출생(1945~). 서울대학교 대학원 국문학과 수료. 1970년 『동아일보』 신춘문예에 시 「변신」이 당선되어 문단에 등단했다. 시집 『답청』(1974), 『저문 강에 삽을 씻고』(1978), 『한 그리움이 다른 그리움에게』(1991), 『시를 찾아서』(2001) 등이 있다.

저문 강에 삽을 씻고

흐르는 것이 물뿐이랴
우리가 저와 같아서
강변에 나가 삽을 씻으며
거기 슬픔도 퍼다 버린다
일이 끝나 저물어
스스로 깊어가는 강을 보며
쭈그려 앉아 담배나 피우고
나는 돌아갈 뿐이다
삽자루에 맡긴 한 생애가
이렇게 저물고, 저물어서
샛강 바닥 썩은 물에
달이 뜨는구나
우리가 저와 같아서
흐르는 물에 삽을 씻고
먹을 것 없는 사람들의 마을로
다시 어두워 돌아가야 한다

주제 농촌현실 인식과 우수(憂愁)
형식 전연의 자유시
경향 서정적, 상징적, 저항적
표현상의 특징 짙은 서정성이 풍기면서도 지성과 융합된 표현을 하고 있다.
　　　　　　　농촌 현실의 비극성을 비판하는 저항정신이 두드러지고 있다.
　　　　　　　시 전체 배경에는 향토적 색감의 절망적 분위기가 침울하게 깔려 있다.

이해와 감상

정희성은 1970년대 한국 농촌의 절망적인 현실에 비분을 씹으며 그것을 상징적으로 통렬하게 비판하고 있다.

하루 일을 마친 농민이 날이 저무는 강물에 삽을 씻는 것은 당연한 일이지만, 이 시의 표제인 '저문강'은 파국적 현실을 암담하게 비유하고 있다.
그러므로 삽을 씻는다는 것은 농사일도 이제는 모두가 다 끝장나고 말았다는 너무도 비참한 고발이다.
'흐르는 것이 물뿐이랴'(제1행)는 수사의 반어적(反語的)인 설의(設疑)는 심각한 현실적 문제 제기다. 그것은 '우리'(농민)가 위정자로부터 버림받아 그냥 물처럼 아무런 자국도 없이 흘러가 버리고 있다는 탄식이다.
그러므로 강물에 보람없는 삽을 씻으면서 '거기 슬픔도 퍼다 버린다'(제4행)고 낙망을 한다.
'삽자루에 맡긴 한 생애가/ 이렇게 저물고, 저물어서/ 샛강 바닥 썩은 물에/ 달이 뜨는'(제9~12행)에서 오염된 그 물에 끝장나 버린 평생의 농사마저 걷어치우고, '먹을 것 없는 사람들의 마을로/ 다시 어두워 돌아가야 한다'(제15~16행)는 배고픔에 허덕이는 농촌 현실이 처절하고 암담하게 독자에게 압도해 온다.

아버님 말씀

학생들은 돌을 던지고
무장경찰은 최루탄을 쏘아대고
옥신각신 밀리다가 관악에서도
안암동에서도 신촌에서도 광주에서도
수백 명 학생들이 연행됐다는
소식을 들을 때마다
피 묻은 작업복으로 밤늦게
술취해 돌아온 너를 보고 애비는
말 못하고 문간에 서서 눈시울만 뜨겁구나
반갑고 서럽구나
평생을 발붙이고 살아온 터전에서
아들아 너를 보고 편하게 살라 하면
도둑놈이 되라는 말이 되고
너더러 정직하게 살라 하면
애비같이 구차하게 살라는 말이 되는
이 땅의 논리가 무서워서
애비는 입을 다물었다마는
이렇다 하게 사는 애비 친구들도

평생을 살붙이고 살아온 늙은 네 에미까지도
이젠 이 애비의 무능한 경제를
대놓고 비웃을 줄 알고 더 이상
내 말에 귀를 기울이지 않는구나
그렇다 아들아, 실패한 애비로서
다 늙어 여기저기 공사판을 기웃대며
자식새끼들 벌어 먹이느라 눈치 보는
이 땅의 가난한 백성으로서
그래도 나는 할 말은 해야겠다
아들아, 행여 가난에 주눅들지 말고
미운 놈 미워할 줄 알고
부디 네 불행을 운명으로 알지 마라
가난하고 떳떳하게 사는 이웃과
네가 언제나 한 몸임을 잊지 말고
그들이 네 힘임을 잊지 말고
그들이 네 나라임을 잊지 말아라
아직도 돌을 들고
피 흘리는 내 아들아

- **주제**: 시대고(時代苦)와 고발정신
- **형식**: 전연의 산문시
- **경향**: 주지적, 훈계적, 사회비평적
- **표현상의 특징**: 일상어의 산문체이며 연을 가르지 않고 있다.
  현실고발의 전달이 잘 되는 표현을 하고 있다.
  혼란한 시대적 상황을 배경으로 깔고 있다.

이해와 감상

8·15광복 이후 이 땅의 자연 발생적인 학생 집단 데모는 1960년의 3·15부정선거 때부터였다. 자유당 장기집권 독재에 저항한 4·19의거는 민주정권을 이룬 역사적 산물이었다.

그러나 그것도 눈 깜짝할 사이였고, 1961년 5·16군사 쿠데타가 발생하므로써 이 땅에는 군사독재에 항거하는 학생 데모가 잇따르게끔 되었다.

바로 그와 같은 내용은 정희성이 「아버님 말씀」으로 구상화 시킨 것이며, 데모의 대열에 나선 아들에게 훈계하는 그대로다.

이 시의 배경은 박정희 군사정권 당시인 1970년대다. 그러나 그 이후에도 잇달은 전두환 정권 등의 군사독재며 정국의 혼란은 선량한 다수 시민에게 우수(憂愁)와 저항심만을 부추겨 오게 되었다.

이해인(李海仁)

강원도 양구(楊口)에서 출생(1945~). 올리베타노 성베네딕트 수녀회 입회. 필리핀 세인트 루이스대 영문학과 졸업, 서강대학교 대학원 종교학과 수료. 1970년 『소년』지에 동시 「하늘은」, 「아침」, 「나의 꿈 속엔」 등이 추천 완료되어 문단에 등단했다. 시집 『민들레의 영토』(1976), 『내 영혼에 불을 놓아』(1979), 『오늘은 내가 반달로 떠도』(1983), 『시간의 얼굴』(1989), 『엄마와 분꽃』(1992), 『다른 옷은 입을 수가 없네』(1999), 『외딴 마을의 빈 집이 되고 싶다』(1999), 『작은 위로』(2002), 『여행길에서』(2003) 등이 있다.

민들레의 영토

기도는 나의 음악
가슴 한 복판에 꽂아 놓은
사랑은 단 하나의
성스러운 깃발

태초부터 나의 영토는
좁은 길이었다 해도
고독의 진주를 캐며
내가 꽃으로 피어나야 할 땅

애처로이 쳐다보는
인정의 고음도
나는 싫어

바람이 스쳐 가며
노래를 하면
푸른 하늘에 피리를 불었지

태양에 쫓기어
활활 타다 남은 저녁놀에
저렇게 긴 강이 흐른다.

노오란 내 가슴이
하얗게 여위기 전

그이는 오실까

당신의 맑은 눈물
내 땅에 떨어지면
바람에 날려 보낼
기쁨의 꽃씨

흐려 오는 세월의 눈시울에
원색의 아픔을 씹는
내 조용한 숨소리

보고 싶은 얼굴이여.

주제 절대자에 대한 신앙
형식 9연의 자유시
경향 서정적, 종교적, 명상적
표현상의 특징 범상한 일상어를 가지고 말쑥한 연가(戀歌) 형식으로 다루고 있다. 제6연의 '그이', 제7연의 '당신', 제9연의 '보고 싶은 얼굴' 등은 각기 절대자를 지칭하고 있다. 전체적으로 명상적이며 낭만적인 분위기가 짙다.

이해와 감상

이해인은 수녀 시인으로서 경건한 종교적 명상 속에서 시를 써오고 있다.
「민들레의 영토」는 이해인의 첫 시집의 제재시(題材詩)인 동시에 그녀의 대표작으로 꼽히는 가편(佳篇)이다.
'민들레'란 곧 시인 이해인 자신을 의인적 수법으로 표현하고 있는 것이며, 그가 사는 영토에 절대자가 강림(降臨)하기를 간절히 기구하는 자세가 역력하게 연상된다.
그리하여 '당신의 맑은 눈물'(제7연)이 민들레의 영토에 떨어져서 민들레를 아름답게 꽃피우고, 마침내 그 '기쁨의 꽃씨'(제7연), 즉 생명의 꽃씨들을 지상에 보다 넓게 뿌리면서, 민들레의 영토에 절대자(신)의 축복을 받기를 절절하게 기도하며 명상하고 있는 화자의 모아 쥔 두 손을 엿볼 수 있다.

신달자(愼達子)

경상남도 거창(居昌)에서 출생(1943~). 숙명여자대학교 대학원 국문학과 수료. 1964년 『여상(女像)』에 「환상(幻想)의 방」이 당선되었고, 그 후 『현대문학』(1972)에 「발」, 「처음 목소리」 등이 추천 완료되어 문단에 등단했다. 시집 『봉헌문자』(1973), 『겨울 축제』(1976), 『고향의 물』(1982), 『모순의 방』(1985), 『아가』(1986), 『아버지의 빛』(1999), 『어머니 그 삐뚤삐뚤한 글씨』(2001) 등이 있다.

섬

어둠이 내리면서
나의 섬은 밝아왔다.

어둠이 내리면서 나의 꿈은
별빛으로 내리고
하루의 심지를 끈 자리에
깨어나는 섬
가장 진실된 나무 하나 자라고 있는
나의 섬에 나는 돌아와 있었다

돌아와 있는 이 하나의 사실
눈이 찔리는 저 현실로부터
등을 돌리고 바라보는 신세계新世界
나의 두 발은 초원 위를 걷고 있었다

꿈의 마른 잎을 따내면
안식安息의 꽃 한 송이 피어나고
순한 불빛이 영원처럼
섬을 둘러왔다.

돌아와 있는 이 하나의 현실
가슴 깊이 키운 새 한 마리
창공을 난다
몸 하나로
무한공간을 받쳐 든

나의 섬

서서히 어둠이 가고
어둠 따라 섬은 떠나고
하늘로 이어진 수천의 층계도 내려앉는다
섬이 지워지고
어제와 같이 아침이 오고 있었다.

주제	이상향의 표현미
형식	6연의 자유시
경향	상징적, 주지적, 환상적
표현상의 특징	흡사 아름다운 섬을 바라보는 것과도 같은 시각적 표현 중심의 감각시다. 작자의 진선미 의식이 서경적(敍景的)으로 영상미(映像美)를 잘 표현하고 있다. 일상어의 구사로 이렇다 할 시작법(詩作法)의 기교를 부리지 않으면서도 의미의 심도(深度)가 깊다.

이해와 감상

　이 시는 우선 독자에게 부담을 주지 않고 술술 읽히는 가운데 진한 감흥을 안겨준다. 얼핏 읽기에는 주정적인 서정시 같으면서도 주지적인 상징시의 세계가 환상적으로 이미지화되고 있다.
　'어둠이 내리면서/ 나의 섬은 밝아왔다'고 하는 오프닝 메시지(openning message)는 독자들에게 흡사 해 뜨기 전 바다의 여명(黎明)과도 같은 광경을 연상시키는 일모(日暮) 속의 별빛 눈부신 유토피아(utopia)의 판타지(fantasy)를 광대한 무대 위에 설정시킨다. 거기서 비로소 빛나는 꿈의 세계가 아름답게 전개된다.
　그것이 신달자가 추구하는 유토피아다. 그런데 안타깝게도 시적(詩的) 유토피아는 '이 세상에 없는' 즉 '존재하지 않는 세계'다.
　16세기 초의 영국 인문주의자 토머스 모어(Sir Thomas More, 1478~1535)가 써낸 책이 『유토피아』다. 이 말은 본래 그리스어로 '아무데도 없는 곳'(outopos)이다. 그리스어의 'ou'는 영어의 'no'이고 'topos'는 'place'다. 즉 'no place'가 유토피아의 영어식 표현이며, 토머스 모어 경(卿)이 그리스어에서 스스로가 만든 영어 단어가 'utopia'였다.
　이제 시인은 '섬'이라는 그 스스로의 '유토피아'를 시로써 창작하는 '눈이 찔리는 저 현실로부터/ 등을 돌리고 바라보는 신세계'(제3연)를 이루고는 이미 '두 발은 초원 위를 걷고 있었다'고 현실 인식의 존재론적 의미를 명쾌하게 제시했다. 어디 그 뿐이랴. 그가 창조한 '신세계'에서 '꿈의 마른 잎을 따내면/ 안식의 꽃 한 송이 피어나고/ 순한 불빛이 영원처럼/ 섬을 둘러왔다'(제4연)는 것이다. 그러나 끝내 이 눈부신 환상 여행은 '섬이 지워지고/ 어제와 같이 아침이 오고 있었다'(제6연)고 고백한다.
　16세기 초의 토머스 모어 경이 인문학으로서 이루지 못한 이상향을 오늘의 한국 시인 신달자는 끝내 시로서 그 새로운 영토를 형상화 시키므로써, 독자들을 위안하고 기쁘게 해주고 있다.

정호승(鄭浩承)

경상남도 하동(河東)에서 출생(1950~). 경희대학교 국문학과 졸업, 동 대학원 수료. 1972년 『한국일보』 신춘문예에 동시 「석굴암에 오르는 영희」가 당선되었고, 1973년 『대한일보』 신춘문예에 시 「첨성대」가 당선되어 문단에 등단했다. 1982년 『조선일보』 신춘문예에 단편소설 「위령제」도 당선되었다. 시집 『슬픔이 기쁨에게』(1979), 『서울의 예수』(1982), 『새벽 편지』(1987), 『별들은 따뜻하다』(1990), 『사랑하다가 죽어 버려라』(1997), 『외로우니까 사람이다』(1998), 『눈물이 나면 기차를 타라』(1999), 『내가 사랑하는 사람』(2000) 등이 있다.

연어

바다를 떠나 너의 손을 잡는다
사람의 손에게 이렇게
따뜻함을 느껴본 것이 그 얼마 만인가
거친 폭포를 뛰어 넘어
강물을 거슬러 올라가는 고통이 없었다면
나는 단지 한 마리 물고기에 불과했을 것이다
누구나 먼 곳에 있는 사람을 사랑하기는 쉽지 않다
누구나 가난한 사람을 사랑하기는 쉽지 않다
그동안 바다는 너의 기다림 때문에 항상 깊었다
이제 나는 너에게 가장 가까이 다가가 산란을 하고
죽음이 기다리는 강으로 간다
울지 마라
인생을 눈물로 가득 채우지 마라
사랑하기 때문에 죽음은 아름답다
오늘 내가 꾼 꿈은 네가 꾼 꿈의 그림자일 뿐
너를 사랑하고 죽으러 가는 한낮
숨은 별들이 고개를 내밀고 총총히 우리를 내려다본다
이제 곧 마른 강바닥에 나의 은빛 시체가 떠오르리라
배고픈 별빛들이 오랜만에 나를 포식하고
웃음을 터뜨리며 밤을 밝히리라

- **주제** 연어의 회귀와 조국애정신
- **형식** 전연의 자유시
- **경향** 주지적, 상징적, 연상적
- **표현상의 특징** 일상어에 의한 논리적 표현수법이 다채롭다. 연상작용에 의해 눈에 보이는 것 같은 서경적 풍경이 엮어진다. 내면세계의 의미를 비유에 의해 강조하는 표현을 하고 있다.

이해와 감상

세계적으로 잘 산다는 그런 나라들을 향해 이민을 떠나가는 이들에게 일단 읽히고 싶은 게 정호승의 「연어」다. 조국(祖國)이라는 의미는 어느 민족에게도 뜨겁고 진한 것이다.

'바다를 떠나 너의 손을 잡는다'(제1행)에서 '너'는 '조국'이다. 즉 조국의 의인화다. 바다를 떠났다는 것은 당초에 한반도의 모강(母江)을 떠나 저 멀리 베링해(Bering海) 등 먼 바다로 떠났다가 그 곳에서 성장하여 다시 어머니 품으로 회귀하는 것을 가리킨다.

그리하여 조국의 '손을 잡는다'고 한다.

'거친 폭포를 뛰어 넘어/ 강물을 거슬러 올라가는 고통이 없었다면/ 나는 단지 한 마리 물고기에 불과했을 것이다'(제4~6행)에서 그 온갖 죽음의 공포와 시련을 극복하고 귀환한 '연어'는 '한 마리 물고기' 이상의 존귀한 생명체다.

사람이 사람답지 못할 때 미물로 비유 전락되거니와, 여기서 연어는 조국(母川)을 배반하지 않는 가장 빛나는 금의환향이며, 그리하여 '이제 나는 너에게 가장 가까이 다가가 산란을 하고/ 죽음이 기다리는 강으로 간다'(제10·11행)는 눈부신 승화를 한다.

'울지 마라/ 인생을 눈물로 가득 채우지 마라/ 사랑하기 때문에 죽음은 아름답다'(제12~14행)는 표현은 '연어'를 비유하는 정호승의 인생에 대한 잠언(aporism)이며 시적 교훈(poetic instruction)이다.

고도의 이성(理性)을 가졌다는 인간이 미물이라는 '연어'가 제시하는 메타포(은유)는 가슴 속에 거듭 씹힌다.

구두 닦는 소년

구두를 닦으며 별을 닦는다
구두통에 새벽별 가득 따 담고
별을 잃은 사람들에게
하나씩 골고루 나눠 주기 위해
구두를 닦으며 별을 닦는다
하루 내 길바닥에 홀로 앉아서
사람들 발 아래 짓밟혀 나뒹구는

지난 밤 별똥별도 주워서 닦고
하늘 숨은 낮별도 꺼내 닦는다
이 세상 별빛 한 손에 모아
어머니 아침마다 거울을 닦듯
구두 닦는 사람들 목숨 닦는다
목숨 위에 내려앉은 먼지 닦는다
저녁별 가득 든 구두통 메고
겨울밤 골목길 걸어서 가면
사람들은 하나씩 별을 안고 돌아가고
발자국에 고이는 별바람 소리 따라
가랑잎 같은 손만 굴러서 간다

주제 인고(忍苦)와 희망의 추구
형식 전연의 자유시
경향 주지적, 상징적, 풍자적
표현상의 특징 쉬운 일상어로 연상작용에 의한 내면세계의 의미를 추구한다.
 작자의 인간애의 휴머니즘이 빛나고 있다.
 고통을 극복하려는 굳센 의지와 지성이 융합되어 독자에게 전달이 잘 된다.

이해와 감상

 여기서 정호승의 '별'은 '희망'의 상징어다.
 그러므로 '별을 잃은 사람들에게/ 하나씩 골고루 나눠 주기 위해/ 구두를 닦으며 별을 닦는다' (제3~5행)고 한다.
 '사람들 발 아래 짓밟혀 나뒹구는/ 지난 밤 별똥별도 주워서 닦고/ 하늘 숨은 낮별도 꺼내 닦는다' (제7~9행)에서의 '별똥별'은 '짓밟힌 인권'이며 '낮별'은 '박해 당하는 정의'의 상징어다.
 이 시는 기승전결의 수법으로 구두닦이 소년의 새벽 출발로부터 겨울밤 골목길의 귀가에로 희망을 닦는 작업이 근면 성실하게 엮어져 있다.

김승희(金勝熙)

광주(光州)에서 출생(1952~). 서강대학교 영문학과 졸업, 동 대학원 국문학과 수료. 1973년 『경향신문』 신춘문예에 시 「그림 속의 물」이 당선되어 문단에 등단했다. 시집 『태양미사』(1979), 『왼손을 위한 협주곡』(1983), 『미완성을 위한 연가』(1987), 『달걀 속의 생』(1989), 『어떻게 밖으로 나갈까』(1992), 『세상에서 가장 무서운 싸움』(1995), 『빗자루를 타고 달리는 웃음』(2000) 등이 있다.

남도창唱

동東녘은 많지만
나의 태양은 다만 무등 위에서 떠올라라

나는 남도의 딸,
문둥이처럼, 어차피, 난,
가난과 태양의 혼혈인 걸,

만장 펄럭이는 꽃상여길 따라따라
넋을 잃고
망연자실 따라가다가
무등에 서서—
무등에 서서—

가난한 사람들의 얼굴 위에
요화妖花처럼
이글거리며 피어나던
붉은 햇덩어리를 보았더니라,
모두들 사당패가 되자 함인가,
백팔번뇌 이 땅을 용서하자 함인가,

신명지펴 신명피어
벌레 같은 한평생
가난도 아니고
죄도 아닌 사람들,
나는 남도의 딸,

징채잽이처럼, 어차피, 난,
가락과 신명의 혼혈인 걸,

무등의 가락으로 해가 질 때만
노을은 원한이 되는 것이니—
천치도 아니고
부처도 아닌
내 고향 사람들의 울음을 모아
지는 해
굽이굽이
서러운 목청

돌아가— 돌아가서—
내 썩은 오장육부를 징채삼아
한바탕 노을을 두들겨 보노니
붉은 햇덩이는 업과業果처럼 둥글다가
문득 스러지면서
가장 진한 남도창唱을
철천지에— 뿌리더라—

주제 남도창과 극한 상황 극복 의지
형식 7연의 자유시
경향 서정적, 저항적, 상징적
표현상의 특징 강렬한 톤의 상징적 표현수법으로 시대고(時代苦)의 상황을 고발하고 있다.
주정적인 분위기 속에서 끈질긴 저항의지를 감정이입(感情移入) 수법으로 묘사하고 있다.
작자의 절절한 정의감이 감동적으로 표현되고 있다. '나는 남도의 딸' '혼혈인 걸' '무등에 서서' 등 동어반복을 하고 있다.

이해와 감상

김승희는 뛰어난 상상력의 발동으로 「남도창」을 구성지게 열창한다.
시인의 역량을 결정짓는 것이 상상력이라는 것은 여러 사람이 주창해 왔는데, 특히 에즈라 파운드(Ezra Loomis Pound, 1885~1972)의 "최대의 문학이란 그 언어를 가능한한 최대의 의미로서 넘쳐 나게 하는 데 존재한다"(『How to Read』, 1931)는 말이 떠오른다.
그와 같은 상상력이란 환상적이거나 비실재적(非實在的)인 것을 지적하는 것이 전혀 아니고, 눈에 보이지 않는 것, 이를테면 '아픔'이라든가 '불안'이며 '불의'(不義), 또는 인간의 '사랑' 등을 가시적(可視的)인 의미(meanings)로써 엮어내는 빼어난 묘사력을 일컫는다.

'나는 남도의 딸/ 문둥이처럼 어차피 난/ 가난과 태양의 혼혈인 걸' (제2연)에서의 가난과 태양과의 혼혈녀(混血女)라는 이 상상적 묘사(imaginative description)는 우리 눈에 보이지 않는 것이나 가시적인 의미로서 또렷이 나타나고 있다.

여기서 '태양' (sun)은 불의와 맞싸우는 '정의' (正義)의 상징어다.

광주(光州)의 상징인 큰 산 '무등에 서서// 가난한 사람들의 얼굴 위에/ 요화처럼/ 이글거리며 피어나던/ 붉은 햇덩어리를 보았더니라' (제3·4연)에서 '가난한 사람들'이란 돈이 없다는 소리가 아니라 '선량하고 정직하나 권력이 없어 압박 받는 민중'을 상징하는 것이며, '붉은 햇덩이'는 정의의 궐기를 비유하는 시어다.

화자인 남도의 딸 혼혈녀는 '천치도 아니고/ 부처도 아닌/ 내 고향 사람들의 울음을 모아/ 지는 해/ 굽이굽이/ 서러운 목청' (제6연)으로 광주 사람들의 억울함을 분노를 '내 썩은 오장육부를 징채삼아/ 한바탕 노을을 두들겨' 본다는 아픔의 오열 속에 자유와 정의의 '징'을 마음껏 울리며 목청껏 남도창을 읊고 있다.

여인 등신불
— 세브란스 병원 분만실에서

한 남자를 사랑했다고 하여
이런 고통이 있는 것은 아닙니다
한 남자와 잠깐 쾌락을 같이 했다 하여
이런 원통한 아픔이
있는 것은 아닙니다

여인들이여, 울고 찢기고 흐느끼며 발광하는
여인들이여,
이 성스러운 하얀 굴 속에서
한 남자란 이제 지극히 사소한 우연에
지나지 않습니다
짐승처럼 짐승처럼 지금 우리가
온몸을 물어 뜯으며 울부짖는 것은
스님이 영혼을 구하기 위하여
다비의 불바다 속으로 들어감과 같습니다
하얀 도자기를 구워내기 위하여
불가마 속에 천하무비의 큰 불을

지피는 것과 같습니다

도살장에서 젊은 도수가 하염없이
나의 정수리에 도끼를 내려치는
것 같습니다
도끼날이 나의 숨골에 박힐 때마다
흰 불의 꽃송이가 하염없이 튀어올라
흩어지고 있습니다
만다라의 꽃잎입니다
자비의 세례입니다

그대— 죄가 있었으면
죄를 태우십시오
그대— 업이 남았으면
업을 태우십시오

여인들의 울부짖는 소리가 어찌
범패보다 아름답지 않습니까?
범패보다 더 진한 막다른 소리들이
관처럼 하얀 방을 자욱히 메웁니다
오뇌와 비원의 처절한 촉수들이
찢어지는 살점을 쥐고 흔듭니다
쾌락처럼 그렇게 실신하면서
나는 천지 가득히 터지는 범종소리를
들은 것 같습니다

아가의 울음소리— 갓난동이의 첫 울음소리가
문득문득 하나의 태허(太虛)를 울리고
신탁처럼 장렬한 핏덩이 하나가
이제 삶 속에 우뚝 섭니다
우리는 어디에서 와서 어디로 가는가—
하얀 잠이 가득히 와서
내 육체의 모든 문을 꼭꼭 여며주고 있습니다

- **주제** 분만(分娩)의 고통과 여성의 성업(聖業)
- **형식** 6연의 자유시
- **경향** 불교적, 풍자적, 페미니즘적
- **표현상의 특징** 시어가 진술하며 불교적이다.
  각 연에서 격렬한 클라이맥스의 압축된 점층적(漸層的)인 표현수법을 보인다.
  '아닙니다', '같습니다', '~십시오', '있습니다' 등 경어체의 종결어미를 두드러지게 쓰고 있다.
  '한 남자', '여인들이여', '짐승처럼', '범패보다' 등 동어반복을 하고 있다.

이해와 감상

여성이 아기를 분만하는 일이란 성업(聖業)이다. 인류는 여성에 의해 유구한 역사를 존속하며 오늘에 이르고 있다. 김승희는 이 작품을 통해 분만하는 여성을 표제에서처럼 불교적으로 「등신불」로써 찬양하고 있다. 분만의 고통이 어떤 것인지는 저자도 까맣게 모르는 일이나, 이 작품을 통해 어렴풋이나마 그 고통이 '원통한 아픔'(제1연)이라는 처절한 아픔을 다소나마 인식하고 있다.

'울고 찢기고 흐느끼며 발광하는/ 여인들'(제2연)에 의해 '지극히 사소한 우연에/ 지나지 않 는 남자가 태어나고, '짐승처럼 짐승처럼 지금 우리가/ 온몸을 물어 뜯으며 울부짖는 것은/ 스님이 영혼을 구하기 위하여/ 다비의 불바다 속으로 들어감과 같습니다/ 하얀 도자기를 구워내기 위하여/ 불가마 속에 천하무비의 큰 불을/ 지피는 것과 같습니다'(제2연)고 하는 이 직유의 절절한 묘사는 아기의 탄생을 이끄는 모든 여성의 위대성을 제대로 깨닫지 못한 자괴와 더불어 이 절창(絶唱)에 다만 감동할 따름이다.

승려가 피안에 이르기 위해 다비에 그 육신을 맡기는 일과, 또한 불가마 속에서 천하무비의 큰 불 속에 훌륭한 도자기가 탄생하는 그 필설로 다할 수 없는 고통을 이겨내기에 참으로 필사적인 분만을 담당한 여성은 저마다 스스로 가히 '등신불'을 이루는 것이라는 데 공감한다.

'도끼날이 나의 숨골에 박힐 때마다/ 흰 불의 꽃송이가 하염없이 튀어올라/ 흩어지고 있습니다/ 만다라의 꽃잎입니다/ 자비의 세례입니다// 그대─ 죄가 있었으면/ 죄를 태우십시오/ 그대─ 업이 남았으면/ 업을 태우십시오'(제3, 4연). 이렇듯 온갖 고통 속에서도 등신불을 발원(發願)하는 정결한 여성의 분만은 다만 성업(聖業)일 따름이다.

김명인(金明仁)

경상북도 울진(蔚珍)에서 출생(1946~). 고려대학교 국문학과 졸업, 동 대학원 수료. 1973년 『중앙일보』 신춘문예에 시 「출항제(出港祭)」가 당선되어 문단에 등단했다. 시집 『동두천』(1979), 『마침내 겨울이 가려나 봐요』(1986), 『머나먼 곳 스와니』(1988), 『물 건너는 사람』(1992) 『푸른 강아지와 놀다』(1995), 『바닷가의 장례』(1997), 『길의 침묵』(1999), 『바다의 아코디언』(2001) 등이 있다.

東豆川 · 1

기차가 멎고 눈이 내렸다 그래 어둠 속에서
번쩍이는 신호등
불이 켜지자 기차는 서둘러 다시 떠나고
내 급한 생각으로는 대체로 우리들도 어디론가
가고 있는 중이리라 혹은 떨어져 남게 되더라도
저렇게 내리면서 녹는 춘삼월 눈에 파묻혀 흐려지면서

우리가 내리는 눈일 동안만 온갖 깨끗한 생각 끝에
역두驛頭의 저탄 더미에 떨어져
몸을 버리게 되더라도
배고픈 고향의 잊힌 이름들로 새삼스럽게
서럽지는 않으리라 그만그만했던 아이들도
미군을 따라 바다를 건너서는
더는 소식조차 모르는 이 바닥에서

더러운 그리움이여 무엇이
우리가 녹은 눈물이 된 뒤에도 등을 밀어
캄캄한 어둠 속으로 흘러가게 하느냐
바라보면 저다지 웅크린 집들조차 여기서는
공중에 뜬 신기루 같은 것을
발 밑에서는 메마른 풀들이 서걱여 모래 소리를 낸다

그리고 덜미에 부딪혀 와 끼얹는 바람
첩첩 수렁 너머의 세상은 알 수도 없지만
아무것도 더 이상 알 필요도 없으리라

안으로 굽혀지는 마음 병든 몸뚱이들도 닳아
맨살로 끌려가는 진창길 이제 벗어날 수 없어도
나는 나 혼자만의 외로운 시간을 지나
떠나야 되돌아올 새벽을 죄다 건너가면서

주제 시대적 갈등과 연민
형식 4연의 주지시
경향 주지적, 상징적, 문명비평적
표현상의 특징 산문체의 일상어로 긴장된 이미지를 담고 있다. 내적 갈등에 의한 사고의 감각이 날카롭다. 서경적(敍景的) 수법으로의 묘사를 하고 있다. 제1·3·4연에서 수사의 도치법을 쓰고 있다.

이해와 감상

6·25동란을 겪고, 이 땅에서 계속하여 남북간에 교전중이던 시기에 판문점(板門店)에서 소위 휴전협정(1953. 7. 23)이 성립되었다. 그 이후로 동두천(東豆川)은 미군 주둔지의 한 상징적 장소가 된 터전으로 유명해졌다. 이제는 동두천 지역의 미군들이 그 고장을 떠나 한강 이남의 오산, 평택 지역으로 이동한다고 미국측에서 발표한 바 있다(2003. 5).
어쨌거나 동두천은 서울의 용산이며 우리나라 어느 미군 주둔지에서나 마찬가지로 속칭 '지이아이'(government issue, 官給)라는 미군과 기지촌 공주님들의 아메리칸드림이 한껏 부풀던 고장이다. '기차가 멎고 눈이 내렸다 그래 어둠 속에서/ 번쩍이는 신호등/ 불이 켜지자 기차는 서둘러 다시 떠나고/ 내 급한 생각으로는 대체로 우리들도 어디론가/ 가고 있는 중이리라'(제1연)에서처럼 공주님들 뿐만 아니고, 전쟁고아로 버림받아 전쟁 폐허의 터전을 굶주리며 나돌던 아이들도 미군의 온정의 손길로 슈우샨 보이며 하우스 보이 등으로 연명하다가 그 신세를 면했다. 그리고 이번엔 상고머리에 핼로 모자를 얹어 쓰고 지이아이의 사랑의 품속에 미군을 따라 바다를 건너(제2연) 가 버리기도 하는 것이었다. 이런 저런 인생의 뒤얽힌 갈등과 연민 속에 '더러운 그리움이여'(제3연) 하고 화자가 호소하는 아픔의 모순형용. 여기에는 '첩첩 수렁 너머의 세상…… 마음 병든 몸뚱이들도 닳아/ 맨살로 끌려 가는 진창길'(제4연)에 대한 문명비평의 날카로운 시각과 더불어 뜨거운 휴머니즘의 인간애가 짙게 깔리고 있다.

출항제 出港祭

겨울의 부두에서 떠난다.
오랜 정박碇泊의 닻을 올리고
순풍을 비는 출항제,
부두의 창고 어둑한 그늘에 묻혀 남 몰래 우는
내 목숨 같던 애인이여.

오오, 무수히 용서하라 울면서 지켜보는 시대여.
지난 봄 갈 할 것 없이 우리들은 성실했다.
어두운 밤길을 걸어
맨 몸으로 떠나는 날의 새벽,
눈 내리는 세계.
우리들의 항해일지 속 뜨거운 체험으로 끼워 넣으며
불손했고 쓰라렸던 사람을 덮는다.
감동도 없이 붙들어 지킬 신념도 없이
한 때 깊이 빠져 가던 우리들의 탐닉耽溺,
일상의 식탁과 우울한 밤의 비비적거림이
한갓 구설의 불티처럼 꺼져가고 있다.
이제는 당당하게 떠나리라,
아, 실어 올린 전생애는 제 나이만큼 선창 속에서 보채고
흰 가슴에 사나운 물빛을 켜들고
먼 바다로 달려가는 무서운 시간들.
내 의식의 깊이를 횡단해 가는
알 수 없는 설레임도 들리고 있다.
차가운 눈발의 동행 속에서
하얗게 서려오던 유년의 숲,
꺾어진 꽃대궁을 끌어안고
그 때 눈물로 다스리던 가슴이여.
북풍처럼 사납게 몰려와서
목숨의 한 끝을 쪼아대는 이웃의 이목 속에서 피흘리고
문득 생사의 늪에 앙상한 채 버려지던 지난 날,
마지막 한 방울의
숨어 있던 야성의 피가 깡깡 굳은 풍토병을 적시고
한 세대의 사슬을 의롭게 풀어내던 것을,
질기고 칙칙힌 동면冬眠을 몰아세우고
우리들은 깊이 잠든 식솔들을 마저 깨웠다.
불면으로 지새우며 밤새껏 항해도를 뒤적이며
버려진 모든 목소리를 새롭게 걸러내며
내 울음이 시대의 물목을 지켜서고.
이윽고 여명 속에 떨어지는 아득한 별빛,
우리들은 마침내 물빛 푸른 어장을 찾아내었다.
풀려나는 긴장으로 또 한 번 감기는 눈꺼풀 속을
파고드는 새벽잠을 털어내고

성실한 두 팔로 기어오르는 불안을 뿌리칠 때,
우리들은 순수한 믿음의 항해 속
차고 맑은 파도처럼 떠도는 저 보이지 않는 역사의
새로운 부활을 감지한다.
끈끈한 적의를 안개처럼 피워 올리며
난파의 갯벌을 휩쓸며 바람은
한 때 우리들이 열던 출항의 부두로 내리 몰지만
허나, 굳센 믿음의 밧줄을 이어 잡으며
목숨의 한 끝을 건져내는 강인한 힘,
우리들은 불의 힘에 온 몸을 태운다.
아직도 몰아치는 눈보라에 하염없이 쓰러지며
이마 위에 솟는 피만큼 검붉게
흉중을 헹궈내는 식솔이여,
이제는 내 돛폭의 그늘에 마저 숨어라.
신선한 믿음도 밑바닥이 보이잖게
금린金鱗 밝게 떠도는 물빛, 아침의
아아, 무한한 폐활량.
우리들은 태어나지 않은 역사의 새로운 잉태 속으로 떠난다.
온 핏속에 또 다시 떠도는 체험의
오오, 무수히 용서하라, 울면서 지켜보는 시대여.
비로소 우리는 오랜 정박의 닻을 올리고
순풍을 비는 출항제,
겨울의 부두에서 떠나고 있다.

이해와 감상

　겨울의 부두를 떠나는 젊은 어부들의 넘치는 기백 속에는 아픈 시대의 발사국을 뒤덮는 새로운 의기와 신념의 눈부신 기상이 넘친다. 1973년도 『중앙일보』 신춘문예 당선작으로서, 그야말로 시단의 신선한 폐활량의 새 기운을 당당하게 채워 주었던 역편(力篇)을 우리가 함께 다시 감상해 보기로 하자. 1970년대 초라는 시대적 배경을 따져 보자면 1950년대의 6·25동란시대, 4·19의거와 이승만·이기붕 독재정권 타도, 그리고 박정희 군사쿠데타 시대로 한창 이어져 나가던 역사적 배경이었다.
　한국 시단에는 언제까지고 정치적 이데올로기에만 급급하는 울분과 분노며 혼란과 좌절, 절망의 언어들만을 요청하는 것은 아니었다. 무언가 새로운 시언어의 출현과 참신한 주제의 제시가 독자들의 가슴을 후련하게 꿰뚫어 주어야만 했다. 이 때 「출항제」는 가장 청량한 의식의 새로운 서정의 시어의 메타포로써 독자들에게 신선한 충동을 안겨준 것이다. 한국 현대시의 탈출구로서 원양어선을 탄 젊은 기백들의 세계는 「출항제」와 더불어 강력한 이미지들의 새로운 프론티어적 축제가 되었던 것이다.

정광수(鄭光修)

충청남도 천안(天安)에서 출생(1939~). 아호 우죽(又竹). 동국대학교 법학과 졸업, 동 교육대학원 수료. 『시문학』(現代文學社 發行)에 시 「입동(立冬) 때」(1973. 4), 『현대문학』에 시 「입춘(立春)」(1973. 8), 「은하송(銀河頌)」(1973. 8), 「연연(燕燕)」(1973. 8) 등이 추천 완료되어 문단에 등단했다. 시집 『연연(燕燕)』(1974), 『과무량경(過無量經)』(1984), 『부처님 21세기』(1988), 『곡신(谷神)의 새』(1991), 『산이 저만큼 돌아앉아』(1994), 『소요(逍遙)』(2000), 『천장지구(天長地久)』(2003) 등이 있다.

곡신谷神의 새

새가
언제 사람을 위해
울더냐

꽃이 어느 때
사람을 위해
옷을 벗더냐

부질없이 사람은
제 서러움에
산 아래서
돌아눕는구나

그게 어디

신의 섭리더냐

그러나, 그러나
곡신의 따끈한 손짓이구나
자궁은 근원이
아니냐

위대한
어머니인 당신

나무 둥치 마구 뒤틀리는
폭풍우 속에서도
고개 슬며시 내밀고 있었구나, 새여.

주제 생(生)의 순수가치 추구
형식 7연의 자유시
경향 페미니즘(feminism)적, 상징적, 감각적
표현상의 특징 잘 다듬어진 시어로 작자의 사상(思想)이 두드러지게 나타나고 있다. 이미지즘(imagism)의 독특한 시작법으로 표현되고 있어 알기 쉬운 것 같으나 난해한 시세계를 담고 있다.

이해와 감상

이 시를 이해하기 위해서는 최소한의 노장철학(老莊哲學)의 지식을 요구한다. 그러므로 난해시다. 겉으로는 '서정시' 같은 릴리시즘의 터치를 하고 있으나, 이 시세계는 그 야말로 오묘한 생(生)의 경지를 이미지즘의 '상징시'(symbolic poetry)로써 형상화 시키고 있다. '동양정신'의 시를 '서양시 형식'으로 엮어낸 가편(佳篇)이다.

그리스 로마의 단시(短詩), 프랑스의 상징시, 또는 심지어 일본의 하이쿠(俳句) 같은 분위기마저 복합적으로 담고 있다.

본론으로 들어가자. '곡신'(谷神)은 직설적으로 말하자면 여성의 성기(性器)를 상징하

고 있다. 노자(老子, BC 5~4C)가 써낸 『도덕경』(道德經) 81장(章) 가운데 제6장에 보면, 여성의 성기에 대하여 "곡신은 죽지 않으며, 이것이 곧 자궁(子宮)이며, 자궁의 문이다" (谷神不死, 是謂玄牝, 玄牝之門)라는 대목이 나온다. 「곡신의 새」는 한국 현대시의 여성 우위 페미니즘의 절창(絶唱)이다. 새는 짝을 찾으며 울 것이고(제1연), 꽃은 나비를 부르며 피는 것이며(제2연), 사람은 봉우리인 이상(理想)을 좇다가 끝내 죽어 산 밑에 가서 잠든다(제3연)고 한다. 드높은 산봉우리는 그 골짜기에서 샘물을 흘러 내리면서 웅장한 산을 이루며, 지구의 생물은 어느 뛰어난 것이거나 자궁을 통해서 태어나 고고의 소리를 지르며 저 잘난 체 덩군다는 철리의 시적 이미지화 작업이 그러기에 곡신 앞에서 '위대한/ 어머니인 당신' (제6연)이라고 정광수는 머리를 깊이 숙인다.

김승희의 「여인 등신불」을 감상하고 나면 정광수가 '위대한/ 어머니인 당신'을 성찰한 이 「곡신의 새」에 대한 이해가 더 커질 것 같다. 새(마지막 제7연)는 시인의 상징어이며 독자들이 마음대로 해석해도 된다. 즉 하늘을 나는 '새' (鳥)일 수도 있고, 큰 산의 샘물 솟아나는 골짜기인 그 '사이' (間)로 풀어본다면 시를 읽는 '맛' 이 또 어떨까 여긴다.

정광수는 노장(老莊)의 정신세계를 우리 시단 최초로 시의 형상화에 성공하고 있다고 본다. 처음에 이 작업은 이원섭이 시작했다. 그 후 김관식(金冠植, 「김관식」 항목 참조)이 적극적으로 작업했으나 안타깝게도 큰 뜻을 이루지 못한 채 그는 요절했다.

원왕생願往生

초하룻날 인시寅時에
예불禮佛.

문득
뒷집 조趙 서방네
큰딸 생각이 나네

하필
그렇시 ⏋ 계십애가
열일곱에 죽었지

애 낳다가
혼자 낳다가…
원왕생願往生….

사람 사는 일은
살아 있을 적 얘기
저승에 닿아
다시 오는가

모두 사내 녀석 짓이라고
했지.

이해와 감상

이 시는 풍자적인 묘사로써, 인생의 의미를 치열한 이미지로 표현시키느라 애쓰고 있음을 잘 보여준다. 이 시의 표제(表題)인 '원왕생' 이란 무슨 뜻인지를 풀어 보면 이해가 쉬워질 것이다. 그것은 불교에 있어서 사람이 죽었을 때 이 세상을 떠나 서방정토(西方淨土)인 '극락' 에 가기를 희원(希願)하는 것이다.

불자(佛子)들 누구나의 소원이 바로 '원왕생' 이다. 화자는 속사(俗事)를 후반부 두 연에서 '애 낳다가/ 혼자 낳다가…/ 원왕생…// 사람 사는 일은/ 살아 있을 적 얘기/ 저승에 닿아/ 다시 오는가' (제4·5연)라고 강렬하게 풍자함으로써 불교적인 구원(救援)의 의미를 시적 미학으로 구상화 시키고 있다. 인시(寅時) → 새벽 3시부터 5시 사이의 시간대.

안수환(安洙環)

충청남도 연기(燕岐)에서 출생(1942~). 고려대학교 대학원 수료. 1973년 『문학과 지성』에 시 「구양교(九陽橋)」, 「꽃 부근(附近)」이 추천 완료되어 문단에 등단했다. 시집 『명개나무』(1978), 『신(神)들의 옷』(1982), 『징조』(1987), 『저 들꽃이 피어 있는』(1987), 『검불꽃 길을 붙들고』(1988), 『달빛보다 먼저』(1989), 『가야 할 곳』(1994), 『풍속』(1999) 등이 있다.

겨울산

겨울산은 비우는 곳입니다
비워서 바람을 채우고
다시 굳은 몸을 풀어 춤추고
메마른 떡갈나무 잎이 춤추는 곳입니다

숨은 새도 다 날아간 산에
햇빛은 거기 와서 별 볼 일이 없습니다
벌레들은 죽고 절벽은 더욱 무너져
혹은 생명과 부활과 믿음까지 꺼져
구름은 거기 와서 별 볼 일이 없습니다

그렇게 참으로 쓸쓸한 겨울산은
우리들의 한계가 아닙니다
비로소 완전한 우리들의 현실입니다

끊임없이 감추고 감추던 물소리가
다만 골짜기에 박힌 돌이 되거나
탐내고 탐내던 집중이
북망산에 드러누운 봉분이 된 연후
그제서야 온몸을 비우는 겨울산입니다

이렇게 한 가지로 흘러다니는 바람에게
골격을 보이는 겨울산은 이승으로
무르녹아 여기도 있고 저기도 있습니다

이 겨울산에 깊이 들어온 후

우리는 비로소 남은 힘이 있습니다
찬찬히 겨울산을 밟고 내려서는
남은 힘이 있습니다
그것으로 조금 있다가
새도 부르고 벌레도 부르고
가만가만 노래를 부르면서 춤을 춥니다

주제	자연의 순수가치 추구
형식	7연의 자유시
경향	주지적, 상징적, 풍자적
표현상의 특징	주지적(主知的)인 작품이나, 산문체의 직서적(直敍的) 표현을 순화시키기 위한 기법으로서 '~입니다', '~습니다' 등의 경어체(敬語體)로 종결어미를 다루고 있다. '별 볼 일이 없습니다' 등의 동어반복을 하고 있다. 풍자적인 표현에 의해 공감도가 높아지고 있다.

이해와 감상

아름다운 자연의 회복을 위한 겨울산의 휴식이라는 비유가 자못 즐겁다.
조락의 빈 자리마다 신선한 기운인 '바람을 채우고', 어쩌면 여름내 시달리던 산의 '굳은 몸'을 풀어주는 '떡갈나무 잎이 춤추는 곳'이 겨울산이며 동시에 휴식공간(제1연)이라는 대전제로부터 기승전결(起承轉結)의 격식으로 작품이 전개된다.
본론으로 접어들면(제2연) 거기서 황막한 겨울산이 풍자된다.
몸을 가려줄 잎도, 숲도 없는 벌거벗은 산에 새가 남아 있을 리 없고, 벌레들도 죽었으며 햇빛과 구름도 기능을 잃어 화자는 '별 볼 일이 없습니다'는 냉혹한 선언을 해버린다.
그런데 이 상징적 주지시는 자연의 괴멸인 '겨울'을 통해 새가 떠나가고 벌레도 죽고 '생명과 부활과 믿음까지' 모두 상실된 '쓸쓸한 겨울산'을 '완전한 우리들의 현실'(제3연)로 이입(移入)시키는 것이다.
그것은 절망적인 이 땅의 정치 풍토며 고통받는 민중의 절망이고 그 비통한 사회 현실에 대한 시인의 고발이며 역사에의 증언이다.
그와 같은 차원에서 이 시는 독자를 안내하여 그 암담했던 1980년대의 역사 현장에다 마주 세운다. 그러나 시인은 끝내 절망하지 않는다.
'겨울산에 깊이 들어온 후'(제6연)에 '우리는 비로소 남은 힘이 있습니다'(제7연)고 선언한다. 새봄의 희망이 용솟음치기 시작하는 것이다.
여기서 동시에 영국 시인 셸리(Percy Bysshe Shelley, 1792~1822)의 시구도 떠오른다.
'겨울이 가면 봄은 머지 않으리.'
그렇다.
인고 속에 드디어 고통의 날을 떠나보내고 희망찬 새날은 밝아오는 것이다.

홀로 핀 꽃들

슬픈 이름의 꽃들이
슬픈 만큼의 빛깔로 피어 있다
할미꽃, 제비꽃, 오랑캐꽃
땅을 보며, 하늘을 보며
색깔의 슬픔 만한 봄을
피우고 있다
따뜻한 봄날 눈물 감추고
연약한 이름 지키며
있는 듯 없는 듯 언덕에 숨어
누구도 보지 못하는
봄을 지키고 있다

이해와 감상

한국 현대시사(現代詩史)에서 최초로 '꽃의 고독'(soltitude of a flower)을 객관적으로 노래한 것은 '저만치 혼자서 피어 있네'라고 한 김소월의「산유화」(山有花)였다.

안수환의「홀로 핀 꽃들」은「산유화」이래로 가장 두드러진 제재(題材)로 꽃의 고독을 눈부시게 형상화 시키고 있다.

한국 현대시는 20세기 초부터 서양으로부터의 그 시형식(詩形式)을 도입했거니와 서구의 근대시 최초로 꽃의 고독을 노래한 것은 워즈워드(William Wordsworth, 1770~1850)의「수선화」(Daffodils)였다.

'나는 구름 속을 혼자서 헤매였네/ 골짜기며 언덕 위로 떠도는 구름처럼'(I wander'd lonely as a cloud/ That floats on high o′er vales and hills,).

안수환은 꽃의 고독에다 새로운 의미를 부여하고 있는 데서, 워즈워드나 김소월과 시각을 달리하는 새로운 시대의 꽃의 고독을 다음처럼 노래하고 있는 것이다.

'있는 듯 없는 듯 언덕에 숨어/ 누구도 보지 못하는/ 봄을 지키고 있다.' (제9~11행)에서 '봄'을 지키는, 즉 '희망'의 파수꾼인「홀로 핀 꽃」들은 스스로의 고독을 끈질기게 극복하느라 '눈물 감추고' 더구나 '연약한 이름을 지키며' 언덕에 숨은 채, 아무도 발견해 내지 못하는 '봄'을, 즉 독재자와 그 압제로부터의 '자유'를 수호하고 있는 것이다.

안수환은 지나간 시대의 낭만주의적 감상(感傷)의 센티멘털리즘(sentimentalism)의 시 세계가 아닌, 자유 구현의 투사로서의 굳은 결의 속에 '할미꽃', '제비꽃', '오랑캐꽃'들을 다채롭게 의인화(擬人化) 시키고 있어 주목된다.

송수권(宋秀權)

전라남도 고흥(高興)에서 출생(1940~). 서라벌예술대학 문예창작과 졸업. 1975년 『문학사상』 신인상에 시 「산문(山門)에 기대어」외 4편이 당선되어 문단에 등단했다. 시집 『산문에 기대어』(1980), 『꿈꾸는 섬』(1982), 『아도(啞陶)』(1984), 『새야 새야』(서사시집, 1986), 『우리들의 땅』(1988), 『자다가도 그대 생각하면 웃는다』(1991), 『별밤지기』(1992), 『바람에 지는 아픈 꽃잎처럼』(1994), 『수저통에 비치는 저녁 노을』(1998), 『파천무(破天舞)』(2001) 등이 있다.

산문山門에 기대어

누이야
가을산 그리메에 빠진 눈썹 두어 낱을
지금도 살아서 보는가
정정淨淨한 눈물 돌로 눌러 죽이고
그 눈물 끝을 따라가면
즈믄 밤의 강이 일어서던 것을
그 강물 깊이깊이 가라앉은
고뇌의 말씀들
돌로 살아서 반짝여 오던 것을
더러는 물 속에서 튀는 물고기같이
살아 오던 것을
그리고 산다화山茶花 한 가지 꺾어
스스럼없이 건네이던 것을

누이야 지금도 살아서 보는가
가을산 그리메에 빠져 떠돌던,
그 눈썹 두어 낱을 기러기가
강물에 부리고 가는 것을
내 한 잔은 마시고 한 잔은 비워 두고
더러는 잎새에 살아서 튀는 물방울같이
그렇게 만나는 것을

누이야 아는가
가을산 그리메에 빠져 떠돌던
눈썹 두어 낱이
지금 이 못물 속에 비쳐 옴을

주제 입산한 여성에의 정한(情恨)
형식 3연의 자유시
경향 불교적, 서정적, 페미니즘적
표현상의 특징 주정적인 시어로 정감 넘치는 서정을 불교적으로 이미지화 시키고 있다.
 '지금도 살아서 보는가'는 설의법을 써서, 속세를 떠난 '누이'에게 묻고 있다.
 각 연의 끝에 '~을'이라는 관형사(冠形詞)로 만들어주는 어미를 달아 이채롭게 표현하고 있다.
 호격조사 '야'를 달아서 '누이야'를 동어반복하며 각 연의 첫머리에서 부르고 있다.
 고어 '그리메'(그림자), '즈믄'(천, 千)을 시어로 쓰고 있다.

이해와 감상

산문(山門)이란 불가(佛家)를 상징하는 시어다. 송수권이 이 시 각 연의 서두에 달고 있는 '누이'라는 여성명사는 '친누이'를 가리키는 것은 아니고, 속세를 떠나 불가(佛家)로 가버린 여성, 즉 여승의 수도를 하는 젊은 여인을 상징적으로 설정한 것으로 본다.
 여성이 머리를 깎고 불법(佛法)에 귀의한다는 것은 결코 범상한 행동이 아닌, 참으로 인생으로서의 마지막 처절한 결의로서만이 가능한 고답적인 행동이라고 본다.
　그러기에 화자는 서두에서 '누이야/ 가을산 그리메에 빠진 눈썹 두어 낱을/ 지금도 살아서 보는가'고 묻고 있다. '그리메'란 '그림자'의 옛말이거니와, 그렇다면 가을산 그림자에 빠진 눈썹 두어 낱이란 어떤 상황을 은유하고 있는 것인가. 이것은 사랑의 별리(別離)를 가리킨다. 좀 더 구체적으로 지적하자면 해 저물던 가을날 작별한 젊은 두 연인의 상징어가 눈썹이다. 두어 낱의 하나는 입산 출가한 여성의 것이고 다른 하나는 속세에 머물게 된 남성의 것이다. 이와 같은 맥락에서 이 난해시를 풀어간다면 좋을 것 같다.

제祭ㅅ날

　　　천 길 눈구렁 속에 까마귀 울음 파묻히고
　　　고비나물 한 두름 장바구니에 담아 오고
　　　큰 고모 작은 고모 장바구니에 기별 통지하고
　　　길등燈을 따라 길등을 따라
　　　호롱불 그리메 크던 귀신아
　　　닭이 울면 돌아가던 귀신아
　　　대추나무 연이 걸린 자리, 지금도
　　　대추는 붉어 소리치는가
　　　대추 한 줌 놓고 울고, 빈물 떠 놓고 울고.

이해와 감상

　송수권의 이 작품은 제사에 관한 우리의 전통적 제속(祭俗)을 흥미 있게 이미지화 시켜 독자로 하여금 소박한 제례의식으로 은은한 감동을 주고 있다.
　조동율서(棗東栗西)라 하여 대추는 젯상 동쪽에 밤은 서쪽으로 접시에 담아 얹거니와, '닭이 울면 귀신이 돌아가'기 때문에 축시(丑時, 새벽 1시~3시)가 지나기 전에 제사를 마치는 것이 옛날부터 우리나라 제사의례다. 그런데 흥미 있는 것은 지금도 일본 천황궁(도쿄의 皇居)에서 일본 천황은 한국신(韓神)인 신라신(園神, 소노카미)과 백제신(韓神, 카라카미) 제사로 매년 11월 23일에 신상제(新嘗祭)라는 제사를 지낸다.
　이때도 역시 귀신이 떠나가기 전인 축시 이전까지 제사를 마치며, 축문(祝文)의 본축문은 그 표제(表題)가 「한신」(韓神)이다. 더구나 경탄할 만한 사실은 이 축문에 경상도 말인 '아지매 오게, 오오오오 오게'라는 말이 나온다(홍윤기 『일본 천황은 한국인이다』 효형출판, 2000). 저자는 일본 도쿄의 천황궁에 직접 들어가서 천황가(天皇家)의 제사 진행 책임관인 궁내청(宮內廳式部樂長補)의 아베스에마사(阿倍季昌, 1943~　) 씨로부터 그 사실을 확인했다(EBS TV교육방송, 「한국신을 부른다」 『일본 황실제사의 비밀』 2002. 8. 15 특집방송).

노창선(盧昌善)

충청북도 청원(淸原)에서 출생(1954~). 청주대학교 영문학과 졸업. 충북대학교 대학원 국문학과 수료. 1975년 『한국문학』 제4회 신인상에 시 「잠의 사원(寺院)」이 당선되어 문단에 등단했다. 『뒷목』 동인. 시집 『섬』(1981), 『난꽃 진 자리』(1998) 등이 있다.

섬

우리는 섬이 되어 기다린다, 어둠 속에서
오고 가는 이 없는 끝없이 열린 바다
문득 물결 끝에 떠올랐다 사라지는
그러나 넋의 둘레만을 돌다가 스러지는
불빛, 불빛, 불빛, 불빛

외로움이 진해지면
우리들은 저마다의 가슴 깊이 내려가
지난 날의 따스한 입맞춤과 눈물과
어느덧 어깨까지 덮쳐오던 폭풍과
어지러움 그리고 다가온 이별을 기억한다

천만 겁의 일월日月이 흐르고
거센 물결의 뒤채임과 밤이 또 지나면
우리들은 어떤 얼굴로 만날까

내가 이룬 섬의 그 어느 언저리에서
비둘기 한 마리 밤바다로 떠나가지만
그대 어느 곳에 또한 섬을 이루고 있는지
어린 새의 그 날개짓으로
이 내 가슴 속 까만 가뭄을
그대에게 전해 줄 수 있는지

주제 삶의 심층심리 추구
형식 4연의 주지시
경향 초현실적, 주지적, 낭만적

> **표현상의 특징** 정감 넘치는 일상어로 심도 있는 심층심리의 이미지를 담고 있다.
> 섬을 의인화 시키는 등 내면 의식에 집중된 표현을 한다.
> '불빛, 불빛, 불빛, 불빛' 처럼 수사에 점층 구조의 동어반복의 강조법을 구사하고 있다.

이해와 감상

　시집『섬』(1981)의 표제시다.
　얼핏 읽기에는 알기 쉬운 것 같으나 실제로는 난해한 시에 속한다. 즉 노창선은 이 작품에서 일종의 '의식의 흐름'(stream of consciousness) 수법의 시적(詩的) 형상화를 시도하고 있다. 의식이란 철학의 견지에서 본다면 광의로는 현실에서의 온갖 경험 일반이며, 물리적·신체적인 것이 아닌 정신적이고 심적인 의식 작용을 말해 준다.
　문학에 있어서의 의식의 흐름이 소설로는 제임스 조이스(James. A Joyce, 1882~1941)의 대작『율리시즈』(Ulysses, 1922)며, 여류작가 버지니어 울프(Adeline Virginia Woolf, 1882~1941)의『제이콥의 방』(Jaycobś Room, 1922), 마르셀 프루스트(Marcel Proust)의『잃어버린 시간을 찾아서』(À la Recherche du Temps Perdu, 1913~28) 등이 널리 평가되어 왔다. 그런데 시에 있어서는 묘사의 방법이 소설과는 달리, 정신적이고 심적인 의식의 작용이 궁극적으로는 무의식적인 작용을 일으키게 된다. 우리나라에서는 이상(李箱,「이상」항목 참조 요망)에게서 본격적으로 등장한 '자동기술법'이 바로 그것이다. 즉 프랑스 시인 앙드레 브르똥(André Breton, 1896~1966)의 초현실주의(surrealism) 시적 방법론이 그것이다. 이것은 이성(理性)이거나 의지는 전혀 작용시키지 않고, 시적 수사(修辭), 문장법 등의 약속도 무시한 채, 모놀로그 그 자체를 자동적으로 쓰는 것이다.
　앙드레 브르똥은 프로이드(Sigmund Freud, 1896~1954)로부터 무의식의 시적 방법론을 도입하기에 이르렀다. 즉 인간의 마음의 세계는 마음의 표면에 떠오른 의식세계보다도 내면에 가라앉아 있는 무의식의 세계 쪽이 그 몇 십배나 깊고도 넓다는 점이다.
　노창선의 '우리는 섬이 되어 기다린다'(제1연)로 시작되는 이 작품은 제2연에 가면 '우리들은 저마다의 가슴 깊이 내려가/ 지난 날의 따스한 입맞춤과 눈물과/ 어느덧 어깨까지 덮쳐오던 폭풍과/ 어지러움 그리고 다가온 이별을 기억한다'고 했다.
　이상과 같은 표현은 곧 수사적(修辭的)으로 의미에 의한 문법 무시(文法無視)인 '시네시스'(synesis)이며, 무의식의 시적 표현인 것이다. 그와 같은 차원에서「섬」은 매우 주목되는 작품이며, 우리가 풀이에 매달리기보다는 전적으로 심도 있는 이미지를 중시하면서 이 작품을 주의 깊게 거듭 읽어본다면 보다 큰 공감 속에 이해가 빨라질 수작(秀作)이다.

등燈 하나

어둠 속에 서 있다고
어둠이 될 줄 아나
따라온 발자욱이 어둠에 묻힌다고
어느 별처럼 스러질 줄 아나
하늘 저 쪽 어디엔가

내 그리운 사람들 모여 산다지
그러나 나는 좀 더 걸어야 하리

누구는 새벽을 노래한다지만
초저녁이 아닌가
핏방울로 등불 켜고
홀로 걷는 이 밤길
서서 기다리는 이나
기다림을 맞으러 달려 가는 이나
핏자욱 부비고 어둠을 부비고
그리운 사람들의
그리운 입맞춤

다시 등피를 닦으며
발부리에 채이는 작은 돌까지 캐내며
어둠 속에 서서 우리 어둠을 지워야 하리

주제 시대적 저항의지
형식 3연의 주지시
경향 초현실적, 주지적, 저항적
표현상의 특징 세련된 시어로 심도 있는 이미지를 부각시키고 있다. 쉬르리얼리즘의 독특한 초현실적 시작법을 구사하고 있다. 시대적 아픔을 예리하게 추구하고 있다.
'어둠', '~줄 아나', '그리움', '어둠을', '~야 하리' 등의 잇단 동어반복을 하고 있다.

이해와 감상

「등(燈) 하나」는 시집 『섬』(1981)에 발표된 작품이다. 쉬르레알리슴의 독특한 시작법을 통해 1980년 5월의 아픔의 시대를 극복하는 저항의지를 묵중하게 전개시키고 있다. '어둠 속에 서 있다고/ 어둠이 될 줄 아나'(제1연)에서의 '어둠'은 군사독재 시대의 '불의와 불법'의 풍자적인 상징어다. 결코 사악한 제도에 물들 수 없다는 결연한 의지의 메시지다. '하늘 저 쪽 어디엔가/ 내 그리운 사람들 모여 산다지/ 그러나 나는 좀 더 걸어야 하리'(제1연)에서 '하늘 저 쪽 어디엔가'의 '어디'란 지금의 암흑 속에서 화자가 절실히 갈망하는 '자유민주화의 터전'을 가리키는 초현실적 표현이다. 왜냐하면 그 곳은 지금 도저히 현실적으로 찾아갈 수 없는 세계이기 때문이다. 그곳에 '내 그리운 사람들 모여 살' 기 때문에 그 희망의 터전을 향해 아직도 '나는 좀 더 걸어가야 하리'(제1연)라는 군센 의지를 세운다. '누구는 새벽을 노래한다지만/ 초저녁이 아닌가'(제2연)에서 '새벽'도 '저 쪽 어디'와의 공통적 상징의 상사어(相似語)다. 새벽을 향해 가기엔 아직 '초저녁'이기에, 일단 '핏방울로 등불 켜고/ 홀로 걷는 이 밤길'(제2연)은 너무도 처절한 그야말로 비통한 현실이다. 이 시는 수미상관의 연결어미로써 마지막 연에서 '어둠'이 될 수 없었던(제1연) 강렬한 의지로써 '어둠을 지워야 하리'(제3연)라는 결의의 등불을 눈부시게 켠다. 표제인 '등'(燈)은 '어둠'이라는 불의를 제거하는 정의의 '광명'이다.

김광규(金光圭)

서울에서 출생(1941~). 서울대학교 독문학과 졸업, 동 대학원 수료. 1975년 『문학과 지성』에 「시론(詩論)」을 발표하며 문단에 등단했다. 시집 『우리를 적시는 마지막 꿈』(1979), 『반달곰에게』(1981), 『아니다 그렇지 않다』(1983), 『크낙산의 마음』(1986), 『좀팽이처럼』(1988), 『아니리』(1990), 『물길』(1994), 『가진 것 하나도 없지만』(1998), 『처음 만나던 때』(2003) 등이 있다.

희미한 옛사랑의 그림자

4·19가 나던 해 세밑
우리는 오후 다섯시에 만나
반갑게 악수를 나누고
불도 없는 차가운 방에 앉아
하얀 입김 뿜으며
열띤 토론을 벌였다.
어리석게도 우리는 무엇인가를
정치와는 전혀 관계없는 무엇인가를
위해서 살리라 믿었던 것이다
결론 없는 모임을 끝낸 밤
혜화동 로터리에서 대포를 마시며
사랑과 아르바이트와 병역 문제 때문에
우리는 때묻지 않은 고민을 했고
아무도 귀기울이지 않는 노래를
누구도 흉내낼 수 없는 노래를
저마다 목청껏 불렀다.
돈을 받지 않고 부르는 노래는
겨울밤 하늘로 올라가
별똥별이 되어 떨어졌다

그로부터 18년 오랜만에
우리는 모두 무엇인가 되어
혁명이 두려운 기성 세대가 되어
넥타이를 매고 다시 모였다
회비를 만 원씩 걷고

처자식들의 안부를 나누고
월급이 얼마인가 서로 물었다
치솟는 물가를 걱정하며
즐겁게 세상을 개탄하고
익숙하게 목소리를 낮추어
떠도는 이야기를 주고받았다
모두가 살기 위해 살고 있었다
아무도 이젠 노래를 부르지 않았다
적잖은 술과 비싼 안주를 남긴 채
우리는 달라진 전화번호를 적고 헤어졌다
몇이서는 포커를 하러 갔고
몇이서는 춤을 추러 갔고
몇이서는 허전하게 동숭동 길을 걸었다
돌돌 말은 달력을 소중하게 옆에 끼고
오랜 방황 끝에 되돌아온 곳
우리의 옛사랑이 피흘린 곳에
낯선 건물들 수상하게 들어섰고
플라타너스 가로수들은 여전히 제자리에 서서
아직도 남아 있는 몇 개의 마른 잎 흔들며
우리의 고개를 떨구게 했다
부끄럽지 않은가
부끄럽지 않은가
바람의 속삭임 귓전으로 흘리며
우리는 짐짓 중년기의 건강을 이야기했고
또 한 발짝 깊숙이 늪으로 발을 옮겼다

| 주제 | 삶의 현장의 자아성찰
| 형식 | 2연의 주지시
| 경향 | 주지적, 낭만적, 풍자적
| 표현상의 특징 | 가요의 표제식으로 과거지향적인 센티멘탈한 표제를 내세워서 이채롭다.
산문적 고백체(告白體)의 문체로 서술식 표현을 하고 있다.
'우리는', '무엇인가를', '노래를', '몇이서는', '부끄럽지 않은가' 등 동어반복을 하고 있다.

이해와 감상

18년 전 4·19세대로서의 화자가 오늘의 현실(1970년대 후반)에 서서 과거를 돌아보며 자아의 현실을 개탄한다.
　이상과 현실의 괴리가 얼마나 격렬한 차이가 있는 것인지 '열띤 토론을 벌였' 던(제6행) 4·19 당시와 '그로부터 18년 오랜만에/ ……혁명이 두려운 기성 세대가 되어' (제21행), 이제는 나약한 소시민으로서 '치솟는 물가를 걱정하며' 생활이 아닌 생존(生存) 속에, 즉 '모두가 다만 먹고 살기 위해 살고 있었다' 고 잔뜩 현실에 움츠려 든다.
　아니 세속에 찌들어 현실도피로서의 괴로움을 '포커' 며 '춤', '산책' 으로써 잊으려 버둥댄다는 진솔한 현장 리포트다. 아니 '부끄럽지 않은가/ 부끄럽지 않은가' 고 자아를 돌아보지만, '바람의 속삭임 귓전으로 흘리며' 귀가 길을 서두르는 곳에 '희미한 옛사랑의 그림자' 만 짙게 깔린다는 호소다. 모더니즘적 시민시인 박인환은 벌써 일찌감치 떠나갔고(1956년), 조병화도 타계하고(2003년), 이제 시민시인 김광규의 사회 정의감은 애환과 자괴감의 노래로써 우리의 귓전을 절절하게 때린다.

안개의 나라

언제나 안개가 짙은
안개의 나라에는
아무 일도 일어나지 않는다
어떤 일이 일어나도
안개 때문에
아무것도 보이지 않으므로
안개 속에 사노라면
안개에 익숙해져
아무것도 보려고 하지 않는다
안개의 나라에서는 그러므로
보려고 하지 말고
들어야 한다

듣지 않으면 살 수 없으므로
귀는 자꾸 커진다
하얀 안개의 귀를 가진
토끼 같은 사람들이
안개의 나라에 산다

주제 부조리 상황의 고발
형식 전연의 주지시
경향 주지적, 풍유적(風諭的), 해학적
표현상의 특징 알아듣기 쉬운 산문체의 일상어로 독자에게 전달이 잘 되는 표현을 하고 있다.
표제(表題)의 '안개의 나라'가 잇달아 동어반복 되는 수사의 점층적 강조법을 쓰고 있다.
시사적(時事的)인 상황을 두운(頭韻)으로 흥미있게 표현하고 있다.

이해와 감상

　표제(表題)「안개의 나라」는 시각적 이미지를 동원해서 부조리의 현실을 풍자하고 있는 가편(佳篇)이다.
　발상된 그 제재(題材) 자체가 '안개의 나라'다.
　물론 여기서는 '영국 런던'을 가리키는 것은 아니다.
　이 풍자시의 특징은 새타이어(satire)라는 풍자의 방법에 해학(諧謔, humour)을 곁들이고 있어서 자못 즐겁게 읽히고 있다.
　'안개 때문에/ 아무것도 보이지 않으므로/ 안개 속에 사노라면/ 안개에 익숙해져/ 아무것도 보려고 하지 않는다'는 익살스럽고도 심도 있는 풍자적 표현을 두드러지게 하고 있다. '안개의 나라에서는 그러므로/ 보려고 하지 말고/ 들어야 한다'(제10~12행)고 강조하고 있다.
　그리고 끝내 화자는 앨리고리(allegory, 諷諭)로 나무래므로써 이 시를 끝맺는 빼어난 솜씨를 보이고 있다. 즉 '듣지 않으면 살 수 없으므로/ 귀는 자꾸 커진다'는 것이다.
　어디 그 뿐인가. '하얀 안개의 귀를 가진/ 토끼 같은 사람들이/ 안개의 나라에 산다'는 것이다. 이 시를 살피자면 특히 후반부의 우의적(寓意的)인 새타이어가 자못 인상적이다.

최승호(崔勝鎬)

강원도 춘천(春川)에서 출생(1954~). 호 가을. 춘천교육대학 졸업. 1977년 『현대시학』에 시 「비발디」 등이 추천 완료되어 문단에 등단했다. 시집 『대설주의보(大雪注意報)』(1983), 『고슴도치의 마을』(1985), 『진흙소를 타고』(1987), 『세속도시의 즐거움』(1990), 『회저의 밤』(1993), 『반딧불 보호구역』(1995), 『눈사람』(1997), 『여백』(1998), 『그로테스크』(2000), 『모래인간』(2002) 등이 있다.

부엌창

양말을 벗을 때의 시원한 맨발,
발을 씻는다 이제는
부엌창을 바라보며 발을 씻는 게 자연스럽다
긴 하루의 때를 벗기는
이 짧은 시간,
발가락들은 펴지면서 다시 숨을 쉬고
발바닥이 부드러워진다
발을 씻는다 씻으면서 부엌창 밖을 보면
영곡靈谷에서도 보이던 환한 별,
그러나 지금 여기서는
전봇대의 보안등이 훨씬 밝게 빛나고 있다
순찰하는 방범대원과
긴 골목을 돌며 혼자 걷는 그림자와
감옥처럼 시멘트벽으로 나누어진 골목의 집들,
옆집에선 부부싸움 때만
인간의 커다란 목소리가 들려오고
수화기를 들면 끊는 낯선 전화
하느님에 대한 조서를 나는 아무래도 못 쓸 것 같다
아무것도 나는 모르고
죽어서는 펜대를 놓치기 때문이다
보이는 모든 것이 한 그릇 안에 꽃 핀
환상의 양파와 같다
벗겨도 벗겨도 알 수 없는 양파
늘 안개가 가리고 있는, 밑빠진, 하늘의 그릇.
발을 씻는다 비누덩이는 거품을 일으키며 녹고
고무장갑은 빨랫줄에 걸려 있다
내 손가락들이 텅 비는 날

그때는 씻지도 못할 발을 부엌에서
지금 나는 씻는다

주제	현대인의 연민과 갈등
형식	전연의 주지시
경향	문명 비평적, 풍자적, 해학적
표현상의 특징	알기 쉬운 일상어로 삶의 내면세계를 파고드는 호소력이 돋보인다. 시각적인 이미지가 중점적으로 표현되고 있다. 제재(題材)가 현실적이고 리얼하며 내면적으로 문명비평적이다.

이해와 감상

발을 씻는다는 행위는 양심의 회복을 비유한다고도 볼 수 있다. 현실적으로 사람들은 인체에서 발을 가장 불결하게 여기지만, 인간의 행동 반경이며 삶의 존재 가치로서의 발이 얼마나 중요한 것인지 따져볼 일인 것 같다. 그렇듯 이 작품은 우리가 자칫 벗어나거나 무관심한 또는 망각된 관점에서 실제적인 오늘의 현대라는 문명 사회에서 살아가는 일상(日常)의 자그마한 일들도 한편의 훌륭한 시를 구성하게 해준다는 것을 의미심장하게 보여준다. '양말'이라고 하는 생활 필수품도 따지고 보면 문명의 산물이다.

그러므로 '맨발'이라는 인체에다 덧씌운 문명의 산물인 양말을 벗을 때, 비로소 그는 자아의 본원적인 인체라는 자연으로서의 제몫을 회복하는 셈이다. 그렇다고 해서 숫제 옷도 입지 말고 원시적으로 벌거벗고 살자는 것은 아니다. 따지고 본다면 문명이란 인간에게 절대로 필요한 소산(所産)인 동시에 번거로운 수속(手續)을 부단히 요망하고 있다.

말하자면 시인의 투명한 인식 세계 속에서 문명의 소산들은 마침내 그 존재 의미가 재확인된다고도 하겠다. 그런 문명 비평적인 견지에서 이 시를 살피면, 또한 오늘의 시대를 살아가는 우리들의 삶의 현장에서 눈을 크게 뜬 시인은 누구나 다분히 흥미로운 시의 소재들도 허다하게 새로이 발견하게 된다고 본다.

시란 반드시 어렵게 쓰는 데에 그 창작의 가치가 있는 게 아니다. 우리들 주변의 모든 것으로부터 시인의 육혼(肉魂)을 거쳐 떠오르게 되는 인스피레이션(inspiration, 靈感)을 과연 어떤 시각에서 분석해서 그것을 시로서 구상화(具象化) 시킬 수 있느냐 하는 것을 그야말로 자연스럽게 보여주고 있는 게 「부엌창」이라고도 하겠다. 이 시에서 거듭 주목할 만한 것은 시각적인 표현들이 두드러지게 나타나고 있다는 점이다. 감각적인 표현 중에서 시각적 이미지는 그 표현의 역량에 의해서 이미지를 보다 심도 있게 해준다는 점도 아울러 밝혀둔다.

자동판매기

오렌지 쥬스를 마신다는 게
커피가 쏟아지는 버튼을 눌러 버렸다
습관의 무서움이다

무서운 습관이 나를 끌고 다닌다
최면술사 같은 습관이
몽유병자 같은 나를
습관 또 습관의 안개나라로 끌고 다닌다

정신 좀 차려야지
고정관념으로 굳어 가는 머리의
자욱한 안개를 걷으며
자, 차린다. 이제 나는 뜻밖의 커피를 마시며

돈만 넣으면 눈에 불을 켜고 작동하는
자동판매기를
매춘부賣春婦라 불러도 되겠다
황금黃金교회라 불러도 되겠다

주제	메커니즘에 대한 저항 의지
형식	4연의 주지시
경향	주지적, 풍자적, 문명 비평적
표현상의 특징	간결한 일상어로 직설적·직서적 묘사에 의해 전달이 잘 되는 내용을 표현을 하고 있다. 물질 만능시대에 대한 강렬한 풍자가 두드러지고 있다. '끌고 다닌다', '불러도 되겠다'는 산문체의 종결어미를 동어반복하고 있다.

이해와 감상

 오늘의 시가 운문(韻文)으로부터 산문화(散文化)되고 있는 과정에서 최승호의 「자동판매기」도 그 한 티피컬한 실례를 보이는 작품이다.
 이 시와 같은 제재(題材)의 작품은 메타포의 시적 방법을 동원한다면 이미지 전달에 어려움이 커질 것이다. 그러기에 어쩔 수 없이 산문적인 직설적 내지 직서적 표현으로 이미지 전달의 설득력을 이루고 있다. '최면술사 같은 습관이/ 몽유병자 같은 나를/ 습관 또 습관의 안개나라로 끌고 다닌다'(제2연)고 했듯이, 습관이란 인간이 타고나는 제2의 천성(天性)이라는 메타포가 되는 대목이다. 그러므로 누가 습관을 나무란다면 인간의 자연스런 천래(天來)의 기능은 끝내 파괴당하고야 말 것이다. 더더구나 고도산업화 사회에서, 인간의 개성은 대량생산의 메커니즘(기계주의)에 의해 계속 말살당하고 있는 게 현실이 아닌가. 그러기에 '정신 좀 차려야지/ 고정관념으로 굳어 가는 머리의/ 자욱한 안개를 걷으'려(제3연)는 시인의 의지는 습관의 고정관념의 틀을 깨려 해도 기계적으로 조직화 되고 집단화 되는 사회의 잇따르는 모순된 구속으로부터 좀처럼 벗어날 수 없다. 모든 것이 '자동판매기'에 의해서 속박되고 있는 것이다.
 돈만 주면 온갖 것을 마음껏 살 수 있어서 최승호는 자동판매기를 일컬어 '매춘부'라 풍자하고도 있다. 어디 그뿐인가. 돈만 꿀꺽꿀꺽 삼키는 물신 숭배시대의 '황금교회'라고까지 자동판매기에 대해 냉소적인 시니컬(cynical)한 비판을 가하고 있다.

채수영(蔡洙永)

서울에서 출생(1941~). 동국대학교 대학원 국문학과 수료. 1978년 『월간문학』 신인상에 시 「오르페우스의 거울」이 당선되어 문단에 등단했다. 시집 『목마른 잔』(1980), 『바람의 얼굴』(1983), 『세상도(世上圖)』(1985), 『율도국』(1987), 『그림자로 가는 여행』(1989), 『푸른 절망을 위하여』(1991), 『아득하면 그리워지리라』(1994), 『새들은 세상 어디를 보았는가』(1997), 『들꽃의 집』(1998) 등이 있다.

율도국
― 율도국 · 1

거기는 그렇습니다. 치국삼년治國三年에 산무도적山無盜賊했고
도불습유道不拾遺라는 어디처럼 태평성대에 봄바람도 있었다지만
슬픔도 눈물도 사랑도 아귀 같은 가난도 모두 있었답니다
사실 거기는 그렇습니다. 겨울이 날개 달고 한참 할퀴고 난 다음엔
봄을 즐거워 할 줄 아는 사람도 있었고
산 오르내리는 바람 빛나는 손짓으로 하여
꽃 같은 것들이 살고 있는 들도 있었고
검은 먹물로 땅을 더럽히는 그런 두려움도 있었다지만
'임군은 한 사람의 임군이 아니요, 천하 사람의 임군이
천명을 받아 기병起兵한'
우리 길동이가 만든 눈 맞출 곳이 있는 나라입니다
그 나라가 마음에 살고 있는데도 보이지 않을 때는
하늘을 보십시오 이유는 잘 모르지만,

- **주제** 이상향의 참다운 의미 추구
- **형식** 전연의 주지시
- **경향** 주지적, 풍자적, 상징적
- **표현상의 특징** 직서적인 산문체로 서술하고 있다. 과거형의 경어 표현을 하고 있다. 연작시 「율도국」(1987)의 제1편에 속하는 서시(序詩)에 해당하는 작품이다. 마지막 두 행에서 도치법을 쓰고 있다.

이해와 감상

「율도국」은 허균(許筠, 1569~1618)이 일찌감치 이 땅에서 설정한 조선왕조시대의 유토피아(utopia)다. 허균은 과거에 급제한 선비였으나 서자 출신으로서 적서차별에 시달렸다. 당시 그는 광해군(光海君, 1608~1623 재위)의 악정이며 당쟁 속에 탐관오리가 들끓어 피땀 흘리는 백성들이 피골상접해서 비명을 지르는 꼴을 보다 못해 혁명을 거사했다. 그러나 실패하여 복주(伏誅)하는 비운의 주인공이 되었던 비극적 인물이다.

허균은 일찍이 자기 자신의 처지를 '홍길동'(洪吉童)이라는 인물에 가탁한 소설 『홍길동전』을 썼다. 정승의 아들로 태어난 홍길동은 한갓 서출인 탓에 시대적으로 천대받다 가출하여 서민들을 모아 활빈당(活貧黨)을 조직한다. 그는 어느새 의적(義賊)의 두목이 되어 고약한 양반계급을 괴롭혀 복수하다가 이상적인 나라를 세워 왕이 된다는 줄거리다. 채수영은 『홍길동전』에서 제재(題材)를 취사하여 이 서사시를 썼다.

이 작품 「율도국·1」의 끝행 부분인 '하늘을 보십시오/ 이유는 잘 모르지만' 이라고 수사의 도치법을 써서 은유하고 있는 '하늘'은 단순한 광해군 당시의 하늘이 아닌 과거와 현재를 콘트라스트(대조)시킨 바로 이 시가 쓰였던 1980년대의 '하늘'을 지칭하고 있다. 폭군 광해군의 황당무계한 횡포며, 이 땅의 무도한 군사 쿠데타 독재하의 온갖 박해로부터 벗어나, 어딘가에 이상향을 설정하고픈 또 하나의 율도국에의 지향(志向)이다.

바람
— 산수유 32

눕힐수록 누워지는 맛에
바람은 오고 또 오지만
눕는 일도 한참 이골이 나면
대수롭지 않게 바람을 맞아
누워 버린다

일어나도 또 누워도
돌아오는 바람은 더욱 성깔난 표정으로
산으로, 바다로, 논으로, 밭으로

길 없는 길을 만들면서
눕힐 수 있는 것을 눕혀 보아도
떨어진 꽃잎에선 다시
열매가 맺힌다.

쓸어갈 것이 없는데
쓸어갈 일로 오는 바람은
가슴 깊이를 헤집어도
잎새 그리움이야 눕힐 수 없어, 바람은
머리를 앓는다.

이해와 감상

우리는 현대시사(現代詩史)에서 이름난 '바람'과 무딪쳐 온다. 영국 케임브리지대학 라틴문학 교수였던 시인 A. E 하우스만(Alfred Edward Housman, 1859~1936)이 그의 명시 「슈로프샤이어의 젊은이 13번」에서, '바람과 함께 흐르는 노래를 부른다'는 서정(抒情)의 바람은 너무도 유명했었다. 한국이라는 터전에서는 동족상잔의 비극인 6·25전쟁과 머지 않아 그 뒤를 잇는 이른바 군사독재하에서 우리에게는 서정(抒情)의 바람은 간데 없고 '동풍에 나부껴/ 풀은 눕고/ 드디어 울었다'는 김수영(金洙暎)의 모더니즘의 뼈아픈 바람이 지나갔다(「김수영」 항목 참조 요망). 그 뒤를 이어 여기 또 다른 군사독재에 강타 당하는 바람 속에서 채수영은 이제 '눕는 일도 한참 이골이 나면/ 대수롭지 않게 바람을 맞아/ 누워 버'리지만, 바람이 '눕힐 수 있는 것을 눕혀 보아도/ 떨어진 꽃잎에선 다시/ 열매가 맺힌다'는 주지(主知)의 열매가 탐스럽고 눈부시다.

언제고 위정자는 이 열매의 저항의 의미를, 아니 신랄한 지성의 새타이어에 눈을 번쩍 떠야만 한다. 여기에 채수영의 21세기의 '새 바람'이 시원스럽게 불고 있다.

강창민(姜昌民)

경상남도 함안(咸安)에서 출생(1947~). 연세대학교 대학원 국문학과 수료. 1979년 『현대문학』에 시 「나무꾼의 노래」, 「투우」, 「표류자여 표류자여」 등이 추천 완료되어 문단에 등단했다. 시집 『비가 내리는 마을』(1979), 『물음표를 위하여』(1990) 등이 있다.

늙은 왕자

잠이 깨었다.
나는 모랫벌에 누워 있고
넓은 해안에는 아무도 없었다.
내가 왜 여기 누워 있을까?
겨울 바다는 제 가슴을 칼질하며
뒤척거리는 바람 속에
나는 떨고 있다.
누가 나를 예다 버렸을까?
가족은, 벗들은
어디로 가 버렸을까?
황급히 떠난 그들의
발자국은 왜 바람이 지웠을까?
춥다.
등뼈는 이미 얼었고
눈과 귀와 코만이 멍징하게
혼돈의 시절을 그리워한다.
그들이 쓰다 버린 탈만이
조가비처럼 뒹굴 때
왜 나는 잠이 깨었을까?

주제 독재자의 말로
형식 전연의 자유시
경향 상징적, 해학적, 풍자적
표현상의 특징 간결한 산문체의 서술형식을 취하고 있다. 작자의 해학적 풍자의 세계가 상징적으로 표현되고 있다. 지성과 융합된 시적 분위기가 예리하고 비판적이다.
  '버렸을까?', '가 버렸을까?', '지웠을까?', '깨었을까?' 등의 두드러진 설의법을 쓰고 있다.

이해와 감상

　이 작품은 1980년대 초기의 것이지만, 2003년 4월에 실각한 이라크의 후세인의 모습이 연상되는 것은 무슨 까닭인가. 그것이 어느 시대이거나 역시 다수 민중을 배반한 이지러진 독재자는 그 말로가 비참하다는 역사의 입증 때문이겠다. 바닷가 모랫벌에 누웠다 잠이 깬 '늙은 왕자'의 모놀로그(monologue, 독백) 형식으로 흥미롭게 엮어지는 작품이다. '내가 왜 여기 누워 있을까?' 라고 화자는 도무지 어처구니 없어 그야말로 어안이 벙벙한 표정이다. 호사스런 궁전의 왕자비며 시녀들은 커녕, 벌벌매는 부하들은 고사하고 엄동설한의 겨울 바닷가에 나뒹굴던 늙은 왕자. '누가 나를 버렸을까.' 버림받은 이유를 아직도 깨닫지 못하고 있는 독재자의 말로가 흡사 단편영화의 시각적 이미지로 연상되는 독특한 형식의 풍자시다. 시가 독자에게 읽히기 위해서는 제재(題材)를 새로운 형식으로 제시하므로써, 표현방법의 매너리즘(mannerism)을 극복할 수 있는 전범(典範)이 바로 이런 작품이 아닌가 한다. 왜냐하면 우리 시단에는 판에 박힌 스테레오타입(stereotype)의 표현양식이 상투적으로 범람하고 있기 때문이다.

사내·2

　　겨울날 사내들이 노루사냥을 한다.
　　고함치며 산골로 몰려가
　　오오, 우우 노루를 쫓는다.
　　적설에 빠지는 노루의

　　네 발이 훝이우며
　　한 번의 모둠질에 네 개의
　　피꽃이 눈 위에 뿌려진다.
　　노루의 목줄기에 갈대통을 꽂고
　　생피를 마시는
　　사내들의 빛나는 입술.
　　사내들의 목에도 갈대통이 꽂혀 있다.

이해와 감상

　부정부패며 불의의 퇴치와 더불어 사회정화작업은 국가의 발전과 안정기조를 위해 무엇보다도 긴급한 당면과제다. 그것이 위정자들에 의해 전혀 이루어지지 않을 때 시인은 온건한 시민의식을 발휘하며 정신적 위기극복의 방편으로 에피그램(epigram, 警句)의 시로서 양심의 회복을 지적하며 호소하게 된다. 동남아 각지를 누비며 혐오동물을 정력제랍시고 매식한다. 또는 온갖 추태로 세계인으로부터 어글리·코리언으로 지탄받게 하는 몰지각한 사람들이 파죽지세로 산골을 누비면서 총을 쏴 노루피를 주둥이에 묻히는 그 꼴사나운 '사내'의 장면을 어찌 우리가 외면해 버릴 수 있을 것인가.
　월드컵 축구(2002. 6)의 자랑에 먹칠하는 추태는 이제 그칠 때도 되지 않았는가.

고형렬(高炯烈)

전라남도 해남(海南)에서 출생(1954~). 1979년 『현대문학』에 시 「장자(莊子)」, 「수풀 속에는」 등 5편이 추천 완료되어 문단에 등단했다. 시집 『대청봉(大靑峰) 수박밭』(1985), 『해청(海靑)』(1987), 『해가 떠올라 풀 이슬을 두드리고』(1988), 『서울은 안녕한가』(1991), 『사진리 대설』(1993), 『바닷가의 한 아이에게』(1994), 『마당 식사가 그립다』(1995), 『성애꽃 눈부처』(1998), 『김포 운호가든집에서』(2001), 『리틀보이』(장시, 2003) 등이 있다.

삼척에서 돌아오며

이태 만에 돌아오는 연어를 보러
일 년 만에 삼척을 일부러 갔다가
물이 차서 세수를 할 수가 없는
오십천에 온 검은 연어를 보고
대관령을 넘어 집으로 돌아오는 밤,

사십 년 동안 이 골의 아이들도
공부해서 서울로 서울로 가더니
제 할애비 뼈가 묻히고 살이 흐르는
이 삼척 고향에다가 밤낮이 없는
죽음의 공장을 기어이 세운단다
새들에게 주민에게 정기를 빼앗는
전국토원전화의 참화를 버려두고
대진항에 내리는 조용한 겨울비는
살가웁기만 하고 걱정이 없단다
절벽에 붙은 그 작은 애기항에도
시누대를 붙잡는 비의 뜻을 누가 알까
날을 저물리며 북쪽으로 날아가는
부녀 갈매기가 어둠 속에 보인다

보이지 않는 눈 녹은 검은 물소리
연어를 보고 돌아오는 지난 겨울
파란 하늘 한 구멍을 찾을 권리가
정말 우리에게 없는 까닭을 알다
그 까닭을 어머님의 고향에서 알다.

주제	U턴과 삶의 진실 추구
형식	3연의 주지시
경향	주지적, 풍자적, 문명비평적
표현상의 특징	산문체의 일상어로 심도 있는 이미지를 강력하게 부각시키고 있다. 모천회귀의 연어와 향리로 귀향하는 U턴의 대비가 문명비평적으로 대비되고 있다. 사태의 본질을 날카롭게 파헤치고 있다. 시 전편의 구성이 조사(措辭)의 특징적인 역강(力强)한 메시지의 구도를 보이고 있다.

이해와 감상

고형렬은 이른바 U턴의 과정을 풍자적인 비유로써 예리하게 파헤치고 있다. 모천(母川) 회귀하는 연어의 순수성과 정반대의 입장에서 귀향하는 인간의 회귀의 상황을 '사십 년 동안 이 골의 아이들도/ 공부해서 서울로 서울로 가더니/ 제 할애비 뼈가 묻히고 살이 흐르는/ 이 삼척 고향에다가 밤낮이 없는/ 죽음의 공장을 기어이 세운단다' (제2연)라고 원자력 발전소 건설을 신랄하게 풍자한다. 오늘날 원자화(原子化) 사업은 우리나라뿐 아니라 일본 등 외국에서도 지역사회의 뜨거운 감자로 찬반 열풍이 일고 있는 심각한 공해 문제 시비가 제기되고 있다. 시의 제재(題材)로서 연어와 인간의 회귀의 대비를 다룬 점에서 참신한 발상인 동시에 인류에게 심각한 공해 문제가 오늘의 21세기의 전개 속에 절박한 위기의식을 일깨우고 있어 자못 주목되는 가편(佳篇)이다. 앞으로 우리 시단의 시작업도 종래의 유형적(類型的)인 시표현의 진부한 사고의 틀을 과감하게 깨고 잇따라 새로운 소재 발굴의 참신한 '시작업장화'가 촉진되어야 할 것을 강조하고도 싶다.

원산에서

그리워 하는 건 우리만이 아니다
이 원산서도 배 타고 가고 싶어
원통해 하는 건 우리만도 아니다
저들도 속초에서 배 타고 오고 싶어
이삿짐 싸 싣고 오명가명
그렇게 남북민 터전을 바꾸면
이 국토 이 바다 뭐 잘못 되나
무엇이 그렇게 큰일나나
그리워 하는 건 노래로나 가능해
사상과 권력은 두려울 뿐
무리와 산하 가진 권력은 무서울 뿐이야
먹고 자기에 불편함은 없어도
그러나 오명가명
오명가명 얼마나 좋을까

와 통일 안 하나 작산치는 세상아
　배 타고 금강 들어 금강 구경하고
　배 타고 가 속초 제일극장 뒤에 내려
　설악 오르면
　이모댁도 있는 거고 형님댁도 있는 거고
　노래가 슬퍼 창피하지만
　그래도 갈 수만 있다면
　저 속초를 갈 수만 있다면
　서울서도 밤낮없이 그리워 할 것이다
　아기 시인아 나는 가고 싶어
　아기 시인아 대신 갈 수가 없지만
　이렇게 자꾸만 넘나들어

주제 국토 통일의 비원(悲願)
형식 전연의 자유시
경향 주지적, 서정적, 풍자적
표현상의 특징 국토통일의 소망을 북한(원산)쪽 입장에서 호소하고 있다. 평이한 일상어로 통일 조국의 남북왕래 양상을 표현하고 있다. 독백(獨白)하는 화자의 대사체(臺詞體)로 엮어 독자에게 전달이 잘 된다. '오명가명' (오면가면)의 방언을 동어반복하는 적층적 강조법을 쓰고 있다.

이해와 감상

　분단 조국의 통일 염원의 시는 여러 가지 형태로 노래되어 왔으나, 고형렬은 시츄에이션(situation)을 서로 바꿔, 남쪽에서가 아닌 북쪽의 입장에서 평화 통일의 열망을 형상화시킨 특색을 보였다. 휴전선 바로 북쪽 동해안의 함경남도 원산(元山)은 송도원(松濤園) 해수욕장이며 명사십리에 해당화가 아름답게 핀다는 명승지며 양항(良港)이고, 8·15 이전까지 서울과 원산의 경원선(京元線) 철도의 종착역으로도 이름난 도시다.
　그「원산에서」는 고형렬이 조국의 평화 통일을 갈망하는 소망에서, '이 원산서도 배 타고 가고 싶어/ 원통해 하는 건 우리만도 아니다/ 저들도 속초에서 배 타고 오고 싶어' 한다는 것. 그러기에 화자는 강렬한 남북교류의 의지를 불태우며 '이삿짐 싸 싣고 오명가명/ 그렇게 남북민 터전을 바꾸면/ 이 국토 이 바다 뭐 잘못 되나/ 무엇이 그렇게 큰일 나나' 고 나무라기까지 한다. 어느덧 조국 분단의 비극도 60년을 바라보게 되는 게 오늘의 시점이다. '그리워 하는 건 노래로나 가능해/ 사상과 권력은 두려울 뿐/ 무리와 산하 가진 권력은 무서울 뿐이야' 라는 강렬한 풍자에서 우리는 저마다 다시금 자아의 모습을 돌아보아야만 할 것 같다. 화자는 '그리워 한다는 건' 비현실적인 넋두리란다.
　'사상과 권력' 은 오늘의 역사적 현장에서 아직도 이 민족에게 '두려울 뿐' 인 존재며, '무서울 뿐' 이라고 탄식한다. '와 통일 안 하나 작산치는 세상아' 에서 '작산치는' 은 '떠드는' 이라는 뜻의 함경도 방언이다.
　마지막 대목에서 고형렬은 후세의 시인들에게 스스로를 자괴(自愧)하며 '아기 시인아 나는 가고 싶어' 라고 목메이며 조국의 평화 통일을 비원(悲願)한다.

황지우(黃芝雨)

전라남도 해남(海南)에서 출생(1952~). 서울대학교 미학과 졸업. 동 대학원 및 서강대학교 대학원 수료. 1980년 『문학과 지성』에 시 「대답 없는 날들을 위하여」 등을 발표하며 문단에 등단했다. 시집 『새들도 세상을 뜨는구나』(1983), 『겨울 나무로부터 봄 나무에로』(1985), 『나는 너다』(1987), 『게 눈 속의 연꽃』(1991), 『구반포 상가를 걸어가는 낙타』(1991), 『저물면서 빛나는 바다』(조각시집, 1995), 『등우량선』(1998), 『어느 날 나는 흐린 주점에 앉아 있을 거다』(1999) 등이 있다.

무등無等

山
절망의산,
대가리를밀어버
린, 민둥산, 벌거숭이산
분노의산, 사랑의산, 침묵의
산, 함성의산, 증인의산, 죽음의산,
부활의산, 영생하는산, 생의산, 희생의
산, 숨가쁜산, 치밀어오르는산, 갈망하는
산, 꿈꾸는산, 꿈의산, 그러나 현실의산, 피의산,
피투성이산, 종교적인산, 아아너무나너무나 폭발적인
산, 힘든산, 힘센산, 일어나는산, 눈뜬산, 눈뜨는산, 새벽
의산, 희망의산, 모두모두절정을이루는평등의산, 평등한산, 대
지의산, 우리를감싸주는, 격하게, 넉넉하게, 우리를감싸주는어머니

이해와 감상

표제(表題)인 「무등」은 「산」으로 이어지고 있어, 곧 광주(光州)의 명산인 '무등산'을 일컫는다. 이 작품은 조사(措辭)가 기발한 삼각형의 시각적 구도로 이루어져 자못 빼어난 모습이다. 영국에서는 "삼각형은 산이다"(The triangle is a mountain)라는 말이 있듯이, 과연 이 작품 「무등」은 「산」의 전형적인 형태다.

이 시는 발상부터 신선감이 넘치거니와 산의 콘텐츠 그 자체를 이루는 시어의 이미지 전달이 잘 되고 있다. '절망의 산'으로부터 시작되는 산의 양상은 온갖 산이 발자국하여 온 성명(聲名)을 복합적으로 수용하면서 마침내 '현실의 산'에 이른다. 거기서 우리는 '피의 산', '피투성이 산'과 마주치며 악몽과도 같았던 1980년 5월 광주의 소름끼치는 살륙에 맞선 민주화 운동을 역사에 증언한다. 즉 '일어나는 산', '눈뜬 산'이 그것이며, '우리를 감싸주는 어머니'로서의 무등산은 끝내 두 팔 크게 벌려 훈훈하게 민중을 감싸안아 준다.

참꽃

참꽃
참꽃이여 내 눈이 아프다 그대 만발은 방화같구나
참꽃이여 눈물의 폭탄인가 그대 만개 앞에 내 얼굴이 확확거리고
화주火酒 먹은 듯 내 가슴 확확 불 인다 참꽃이여
어찌하여 그대는 나를 참회의 감회로 처넣는가 나는 부끄러워
어려워서 차마 그대 만화방창을 다 지켜보지 못하겠다
두 눈 뜨고 보지 못하겠다
참꽃이여 그대, 아 꽃 피는 계절은 참다 못해 터뜨린 대성 통곡이구나
어찌하여 참꽃이여 그대 온몸으로 깔아놓은
꽃밭이 눈물 바다인지
살아 있어서 그대 혈서 같은 화석花席을 대하니
산다는 게 용서를 빌어야 하는 시절이구나 그러나
어제는 오늘을 용서하지 않으며
오늘은, 빈 광장이여
역사는 부끄러워하지 않는구나
역사는 다만 의문이며 참꽃이여 그대 눈 멀도록 저 앞산에
만개할 제 역사는 눈부신 익명이구나
역사는 익명으로 나를, 우리를, 호출하는구나
저 앞산 작고개 등심재 새재 등성이,
등성이에 불 붙은 황홀한 참꽃들──
그대 앞으로 나아가 보리라 우리,
꽃 피어나는 것이 더 이상 슬픔이 아님을
참으로 참으로 꽃 피는 참꽃들을 향해.

주제 현실 인식과 우수(憂愁)
형식 전연의 주지시
경향 주지적, 상징적, 저항적
표현상의 특징 수사(修辭)가 전적으로 의미의 심도가 깊은 알레고리(allégorie)의 우언적(寓言的) 표현을 하고 있다. '참꽃이여'를 동어반복하면서 호격조사 '여'로써 화자의 강렬한 호소력을 독자에게 절절하게 전달하고 있다.
연속되는 한 줄의 시행(詩行)에 구두점을 생략하면서도 이미지가 잘 전달되고 있다.
'그대 앞으로…/ …슬픔이 아님을/ …참꽃들을 향해' 라는 마지막 3개의 행(行)이 도치법을 쓰면서 기승전결의 결어(結語)를 맺고 있다.

이해와 감상

　김소월의 「진달래꽃」이 우리 민족의 전통적 정한(情恨)을 노래했던 1920년대로부터 약 60년이 지난 1980년대에 황지우의 「참꽃」(진달래꽃)이 우리 시단에 활짝 피어 이번에는 민족의 현실적 비분(悲憤)을 치열한 이미지로써 역설하고 있다.
　어째서 시인이 진달래 만발한 동산에서 '내 눈이 아프다 그대 만발은 방화같구나'(제2행)하고 진달래에게 남의 마을에다 함부로 불지른 방화(放火)라도 한 것처럼 꽃을 나무라는가. 참꽃이 황지우에게 최루탄인 '눈물의 폭탄'(제3행)을 쏘았다는 것이랴.
　'군사독재타도'를 외치며 들고 일어나 항거하는 민중의 대열에다 함부로 최루탄을 터뜨리고 긴 방망이를 휘두르던 80년대에 시인이 아름다운 참꽃이 벌겋게 만발한 광경에서 눈물과 고통으로 상처난 아픔의 현장을 연상했다면 그것은 너무도 자연스러운 인스피레이션(inspiration, 靈感)의 발화(發花)였다고 본다.
　만개한 진달래꽃은 화자의 눈에 불의에 맞서 손에 손잡고 일어선 노도와도 같은 양심적 저항의 큰 물결이다. 그러기에 독한 술(火酒)을 마신 듯 가슴 속에는 분노가 '확확 불 인다'고 화자는 침통하게 밝힌다. 계엄하에 총칼이 난무하던 광주(光州)의 비통한 현장을 목격하는 화자는 참회 속에 '부끄러워/ 어려워서' 절정적 상황인 '만화방창'을 너무도 참혹하여 '다 지켜보지 못하겠다'고 울먹인다. '어찌하여 참꽃이여 그대 온몸으로 깔아놓은/ 꽃밭이 눈물 바다인지'(제9, 10행) 말이다. 이것은 '통곡의 현장'의 상징어(象徵語)다. 화자는 '산다는 게 용서를 빌어야 하는 시절이구나'(제12행)하고 숙연하게 참회하고 자성하면서, 죄악을 반성할 줄 모르는 가증스러운 1980년의 역사적 난동을 힐난한다. 그리하여 정의와 심판의 날을 기약하며, 희망의 새 날을 굳게 기약하며 '참으로 참으로 꽃 피는 참꽃들을 향해'로써 결어를 맺는다.

류시화

서울에서 출생(1957~). 본명 안재찬. 경희대학교 국문학과 졸업. 1980년 『한국일보』 신춘문예에 시 「생활」이 당선되어 문단에 등단했다. 시집 『그대가 곁에 있어도 나는 그대가 그립다』(1991), 『외눈박이 물고기의 사랑』(1996), 『지금 알고 있는 걸 그때도 알았더라면』(1998), 『민들레를 사랑하는 법』(1999), 『한 줄도 너무 길다』(2000) 등이 있다.

감자와 그 밖의 것들에게

감자에게,
만일 내가 감자라면
그렇게 꽉 움켜쥔 주먹으로
자기 자신과 타인을 대하진 않으리라

어린 바닷게에게,
만일 내가 바닷게라면
그렇게 매순간 삶으로부터 달아나기 위해
자기 몸보다 더 큰 다리를 갖고 있진 않으리라

거미에게,
만일 내가 거미라면
그렇게 줄곧 허공에 매달려
초월을 꿈꾸진 않으리라

벌에게,
만일 내가 벌이라면
그렇게 참을성 없이 순간의 고통을 찌르기 위해
자신의 목숨을 버리진 않으리라

언덕에게,
만일 내가 저편 언덕이라면
그렇게 보잘 것 없는 희망으로
인간의 다리를 지치게 하진 않으리라

그리고 밤에게,
만일 내가 밤이라면
그렇게 서둘러 베개를 빼 인간들을
한낮의 외로움 속으로 데려가진 않으리라

- **주제** 삶의 인식과 잠언
- **형식** 6연의 자유시
- **경향** 잠언적, 풍자적, 상징적
- **표현상의 특징** 감자와 몇가지 생물과 사상(事像)을 대상으로 지자(智者)의 잠언적인 표현을 하고 있다.
  시어가 직설적인 논리적 표현으로 압도하고 있다.
  각 연마다 '만일 내가 ~라면' 하는 가정법(假定法)을 도입하고 있다.
  '그렇게 ~ 않으리라' 는 도식적(圖式的)인 구조의 조사(措辭)가 이채롭다.

이해와 감상

  3천년 전 솔로몬(Solomon)왕의 잠언시가 나타난 이래, 요즘 한국 현대시에도 이따금씩 잠언시가 발표되고 있다.
  특히 류시화의 이 작품은 어떤 의미로는 본격적인 잠언시의 내용을 담고 있어 시문학상의 문학성의 평가는 차치하고 우선 관심을 모으게 한다.
  감자에게 지적하는 충고에서 감자의 형태면을 일컬어 '꽉 움켜쥔 주먹' (제1연)이라는 묘사는 그야말로 역동적으로 집약된 시적 메타포다.
  여기서 의인법을 써서 감자를 비유의 대상으로 삼은 것이기는 하되, 감자 이외의 고구마던가 조약돌 등등, 그와 비슷한 형태의 사물도 허다하게 연상된다.
  화자는 바닷게에게 '그렇게 매순간 삶으로부터 달아나기 위해/ 자기 몸보다도 더 큰 다리를 갖고 있진 않으리라' (제2연)고 충고한다.
  또한 거미에게는 '그렇게 줄곧 허공에 매달려/ 초월을 꿈꾸진 않으리라' (제3연)고 나무란다.
  참으로 흥미로운 이 시대의 아포리즘(aphorism)의 시도라고 하겠다.
  그밖의 것들인 벌에게 또한 언덕, 밤 등, 류시화가 부여하는 나머지 잠언적 평가는 일단 여기서 독자들에게 맡기련다.

그대가 곁에 있어도 나는 그대가 그립다

물 속에는
물만 있는 것이 아니다
하늘에는

그 하늘만 있는 것이 아니다
그리고 내 안에는
나만이 있는 것이 아니다

내 안에 있는 이여
내 안에서 나를 흔드는 이여
물처럼 하늘처럼 내 깊은 곳 흘러서
은밀한 내 꿈과 만나는 이여
그대가 곁에 있어도
나는 그대가 그립다

주제	순수한 사랑의 의미 추구
형식	2연의 자유시
경향	서정적, 낭만적, 상징적
표현상의 특징	간결한 일상어로 전달이 잘 되는 세련된 표현을 하고 있다. '~아니다'(동어반복)라는 부정적 종결어미가 두드러지고 있다. '~이여'(동어반복)의 '~여'라는 호격조사가 거듭 표현되고 있다.

이해와 감상

아포리즘(aphorism)의 시인 류시화의 새로운 사랑의 잠언이 '그대가 곁에 있어도 나는 그대가 그립다'는 이 시의 표제(表題)다. '물 속에는/ 물만 있는 것이 아니다/ ……/ 그리고 내 안에는/ 나만이 있는 것이 아니다'(제1연)고 하면서 그 해답은 제2연의 서두에 나오고 있다. '내 안에 있는 이여'라고.

내 안에 있는 이는 다름 아닌 '내 안에서 나를 흔드는 이'(제2연)란다. 흔드는 행위 그 자체도 크게 나누면 내적(內的)으로, 외적(外的)으로 볼 수 있다.

내적인 것으로는 사랑의 정신적 갈등 양상이고, 외적인 것은 육체적인 행동 양식이며 그런 행위는 모두 순수한 사랑이 근본이기 때문에 서로는 순간적으로 조금도 떨어지기 싫어 '그대가 곁에 있어도 나는 그대가 그립다'는 것이다.

곽재구(郭在九)

광주(光州)에서 출생(1954~). 전남대학교 국문학과 졸업. 1981년 『중앙일보』 신춘문예에 시 「사평역(沙平驛)에서」가 당선되어 문단에 등단했다. 『5월시』 동인. 시집 『사평역(沙平驛)에서』(1983), 『전장포 아리랑』(1985), 『한국의 여인들』(1986), 『서울 세노야』(1990), 『참 맑은 물살』(1994), 『꽃보다 먼저 마음을 주었네』(1999) 등이 있다.

사평역沙平驛에서

막차는 좀처럼 오지 않았다.
대합실 밖에는 밤새 송이눈이 쌓이고
흰 보라 수수꽃 눈시린 유리창마다
톱밥 난로가 지펴지고 있었다.
그믐처럼 몇은 졸고
몇은 감기에 쿨럭이고
그리웠던 순간들을 생각하며 나는
한 줌의 톱밥을 불빛 속에 던져 주었다.
내면 깊숙이 할 말들은 가득해도
청색의 손바닥을 불빛 속에 적셔 두고
모두들 아무말도 하지 않았다.
산다는 것이 술에 취한 듯
한 두릅의 굴비 한 광주리의 사과를
만지작거리며 귀향하는 기분으로
침묵해야 한다는 것을
모두들 알고 있었다.
오래 앓은 기침 소리와
쓴 약 같은 입술 담배 연기 속에서
싸륵싸륵 눈꽃은 쌓이고
그래 지금은 모두들
눈꽃의 화음에 귀를 적신다.
자정 넘으면
낯설음도 뼈아픔도 다 설원인데
단풍잎 같은 몇 잎의 차창을 달고
밤 열차는 또 어디로 흘러 가는지

그리웠던 순간을 호명하며 나는
한 줌의 눈물을 불빛 속에 던져 주었다

주제 시대고(時代苦)와 삶의 의미 추구
형식 전연의 자유시
경향 서정적, 주지적, 감상적
표현상의 특징 감각적인 일상어로 주정적(主情的)인 시어 표현에 치중하고 있다.
'감기에 쿨럭이고'와 '기침 소리'라는 동의어반복(同義語反復)을 하고 있다.
'톱밥을 불빛 속에 던져 주었다'와 '눈물을 불빛 속에 던져 주었다'라는 이어(異語)반복과 비유의 수사에 '~처럼', '~듯', '~ 같은 (동어반복) 직유(直喩)가 두드러지게 표현되고 있다. '~않았다'(동어반복), '~있었다'(동어반복), '~주었다'(동어반복) 등 과거형 어미처리가 반복되고 있다.

이해와 감상

곽재구는 겨울눈 몰아치는 시골역 대합실의 정경을 통해 막차를 기다리는 사람들의 서경적(敍景的)인 무대를 설정하고 '막차는 좀처럼 오지 않았다/ 대합실 밖에는 밤새 송이눈이 쌓이고/ 흰 보라 수수꽃 눈시린 유리창마다/ 톱밥 난로가 지펴지고 있었다'고 그들의 삶의 현장을 이미지화 시키고 있다.

'톱밥 난로'는 빈곤의 상징이기보다는 오히려 정서적으로 우리의 가난한 시대의 고마운 반려(伴侶)로서 따사롭고 정답게 수용되어진다.

기차 도착을 기다리다 지친 사람들의 졸음, 감기 때문에 호된 기침을 하는 사람들의 고달픈 상황을 지켜보며, 화자는 '한 줌의 톱밥을 불빛 속에 던져 주었다'고 자신의 지나간 날의 행위를 회상한다.

여기서 잠깐 떠오르는 것은 한성기(韓性祺, 1923~1984)의 낭만적 서경시(敍景詩)인 「역」(驛, 1952)이다. 한성기의 시 시골역 '빈 대합실에는/ 의지할 의자 하나 없고', 그 후 30년만의 곽재구의 시골역 대합실에서는 앞에서 살폈듯이 톱밥 난로와 인간의 고통스러운 존재론적 상황이 담기므로써 똑같은 제재(題材)의 서경시이면서, 양자간의 오랜 세월의 시공(時空)의 흐름의 격차가 드러나는 좋은 대조를 보이고 있다.

곽재구는 한성기의 시 「역」이 탄생하고 난 2년 뒤에 이 세상에 고고의 소리를 울린 시인이다. 저자는 한국 시문학사를 연구하는 차원에서 이 두 작품을 비교 연구하면서, 우리 현대시의 발전상을 또한 독자 여러분에게 제시하는 보람도 느끼고 있다.

그와 동시에 다시 앞으로 30년 쯤 뒤에 또한 그때 가서 젊은 시인의 시골역·대합실의 어떤 서경시가 등장할 것인가를 기대도 해본다.

곽재구는 이 작품의 마지막 대목에서 '그리웠던 순간을 호명하며 나는/ 한 줌의 눈물을 불빛 속에 던져 주었다'는 어떤 '아픔'을 극명(克明)하게 제시하고 있다.

누군지 절절하게 기다리던 사람은 아픔만을 화자에게 안겨준 채 끝내 톱밥 난로의 대합실에 들어서지 않았고 밤 열차는 잠깐 섰다 가버린 것이다.

기다리던 사람은 영영 오지 못하는 불귀의 객이었던 것이다. 여기에 우리 시대 1980년의 역사의 아픔이 이 작품에 짙게 밴다.

조인자(趙仁子)

서울에서 출생(1942~). 대전사범학교 졸업. 충남대학교 영문학과 졸업. 『현대시학』에 시 「달」(1980), 「봄빛」(1980), 「날개」(1981), 「별빛」(1981) 등이 추천 완료되어 문단에 등단했다. 시집 『달빛 찾기』(1988), 『나무 향기로 오는 사랑』(2000) 등이 있다.

키알리이 레이첼(Kealii Reichel)의 노래
― 하와이 원주민 가수 키알리이 레이첼의 노래는 감미롭고 따스하네.

그의 노래에서는 원주민 처녀들이 꽃 목걸이를 만드는
푸루메리아 꽃 향기도 나고
와이키키 앞 바다의 해초 냄새도 나지만
지금도 시뻘건 불덩이를 뿜어내고 있는
빅 아일랜드 활화산의 유황 타는 냄새도 나네

그의 목소리에는
조상들의 한과 비애가 서려 있고

그들이 낙원을 빼앗기고 멸종 당하다시피 한
잔혹한 역사의 흔적은 지워지지 않는구나

타고난 구리빛 피부도, 피도
핏속의 비애의 유산도 어쩔 수 없는 것
아직도 그들의 상처에서는 피가 흐르고 있어

신에게 드리는 절절한 기원, 그 주문呪文 같은
그의 노래는 슬픔의 응혈을 씻어내리고
고통의 상처를 아물게 하고 있네.

이 세상에서 제일로 부드러운
위로와 사랑의 노래를 들려주는 목소리
"우리가 함께 포용할 때 우리의 꿈은 절대로 죽지 않고
세상의 아름다움을 바라보라"고 노래하는
햇살의 목소리, 물의 목소리, 나무의 목소리……
저 위대한 자연의 목소리 키알리이 레이첼의 노래여

주제	하와이 원주민의 비애
형식	6연의 자유시
경향	서정적, 주지적, 저항적
표현상의 특징	정감있는 일상어로 하와이 원주민에 대한 선의식(善意識)이 짙게 표현되고 있다.

주제가 선명하게 잘 전달되고 있다. '~네'라는 종결어미를 알맞게 써서 감동을 드러낸다.
하와이 원주민 대표가수 키알리이 레이첼을 설명하는 부제(副題)를 달고 있다.

이해와 감상

시인이 직접 하와이 땅에서 키알리이 레이첼의 노래를 듣고 감동을 받아쓴 일종의 기행시다. 우리는 이 시를 통해서 하와이 원주민의 슬픈 역사와 비애의 목청을 공감하게 된다. 남태평양의 8개의 화산도를 주축으로 하는 하와이섬이 미국의 제50번째 주로 편입된 것은 1959년 3월의 일이었다. 하와이하면 한국계의 재미동포들도 많이 살고 있을 뿐 아니라, 지난 2003년이 한국인들의 '하와이 이주 100주년의 해' 이기에, 더욱이 우리의 관심은 그 곳으로 쏠리지 않을 수 없다. 일제 강점기에는 한국 독립운동의 거점이기에 말이다. 레이첼의 노래에서 '원주민 처녀들이 꽃 목걸이를 만드는/ 푸루메리아 꽃 향기' 가 나고, '와이키키 앞 바다의 해초 냄새도 나지만' 조인자는 '빅 아일랜드 활화산의 유황 타는 냄새도'(제1연) 난다는 데 심도 있는 의미를 부여하고 있다.

꽃 향기나 해초 냄새보다, 어쩌면 코를 찌르는 역한 '유황 타는 냄새'는 가수 키알리이 레이첼의 서글픈 노래 속에는 강렬한 저항의식을 내뿜고 있다는 것이다. 우리 민족도 일제 강점기의 나라를 빼앗긴 아픔이 컸었지만, 백인들에게 유린당한 하와이언 역사의 발자취는 가수로 하여금 오늘도 그 아픔이 절절히 노래 줄기에 맺혀 있다고 한다.

제2, 3연이 바로 그것이며, '타고난 구리빛 피부도, 피도/ 핏속의 비애의 유산도 어쩔 수 없는 것/ 아직도 그들의 상처에서는 피가 흐르고 있어'(제4연)에서 원주민들의 역사의 아픔이 처절하게 비유되고 있다. 그러나 조인자는 '신에게 드리는 절절한 기원, ~/ 고통의 상처를 아물게 하고 있네'(제5연)에서 한국 여류 시인으로서 하와이언들에게 위안과 애정, 그리고 구원(relife)의 따사로운 숨결을 불어넣어 주고 있다. 시인은 '햇살의 목소리, 물의 목소리, 나무의 목소리'(마지막 연)로써 희망의 메시지를, 즉 광명(햇살)·생명(물)·생성(나무)을 메타포하면서, 그의 노래를 결코 절멸(絶滅)될 수 없는 상하의 낙원의 영원한 기쁨으로 이어지길 기구하는 '자연의 목소리'로서 찬양한다.

조인자는 다음과 같이 하와이 원주민의 역사를 밝히고도 있다.

"1778년 영국의 쿡 함장이 하와이 제도를 발견한 이후 백인들의 경제적, 정치적 침략은 계속되었고, 결국 하와이 땅들은 백인들에게 거의 다 넘어가고, 원주민들은 오히려 그들의 소작농으로 전락했다. 또한 백인들이 퍼뜨린 장티푸스, 콜레라, 문둥병 같은 전염병으로 수많은 원주민들이 죽어 갔다. 이러한 불쌍한 원주민들의 이야기를 전해 들은 벨기에의 대미언 신부는 24살의 나이에 하와이로 와서 오아후 섬에서 원주민들을 위하여 일하다가 나중에는 문둥병자를 격리 수용했던 몰로카이 섬에서 그들을 위하여 헌신하다 그 자신도 문둥병에 걸려 생을 마쳤다(1889년). 호놀룰루 하와이 의사당 옆에 있는 대미언 신부의 동상 앞에는 그의 희생과 사랑의 정신을 기리는 시민들의 꽃다발이 끊어지지 않고 있다. 지난날 삼십만이 넘었던 하와이 원주민이 지금은 일만삼천여 명 밖에 남아 있지 않다고 한다. 하와이 원주민 가수 키알리이 레이첼의 노래가 가슴을 울린다. 그의 목소리에는 하와이 원주민의 피맺힌 비애와 한이 서려 있다. 가슴에 검은 문신을 하고, 귀걸이, 목걸이를 하고, 아래만 가린 옛날 조상들의 옷을 입고 큰 물통을 메고 서있는 긴 머리의 그의 모습. 그는 당당한 하와이 원주민이다. 그의 노래는 온 세상 사람들에게 영원한 사랑과 평화를 호소하는 절규이며, 눈물이며, 간절한 기원이다."

양애경(梁愛卿)

서울에서 출생(1956~   ). 충남대학교 국문학과 졸업, 동 대학원 수료. 1982년 『중앙일보』 신춘문예에 시 「불이 있는 몇 개의 풍경」이 당선되어 문단에 등단했다. 『시힘』 동인. 시집 『불이 있는 몇 개의 풍경』(1988), 『사랑의 예감』(1992), 『바닥이 나를 받아주네』(1997) 등이 있다.

베스트셀러

꿈꾸게 해 주세요
가난한 집 이야기는 싫어요 잘 알거든요
부유한 남자와 가련한 처녀의 사랑을 다룬
고전적인 이야기도 좋아요
사치스런 곳에서 벌어지는 부자들의
화끈화끈한 현대적 이야기도 좋아요
사소한 감정 문제로 그들이 몹시 고민하도록 하세요
사소할수록 더 좋아요
암 그렇고 말구
돈 많다고 다 행복한 것은 아니라구
우리는 그들을 동정하고
우리의 영웅은
슬럼가에서 태어나
푸줏간에서 샌드백 대신 갈비를 두들기고
마침내는 챔피언을 링 속에 침몰시키는
왼손잽이 록키예요
와와 사람들은 주먹을 휘두르며 기뻐 날뛰고
뒷골목 만세
인간도 어디에서든 살 수 있는 것 만세(쥐들처럼 왕성히)
실패하는 이야기는 싫어요
꿈꾸게 해 주세요, 소설가 아저씨.

> **주제** 부(富)의 재인식
> **형식** 전연의 주지시
> **경향** 주지적, 상징적, 낭만적

> **표현상의 특징** 일상어의 산문체로 전달이 잘 되는 표현을 하고 있다.
> '주세요', '알거든요', '하세요' 등 조사인 '~요'를 설명어(說明語)의 어미에 붙여 존칭과 동시에 주의를 끌게 하는 효과를 이룬다. '좋아요', '만세' 등의 동어반복의 강조법을 쓰고 있다.
> 연을 가르지 않고 있으며 일반적인 주지시와는 격을 달리 하는 물씬한 낭만적 분위기가 감돈다.

이해와 감상

물신 숭배가 사회의 가치관을 뒤흔드는 시대. 더더구나 부(富)의 편재는 아무리 재능이 있고 노력을 해도 열악한 환경의 젊은이들에게는 고통과 좌절이 따른다. 그것을 피나는 인내와 노력으로 극복하고 이겨낼 때 록키와 같은 챔피언이며, 선풍적인 각종 '베스트셀러'로 세상의 빛이 된다.

양애경은 이 불확실성의 시대, 다각 다변화의 물질 만능시대의 젊은 꿈의 대변자로서 특색있는 새 스타일의 주지시를 제시하고 있다.

'꿈꾸게 해 주세요'(제1행)의 간절한 메시지. 여기서 '꿈'은 결코 하황된 것이 아니며, 확실히 가능한 것에의 도전이며 신념의 상징어다.

시는 독자에게 '위안'이 되고 '기쁨'이 될 때, 시 본래의 순수한 목적인 릴리프(relief, 救援)의 역할을 다한다.

'푸줏간에서 샌드백 대신 갈비를 두들기고/ 마침내는 챔피언을 링 속에 침몰시키는/ 왼손잡이 록키'(제14~16행)는 지구 구석구석 어두운 슬럼가에서 떠오른 만인의 태양이다.

우리나라에도 얼마든지 '록키'는 탄생해 왔고 이 세상 온갖 곳에서 '록키'는 잇따라 등장하고 있다. 요컨대 젊은이들은 젊은 힘과 기백, 피눈물나는 최선의 노력이 그 자산이 된다. 그러기에 세계의 뒷골목에서는 이따금씩 만세 소리가 터져 나오는 것이다.

'와와 사람들은 주먹을 휘두르며 기뻐 날뛰고/ 뒷골목 만세/ 인간도 어디에서든 살 수 있는 것 만세'(제17~19행)

오늘날 우리 한국 시단에는 아직도 유형적(類型的)인 시가 넘치고, 제재(題材)가 진부한 것들을 도처에서 목격하게 된다.

그런 견지에서도 챔피언 스토리의 '베스트셀러'와 같은 새로운 소재의 발굴은 한국 시문학 발전 도상에서 중요한 실험작(實驗作)으로서 평가된다.

어디에나 있는 시의 콘텐츠가 아닌 새로운 참신한 내용이 계속 등장하므로써 우리 시단을 살찌울 것이다.

그와 같은 차원에서 양애경의 「베스트셀러」는 한국 시단의 새 소재로서의 다양한 가능성을 제시한 시너지(synergy) 효과를 거두게 할 것 같다.

김용택(金龍澤)

전라북도 임실(任實)에서 출생(1948~). 순창농림고 졸업. 1982년 『창작과 비평』에 시 「섬진강·1」 등을 발표하며 문단에 등단했다. 시집 『섬진강』(1985), 『맑은 날』(1986), 『누이야 날이 저문다』(1988), 『꽃산 가는 길』(1988), 『그리운 꽃편지』(1989), 『그대 거침없는 사랑』(1994), 『강 같은 세월』(1995), 『그 여자네 집』(1998), 『나무』(2002) 등이 있다.

섬진강·1

가문 섬진강을 따라가며 보라
퍼가도 퍼가도 전라도 실핏줄 같은
개울물들이 끊기지 않고 모여 흐르며
해 저물면 저무는 강변에
쌀밥 같은 토끼풀꽃,
숯불 같은 자운영꽃 머리에 이어주며
지도에도 없는 동네 강변
식물도감에도 없는 풀에
어둠을 끌어다 죽이며
그을린 이마 훤하게
꽃등도 달아준다
흐르다 흐르다 목메이면
영산강으로 가는 물줄기를 불러
뼈 으스러지게 그리워 얼싸안고
지리산 뭉툭한 허리를 감고 돌아가는
섬진강을 따라가며 보라
섬진강물이 어디 몇놈이 달려들어
퍼낸다고 마를 강물이더냐고,
지리산이 저문 강물에 얼굴을 씻고
일어서서 껄껄 웃으며
무등산을 보며 그렇지 않느냐고 물어 보면
노을 띤 무등산이 그렇다고 훤한 이마 끄덕이는
고갯짓을 바라보며
저무는 섬진강을 따라가며 보라
어디 몇몇 애비 없는 후레자식들이
퍼간다고 마를 강물인가를.

주제	섬진강의 끈질긴 생명력 예찬
형식	전연의 자유시
경향	서정적, 상징적, 풍자적
표현상의 특징	세련된 시어로 시 전편을 역동적으로 생생하게 표현하고 있다. 작자의 향토애 정신과 굳은 의지가 짙게 배어 있다. 강물과 산을 의인화하는 빼어난 표현수법을 보인다. 마지막 대목에서 도치법을 쓰고 있다.

이해와 감상

 강물은 원천적으로 자연과 인간의 생명원인 젖줄이다. 섬진강은 진안(鎭安)에서 발원하여 남쪽으로 흘러 곡지(谷地)를 이루며 비옥한 터전을 임실이며 순창땅에 질펀하게 펼쳐 줄기차게 이어나간다.
 이 터전에 태어나서 자라난 섬진강 시인은 섬진강에 목숨을 걸어온 그 진한 애정 속에 '가문 섬진강을 따라가며 보라/ 퍼가도 퍼가도 전라도 실핏줄 같은/ 개울물들이 끊기지 않고 모여 흐르며 (제1~3행) 있다는 강물의 줄기찬 생명력에서 참다운 삶의 의미를 파악하며 참으로 희열한다.
 '해 저물면 저무는 강변에/ 쌀밥 같은 토끼풀꽃/ 숯불 같은 자운영꽃 머리에 이어주며/ 지도에도 없는 동네 강변/ 식물도감에도 없는 풀에/ 어둠을 끌어다 죽이며/ 그을린 이마 훤하게/ 꽃등도 달아준다' (제4~11행)고 하는 화자.
 그는 '토끼풀'이며 '자운영꽃'의 터전을 사랑하며 그 이름 없다는 강변에서 식물도감에도 없는 풀들이 싱싱하게 자라는 기쁨 속에 속세의 허영에 한눈팔지 않고 가난하되 소박하고 정직한 순수한 삶의 보람을 누린다는 것이다.
 그렇다. '지리산 뭉툭한 허리를 감고 돌아가는/ 섬진강을 따라가며 보라/ 섬진강물이 어디 몇놈이 달려들어/ 퍼낸다고 마를 강물이더냐' (제15~18행)고. 세상을 제멋대로 소란스럽게 어지럽히는 자들이 물욕에 눈멀고 영화에 목을 걸며 불의와 불법으로 권력의 자리를 탐내며 선량한 민중을 탄압한들, 어찌 끝내 진실이 짓밟힐 것인가.
 '무등산을 보며 그렇지 않느냐고 물어 보면/ 노을 띤 무등산이 그렇다고 훤한 이마 끄덕이는/ 고갯짓을 바라보' (제21~23행)게 되는 것이다.
 결코 마를 수 없는 강물. '몇몇 애비 없는 후레자식들이/ 퍼간다고 마를 강물' (제25·26행)이더냐고, 그 어떤 무력도 폭압도 의로운 터전을, 삶의 진실을 파괴하거나 끝내 짓밟을 수 없다는 이 메타포는 절창(絶唱)이다.

이문재(李文宰)

경기도 김포(金浦)에서 출생(1959~). 경희대학교 국문학과 졸업. 1982년『시운동』4집에 시「기념식수」,「우리 살던 옛집 지붕」등을 발표하며 문단에 등단했다. 시집『산책시편』 (1993),『마음의 오지』(1999),『내 젖은 구두 벗어 해에게 보여줄 때』(2001),『내가 만난 시와 시인』(2003) 등이 있다.

우리 살던 옛집 지붕

마지막으로 내가 떠나오면서부터 그 집은 빈집이 되었지만
강이 그리울 때 바다가 보고 싶을 때마다
강이나 바다의 높이로 그 옛집 푸른 지붕은 역시 반짝여주곤 했다
가령 내가 어떤 힘으로 버림받고
버림받음으로 해서 아니다 아니다
이러는 게 아니었다 울고 있을 때
나는 빈집을 흘러 나오는 음악 같은
기억을 기억하고 있다

우리 살던 옛집 지붕에는
우리가 울면서 이름 붙여 준 울음 우는
별로 가득하고
땅에 묻어주고 싶었던 하늘
우리 살던 옛집 지붕 근처까지
올라온 나무들은 바람이 불면
무거워진 나뭇잎을 흔들며 기뻐하고
우리들이 보는 앞에서 그 해의 나이테를
아주 둥글게 그렸었다
우리 살던 옛집 지붕 위를 흘러
지나가는 별의 강줄기는
오늘밤이 지나면 어디로 이어지는지

그 집에서는 죽을 수 없었다
그 아름다운 천장을 바라보며 죽을 수 없었다

우리는 코피가 흐르도록 사랑하고
코피가 멈출 때까지 사랑하였다
바다가 아주 멀리 있었으므로
바다 쪽 그 집 벽을 허물어 바다를 쌓았고
강이 멀리 흘러 나갔으므로
우리의 살을 베어내 나뭇잎처럼
강의 환한 입구로 띄우던 시절
별의 강줄기 별의
어두운 바다로 흘러가 사라지는 새벽
그 시절은 내가 죽어
어떤 전생으로 떠돌 것인가

알 수 없다
내가 마지막으로 그 집을 떠나면서
문에다 박은 커다란 못이 자라나
집 주위의 나무들을 못 박고
하늘의 별에다 못질을 하고
내 살던 옛집을 생각할 때마다
그 집과 나는 서로 허물어지는지도 모른다 조금씩
조금씩 나는 죽음 쪽으로 허물어지고
나는 사랑 쪽에서 무너져 나오고
알 수 없다
내가 바다나 강물을 내려다보며 죽어도
어느 밝은 별에서 밧줄 같은 손이
내려와 나를 번쩍
번쩍 들어올릴는지

주제 참다운 삶의 갈망
형식 4연의 자유시
경향 서정적, 감상적, 문명비평적
표현상의 특징 주정적인 정감 넘치는 '음악 같은 기억', '지나가는 별의 강줄기', '바다로 흘러가 사라지는 새벽' 등등, 참신한 시구의 표현미가 두드러지고 있다.
'우리 살던 옛집 지붕', '알 수 없다' 등등 동어반복을 하고 있다.
제4연의 말미에서 '알 수 없다 …… 번쩍 들어올릴는지' 라는 도치법을 쓰고 있다.
외형적으로는 제재(題材)를 감상적으로 다루면서도 문명비평적인 내면세계가 감성적 시어로 질펀하게 전개되고 있다.

이해와 감상

누구에게나 어떤 형태이건 이런 저런 아픔의 기억은 있다.

혼히들 그 생각을 지워 버리려 애쓰지만, 이문재는 오히려 그에게 정면으로 엄습한 극한 상황을, 그 아픔의 과거를 진술한 표현으로 천착하며, 삶의 진실을 규명하는 끈질긴 작업에서 이 작품의 시문학성과 함께 매력이 넘친다.

따지고 본다면 극한 상황은 우선 '투쟁' 이라는 이율배반 속에 나타나지만 이문재는 투쟁의 방법을 거부하고 시적 순응 속에서 극한 상황을 수용하는 슬기를 보인다. 그 슬기란 주제(theme)의 변용(variation)의 표현 기법을 동원해서 거센 감정을 카타르시스하는 것이다.

'마지막으로 내가 떠나오면서부터 그 집은 빈집이 되었'(제1연)다는 폐가(廢家)라는 현실적인 아픔은 몸소 체험해 보지 못한 사람에겐 결코 어떤 묘사로도 완벽하게 공감될 수는 없다. 도저히 그 곳에서 살 수 없어서 정든 집을 버리고 떠난다는 것은 너무도 비통한 일이다. 고도산업화 사회가 시동하면서부터 인구의 도시집중 현상과 함께 농어촌으로부터의 떠남이라는 악순환이 발동하게 되었다.

이문재가 떠나가게 된 옛집은 '푸른 지붕'이었다고 한다. 그 푸른 지붕의 의미는 무엇일까. 5·16군사 쿠데타 이후, 고속도로를 뚫고 「잘 살아 보자」는 노래와 함께, 단군 이래 전통적인 가난의 상징이기도 한 썩은새의 초가지붕을 벗겨 버리고 함석지붕을 얹어 거기다 파랑색이다 빨강색으로 칠을 하게 된 것이 우리의 농촌주택이었다.

그 후 잘 살자던 푸른 지붕 밑에서 '가령 내가 어떤 힘으로 버림받고/ 버림받음으로 해서'(제1연) 도저히 더는 살 수 없게 되어 하나씩 둘씩 이 집 저 집 이농의 아픔은 시작되었던 것이다. 그러기에 '울고 있을 때/ 나는 빈집을 흘러 나오는 음악 같은/ 기억을 기억하고 있다'(제1연)고 화자는 당시의 소년시절을 또렷이 뇌리에 각인하고 있다.

그런데 이 대목에서 '음악 같은 기억' 이란 어떤 것일까. 그것은 시인에게 있어서 그 푸른 지붕 밑에서 가족들과 오순도순 정겹게 살았던 날의 순수하고 아름다웠던 기억들이다.

그러기에 '우리 살던 옛집 지붕에는/ 우리가 울면서 이름 붙여 준 울음 우는/ 별로 가득하고/ 땅에 묻어주고 싶었던 하늘'(제2연)이지만 그 시절의 가난과 슬픔은 영원히 지울 수 없는 것이기에, '우리 살던 옛집 지붕 위를 흘러/ 지나가는 별의 강줄기는/ 오늘밤이 지나면 어디로 이어지는지'(제2연) 너무도 궁금하다는 것이다.

더구나 '내 살던 옛집을 생각할 때마다/ ……조금씩 나는 죽음 쪽으로 허물어지고/ 나는 사랑 쪽에서 무너져 나오고'(제4연) 있다고 절망도 한다.

그러나 화자는 결코 좌절하지 않는다.

그에게는 옛날과 같은 진실한 삶의 강렬한 갈망이 지금도 가슴 속에서 움트고 있어서 '어느 밝은 별에서 밧줄 같은 손이/ 내려와 나를 번쩍/ 번쩍 들어올릴는지/ 알 수 없다'(제4연)고 새로운 삶의 재건과 약동을 스스로 기약하고 있다.

처음에 지적했듯이 이 시는 주제의 베리에이션을 효율적으로 이미지화 시키는 데 성공하고 있다.

박노해

전라남도 함평(咸平)에서 출생(1957~). 본명 박기평(朴基平). 선린상고 졸업. 1983년 시 동인 『시와 경제』 2집 『일하는 사람들의 미래』에 시 「시다의 꿈」, 「하늘」, 「얼마짜리지」 등을 발표하며 문단에 등단했다. 시집 『노동의 새벽』(1984), 『참된 시작』(1993), 산문집 『우리들의 사랑, 우리들의 분노』(1989) 등이 있다.

노동의 새벽

전쟁 같은 밤일을 마치고 난
새벽 쓰린 가슴 위로
차거운 소주를 붓는다
아
이러다간 오래 못 가지
이러다간 끝내 못 가지

서른 세 그릇 짬밥으로
기름투성이 체력전을
전력을 다 짜내어 바둥치는
이 전쟁 같은 노동일을
오래 못 가도
끝내 못 가도
어쩔 수 없지

탈출할 수만 있다면,
진이 빠져, 허깨비 같은
스물 아홉의 내 운명을 날아
빠질 수만 있다면
아 그러나
어쩔 수 없지 어쩔 수 없지
죽음이 아니라면 어쩔 수 없지
이 질긴 목숨을,

가난의 멍에를,
이 운명을 어쩔 수 없지

늘어처진 육신에
또 다시 다가올 내일의 노동을 위하여
새벽 쓰린 가슴 위로
차거운 소주를 붓는다
소주보다 독한 깡다구를 오기를
분노와 슬픔을 붓는다

어쩔 수 없는 이 절망의 벽을
기어코 깨뜨려 솟구칠
거치른 땀방울, 피눈물 속에
새근새근 숨쉬며 자라는
우리들의 사랑
우리들의 분노
우리들의 희망과 단결을 위해
새벽 쓰린 가슴 위로
차거운 소줏잔을
돌리며 돌리며 붓는다
노동자의 햇새벽이
솟아오를 때까지

주제	노동자의 권리 회복 추구
형식	5연의 주지시
경향	고발적, 저항적, 감상적
표현상의 특징	산문체의 일상어로 직설적이고 직서적인 표현을 하고 있다. 절박한 노동현장의 고통이 박진력 있는 표현으로 전달되고 있다. '새벽 쓰린 가슴 위로/ 차거운 소주를 붓는다'는 동구(同句) 반복, 또는 '오래 못 가지', '끝내 못 가지' 등, 동의어(同義語) 반복을 하고 있다.

이해와 감상

고도산업화 과정에서 격심한 노동에 시달리는 저임금 노동자들의 비참한 현실을 시의 형식으로 호소하며 역사에 고발하고 있다.

날로 빈부의 격차가 벌어지는 가운데 산업건설의 역군인 근로자들은 소외당한 채 견딜 수 없는 빈곤 속에 박탈감으로 충격받으면서 '전쟁 같은 밤일'(제1연)의 탈진 속에 '세 그릇 짬밥으로/ 기름투성이 체력전'(제2연)으로 질곡 속에 몸부림치며, '이 질긴 목숨을/ 가난의 멍에를/ 이 운명을 어쩔 수 없지'(제3연) 하고 허탈감으로 번뇌한다.

'서른 세 그릇 짬밥'의 '서른'은 '서러운'의 구어체(口語體) 표현이며, '세 그릇 짬밥'이란 정규적인 식사가 아닌, 장시간의 노동 시간 속에 잠깐 틈을 내어 다급하게 밥을 먹는 그야말로 절박하고 숨막히는 식사를 가리킨다.

이렇듯 노동현장의 비참한 현실을 박노해는 직설적인 언어로써 진솔하게 축약적으로 표현하며 그 전형을 제시하고 있다.

바로 그와 같은 가혹한 노동의 아픔 속에서 청계천변 평화시장에서 분신한 '전태일 사건'과 같은 희생은 우리로 하여금 그 당시 모순된 사회 비리를 크게 각성시키게도 했던 것이다.

그러기에 시인은 '새벽 쓰린 가슴 위로/ 차거운 소줏잔을/ 돌리며 돌리며 붓는다/ 노동자의 햇새벽이/ 솟아오를 때까지'(마지막 연)라고, 깨끗한 노동의 떳떳하고 신성한 가치가 이루어지는 양심 있는 사회가 구현될 것을 열망한다.

흑인 노예 해방의 아버지, 링컨(Abraham Lincoln, 1809~1866)이 "앉아 있는 신사보다 서 있는 농부가 훌륭하다"고 근로의 참다운 가치를 역설했거니와 그 말을 떠올리며 아직도 열악하기 그지없는 이 땅의 노동 현장을 돌아보면 마음이 무거워질 따름이다.

'햇새벽'의 '햇'은 '새로운 태양'을 가리킨다. 그러므로 '햇새벽'은 성실한 노동자가 올바른 권리와 삶을 대접받는 날을 상징하고 있다.

안도현(安度眩)

경상북도 예천(醴泉)에서 출생(1961~). 원광대학교 국문학과 졸업. 1984년 『동아일보』 신춘문예에 시 「서울로 가는 전봉준」이 당선되어 문단에 등단했다. '시힘' 동인. 시집 『서울로 가는 전봉준』(1985), 『모닥불』(1989), 『그대에게 가고 싶다』(1991), 『외롭고 높고 쓸쓸한』(1994), 『그리운 여우』(1997), 『바닷가 우체국』(1999), 『아무것도 아닌 것에 대하여』(2001) 등이 있다.

서울로 가는 전봉준全琫準

눈 내리는 만경들 건너 가네
해진 짚신에 상투 하나 떠 가네
가는 길 그리운 이 아무도 없네
녹두꽃 자지러지게 피면 돌아올거나
울며 울지 않으며 가는
우리 봉준이
풀잎들이 북향하여 일제히 성긴 머리를 푸네

그 누가 알기나 하리
처음에는 우리 모두 이름 없는 들꽃이었더니
들꽃 중에서도 저 하늘 보기 두려워
그늘 깊은 땅 속으로 젖은 발 내리고 싶어하던
잔뿌리였더니

그대 떠나기 전에 우리는
목 쉰 그대의 칼집도 찾아 주지 못하고
조선 호랑이처럼 모여 울어 주지도 못하였네
그보다는 더운 국밥 한 그릇 말아주지 못하였네
속절없이 눈발은 그치지 않고
한 자 세 치 눈 쌓이는 소리까지 들려오나니

그 누가 알기나 하리
겨울이라 꽁꽁 숨어 우는 우리나라 풀뿌리들이
입춘 경칩 지나 수군거리며 봄바람 찾아오면
수천 개의 푸른 기상나팔을 불어제낄 것을

지금은 손발 묶인 저 얼음장 강줄기가
옥빛 대님을 홀연 풀어 헤치고
서해로 출렁거리며 쳐들어 갈 것을

우리 성상聖上 계옵신 곳 가까이 가서
녹두알 같은 눈물 흘리며 한목숨 타오르겠네
봉준이 이 사람아
그대 갈 때 누군가 찍은 한 장 사진 속에서
기억하라고 타는 눈빛으로 건네던 말
오늘 나는 알겠네

들꽃들아
그 날이 오면 닭 울 때
흰 무명띠 머리에 두르고 동진강 어귀에 모여
척왜척화 척왜척화 물결소리에
귀를 기울이라

주제	녹두장군의 혁명정신
형식	6연의 자유시
경향	풍자적, 상징적, 전통적
표현상의 특징	'만경들', '짚산', '녹두꽃', '봉준이', '동진강' 등의 동학혁명(東學革命)의 배경이 되는 명칭을 보조관념으로 도입하여 심도 있는 이미지 효과를 이루고 있다. 여러 번 두드러지게 '~네'라는 종결어미 처리를 하고 있는 기교적 시다. '조선 호랑이', '국밥', '대님', '무명띠' 등 한국 고유의 각종 용어도 보조관념으로 이끌어 전통미를 살려내고 있다.

이해와 감상

고종 31년(1894)에 전라도 고부(古阜)에서 군수 조병갑(趙秉甲)의 농민수탈 등 부패와 착취 속에 탄압 받던 민중이 봉기하면서 동학혁명(東學革命)이 발단되었거니와, '만경들'(제1연)은 전라도 곡창지대이며, 동학혁명 터전의 상징어다.

'우리 봉준이'(제1연)는 동학접주(東學接主) 전봉준을 가리킨다. 그는 조병갑의 수탈과 탄압 제거에 결연히 섰다. 그리하여 농민들을 지휘하여 고부 관아를 습격하고, 농민에게서 불법적으로 빼앗아 놓은 미곡을 풀어 다시 농민들에게 돌려주며 혁명을 이끈다. 바로 그 역사의 발자취를 상기시키는 것이 이 작품의 제재(題材)다.

제2연의 '들꽃'은 '민중'의 상징어다. 안도현은 군사독재 치하의 아픔과 이에 항거하는 저항의지를 상징적 수법으로 엮고 있다. 잘 다듬어진 시어들은 심도 있는 이미지로써 고난의 시대에 대한 암시와 시사를 하고 있다.

'겨울이라 꽁꽁 숨어 우는 우리나라 풀뿌리들이/ 입춘 경칩 지나 수군거리며 봄바람 찾아오면/ 수천 개의 푸른 기상나팔을 불어제낄 것을/ 지금은 손발 묶인 저 얼음장 강줄기'(제4연)에서처럼 독재에 탄압 받는 민중의 아픔이며 이에 항거하는 의지가 메타포되고 있다.

'봄바람'은 '자유의 날'이고, '기상나팔'은 '항거'의 상징어다.

전봉준이 서울로 간다는 이 시의 표제(表題)는 군사독재자의 거처인 수도 서울로 동학혁명의 전봉준과도 같은 의거의 비장한 결의를 띄우는 것이다.

'동진강'(제6연)은 금강, 만경강과 더불어 전북 땅의 만경벌을 적셔주는 강의 하나이며 '척왜척화'(斥倭斥和)는 왜를 물리치고 화의를 배척하자는 구호다.

일본과 청국, 러시아 미국, 영국, 프랑스 등 외세가 이 땅을 집어삼키려 볶아치던 당시인 근세에 대원군이 서울과 전국 요소마다 세운 척화비(斥和碑 : 洋夷侵犯, 非戰則和, 主和賣國, 1872)는 우리의 기억에도 새롭다.

이 작품에서 안도현이 어미처리에 있어 '~네'를 두드러지게 많이 쓰고 있는 것을 살피게 된다. 이 시의 경우 '~네'로 처리해 주므로써 시의 감흥을 한결 부드럽게 북돋아주고 있음을 파악할 수 있다.

예컨대 한복 저고리를 입는 경우 반듯하게 앞섶을 제대로 여미고 나서 옷고름을 매야 하는 것처럼, 시의 행처리나 연처리도 깔끔하게 해야만 한다.

흔히 보면 행(行) 등의 어미처리에 있어서 '~다'를 많이 쓰고들 있다. 이 '~다'라고 하는 '어미'는 어간(語幹)에 붙어서 그 말의 원형(原形)을 나타내거나, 또는 형용사, 존재사, 받침이 없는 체언(體言)의 어간에 붙어서 현재형(現在形)을 서술할 때 끝맺는 종결어미(終結語尾) 구실을 한다. 그런데 특히 어미처리에 있어서 '~다'라고 하는 것은 그 시의 표현을 산문적으로 처리하는 데 큰 작용을 하고 있다는 점을 주목할 일이다.

'~네'가 값진 시의 감흥 작용을 한다는 점을 잊지 말아야 한다. 말하자면 '~네'는 어미로서 스스로 감탄을 나타낼 때도 있지만, 사용하면 시의 내용미를 강화시킬 수 있다는 것을 이 작품에서 충분히 살폈을 줄 안다.

'~네'라고 하는 어미를 따진다면 두 가지 방법으로 쓰인다는 것을 이 기회에 알아두므로써 시창작에 도움이 될 것이다.

즉 '~네'는 첫째로 용언의 어간 또는 받침이 없는 체언에 붙어서 감동의 뜻을 나타내는가 하면, 또 다른 한 가지 용법은 다르다. 즉 '~네'를 써서 같은 연배(年輩)의 친구나 동료, 또는 자기보다 손아랫사람에게 이를 때에 쓰는 '종결어미' 구실도 한다는 점이다.

독자들은 안도현의 작품에서 '~네'의 용법을 잘 터득했을 줄로 안다.

이승하(李昇夏)

경상북도 의성(義城)에서 출생(1960~). 중앙대학교 문예창작과 졸업, 동 대학원 수료. 1984년 『중앙일보』 신춘문예에 시 「화가 뭉크와 함께」가 당선되어 문단에 등단했다. 시집 『사랑의 탐구』(1987), 『우리들의 유토피아』(1989), 『읍의 슬픔을 아시나요』(1991), 『폭력과 광기의 나날』(1993), 『박수를 찾아서』(1994), 『생명에서 물건으로』(1995), 『뼈아픈 별을 찾아서』(2001) 등이 있다.

화가畵家 뭉크와 함께

어디서 우 울음소리가 드 들려
겨 겨 견딜 수가 없어 나 난 말야
토 토하고 싶어 울음소리가
끄 끊어질 듯 끄 끊이지 않고
드 들려와

야 양팔을 벌리고 과 과녁에 서 있는
그런 부 불안의 생김새들
우우 그런 치욕적인
과 광경을 보면 소 소름 끼쳐
다 다 달아나고 싶어

도 동화同化야 도 동화童話의 세계야
저놈의 소리 지 우 울음소리
세 세기말의 배후에서 무 무수한 학살극
바 발이 잘 떼어지지 않아 그런데
자 자백하라구? 내가 무얼 어쨌기에

소 소름 끼쳐 터 텅 빈 도시
아니 우 웃는 소리야 끝내는
끝내는 미 미쳐 버릴지 모른다
우우 보트 피플이여 텅 빈 세계여
나는 부 부 부인할 것이다.

주제	공포정치에의 저항의지
형식	4연의 변형 주지시
경향	주지적, 시사적, 감각적
표현상의 특징	수사적(修辭的)으로 '의미에 의한 문법을 무시'하는 시니시스(synesis)의 말더듬이식 표현이 두드러지게 나타나고 있다. 과장법(hyperbole)이 전체 조사(措辭)에 널리 동원되고 있다. 각 연(聯)을 가르고 있는 '들러와'(제1연 끝), '싶어'(제2연 끝), '어쨌기에'(제3연 끝)로 각기 다음 번 연과 연결되어 있어, 전연(全聯) 형식에 걸맞는 시 형식의 시각적 구조를 보이고 있다.

이해와 감상

　독자들이 이승하의 이 작품을 이해하기 위해서는 우선 노르웨이의 이질적이며 선구적인 표현파(表現派) 화가 에드바르드 뭉크(Edvard Munch, 1863~1944)의 존재를 약간이라도 파악해야만 될 것 같다.
　저자는 벌써 20여년 전에 직접 뭉크의 그림 원화(原畵)들을 외국서 접한 일이 있어, 그 당시부터 이 화가에게 관심이 쏠렸다. 그러던 차에 일본대학에 근무하고 있을 때, 『중앙일보』 신춘문예 당선작 「화가 뭉크와 함께」를 대하며 호감을 받았다.
　뭉크는 젊은 날 프랑스 파리에 나가 인상파의 강한 색채 표현의 영향을 입었으며, 30세 때(1892) '베를린 미술전'에 초청 받고 많은 작품을 발표했다. 그러나 그의 그림의 환각적인 소재의 '죽음'이며 '질병', 이질적인 '공포'며 '우수'와 '고독'의 표현 등은 독일 화단에서 혹평되기도 했다.
　이를테면 뭉크의 대표작인 「절규」의 경우, 이 그림은 해골처럼 생긴 인간이 두 손으로 양쪽 귀를 틀어막고 암울한 배경의 다리 위에서 입을 길고 크게 벌이며 소리 지르는 모습이 그 중심 그림이기도 하다.
　이승하는 표제인 「화가 뭉크와 함께」로써 노르웨이의 표현주의 화가를 동원하여, 군사독재시대였던 1980년대 한국의 현장의식을 그의 독특한 조사(措辭) 기법으로 강력하게 이미지화 시키고 있다. 두 말할 것도 없이 이 작품은 그 성패 여부를 떠나 그 당시나 지금이나 주목받을 만한 실험시의 당당한 제시다.
　제1연의 제재(題材) '울음소리'로부터 시작해서 이 시는 총구(銃口)의 대상으로서의 과녁에 서 있는 공포에 시달리는 사람들(제2연), '학살극'과 무고하게 고문당하는 사람들(제3연), 발광지경의 시민들의 '웃는 소리'며 배를 타고 피신처를 찾아 헤매는 외국의 '보트 피플'(제4연)까지 20세기말의 내외의 공포 정치상에 부들부들 떨면서 말더듬이식 표현으로 역사 현실을 고발하고 있다.
　풍자적으로 시니컬하게 증언하고 있는 데서 다시금 이 작품에 우리가 주목하게 된다.

서정윤(徐正潤)

대구(大邱)에서 출생(1957~). 영남대학교 국문학과 졸업. 동 대학원 수료. 『현대문학』에 시 「화석」, 「겨울 해변가에서」(1981. 10), 「서녘 바다」, 「성」(1984) 등이 추천 완료되어 문단에 등단했다. 시집 『홀로서기 (1)』(1987), 『점등인의 별에서』(1987), 『홀로서기 (2)』(1988), 『소망의 시』(시선집, 1991), 『홀로서기 (3)』(1993), 『홀로서기 (4)』(1995), 『홀로서기 (5)』(1997), 『나의 시간은 얼마나 남았는지요』(1999), 『슬픈 사랑』(2001) 등이 있다.

홀로서기
― 둘이 만나 서는 게 아니라 홀로선 둘이가 만나는 것이다

1
기다림은
만남을 목적으로 하지 않아도
좋다.
가슴이 아프면
아픈 채로,
바람이 불면
고개를 높이 쳐들면서 날리는
아득한 미소.

어디엔가 있을
나의 한 쪽을 위해
헤매이던 숱한 방황의 날들.
태어나면서 이미
누군가가 정해졌었다면,
이제는 그를
만나고 싶다.

2
홀로 선다는 건
가슴을 치며 우는 것보다
더 어렵지만
자신을 옭아맨 동아줄,
그 아득한 끝에서 대롱이며

그래도 멀리,
멀리 하늘을 우러르는
이 작은 가슴.
누군가를 열심히 갈구해도
아무도
나의 가슴을 채워 줄 수 없고
결국은
홀로 살아 간다는 걸
한 겨울의 눈발처럼 만났을 때
나는
또 다시 쓰러져 있었다.

3
지우고 싶다.
이 표정 없는 얼굴을
버리고 싶다.
아무도
나의 아픔을 돌아보지 않고
오히려 수렁 속으로
깊은 수렁 속으로
밀어 넣고 있는데
내 손엔 아무 것도 없으니
미소를 지으며
체념할 수밖에……

위태위태하게 부여잡고 있던 것들이
산산이 부서져 버린 어느 날, 나는
허전한 뒷모습을 보이며
돌아서고 있었다.

4
누군가가
나를 향해 다가오면
나는 '움찔' 뒤로 물러난다.
그러다가 그가
나에게서 멀어져 갈 땐
발을 동동 구르며 손짓을 한다.

만난 때 이미
헤어질 준비를 하는 우리는,
아주 냉담하게 돌아설 수 있지만
시간이 지나면 지날수록
아파오는 가슴 한 구석의 나무는
심하게 흔들리고 있다.

떠나는 사람은 잡을 수 없고
떠날 사람을 잡는 것만큼
자신이 초라할 수 없다.
떠날 사람은 보내어야 한다
하늘이 무너지는 아픔일지라도.

5
나를 지켜야 한다
누군가가 나를 차지하려 해도
그 허전한 아픔을
또 다시 느끼지 않기 위해
마음의 창을 꼭꼭 닫아야 한다.
수많은 시행착오를 거쳐
얻은 이 절실한 결론을
'이번에는'
'이번에는' 하며 어겨보아도

결국 인간에게서는
더 이상 바랄 수 없음을 깨달은 날
나는 비록 공허한 웃음이지만
웃음을 웃을 수 있었다.

아무도 대신 죽어주지 않는
나의 삶,
좀더 열심히 살아야겠다.

6
나의 전부를 벗고
알몸뚱이로 모두를 대하고 싶다
그것조차
가면이라고 말할지라도
변명하지 않으며 살고 싶다.
말로써 행동을 만들지 않고
행동으로 말할 수 있을 때까지
나는 혼자가 되리라.
그 끝없는 고독과의 투쟁을
혼자의 힘으로 견디어야 한다.
부리에,
발톱에 피가 맺혀도
아무도 도와주지 않는다.

숱한 불면의 밤을 새우며
'홀로 서기'를 익혀야 한다.

7
죽음이
인생의 종말이 아니기에
이 추한 모습을 보이면서도
살아 있다.
나의 얼굴에 대해
내가
책임질 수 있을 때까지
홀로임을 느껴야 한다.

그리고 어딘가에서
홀로 서고 있을, 그 누군가를 위해
촛불을 들자.

허전한 가슴을 메울 수는 없지만
'이것이다' 하며 살아가고 싶다.
누구보다도 열심히 사랑을 하자.

> **주제** 반려자 갈구와 번뇌
> **형식** 7부작 13연의 주지시
> **경향** 주지적, 상징적, 낭만적
> **표현상의 특징** 깔끔한 일상어에 의한 전달이 잘 되는 표현을 하고 있다.
> 기승전결의 도식적 수법으로 시를 관념적으로 전개시키고 있다.
> 시 전체를 7부작으로 엮고 있으며 해설을 담은 긴 부제를 달고 있다.

이해와 감상

우리는 이따금씩이나마 열차를 타고 먼 곳으로 여행을 한다. 이 대중 교통기관은 두 가닥의 철로 위로 달린다. 이 두 개의 레일(rail)은 처음부터 끝까지 목적지가 똑같다. 어느 한 쪽 가닥이고 삐끗했다가는 열차는 탈선한다.

서정윤의 「홀로서기」의 부제(副題)가 제시하는 메시지는 철길의 두 가닥의 존재론을 집약시킨 것이라고 본다.

두 가닥은 서로가 만나 공존하는 속에 홀로서야 하는 것이다.

누구나 젊은 날 인생의 반려자인 그 한 가닥을 찾아 온 천지를 더듬어 다닌다.

물론 또 하나의 자기 자신(分身)을 발견하거나 형성하려고 애쓰는 것도 '홀로서기'의 또 다른 측면일 수 있다.

예컨대 시(詩)를 가리켜 우리는 자아의 분신(分身)으로써 간주하는 경우도 이에 속한다.

그런데 이 작품에서는 다음처럼 스스로의 반려자를 찾고 있는데 우선 주목하게 된다.

'어디엔가 있을/ 나의 한 쪽을 위해/ 헤매이던 숱한 방황의 날들/ 태어나면서 이미/ 누군가가 정해졌었다면/ 이제는 그를/ 만나고 싶다' (제1부 2연)는 것이다.

그렇지만 그와 같은 참다운 만남의 '홀로서기'는 좀처럼 실현되지 않아서 우리는 번뇌하며 탄식하고 비탄에 빠지면서도 '그래도 멀리/ 밀리 하늘을 우러르는/ 이 작은 가슴 (제2부)으로 다시금 희망을 저버리지 않고 끈질긴 소망성취만을 갈구한다.

그러나 끝내 '아무도/ 나의 가슴을 채워 줄 수 없고/ 결국은/ 홀로 살아 간다는 걸/ 한 겨울의 눈발처럼 만났을 때/ 나는/ 또 다시 쓰러져 있었다' (제2부)고 탄식하며 좌절한다.

스스로의 참다운 반려자를 찾아 헤매는 것이거나, 또는 자아의 또 다른 분신인 시(詩) 혹은 자신의 또 하나의 존재추구 등을 통한 홀로서기의 행동반경은 진실추구의 몸부림이 아닐 수 없다고 본다.

이 시의 두드러지는 절망적인 대목은 '위태위태하게 부여잡고 있던 것들이/ 산산이 부서져 버린 어느 날, 나는/ 허전한 뒷모습을 보이며/ 돌아서고 있었다' (제3부)고 한다.

이 허망한 광경은 프랑스 영화의 독특한 스타일인 트레지디(tragedy) 수법의 라스트신 같은 영상(映像)을 떠올리고도 있다.

시 전편에 걸쳐 선명한 이미지 처리로써 독자에게 전달이 잘 되는 가편(佳篇)이다.

김갑수

서울에서 출생(1958~). 성균관대학교 국문학과 졸업, 동 대학원 수료. 1984년 『실천문학』 신인 시선집 『시여 무기여』에 시를 발표하며 문단에 등단했다. 시집 『세월의 거지』(1989) 등이 있다.

바둑

아직도 세상을
흰 돌과 까만 돌로 밖에는
가를 줄 모르냐며
친구여, 훈수 대신
키들키들 너는 웃었지

권투거나 축구
혹은 선량한 바둑놀이마저도
이처럼 사각에서 편가르고
작전을 짜게 되어
우리 기쁨 너희 슬픔
너희 기쁨 우리 슬픔
술래잡기 맴맴 돌며
길 못 찾아 헤매는지
쑥스럽고 민망히 네게 묻는다

대저 눈에는 눈 까만 눈동자
이에는 이 하얀 이빨이
제 자리 제 빛깔로 성성할 때
일컬어 상관이라 하잖는가
간혹 자네가 생김생김 건너 뛴
군집의 화해를 가르칠 때에는
그 이치 하도 어렵고 신통하여
헛바닥으로 잠복한 슬픔도
당당히 튀어나온 코의 기쁨도

미처 잊고 마는데

누구는 패도 축도 몰라서
좌상귀 우변 대신에
흑돌 백돌 거머쥐어
남의 이마빡을 겨누는 건지
거참 찬찬히 궁리해 보자꾸나.

주제 바둑의 갈등의식적 사회논리
형식 4연의 주지시
경향 주지적, 풍자적, 문명비평적
표현상의 특징 일상어를 해학적, 또는 풍자적으로 구사하는 표현이 두드러지고 있다.
'바둑'이라는 표제(表題)가 다양한 세사(世事)로 비유되는 표현을 하고 있다.
'이빨', '상판', '혓바닥', '이마빡'과 같은 속어를 시어로 쓰고 있다.

이해와 감상

　시는 긴장(tension)의 산물이 아닌 완곡(circumlocution)의 언어라는 것을 입증하는 가편(佳篇)이「바둑」이다. 시의 요소는 폭력적인 말의 의미의 전환을 요청하는 것이 아니고, 풍요한 은유의 세련된 지적(知的) 전개에 담겨 있다.
　'아직도 세상을/ 흰 돌과 까만 돌로 밖에는/ 가를 줄 모르며/ 친구여, 훈수 대신/ 키들키들 너는 웃었지'(제1연)라는 흑백논리에 대한 여유만만한 새타이어는 처음부터 이 제재(subject matter)가 사회비평을 완곡하게 제시해서 주지주의적 설득력을 발휘하고 있다. 21세기에 들어선 오늘의 시는 이제 종래의 언어의 진부한 '구각(舊殼)으로부터의 탈피'(discard the tradition)를 어떻게 시도할 것이냐는 하나의 본보기가「바둑」과 같은 새로운 제재의 발굴이며, 참신한 이미지의 형상화작업이다. 오래된 것이라고 다 쓸모 있는 것은 아니며, 모두 나쁜 것도 아니지만, 우리가 시문학사(詩文學史)의 관점에서 논의될 수 있는 새로운 것은 박물관 진열품(museum piece)이 아니라, 참신한 시어의 메타포(metaphor)라는 것을 거듭 강조하고 싶다. 영어인 메타포의 원어는 그리스어의 메타퍼라인(metapherein)에서 온 것으로서, 이것은 '새로운 언어의 관계를 형성한다'는 뜻이다. 예컨대 우리가 흔히 말하는 'A는 B다'라는 '등식'(等式)으로서의 은유의 성립이 아니고, A도 B도 아닌 새로운 의미의 것인 X가 곧 메타파라인이다. 그와 같은 견지에서『코란』(Koran)의 성구(聖句)인 '이에는 이, 눈에는 눈'이 김갑수의 새로운 메타포에 의해 제3연에서 하얀 이빨과 까만 눈동자의 '상판'의 인간형이며 해학적 논리로 전개되기도 한다. 은유의 역사는 언어의 역사와 더불어, 더구나 시문학사의 발전 과정에서 진보되어 왔으며, 이른바 인터넷시대와 함께 앞으로 더욱 새롭게 진전될 것이다.
　'누구는 패도 축도 몰라서/ 좌상귀 우변 대신에/ 흑돌 백돌 거머쥐어/ 남의 이마빡을 겨누는 건지/ 거참 찬찬히 궁리해 보자꾸나'(제4연)도 바둑 논리가 격렬한 사회적 정치적 논리로 메타포되고 있어 이 작품은 우리 시문학사의 충분한 논의의 근거를 제시하고 있다고 보련다.

장정일

경상북도 달성(達城)에서 출생(1962~). 성서중학교 졸업. 1984년 무크지 『언어의 세계』 3집에 시 「강정 간다」 외 4편을 발표하며 문단에 등단했다. 1987년 『동아일보』 신춘문예에 희곡 「실내극」이 당선되기도 했다. 시집 『햄버거에 대한 명상』(1987), 『길 안에서의 택시잡기』(1988), 『서울에서 보낸 3주일』(1988), 『통일주의』(1989), 『천국에 못가는 이유』(1991), 『지하인간』(1991), 『상복을 입은 시집』(1999) 등이 있다.

저 대형사진

저 대형사진
관청의 입구와
법원의 계단과
학교의 교실 그리고
경찰서 흰 벽 위에
저 대형사진은 붙어 있다

누구의 얼굴인가
저 대형사진 속의 인자한 미소는
저 대형사진 속의 날카로운 두 눈은
저 대형사진 속의 기괴한 얼굴은
날마다 커진다

집집의 안방에까지 침투해
자신의 사상을 강요하는
저 대형사진!
머지 않아 교회의 계단에마저
저 대형사진을 내걸고
그를 경배해야 할 날이 온다

온 벽 가득한
저 대형사진!
저 사진 뒤에는 얼마나 많은
패배한 사람들의 사진들과
멋 모르는 가족사진들이

은폐되어 있을까?

저 대형사진 떼어내자
저 대형사진 깨부수자
피라밋을 건설했던 노예같이
저 한 사람의 대형사진을 위해
우리가 봉사할 수 없다

주제 우상적(偶像的) 숭배의 모순
형식 5연의 주지시
경향 주지적, 풍자적, 문명비평적
표현상의 특징 직설적이며 직서적인 알아 듣기 쉬운 산문체 표현을 통해 독자에게 전달이 잘 되고 있다.
시의 전개가 전편에 걸쳐 적층적(積層的)이며 박진감 있게 이미지화 되고 있다.
수사에 역설법(逆說法)을 써서 모순과 비리를 파헤치는 표현을 하고 있다.
관념적인 시어에 의한 현실 고발적인 내용을 담고 있다.

이해와 감상

국내외에서 더러 나타나고 있는 대형사진의 게시에 대한 시인의 날카로운 의미추구가 이채롭다.
1980년대에 쓰여진 이 작품을 통해 '관청의 입구'로부터 심지어 '학교의 교실' 등등 우리의 시련의 시대와 연상되는 정치적 인물을 화자가 단호하게 풍자하며 역사를 새삼 각성시킨다. '누구의 얼굴인가/ 저 대형사진 속의 인자한 미소는/ 저 대형사진 속의 날카로운 두 눈은/ 저 대형사진 속의 기괴한 얼굴은/ 날마다 커진다'(제2연).
여기서 우리는 주인공의 '인자한 얼굴'과 '기괴한 얼굴'의 콘트라스트를 통해 시적인 새로운 패러독스(paradox, 逆說)의 강력한 이미지를 파악하게 된다. '집집의 안방에까지 침투'한 대형사진이 '교회의 계단에마저' 내걸린다는 이 에피그램(epigram, 警句)이야말로 교조주의(敎條主義)의 획일사회에 대한 통렬한 비판이기도 하다.
초등학교 교실의 코흘리개 아이들로부터 안방의 가족이며 노인에 이르기까지 집단체제의 독재자 신봉이라는 엄청나고 끔찍한 사태에 대한 날카로운 지성적인 반박이다.
'저 사진 뒤에는 얼마나 많은/ 패배한 사람들의 사진'의 그 패배자들이란 누구인가. 불의에 굴하지 않고, 정의의 주먹을 불끈 쥐고 항거한 참다운 민주주의 투사가 아닐 것인가.
'저 대형사진 떼어내자/ 저 대형사진 깨부수자'고 화자는 목청을 돋운다.
'노예'가 되지 않기 위해서는 자유와 민주를 위한 구국의 대열에 모두가 과감히 나서자는 것이다.
시대에 따라서 시가 목적성을 내건 것을 살피며, 우리는 또 다시 불행한 시대가 나타나는 것을 막아야 한다는 역사적 각성제로서 이 작품을 감상해 보기로 하자.

기형도(奇亨度)

경기도 옹진(甕津)에서 출생(1960~1989). 연세대학교 정치외교학과 졸업. 1985년 『동아일보』 신춘문예에 시 「안개」가 당선되어 문단에 등단했다. 유고시집 『입 속의 검은 잎』(1989), 『기형도 전집』(1999) 등이 있다.

안개

   1
아침 저녁으로 샛강에 자욱히 안개가 낀다.

   2
이 읍邑에 처음 와 본 사람은 누구나
거대한 안개의 강을 거쳐야 한다.
앞서 간 일행들이 천천히 지워질 때까지
쓸쓸한 가축들처럼 그들은
그 긴 방죽 위에 서 있어야 한다.
문득 저 홀로 안개의 빈 구멍 속에
갇혀 있음을 느끼고 경악할 때까지.

어떤 날은 두꺼운 공중의 종잇장 위에
노랗고 딱딱한 태양이 걸릴 때까지
안개의 군단軍團은 샛강에서 한 발자국도 이동하지 않는다.
출근길에 늦은 여공들은 깔깔거리며 지나가고
긴 어둠에서 풀려나는 검고 무뚝뚝한 나무들 사이로
아이들은 느릿느릿 새어 나오는 것이다.

안개에 익숙하지 않은 사람들은 처음 얼마 동안
보행의 경계심을 늦추는 법이 없지만, 곧 남들처럼
안개 속을 이리저리 뚫고 다닌다. 습관이란
참으로 편리한 것이다. 쉽게 안개와 식구가 되고
멀리 송전탑이 희미한 동체를 드러낼 때까지
그들은 미친 듯이 흘러다닌다.

가끔씩 안개가 끼지 않는 날이면
방죽 위로 걸어가는 얼굴들은 모두 낯설다. 서로를 경계하며
바쁘게 지나가고, 맑고 쓸쓸한 아침들은 그러나
아주 드물다. 이곳은 안개의 성역聖域이기 때문이다.

날이 어두워지면 안개는 샛강 위에
한 겹씩 그의 빠른 옷을 벗어 놓는다. 순식간에 공기는
희고 딱딱한 액체로 가득 찬다. 그 속으로
식물들, 공장들이 빨려 들어가고
서너 걸음 앞선 한 사내의 반쪽이 안개에 잘린다.

몇 가지 사소한 사건도 있었다.
한밤중에 여직공 하나가 겁탈 당했다.
기숙사와 가까운 곳이었으나 그녀의 입이 막히자
그것으로 끝이었다. 지난 겨울엔
방죽 위에서 취객 하나가 얼어 죽었다.
바로 곁을 지난 삼륜차는 그것이
쓰레기 더미인 줄 알았다고 했다. 그러나 그것은
개인적인 불행일 뿐, 안개의 탓은 아니다.

안개가 걷히고 정오 가까이
공장의 검은 굴뚝들은 일제히 하늘을 향해
젖은 총신銃身을 겨눈다. 상처입은 몇몇 사내들은
험악한 욕설을 해대며 이 폐수의 고장을 떠나갔지만
재빨리 사람들의 기억에서 밀려났다. 그 누구도
다시 읍으로 돌아온 사람은 없었기 때문이다.

    3
아침 저녁으로 샛강에 자욱히 안개가 낀다.
안개는 그 읍의 명물이다.
누구나 조금씩은 안개의 주식을 갖고 있다.
여공들의 얼굴은 희고 아름다우며
아이들은 무럭무럭 자라 모두들 공장으로 간다.

주제	서민에 대한 연민과 우수(憂愁)
형식	3부작 9연의 주지시
경향	주지적, 풍자적, 상징적
표현상의 특징	산문체의 직서적인 표현 속에 주제가 선명하게 드러나고 있다. 현실 고발의 서민 의식이 투철하게 표현되고 있다. 제재(題材)가 상징적이면서도 풍자적이다.

이해와 감상

표제(表題)인 「안개」는 아픈 현실에 대한 집약적 상징어다. '안개'라는 기상의 현상은 인간의 시야를 가리는 미세한 물방울의 장막이다.

기형도는 기상면에서의 '아침 저녁으로 샛강에 자욱히 안개가 낀다'(제1부의 제1연)는 순수한 자연 현상의 무대를 일단 설정하고 나서, 현실 상황을 문제 제기시키며 차분하게 고발한다. 위정자(爲政者)는 두 눈을 멀쩡하게 뜨고도 비통한 현실을 꿰뚫어 보지 못하는 것이다. 그 원인이 곧 '안개' 때문이다.

안개에 가려서 아무것도 제대로 식별해 내지 못한다.

'이 읍에 처음 와 본 사람은 누구나/ 거대한 안개의 강을 거쳐야 한다'(제2부 제1연)는 것은 무엇인가.

이 '읍'을 이 '나라'로 대입시켜 보면 어떨까.

즉 '안개의 읍'은 '안개의 나라'로 도입된다. 안개의 나라라고 일컫는다면 그 나라에서는 모든 것이 가려지고 숨겨진 채 향방을 가늠할 수 없는 터전이다.

우리는 시인의 메타포에 의해 연상의 세계가 자연스럽게 확대되는 것이다.

순진한 여공들이 '깔깔거리며 지나'던 샛강의 안개 낀 방죽 길에서는 '한밤중에 여직공 하나가 겁탈 당했'고, '방죽 위에서 취객 하나가 얼어 죽었다'(제2부 제5연)고 화자는 신고한다.

이것이 위정자들에게는 화자가 지적하는 '사소한 사건'일 수밖에는 없다. 그러나 시인에게는 크나 큰 아픔이요, 근심이며 분노의 상황이며 망각할 수 없는 너무도 중대한 사건이다. 더구나 '바로 곁을 지난 삼륜차는 그것이/ 쓰레기 더미인 줄 알았다'니 말이다. 존엄하고 소중한 인권이 짓밟혀도 '그것은/ 개인적인 불행일 뿐, 안개의 탓은 아니다'에서 화자가 제시하는 '안개'의 실체는 무엇일까.

국민을 위한 정치를 제대로 하고, 국민을 위한 안전 행정을 해주어야 할 '존재'가 '안개' 속에 파묻혀 아무것도 올바르게 가려내어 보지 못하여 인권은 거침없이 짓밟히고 있지 않은가.

'누구나 조금씩은 안개의 주식을 갖고 있다'(제3부)고 했으니, '주식'이란 국민이 내는 '세금의 권리'의 상징어다. '여공들의 얼굴은 희고 아름다우며/ 아이들은 무럭무럭 자라 모두들 공장으로 간다'는 화자의 처절한 반어적(反語的)인 풍자.

그렇다면 샛강을 끼고 사는 가난한 읍 주민들의 곤혹하기 그지없는 이 암울한 현실은 과연 언제까지 짙은 안개 속에 가리워져 있어야만 할 것인가.

독자도 화자와 더불어 침울한 우수에 잠길 따름이다.

강형철(姜亨喆)

전라북도 군산(群山)에서 출생(1955~). 숭실대학교 철학과 졸업, 동 대학원 국문학과 수료. 1985년 『민중시』 2집에 「해망동 일기」, 「아메리카 타운」 등을 발표하며 문단에 등단했다. 『5월시』 동인. 시집 『해망동 일기』(1989), 『야트막한 사랑』(1993), 『도선장 불빛 아래 서 있다』(2002) 등이 있다.

야트막한 사랑

사랑 하나 갖고 싶었네
언덕 위의 사랑 아니라
태산준령 고매한 사랑 아니라
갸우듬한 어깨 서로의 키를 재며
경계도 없이 이웃하며 사는 사람들
웃음으로 넉넉한

사랑 하나 갖고 싶었네
매섭게 몰아치는 눈보라의 사랑 아니라
개운하게 쏟아지는 장대비 사랑 아니라
야트막한 산등성이
여린 풀잎을 적시며 내리는 이슬비
온 마음을 휘감되 아무것도 휘감은 적 없는

사랑 하나 갖고 싶었네
이제 마를 대로 마른 뼈
그 옆에 갸우뚱 고개를 들고 선 참나리
꿀 좀 핥을까 기웃대는 일벌
한 오큼 얻은 꿀로 얼굴 한 번 훔치고
하늘로 날아가는

사랑 하나 갖고 싶었네
가슴이 뛸 만큼 다 뛰어서
짱뚱어 한 마리 등허리도 넘기 힘들어
개펄로 에돌아

서해 긴 포구를 잦아드는 밀물
마침내 한 바다를 이루는

> **주제** 사랑의 순수가치 추구
> **형식** 4연의 자유시
> **경향** 서정적, 상징적, 감각적
> **표현상의 특징** 일상어를 시어로 구사하면서도 섬세한 지적 언어 감각이 호소력을 참신하게 발휘하고 있다. 각 연을 6행시로 엮으며 수미상응(首尾相應)의 도치법을 쓰고 있다.
> '사랑 하나 갖고 싶었네'를 각 연 앞머리에서 동어반복하고 있다.
> 특히 '~네' 라는 종결어미를 써서 서정적인 감동된 표현을 도입하고 있다.

이해와 감상

인간의 삶과 죽음 사이에 놓이는 관념적 존재는 사랑이다. 이 사랑이라는 인간의 정서를 우리가 어떻게 시화(詩化)할 수 있을 것인가는 현대시가 감당하고 풀어내야 할 이 시대의 중대한 과제의 하나가 아닌가 한다.

구체적으로 살펴본다면 '사랑'에는 남녀의 연정을 비롯하여 이웃 사랑과 동포애, 인류애, 종교적인 박애(博愛)며 자비(慈悲) 등 여러 가지가 있다.

나는 강형철의 시 「야트막한 사랑」을 통해 이 시인이 추구하는 박애(博愛)의 미학을 발견하고 있다. 그는 이 작품을 통해 인간의 원형적(原型的) 주제인 인간애라는 숭고한 사랑을 교향악적인 심포닉 바리에이션(symphonic variation) 형식의 변주기법을 동원하여 격조 높은 작품으로 형상화 시키는 데 성공하고 있다고 본다.

강형철이 갖고 싶다는 '사랑 하나'는 인간과 자연을 동화시키는 순리를 따르는 사랑인 것이다. 이를테면 총칼에 짓밟히거나 양심 때문에 오히려 억압받고 있는 숱한 빈곤한 사람들, 또한 몽매한 자연 파괴로 삶의 터전을 잃고 그 존속의 생명마저 잃어 가는 가엾은 미물에게까지도 참다운 연민의 정을 베풀려는 시인의 정신이 고매하다.

남녀간의 연정 따위 열정이며 질투의 패션(passion), 또는 배반에 대한 분노라던가 적(敵)에 대한 공포 따위 이모션(emotion) 등의 정동(情動)이 아닌 참으로 따사로운 휴머니즘의 인간애라고 하는 그런 진실한 사랑말이다.

그러기에 참으로 소박하고 온건한 세상 사람들은 집단이건 개인이건 간에 간단없이 사리사욕의 담장을 드높이 쌓고 끊임없이 나와 이웃과의 경계를 만드는 이기주의자들, 또는 식민지 확장만 탐내는 침략주의자가 아닌 가장 선량하며 소박하고 청빈한 인간주의자를 요망하고 있을 것이다.

도종환(都鍾煥)

충청북도 청주(淸州)에서 출생(1954~). 충북대학교 국어교육과 졸업, 동 대학원 수료. 1985년 동인지 『분단시대』에 「고두미 마을에서」 등 5편의 시를 발표하며 문단에 등단했다. 시집 『고두미 마을에서』(1985), 『접시꽃 당신』(1986), 『내가 사랑하는 당신은』(1988), 『지금 비록 너희 곁을 떠나지만』(1989), 『당신은 누구십니까』(1993), 『사람의 마을에 꽃이 진다』(1994), 『부드러운 직선』(1998), 『슬픔의 뿌리』(2002) 등이 있다.

접시꽃 당신

옥수수 잎에 빗방울이 나립니다
오늘도 또 하루를 살았습니다
낙엽이 지고 찬 바람이 부는 때까지
우리에게 남아 있는 날들은
참으로 짧습니다
아침이면 머리맡에 흔적없이 빠진 머리칼이 쌓이듯
생명은 당신의 몸을 우수수 빠져 나갑니다
씨앗들도 열매로 크기엔
아직 많은 날을 기다려야 하고
당신과 내가 갈아 엎어야 할
저 많은 묵정밭은 그대로 남았는데
논두렁을 덮은 망촛대와 잡풀가에
넋을 놓고 한참을 앉았다 일어섭니다
마음 놓고 큰 약 한 번 써보기를 주저하며
남루한 살림의 한 구석을 같이 꾸려 오는 동안
당신은 벌레 한 마리 함부로 죽일 줄 모르고
악한 얼굴 한 번 짓지 않으며 살려 했습니다
그러나 당신과 내가 함께 받아들여야 할
남은 하루하루의 하늘은
끝없이 밀려오는 가득한 먹장구름입니다
처음엔 접시꽃 같은 당신을 생각하며
무너지는 담벼락을 껴안은 듯
주체할 수 없는 신열로 떨려 왔습니다
그러나 이것이 우리에게 최선의 삶을
살아온 날처럼, 부끄럼 없이 살아가야 한다는

마지막 말씀으로 받아들여야 함을 압니다
우리가 버리지 못했던
보잘 것 없는 눈높음과 영욕까지도
이제는 스스럼없이 버리고
내 마음의 모두를 더욱 아리고 슬픈 사람에게
줄 수 있는 날들이 짧아진 것을 아파 해야 합니다
남은 날은 참으로 짧지만
남겨진 하루하루를 마지막 날인 듯 살 수 있는 길은
우리가 곪고 썩은 상처의 가운데에
있는 힘을 다해 맞서는 길입니다
보다 큰 아픔을 껴안고 죽어가는 사람들이
우리 주위엔 언제나 많은데
나 하나 육신의 절망과 질병으로 쓰러져야 하는 것이
가슴 아픈 일임을 생각해야 합니다
콩댐한 장판같이 바래어 가는 노랑꽃 핀 얼굴 보며
이것이 차마 입에 떠올릴 수 있는 말은 아니지만
마지막 성한 몸뚱아리 어느 곳 있다면
그것조차 끼워 넣어야 살아갈 수 있는 사람에게
뿌듯이 주고 갑시다
기꺼이 살의 어느 부분도 떼어 주고 가는 삶을
나도 살다가 가고 싶습니다
옥수수 잎을 때리는 빗소리가 굵어집니다
이제 또 한 번의 저무는 밤을 어둠 속에서 지우지만
이 어둠이 다하고 새로운 새벽이 오는 순간까지
나는 당신의 손을 잡고 당신 곁에 영원히 있습니다

주제 아내에 대한 정한(情恨)
형식 전연의 경어체 자유시
경향 서정적, 낭만적, 고백적
표현상의 특징 아내에 대한 강렬한 사랑을 세련된 언어의 미감으로 짙게 표현하고 있다.
　　　　　　　　절망적인 현실에 대한 아픔이 심도 있는 이미지로 표현되고 있다.
　　　　　　　　성실한 아내와 병고 속의 궁핍한 생활상이 눈물겹도록 절절하게 그려지고 있다.
　　　　　　　　표현의 대상이 주관적, 객관적으로 복합되면서 감각적 표현으로 조화를 이루고 있다.

이해와 감상

　도종환의 제2시집 『접시꽃 당신』(1986)의 표제시다.
　병고와 싸우다 끝내 '앞서 간 아내 구수경의 영전에 못 다한 이 말들을 바칩니다' 는 헌사(獻詞)가 이 시집 간행의 참다운 의미를 심도 있게 표현하고 있다.

사랑하는 아내를 정원에서 접시처럼 크고 품위 있게 피는 다년초인 접시꽃(althaea rosea, 蜀葵花)으로 상징한 명시다.

당나라 대시인 이백(李白)은 절세미녀 양귀비(楊貴妃, 719~756)를 '말을 하는 꽃' 즉 '해어화(解語花)'라고 찬양한 것이 문득 연상되기도 하거니와, 도종환은 사랑하는 아내를 영원히 참다운 접시꽃으로 상징하며 칭송하고 있다.

병상에서 무거운 병고로 위급한 아내를 바라보는 시인은 '우리에게 남아 있는 날들은 / 참으로 짧습니다'고 급박하게 밀어닥치는 별리(別離)의 비통한 심경을 진솔하게 토로하면서 이 시는 전개된다.

더더구나 독자의 심금을 절절하게 울리는 것은, 어린 자식들과 또한 함께 경작하며 행복을 오롯이 가꿔야 할 지금의 가정, 즉 내버려 둔 거칠어진 '묵정밭'이다.

'씨앗들도 열매로 크기엔/ 아직 많은 날을 기다려야 하고/ 당신과 내가 갈아 엎어야 할 / 저 많은 묵정밭은 그대로 남았는데' 어떻게 당신이 이승을 떠날 수 있겠느냐는 화자의 비통한 절망의식은 이 시를 우리 시문학사에 오래도록 애송시킬 수 있는 너무도 빼어난 메타포(은유)의 절절한 대목이 아닌가 한다.

또한 '이것이 차마 입에 떠올릴 수 있는 말은 아니지만/ 마지막 성한 몸뚱아리 어느 곳 있다면/ 그것조차 끼워 넣어야 살아갈 수 있는 사람에게/ 뿌듯이 주고 갑시다'는 시인은 지금 이 시간에도 병마와 사투하는 마냥 연약하기 그지없는 아내의 시련 앞에서, 어찌하여 사랑하는 반려자를 희생시켜야 할 것인지 그 일념으로 충만된다. 또한 그런 참담한 경지에서도 이제는 자아(自我)의 처절한 현실이 아닌, 타아(他我)의 생명적인 구휼(救恤)을 향한 봉사와 희생을 주창하는 클라이맥스는 저자의 해설을 압도하고 능가시키는 감동적인 마지막 큰 대목을 눈부시게 이루고 있다.

김완하(金完河)

경기도 안성(安城)에서 출생(1958~). 본명 창완(昌完). 한남대학교 국문학과 졸업, 동 대학원 수료. 1987년 『문학사상』 신인문학상에 시 「눈발」, 「생의 온기」, 「하회강에 가서」, 「입동」, 「밤길」 등이 당선되어 문단에 등단했다. 시집 『길은 마을에 닿는다』(1992), 『그리움 없이 저 별 내 가슴에 닿지 못한다』(1995), 『어둠만이 빛을 지킨다』(CD롬시집, 1998), 『네가 밟고 가는 바다』(2002) 등이 있다.

눈발

내장산 밤바람 속에서
눈발에 취해 동목(冬木)과 뒤엉켰다
뚝뚝 길을 끊으며
퍼붓는 눈발에
내가 묻히겠느냐
산이여, 네가 묻히겠느냐
수억의 눈발로도
가슴을 채우지 못하거니
빈 가슴에
봄을 껴안고 내가 간다
서래봉 한 자락
겨울 바람 속에
커다란 분노를 풀어 놓아
온 산을 떼호랑이 소리로 울고 가는데
눈발은 산을 지우고
산을 지고 어둠 속에 내가 섰다
몇 줌 불꽃은 산모롱이마다 피어나고
나무들은 눈발에 몸을 삼켜
허연 배를 싱싱하게 드러내었지
나이테가 탄탄히 감기고 있었지
흩뿌리던 눈발에
불끈 솟은 바위
어깨에 눈받으며 오랫동안 홀로 들으니
산은 그 품안에 빈 들을 끌어
이 세상 가장 먼 데서

길은 마을에 닿는다
살아있는 것들이 하나로 잇닿는 순간
숨쉬는 것들은
이 밤내 잠들지 못한다
맑은 물줄기 산을 가르고
모퉁이에서 달려 온 빛살이
내 가슴에 뜨겁게 뜨겁게 박힌다
내장산 숨결 한 자락으로
눈발 속을 간다

주제	순수가치의 옹호
형식	전연의 자유시
경향	주지적, 상징적, 저항적
표현상의 특징	상징적이며 주지적인 시어를 역동적으로 구사하는 독특한 표현을 하고 있다. 수사에 설의법 등 문답형(問答型)을 쓰고 있으며, 내재율(內在律)의 리듬감을 살려 독자의 공감도를 고조시킨다. 연을 나누지 않은 박진감 넘치는 표현 속에 주제가 선명하게 부각되고 있다.

이해와 감상

　이 시의 제재(題材)는 눈발이다. 그러나 눈발을 우리의 시대적인 삶의 공간과 상징적으로 연결시켜 민족적 저항 정신을 뚜렷이 형상화 시키고 있어서 주목되는 역편(力篇)이다. 쉽게 말해서 눈발이라는 이 시의 무대는 우리가 살고 있던 1980년대가 그 역사적 배경이다. 더 적극적으로 표현하자면 탄압받는 민중의 아픔의 시대가 눈발 속에 드러난다.
　따라서 '눈발'은 '탄압'의 시적 상징어다.
　'퍼붓는 눈발'을 '퍼붓는 탄압'으로 대입시켜서 읽어보자.
　'퍼붓는 눈발에/ 내가 묻히겠느냐/ 산이여, 네가 묻히겠느냐(제4~6행)에서 '산'은 역시 '국가와 민족'의 상징어로 풀어진다.
　그러면서 시인의 의지는 눈부시며 결연하다.
　'수억의 눈발로도/ 가슴을 채우지 못하거니/ 빈 가슴에/ 봄을 껴안고 내가 간다.'(제7~10행) 바로 여기서 다시 '봄'은 '희망'이며 굳건한 '의지'다.
　눈보라치는 겨울의 횡포를 끈질기게 견디내며 자유의 날 기쁨의 날이 올 신념 속에 살아간다는 비장한 다짐이다.
　'겨울 바람 속에/ 커다란 분노를 풀어 놓아/ 온 산을 떼호랑이 소리로 울고 가는데/ 눈발은 산을 지우고/ 산을 지고 어둠 속에 내가 섰다'(제12~16행)에서 '떼호랑이 소리'는 민중이 절규하는 저항의 외침이며, '어둠'은 독재자의 암흑의 시대를 가리키는 상징어다.
　'맑은 물줄기 산을 가르고/ 모퉁이에서 달려 온 빛살이/ 내 가슴에 뜨겁게 뜨겁게 박힌다'(제30~32행)라고 화자는 클라이맥스에서 다시금 삶의 용기와 소망의 빛줄기 속에 눈부신 내일에의 결의로 우뚝선다는 가편(佳篇)이다.

허수경

경상남도 진주(晋州)에서 출생(1964~). 경상대학교 국문학과 졸업. 독일 마르부르크대학 대학원 선사고고학과 수료. 1987년 『실천문학』에 시 「땡볕」외 3편을 발표하며 문단에 등단했다. 시집 『슬픔만한 거름이 어디 있으랴』(1988), 『혼자 가는 먼 집』(1992), 『내 영혼은 오래 되었으나』(2001) 등이 있다.

단칸방

신혼이라 첫날 밤에도
내줄 방이 없어
어머니는 모른 척 밤마실 가고

붉은 살집 아들과 속살 고분 며느리가
살 섞다 살 섞다
굽이 굽이야 눈물 거느릴 때

한 짐 무거운 짐
벗은 듯 하냥 없다는 듯
어머니는 밤별무리 속을 걸어

신혼부부 꿈길
알토란 같은 손자 되어 돌아올거나
곱다란 회장 저고리 손녀 되어
풀각시 꽃각시 매끄러진 댕기 달고
신혼 며느리보다
살갑게 돌아올거나

주제	극빈자(極貧者)의 삶의 진실 추구
형식	4연의 주지시
경향	주지적, 관능적, 해학적
표현상의 특징	일상어의 간결한 스토리텔링(story telling)의 참신한 수법을 보인다. 비유에 의한 관능적 표현미가 동어반복의 점층적 수사로 박진감 있게 이미지화 되고 있다. 각 연의 종결어미가 부드러운 여운을 남기는 표현기법을 드러낸다.

이해와 감상

　허수경의 「단칸방」에서는 삶의 냄새가 물씬하게 난다.
　어째서 이런 찌들 대로 찌든 가난 속에서 인간다운 존재의 흔적이 진하디 진하게 배어 나오는 것일까. 한 입으로 말해 여기에는 '가난' 그 이외에 꾸며대는 '거짓'이 없기 때문이다.
　여하간에 가난은 삶의 멍에일 따름, 죄가 아니다. 그러나 퍽이나 괴롭고 늘 불편하여 세상에서 늘 몸부림치게 만든다.
　서글프기 만한 어머니는 '신혼이라 첫날 밤에도/ 내줄 방이 없어/ 어머니는 모른 척 밤마실 가고' 야 말았다.(제1연)
　이른바 가난한 달동네 혹은 외떨어진 동리에서 비록 가진 것은 없으나 그래도 넉넉한 인심 덕분에 어머니는 밤 마을을 누비지만, 만약에 부자 동네 쯤에서라면 어머니는 어디 한 뺨을 비벼대고 낑길 틈조차 없어 가로등 그늘에 서서 뜬눈으로 기나긴 밤을 지새야만 했을 것이 아닐까.
　신혼의 한 쌍이 '살 섞다 살 섞다/ 굽이 굽이야 눈물 거느릴 때' (제2연), '어머니는 밤 별무리 속을 걸어' (제3연) 마을을 돌고, '알토란 같은 손자 되어 돌아올' (제4연) 그 큰 기대에, 또는 '곱다란 회장 저고리 손녀 되어' 나타날 그 재미만 생각하며 군침을 삼킨다는 시의 콘텐츠가 이 짤막한 시 속에 드라마틱하게 펼쳐진다.
　여기서는 가난이고 고통이고 삶의 시련 따위는 아들이며 며느리거나 어머니 그 어느 쪽이고 간에 벌써 꿈같이 까맣게 잊은 지 오래다.
　'붉은 살집'은 '불그레한 창살이 달린 집'이며, '속살 고분' (제2연)은 방언으로 '마음씨 고운'이다.
　'알토란'은 너저분한 털을 깐 둥근 '토란(土卵) 알'이다. 토란은 추석 때 맑은 장국 속에 무와 함께 넣어서 끓여 먹는다.
　'회장 저고리' (제4연)는 한복 저고리의 깃과 끝동 및 겨드랑이에 어여쁜 색깔의 장식용 헝겊을 댄 것을 가리킨다.

채호기(蔡好基)

대구(大邱)에서 출생(1957~). 서울예술대학 문예창작과 졸업. 1988년 『창작과 비평』 여름호에 시 「코스모스」 등을 발표하며 문단에 등단했다. 시집 『지독한 사랑』(1992), 『슬픈 게이』(1994), 『밤의 공중전화』(1997), 『수련(睡蓮)』(2002) 등이 있다.

글자

땅을 파도 캐낼 수 없는 글자.
그물로, 낚시로도 잡을 수 없는 글자.
새처럼 날지 않는 글자.
나무처럼 위로 위로 솟아 오르지 않는 글자.
아무도 읽지 않는 책 속에 영원히 수감된 글자.

햇빛의 부력으로 반짝이며 떠다니는 먼지처럼
종이 위에 떠올랐다 가라앉는 글자.
밤바다에 번지는 어선들의 희부윰한 불빛처럼
당신의 뇌 속에 시각 신호처럼 명멸하는 글자.
밤하늘을 항해하는 별들처럼
현기증 나는 백지 위에 검게 번쩍이는 글자.

당신의 우윳빛 살결 위에 오래 전에 씌어진 검은 점들.

잔잔한 수면 위에 목만 내민 수련처럼
물결 없는 종이 위에 피어 있는 글자.
수련의 줄기와 뿌리가 푸른 물 속에 잠겨 있듯
글자의 줄기와 뿌리는 백지의 심연 속에 잠겨 있을까?
     뇌 속에, 시신경 안에 잠겨 있을까?
         아니면 익사했을까?

더 이상 읽혀지지 않는 글자.
더 이상 해독되지 않는 글자.
바라보고, 냄새 맡고, 쓰다듬고, 껴안고, 애무할 수밖에 없는 글자.

더 이상 눈으로 읽고 머리로 이해할 수 없는 여자.
당신처럼 임신시켜 애 낳게 할 수밖에 없는 글자.

주제	문자의 순수가치 추구
형식	5연의 주지시
경향	주지적, 연상적, 문명비평적
표현상의 특징	연상작용에 의한 내면세계의 의미를 추구하며 독자에게 시 내용의 전달이 잘 되고 있다. 표제(表題)인 '글자'가 시 본문에서 13번이나 종결어미의 특색을 보이고 있다. '~처럼'이라는 직유를 8번이나 되풀이하고 있다. '~잠겨 있을까?'의 동어반복의 설의법(設疑法)을 쓰고 있다. 제4연 끝에서 조사(措辭)의 특이한 구도를 드러내는 강조법을 쓰고 있다.

이해와 감상

채호기의 '글자'(文字)라는 제재(題材)를 통해 정서(情緒)보다는 지성(知性)을 매우 중시하는 시작 태도에 주목하게 된다. 오늘날 한국 시단에는 1980년대 이래 주지시(主知詩)가 다양하게 전개되고 있는데 이는 한국 시문학사에서의 그 성패 여부를 떠나 우선 큰 특징적 현상이다.

인류 역사의 문자로서 아직도 우리에게 흥미를 끌고 있는 것은 대영박물관(영국 런던)에 전시되고 있는 5천년 전 고대 이집트 글자가 새겨 있는 로제타석(rosetta stone)이다.

프랑스 나폴레옹(Napoléon, 1769~1821)의 1799년 이집트 원정 때, 나일강 어구에서 발견된 이 돌에는 톨레미(Ptolemy) 5세 에피판스(Epiphans)의 칙령(勅令)이 이집트 상형문자 등 3가지 언어로 새겨져 있으며, 이것이 이집트 고대어 문자 해독의 열쇠가 된 소중한 문화재다. 글자는 역사의 기록으로부터 인류문명과 문화의 전달자다. 그와 같은 제재(題材)를 채호기가 시로써 다루었다는 데 우선 주목받지 않을 수 없다. 글자가 없었다면 시인은 문자가 아닌 목소리로써 시를 읊는 음유시인만이 존재할 것이다.

이 작품을 통해 채호기는 문자의 그 존재론적 현상을 다각적으로 진지하게 추구하고 있다. 땅에서 '캐낼 수 없는 글자'(제1연)는 '낚시로도 잡을 수 없'고, '새처럼 날지 않는' 것이고, '나무처럼 위로 위로 솟아 오르지 않는'데, 과연 그 글자의 행방은 어디인가. 그러나 '아무도 읽지 않는 책 속에 영원히 수감된 글자'라고 화자는 끝내 침통하게 책을 외면하는 오늘의 잘못된 독서 풍토를 시니컬하게 고발하고 있는 것이다.

읽지 않고 내버려 둔 책은 나무토막이다. 목침 대신 책을 머리에 베고 자는 사람조차 있으니, 시인은 버림받을 책에 대한 예리한 문명비평을 가하고야 만다.

제1연의 직서적 표현에 반해 제2연에서는 상징적 비유의 묘사가 우리의 눈길을 끈다. 그리하여 글자는 '햇빛의 부력으로 반짝이며 떠다니는 먼지처럼'(제2연) 직유되면서, 글자가 자리하는 '종이'에로, '뇌' 속으로 다시 '종이'에로의 귀착한다. 제3연의 메타포에 뒤이은 제4연에서 '글자'는 시인의 빛나는 상상력에 이끌려 연못의 아름다운 '수련'으로 승화하여 '물결 없는 종이 위에 피어 있는 글자'로써 부각하며 눈부시게 꽃핀다.

화자는 제4연에서 글자를 수련꽃으로 형상화 시키면서 '글자의 줄기와 뿌리는 백지의 심연 속에 잠겨 있을까?/ 뇌 속에, 시신경 안에 잠겨 있을까?/ 아니면 익사했을까?'고 우리에게 날카롭게 반문하는 것이다. 여기서 우리는 문화적 감각과 지성이 융합된 시인의 빼어난 이미지의 조탁(彫琢)을 발견하게 되는 것이다.

함민복

충청북도 충주(忠州)에서 출생(1962~). 1988년 『세계의 문학』에 시 「성선설」등을 발표하며 문단에 등단했다. 시집 『우울씨의 일일』(1990), 『자본주의의 약속』(1993), 『모든 경계에는 꽃이 핀다』(1996) 등이 있다.

빨래집게

옷을 집고 있지 않을 때
내 몸을 매달아 본다

몸뚱이가 되어 허공을 입고
허공을 걷던 옷가지들

떨어지던 물방울의 시간
입아귀 근력이 떨어진

입 다무는 일이 일생인
나를 물고 있는 허공

물 수 없는
시간을 깨물다

철사 근육이 삭아 끊어지면
툭, 그 한 마디 내지르고

흩어지고 말
온몸이 입인

주제 존재에 대한 자아성찰
형식 7연의 주지시
경향 주지적, 풍자적, 상징적
표현상의 특징 긴장된 언어의 응집력 있는 표현으로 시의 감각미를 살리고 있다. 간결한 시어로 연을 갈라 2행시 형식을 취하고 있다. 제6연으로부터 이어지는 제7연의 '흩어지고 말/ 온 몸이 입인'은 제5연의 '물 수 없는/ 시간을 깨물다'로 연결되는 수사의 도치법을 쓰고 있다.

이해와 감상

함민복은 존재론적(存在論的, Ontologisch)인 삶의 가치를 추구하는 시의 논리를 인식론적으로 흥미롭게 전개시키고 있다.

오늘의 이른바 혼미한 21세기라는 복잡다단한 사회를 살아가는 지성인에게 있어서 온갖 정치 경제 사회 문화의 압력은 때로 감당키 어려운 게 사실이다. 군사독재며 고도산업이다, 물신숭배의 타락에 이르기까지 정치 사회적 혼란 등등 개인의 사상적 중심축은 향방이 어긋나며 항상 뒤흔들리기 마련이다.

그런 한복판에서 마침내 화자는 '빨래집게'라는 가공(加工)된 물체를 시적 오브제(object)로 설정한 것이 자못 주목된다.

――빨래집게. 그는 남(他者)을 일정한 기간 스스로 억압하고 구속한다. 물론 그 스스로도 철사줄(빨랫줄)에 얽매인 채로서다.

'철사 근육이 삭아 끊어지면/ 툭, 그 한 마디 내지르고// 흩어지고 말' (제6·7연) 존재다.

그야말로 프롬(Erich Fromm, 1900~1980)이 내세우는 자유로부터의 도주가 불가능한 존재인 것이다. 우리의 세상을 누가 이토록 자유롭지 못하게 눈에 보이지 않는 거대한 울타리를 끈질기게 둘러치고 있는 것일까.

자본주의의 물질문명인가, 전쟁 상인들인가, 국수적 집단 이기주의자들인가. 그 큰 빨래집게들은 철사줄에 매달리지 않은 완전자유의 행동파인가.

우리가 고도산업사회에서 소외당하는 것까지는 어쩔 수 없다손 치더라도, 인간적인 최소한의 권익과 자존심마저 짓밟혀 버린다면, 허공 속에서 '입 다무는 일이 일생인' (제4연) 빨래집게로서의 개체들은 더 이상 어떻게 잇따라 소외당해야만 할 것인지 그 해답을 누구에게 물어볼까.

마르쿠제(Herbert Marcuse, 1898~1979)인가, 아니 이들보다 먼저 저 하늘 멀리 떠나가 버린 현상학자 후서얼(Edmund Husserl, 1859~1938)인가, 그의 계승자 하이데거(Martin Heidegger, 1889~1976)에게 오늘의 시대의 존재와 시간의 한계를 파악해야 할 것인가.

'옷을 집고 있지 않을 때/ 내 몸을 매달아 본다' (제1연)는 그 존재와 시간의 자아 성찰은 너무도 소중한 오늘의 시대적 정신 작업임에 틀림 없다.

김태호(金兌浩)

충청북도 보은(報恩)에서 출생(1938~). 대구대학교(현 영남대학교) 졸업. 1989년 『한국시』신인상에 시「닭」,「벙어리 새」등이 당선되어 문단에 등단했다. 시집 『달빛 씻기』(1991), 『한 줄의 시로 하여 서럽지도 않으리라』(1994), 『눈 나라 소식』(1996), 『해돋이』(1998) 등이 있다.

해돋이

아무도 거스르지 못할
빛의 가장자리
껍질 벗는 일체의 속살
가슴 떨리는 두려움으로
해를 맞는다.
새벽 어둠을 뚫고
솟아 오르는 하나의 둥그런 자유
그 부신 나래에 매달린 아침 열리고
그림자 덮인 산자락도
윗도리 걸치며 일어선다.
숲 속 잠든 한 마리 들짐승과
새들도 눈을 떠
둥지 밖을 내다보고
멀리 뻗어 나간 길과
돌아드는 시내까지
땅 끝에서 땅 끝으로 달려가는
새 숨결의 출렁임,
하늘 우러르는 기도와
작은 용서의 속삭임까지
깨어나는 빛살 앞에 무릎 꿇는다

주제 일출(日出)과 생명의 외경(畏敬)
형식 전연의 자유시
경향 서정적, 상징적, 감각적
표현상의 특징 잘 다듬어진 시어로 서정적인 순수미를 상징적으로 표현하고 있다. 태양의 솟음을 제재(題材)로 하면서도 작자의 박애(博愛)사상 등, 건강한 인간애의 정신미가 짙게 드러나고 있다. 서정(抒情)과 서경(敍景)이 공시적으로 생명 의식의 고양 속에 깔끔한 조화미(調和美)를 표현하고 있다. 전연(全聯) 구조이면서도 리듬의 내면적 효과를 언어 감각적 묘사로 살리고 있다.

이해와 감상

지금부터 95년 전에 육당 최남선(崔南善)이 「해(海)에게서 소년에게」(1908)를 썼던 것이 이 땅의 첫 현대시였다.

김태호는 「해돋이」(1998)에서 한국 현대시의 참으로 눈부신 새아침을 마련하고 있다. 이제 우리 한국 시단에는 김태호의 새로운 해가 떴다.

의성어(擬聲語)로서 떠들썩하고, 이른바 신체시(新體詩)의 테두리에 얽매여 있던 육당의 「해에게서 소년에게」의 시 세계를 여기 굳이 들추는 데는 딴 뜻은 없다. 그 후 먼 뒷날인 52년 만에 또 하나의 가편(佳篇)의 서정시로서의 해가 떠올랐다.

한국 현대시 100년사를 지향하는 오늘의 시점에서 김태호의 「해돋이」가 눈부신 새 시사(詩史)를 장식하려고 우뚝 솟았다는 것을 다시금 지적하고 싶다.

이 작품은 참으로 조용한 이미지의 세계 속에, 생명에의 외경(畏敬)과 삶의 진실을 그 주제로 삼아 '아무도 거스르지 못할/ 빛의 가장자리/ 껍질 벗는 일체의 속살/ 가슴 떨리는 두려움으로/ 해를 맞는다' (제1연)고 하는 화자의 엄숙한 일출선언이 우리들에게 압도해 오고 있다. 우리는 「해돋이」를 조용히 읽고 음미하면서, 다만 가슴에 뜨겁게 젖어드는 그 벅찬 해돋이를 껴안으면 되는 것이다.

그 동안 한국 시단에서 「해」(1946)를 노래한 박두진(朴斗鎭)의 명시가 아직도 우리들의 시심에 감동의 여운을 안겨주는 가운데, 시의 영토는 서정의 빛나는 터전을 광대하게 펼쳐 주었다. 무릇 릴리시즘(lyricism)의 바탕 위에서 새롭고 신선한 릴릭 포이트리(lyric poetry)를 엮어내는 게 서정시인의 작업이다. 왜냐하면 시는 처음부터 끝까지 서정의 노래이기 때문이다. 시는 결코 이야기이거나 웅변이며 연설도 아니다.

혹자는 시의 내용에 대해 말하기를 그것이 철학이니, 심지어 사상 운운하는 터무니 없는 궤변도 늘어 놓는다.

'새벽 어둠을 뚫고/ 솟아 오르는 하나의 둥그런 자유/ 그 부신 나래에 매달린 아침 열리고/ 그림자 덮인 산자락도/ 윗도리 걸치며 일어선다' (중반부)는 이 해돋이의 빼어난 메타포는 한국 현대시의 새로운 가능성을 당당하게 제시하고 있다고 본다.

이제 21세기가 밝아 온 한국 시단에서 「해돋이」와 같은 현대의 새로운 서정시가 계속 나와 우리 시단을 빛낼 것을 굳이 여기에 강조해 둔다.

김성옥(金成玉)

부산(釜山)에서 출생(1952~). 숙명여자대학교 국문학과 졸업, 동 대학원 수료. 1989년 『현대시학』에 시 「시를 찾아서」 등이 추천 완료되어 문단에 등단했다. 시집 『빛 한 줄기의 강』(1976), 『그리움의 가속도』(1992), 『사람의 가을』(2003) 등이 있다.

황진이

1
조선의 남자는
모두
그녀로부터 태어났다.

사랑도 그녀로부터 비로소
시작된다.

아무도 그녀를 막아서서
해를 가릴 수는 없다.

오늘
나에게도 흐르고 있는
그녀의 눈물과 피

2
춤을 추랴
어디 만만한 들판이나
사랑채 마당에서라도

대대로 내려온 장단에 맞춰
죽어도 버릴 수 없는
신명에 맞춰

3
오늘 황진이를 보았다.

골목길을 막 돌아가는
빨간 댕기

쨍그랑
하늘 한 조각.

주제	황진이의 강인성과 흠모(欽慕)
형식	3부작 9연의 자유시
경향	페미니즘적, 해학적, 풍자적
표현상의 특징	강력한 여성지향적인 해학적 표현을 하고 있다. 간결한 시어에 심도 있는 이미지를 담고 있다. 비교적으로 짧은 시이나, 3부작으로 여러 개의 연을 갈라서 전달이 잘 되는 구호적(口號的)인 시형(詩型)을 제시하고 있다. 제2·3부에서 도치법을 쓰고 있다.

이해와 감상

　황진이(黃眞伊, 16C)는 조선왕조 선조(宣祖) 당시까지의 여류시인이며 이른바 송도삼절(松都三絶, 황진이·서경덕·개경의 박연폭포)로 꼽히던 명기(名妓)였다는 것은 모르는 이가 없겠다.
　"동짓달 기나긴 밤을 한 허리에 베어내어/ 춘풍 이불 아래 서리서리 넣었다가/ 어른님 오시는 밤이어드란 굽이굽이 펴리라"는 이 절창(絶唱)과 더불어 재색 겸비한 진랑(眞娘)은 한국 시문학사에서 그의 진가가 빛나고 있다. 김성옥은「황진이」를 표제로 하여 우리에게 그 흠모의 정을 주지적으로 유감 없이 형상화 시키고 있어 주목받는다.
　'조선의 남자는/ 모두/ 그녀로부터 태어났다// 사랑도 그녀로부터 비로소/ 시작된다' (제1·2연)는 것에 남성 독자들은 혹 불만이라도 있을까. 만약 그렇다면 그것은 성차별 의식의 발로다. 김성옥이 제시하는 '그녀' 란 '여성' 의 복합적인 호칭일 따름이다. 따라서 '조선의 남자는/ 모두/ 조선 여자로부터 태어났다' 는 메시지로 풀이할 일이다. 또한 '그녀' 황진이의 경우는 존재론적(Ontologisch)인 견지에서 단군 이래로 이 땅의 '여성 대표' 격인 '잘난 여자' 다. '사랑도 그녀로부터 비로소/ 시작된다' (제2연)고 했는데, 이것은 작자가 그녀의 사랑(戀情)을 가장 여성다운 사랑의 모델 케이스로 평가하고 있는 것이다.
　그런데 더욱 주목되는 것은 제4연의 '오늘/ 나에게도 흐르고 있는/ 그녀의 눈물과 피' 라는 화자의 고백이다. 황진이의 인생행로에 있어서의 삶의 아픔(눈물), 그리고 진실(피)은 그녀의 전설이 이미 인구에 널리 회자된 것과 같다.
　김성옥은 그런 황진이를 흠모하는 후손임을 강조하고 있는 것이다. 황진이는 어쩔 수 없는 기녀의 신분으로서 '대대로 내려온 장단에 맞춰/ 죽어도 버릴 수 없는/ 신명에 맞춰' (제6연) '사랑채 마당에서' (제5연) 춤을 추어야 하는 슬픈 운명의 여주인공이었다는 뼈아픈 삶의 길을 김성옥은 제2부에서 '골목길을 막 돌아가는/ 빨간 댕기// 쨍그랑/ 하늘 한 조각' 하고 또렷이 공감각적(共感覺的)으로, 그것도 문법 무시의 차원에서 시네시스(synesis)의 수사(修辭)를 설득력 있게 원용하여 강조하고 있다.

한여선(韓麗鮮)

충청북도 청주(淸州)에서 출생(1951~). 본명은 정희(貞姬). 1989년 『우리문학』 신인작품상에 시 「네가 모르는 것은 나도 모른다」외 9편이 당선되어 문단에 등단했다. 시집 『그곳은 사통팔달 전철이나 국철 닿지 않는 곳』(1991) 등이 있다.

별꽃풀

정월 밭둑에서 쥐불 놓는 아이들
그 떠들썩한 소리에
산마을 온통 흔들릴 때
살촉얼음 비집고 새봄 눈뜨는 풀뿌리
맑은 피가 돌기 시작하는
너는 새였다.

시린 손끝 다죄면서
어둠의 굳은 살 긁고 또 뜯어내리는
아직도 서슬 푸른 동토凍土
그 굳어진 가슴 사이
뼈 속 마디마디 얼음 박히는
아픔 깊을수록 투명해지는
눈빛 감추는 새,
아름드리 나무를 꺾는
광포한 계절에도 날고 싶은
그 꿈깃 부드럽게 다스리는 새.

네 영혼이 끌어안고 뒹구는
갈대만의 땅 어두운 들녘
잡풀들 일어서는 날
키 낮은 풀잎 그 밑에 더 낮게
작은 꽃으로 피었다가
다소곳 곱포갠 깃 털며
또렷한 꽃불로 날아오르고 싶은
너는 새였다.

| 주제 | 야생화의 순수미 발견
| 형식 | 3연의 자유시
| 경향 | 서정적, 상징적, 낭만적
| 표현상의 특징 | 주정적인 일상어로 예민한 언어 감각의 표현을 하고 있다.
수사적으로 두드러지게 '새'를 강조하는 역설법(力說法)을 쓰고 있다.
전통적인 정서와 선의식(善意識)의 이미지가 선명하게 나타나고 있다.

이해와 감상

「별꽃풀」은 감성적 서정미가 물씬 풍기는 빼어난 작품이다.
 우리의 민속(民俗)인 정월 대보름날의 전통적인 '쥐불놀이'로부터 시작하여 이 감각적인 서정시는 눈부시게 출발하고 있다.
 '정월 밭둑에서 쥐불 놓는 아이들/ 그 떠들썩한 소리에/ 산마을 온통 흔들릴 때/ 살촉 얼음 비집고 새봄 눈뜨는 풀뿌리'(제1연)라는 시각과 청각의 공감각적인 표현은 '맑은 피가 돌기 시작하는/ 너는 새였다'(제1연)고 비약하는 메타포와 더불어, 이 감각적 서정시가 현대 서정시로서의 새로운 면모를 돋보이고 있다.
 '별꽃풀'을 '새'로서 심도 있게 이미지화 시키는 것이 바로 제2연이기도 하다.
 두 말할 나위 없이 「별꽃풀」은 현대 서정시의 한 새로운 양상(樣相)을 손색없이 조형(造形)하고 있다.
 시는 그 시인의 목소리가 담긴 노래다.
 남의 목소리가 아닌 제 목소리는 우선 시의 서정적인 바탕 위에서 성립하게 된다. 서정시(lyric)란 주관적이며 관조적(觀照的) 수법으로 시인의 감정이나 정서를 운율적으로 표현하는 노래다. 그러므로 시의 서정성은 어느 시대, 어느 상황에서나 시라고 하는 형식이 존재하는 한, 시의 기본 요소인 것이다.
 거듭 지적하거니와 한여선은 이 땅의 순수한 야생화인 '별꽃풀'이라는 들꽃을 통해 제 목소리를 우리에게 전통적 이미지로써 듬뿍 안겨주고 있다.
 모름지기 시인은 나 어린 소녀 시절에 봄의 논둑길이며 산기슭을 다니며 별꽃풀을 뜯어다 나물로 무쳐 먹기도 했으리라.
 우리 강토에는 우리나라만의 야생화가 많이 피고 지고 있다.
 그러기에 우리는 자연 파괴를 극복하는 방편으로서도 우리의 들꽃을 사랑하며 새로운 생태 환경 친화시의 시각에서 줄기차게 새로운 시를 형상화 시켜야 한다.

심호택(沈浩澤)

전라북도 옥구(沃求)에서 출생(1947~). 한국외국어대학교 불어과 졸업, 동 대학원 수료. 1991년 『창작과 비평』 겨울호에 「빈자의 개」 등 8편의 시를 발표하며 문단에 등단했다. 시집 『하늘밥도둑』(1992), 『최대의 풍경』(1995), 『미주리의 봄』(1998) 등이 있다.

육자배기 가락으로

싸리 몇 포기로 울타리 삼던
옆집 붉은 코 영감쟁이
곤쟁이젓거리 건지러 바다에 나갔다 그만
독 오른 범치한테 장딴지 쏘였네
삼베그물이며 양철통
그것 짊어지고 긴 지게 작대기
에라 모르겠다 팽개치고
사정없이 욱신거리는 다리 절뚝여 돌아왔네
간신히 마루에 기어올라
퉁퉁 부은 다리 뻗치고 앉았는데
참다 참다 못하면
육자배기 가락으로
허이구우! 나 죽겄네—
한참 있다가
하다 하다 못하면
또
허이구우! 나 죽겄네—
이빨 옹등그리고 참느니보다
걸쭉한 그 소리
시원하니 듣고 있을만 하더만서두
그집 마누라 하는 소리는
하이고오! 징혀라!
시방 나이가 몇 살인디 그 엄살이여!

- **주제** 서민의 삶의 고통 추구
- **형식** 전연의 자유시
- **경향** 주지적, 해학적, 풍자적
- **표현상의 특징** 가난한 노어부의 빈곤한 생활이 배경으로 표현되고 있다.
  연상적 수법으로 전라도 방언의 표현이 매우 해학적이다.
  '허이구우! 나 죽겠네'(제13·17행)를 동어반복하고 있다.

이해와 감상

　현대시로서는 보기 드문 제재(題材)를 택하고 있는 이채로운 작품이다.
　표제의 「육자배기」부터 설명해 두자.
　「육자배기」는 남도(南道)지방에서 널리 애창되고 있는 잡가인 민요로서, 조선왕조 말기에 평민들이 6박을 단위로 하는 장단으로 지어 부르던 노래다.
　'옆집 붉은 코 영감쟁이/ 곤쟁이젓거리 건지러 바다에 나갔다 그만/ 독 오른 범치한테 장딴지 쏘'여서 '사정없이 욱신거리는 다리 절뚝여 돌아왔'(전반부)다는 해학적 표현이 삶의 현장을 리얼하게 증언하고 있다.
　여기에는 육신(肉身)의 아픔보다는 삶의 고통이 더욱 진하게 배어 있는 것이다. 진정한 희극(comedy)의 요소는 '눈물' 이라고 했다지 않은가.
　심호택은 이 작품을 통해 현대사회의 외진 곳에 흡사 버림받듯 소외당한 계층에 대한 인간애의 휴머니즘을 가지고 오늘의 현실을 풍자하고 있는 것이다.
　'붉은 코 영감쟁이' 는 지나간 시대의 가난한 어부가 아니라, 오늘의 21세기를 살아가는 농어촌의 서민상이며 도시빈민의 상징적 존재로서 설정되어 있는 것이다.
　물질적으로 풍요한 속에 그늘진 구석에서 삶의 아픔에 「육자배기」를 외치는 그 가락을 어느 위정자가 과연 올바로 들어줄 수 있을 것인가 하는 심각한 문제 제기를 하고 있다.
　'퉁퉁 부은 다리 뻗치고 앉았는데/ 참다 참다 못하면/ 육자배기 가락으로/ 허이구우! 나 죽겠네—' 하고 외치는 것을 우리가 우스개 소리 쯤 삼아 건성으로 넘겨버릴 것인가. 견딜 수 없는 생활고도 짊어진 빚 둘러막다 지친 실직자의 입에서도 당장 그런 침통한 외침으로 우리의 귓청을 때려 크게 울려오고 있지 않은가.
　현대시의 메타포는 시구절에만 담기는 것이 아니고, 시 한 편 전체로서 복합적인 메타포가 이렇듯 차원 높은 시의 형상화를 이루는 것을 보여주는 가편(佳篇)이다.
　시용어를 살펴 보자면 '곤쟁이' 는 새우의 일종으로 보리새우와 비슷하나 몸이 매우 작고 연하며 젓을 담근다.
　'범치' 는 '망둥어' 의 방언이라는 것을 부기해 둔다.

조청호(趙淸湖)

충청남도 부여(扶餘)에서 출생(1944~). 충남대학교·경희대학교 행정대학원 및 고려대학교 대학원 수료. 1991년 『문예사조』 신인상에 시 「새벽」 외 4편이 당선되어 문단에 등단했다. 시집 『영원 속 아기별』(1981), 『어머니의 촛불』(1991), 『푸른 나무들 모여』(1992), 『침묵의 바다』(1994), 『싸리꽃』(1995), 『그리움은 길이 없어라』(5인 시집, 1996), 『보리밥 풋고추』(1998) 등이 있다.

한산 모시 적삼
— 어머니·5

졸음에 겨운 호롱불 아래 밤 깊도록
고독을 한 땀 한 땀 꿰매시던 어머니
그 곁에서 우리들은 하늘 나는 꿈을 꾸었고
어머니 손 끝에서는
반짝이는 꽃으로 피어나는
하얀 한산모시 적삼

옥산에서 한산까지 멀다면 먼데
새벽 산길 가로질러
모시시장 다녀오신 어머니
그 치맛자락엔 지친 발목 걸려 있고
하얀 모시 마름은 들녘 끝 노을 피는
큰 하늘에 걸려 졸고 있는 호롱불을
더욱 밝혔다

어머니가 지어주신 모시 적삼,
올마다 젖어 있는
잔잔한 미소
그 진솔한 삶의 속삭임이
호롱불 심지 돋아 저 어둠 사른다.

| 주제 | 전통양식 찬미와 모정(母情)
| 형식 | 3연의 자유시
| 경향 | 전통적, 서정적, 상징적
| 표현상의 특징 | 잘 다듬어진 주정적 시어로 심도 있는 이미지를 부각시킨다.
작자의 인간미가 짙게 전달되고 있다.
연작시「어머니」제5편의 부제가 있으며, '어머니'가 거듭 동어반복 된다.
표제의 지명인 '한산(韓山)과 옥산(玉山) 등 지명이 나온다.

이해와 감상

'한산 모시'(韓山苧) 하면 충남 서천(舒川)군 한산면이 옛날부터 우리나라 모시의 명산지로 이름났다.

한산 모시 직조품 중에서 으뜸이라는 최상품은 이른바 '세모시' 란다. 모시를 짜느라 베틀에 앉아서 부녀자가 한 필을 짜자면 꼬박 사흘이나 걸렸다는 노고가 이만저만이 아닌 귀중한 이 땅의 수공업 직조품이다.

시인의 모친이 한산 모시로 적삼을 짓던 모습이 독자에게도 눈에 선히 보이듯 영상미로 클로즈업 된다.

현대시(現代詩)라는 형식(形式)은 어차피 1908년 최남선(崔南善, 1890~1957) 이후 서양 사람들의 것을 우리가 빌려서 쓰고 있다.

그러나 형식은 서구에서 빌려다가 표현 방법으로 쓰고 있더라도 시의 내용마저 구태여 전적으로 서양적일 것은 없다.

저자는 우리 시인들이 보다 폭넓은 시 소재(素材)의 개발을 통해 자꾸만 자취가 사라져 가는 우리 한국인의 전통적인 산물이며 민속적 내지 역사적인 뚜렷한 제재(題材)를 취사선택하여 그 발자취들을 작품화할 것을 굳이 이 자리에서 권유하련다.

한국 시단에서「한산 모시 적삼」이 시문학으로 창작된 것은 이 작품이 효시다.

'졸음에 겨운 호롱불 아래 밤 깊도록/ 고독을 한 땀 한 땀 꿰매시던 어머니' (제1연)의 근면 성실한 한국의 모상(母像)은 우리 누구에게나 뚜렷이 연상되는 자애로운 여성상이다.

깜박거리는 석유 호롱불 아래서 어머니의 모습을 시켜보며 졸린 눈을 부버대던 소년 시인 조청호는 그 곁에서 '하늘 나는 꿈을 꾸었'(제1연)다고 했다.

시는 진실의 언어이며 삶의 약동이다.

그러므로 상상력(想像力)만의 시보다는 때로 삶의 행동양식과 그 깊은 의미가 충실하게 구상화 된, '옥산에서 한산까지 멀다면 먼데/ 새벽 산길 가로질러/ 모시시장 다녀오신 어머니/ 그 치맛자락엔 지친 발목 걸려 있 었다(제2연)는 이 메타포에는 요즘 특히 흔해지고 있는 아포리즘(잠언)보다는 시적 현실의 리얼리티와 아픔의 미학이 우리 가슴을 와락 압도해 온다.

윤현선(尹炫善)

전라남도 해남(海南)에서 출생(1961~). 연세대학교 행정학과 졸업. 1991년 『우리문학』 신인상에 시 「솔직히 말해서 내가 하나님이라면」이 당선되어 문단에 등단했다. 시집 『버들 솔새는 장거리 경주에 강하다』(1990), 『나의 시가 한 잔의 커피라면 좋겠다』(1991), 『그대에게 가는 동안』(1993) 등이 있다.

솔직히 말해서 내가 하나님이라면

솔직히 말해서
내가 하나님이라면
남한, 북한 지금 당장
하나의 나라로 통일시키고
일본을 두 동강내서
남일, 북일로
36년만 통치해 보고 싶어

미국이나 소련과
전쟁을 하기 위해서
일본의 팔팔한 애들
학도병으로 내보내어
총알받이로 쓰러지게 하고
일본의 반반한 계집애들
정신대로 뽑아가지고
수천 수만의 군사들에게
다리벌려 봉사하게 만들고 싶어
그러다가 미·소를 상대로 한
전쟁에서 혹시 지게 된다면
적당히 얼버무리고
항복선언이나 대충하고 싶어
그렇다고 남일·북일 통일시켜 주기에는
아직 멀었어
우리나라 대통령께서
남일국 수상에게

대충 서너마디면 되거든
"지난 날 우리나라로 인해
귀국께서 받으신 고통에 대하여
통석의 념을 금할 수 없습니다."
가해자, 피해자 명확하게 표시됐으니
이제 따질 놈이 없어
솔직히 말해서 내가 하나님이라면
일본이 36년간 우리에게
저질렀던 일들을 똑같이 36년간
저질러 보고 싶어
솔직히 말해서 내가 하나님이라면

주제	일제 식민통치 비판
형식	3연의 주지시
경향	주지적, 풍자적, 해학적
표현상의 특징	표제(表題)에 가정법을 제시하고 있다. 시 전체가 직설적이고 직서적인 산문체의 전달이 매우 쉬운 표현을 하고 있다. 수사(修辭)에 과장법(hyperbole)이 사용되고 있다. 각 연마다 '~고 싶어' 라는 의존형용사에 의한 동어반복의 소망(所望)을 절실하게 강조하고 있다. '솔직히 말해서/ 내가 하나님이라면' 이 수미상관으로 동어반복된다.

이해와 감상

가정법의 표현으로 시작되는 이 작품은 제1연에서 기승전결(起承轉結)의 '결'(結)을 강력하게 제시하고 있다.

일제의 가혹한 식민지 지배에 대한 시인의 저항의지는 '남한, 북한 지금 당장/ 하나의 나라로 통일시키고/ 일본을 두 동강내서/ 남일, 북일로/ 36년만 통치해 보고 싶어'라고 열망한다. 제2연에서 일제가 우리 민족을 유린했던 비참한 '학도병' 과 '정신대' 징발 만행이 고발되고 있다. 일제의 군국주의 죄악사에서 오늘날 국제적으로도 지탄받고 있는 소위 '정신대'라는 '종군위안부' 문제는 1945년 8월의 일본 패전 반세기가 넘어 60년이 가까워 오고 있으나 일본 정부는 책임을 부인하고 발뺌하고 있다.

이미 1992년 1월에 당시 일본 수상 미야자와 키이치(宮澤喜一)는 한국을 공식 방문하고 "종군위안부 문제에 대해 일본측을 대표해서 사과한다"고 공식 사죄한 바 있다.

그럼에도 불구하고 일본 최고재판소는 최근 종군위안부에 대한 일본의 책임을 부인하는 판결(2003. 3. 25)까지 내렸다. 그러나 일본 아시히신문사(朝日新聞社)의 「일본역사」(週刊朝日百科, 1988. 7. 31)에서는 종군위안부 관할 담당장교였던 야마다 세이키치(山田淸吉·전 日本軍 武漢兵站司令部 副官, 慰安係長)의 "매춘부대는 일본의 독자적인 군대조직이었다"는 내용을 폭로하고 있다.

윤현선이 이 작품을 통해 한일관계사를 풍자적으로 신랄하게 조명하는 것은 우리 시문학사에서 주목할 만하다.

최영미(崔泳美)

서울에서 출생(1961~). 서울대학교 서양사학과 졸업. 홍익대학교 대학원 미술사학과 수료. 1992년 『창작과 비평』에 시 「속초에서」외 7편을 발표하며 문단에 등단했다. 시집 『서른, 잔치는 끝났다』(1994), 『꿈의 페달을 밟고』(1998) 등이 있다.

서른, 잔치는 끝났다

물론 나는 알고 있다
내가 운동보다도 운동가를
술보다도 술 마시는 분위기를
더 좋아했다는 걸
그리고 외로울 땐 동지여로
시작하는 투쟁가가 아니라
낮은 목소리로
사랑노래를 즐겼다는 걸
그러나 대체 무슨 상관이란 말인가

잔치는 끝났다
술 떨어지고,
사람들은 하나 둘 지갑을 챙기고
마침내 그도 갔지만
마지막 셈을 마치고
제각기 신발을 찾아 신고 떠났지만
어렴풋이 나는 알고 있다
여기 홀로 누군가 마지막까지 남아
주인 대신 상을 치우고
그 모든 걸 기억해내며
뜨거운 눈물 흘리리란 걸
그가 부르다 만 노래를
마저 고쳐 부르리란 걸
어쩌면 나는 알고 있다
누군가 그 대신 상을 차리고,

새벽이 오기 전에
다시 사람들을 불러 모으리란 걸
환하게 불 밝히고 무대를 다시 꾸미리라

그러나 대체 무슨 상관이란 말인가

주제	저항의지의 역사인식
형식	3연의 주지시
경향	주지적, 풍자적, 낭만적
표현상의 특징	산문체이나 리듬감을 살리면서 주지적 사상을 심도 있게 표현하고 있다.

수미상관으로 '그러나 대체 무슨 상관이란 말인가'의 동어반복을 한다.
'~좋아했다는 걸', '즐겼다는 걸', '흘리리라는 걸' 등에서처럼 '걸'(것을)로 관형사형으로 만드는 어미를 이루고 있다. 다양하게 도치법이 쓰이고 있다.
'술'(酒)이 동어반복되는 표현이 두드러지고 있다.
'물론 나는 알고 있다', '어쩌면 나는 알고 있다'는 동의어(同義語) 반복도 하고 있다.

이해와 감상

전체적으로 볼 때 이 작품의 표현수법은 직설적인 부분과 상징적인 비유의 부분으로 나뉘고 있다.
 이 시는 알기 쉬운 산문적인 스토리를 그 콘텐츠로 삼았다기보다는 오히려 난해시다. 최영미가 표제(表題)에서 제시한 '잔치'는 '행동'의 상징이다.
 그 '행동'의 요소가 무엇인지 독자가 제대로 파악하지 못한다면 이 시의 낭만성(romanticism)은 단순한 현실도피 의식의 것으로써 해석을 할 소지도 보이고 있다.
 그러나 여기서 '잔치', 즉 그 '행동'은 역사 현실에의 '저항 운동'이다.
 박인환(朴寅煥)이 6·25동란의 명동의 폐허에서 「세월이 가면」(「박인환」항목 참조 요망)을 노래했던 그런 센티멘탈한 낭만이 아닌 것이다.
 도치법으로 시작되는 제1연 서두인 '물론 나는 알고 있다/ 내가 운동보다도 운동가를'에서 '운동'은 순수한 스포츠의 상징어이며, '운동가'는 스포츠맨이 아닌 혁명가의 비유다. 이와 같은 비유의 표현의 차원에서 이 '아픔의 시'는 역사에의 저항의지를 풍자적으로 담아 나가고 있는 것이다.
 '외로울 땐 동지여로/ 시작하는 투쟁가가 아니라/ 낮은 목소리로/ 사랑노래를 즐겼다'(제1연)는 것은 겉으로 외치는 허장성세(虛張聲勢)보다는 은밀하고 실질적인 투쟁의 방법을 슬기롭게 추구했다는 고백이다. 그러나 항거란 어느 시대 어느 역사에서나 처절하다.
 그러기에 최영미도 그 뼈 아픔을 '주인 대신 상을 치우고/ 그 모든 걸 기억해내며/ 뜨거운 눈물 흘리리란 걸/ ……어쩌면 나는 알고 있다'(제2연)고 진솔하게 실토하고야 만다. 그러면서 끝내 결연한 의지를 굳힌다.

손택수(孫宅洙)

전라남도 담양(潭陽)에서 출생(1970~). 경남대학교 국문학과 졸업. 1998년 『한국일보』 신춘문예에 시 「언덕 위의 붉은 벽돌집」이 당선되어 문단에 등단했다. 시집 『호랑이 발자국』(2003) 등이 있다.

호랑이 발자국

가령 그런 사람이 있다고 치자
해마다 눈이 내리면 호랑이 발자국과
모양새가 똑같은 신발에 장갑을 끼고
폭설이 내린 강원도 산간지대 어디를
엉금엉금 돌아다니는 사람이 있다고 치자
눈 그친 눈길을 얼마쯤 어슬렁거리다가
다시 눈이 내리는 곳 그쯤에서 행적을 감춘
사람인 것도 같고 사람 아닌 것도 같은
그런 사람이 있다고 치자 그래서
남한에서 멸종한 것으로 알려진
호랑이가 나타났다, 호랑이가 나타났다
호들갑을 떨며 사람들이 몰려가고
호랑이 발자국 기사가 점점이 찍힌
일간지가 가정마다 배달되고
금강산에서 왔을까, 아니 백두산일 거야
호사가들의 입에 곶감처럼 오르내리면서
호랑이에게 물려가도 정신만 차리면 된다는
호랑이를 잡으려면 호랑이 굴에 들어가야 한다는
속담이 복고풍 유행처럼 번져간다고 치자
아무도 증명할 수 없지만, 오히려 증명할 수 없어서
과연 영험한 짐승은 뭔가 달라도 다른 게로군
해마다 번연히 실패할 줄 알면서도
가슴 속에 호랑이 발자국 본을 떠오는 이들이
줄을 잇는다고 치자 눈과 함께 왔다
눈과 함께 사라지는, 가령
호랑이 발자국 같은 그런 사람이

| **주제** | 사회병리(社會病理)에 대한 저항의식
| **형식** | 전연의 주지시
| **경향** | 주지적, 해학적, 풍자적
| **표현상의 특징** | 평이한 일상어를 통해서, 현실에 대한 저항의식을 자못 유머러스하게 표현하고 있다.
'가령~ 있다고 치자'는 가정법의 묘사인 '~치자'가 두드러지게 동어반복되고 있다.
마지막 행에서는 맨 첫 행과 동어반복되는 시어와 함께 수사의 도치법을 쓰고 있다.

이해와 감상

　손택수의 풍자적 주지시「호랑이 발자국」은 많은 독자에게 관심의 대상이 되고 있는 작품이 아닐 수 없다. 이른바 '가짜'가 난무하는 세태 속에 시달리는 선량한 다수는 그와 같은 난장판에 이제 짜증내거나 역겹다고 나무라기보다 차라리 못 본 체 외면해 버리거나, 치지도외하고 만다.
　「호랑이 발자국」이라는 이 특이한 제재(題材)는 오늘의 우리 사회의 그와 같은 병리적(病理的) 현상에 대한 시인의 상징적(象徵的) 비판이다. 그와 동시에, 그와 같은 사회악적인 현상인 페노미나(phenomena of the social abuses)에 대한 해학적인 강력한 풍자다.
　어쩌면 고도산업화 사회는 역으로 참다운 인간성을 송두리째 말살시키고, 사리사욕과 집단 이기주의만을 끊임없이 조장시키는 사회악적 이중구조 속에 양식을 가진 이들을 거듭하여 분노케 만들고 있는지도 모른다.
　'호랑이 발자국과/ 모양새가 똑같은 신발에 장갑을 끼고/ 폭설이 내린 강원도 산간지대 어디를/ 엉금엉금 돌아다니는 사람이 있다고 치자'(제2~5행)라는 화자의 설정은, 오늘의 우리 사회가 당면한 회화적(戱畵的)인 혼란상에 대한 냉혹한 질타이다.
　'호랑이가 나타났다, 호랑이가 나타났다/ 호들갑을 떨며 사람들이 몰려가고/ 호랑이 발자국 기사가 점점이 찍힌/ 일간지가 가정마다 배달되고/ 금강산에서 왔을까, 아니 백두산일 거야'(제11~15행).
　호랑이 발자국을 흉내내는 이와 같은 웃지 못할 넌센스의 세태는 온갖 것을 혼란 속에 빠뜨리는 비극적 종말론으로까지 진전할지도 모른다는 극단적 사회악에 대한 시인의 일대 경종이 아닐 수 없다. 옛날 시인들의 발자취를 돌아보면 비뚤어진 세상사(世上事)에 관해 주저없이 직설적인 경구(驚句)를 썼던 것이다.
　이제 21세기의 젊은 시인 손택수는 유머러스한 메타포로써 사회악을 넌지시 고발하며 그 개선을 위한 보다 강렬한 경종을 울리고 있다.

김종태(金鍾泰)

경상북도 김천(金泉)에서 출생(1971~). 고려대학교 대학원 국문학과 수료. 1998년 『현대시학』에 시 「오존주의보가 내릴 무렵」외 4편이 추천 완료되어 문단에 등단했다. 대표시 「미아리」, 「해후」 「설화」 등이 있다.

미아리

우산 쓰고 미아리를 건너갈 때
초로의 남자가 담뱃불을 빌리러 왔다
신문 뭉치로 숱 성긴 머리를 가린 채
그가 문 담배는 반쯤 젖어
고갯길 전봇대는 인가쪽으로 휘어 있었다.
아리랑 고개 어디쯤에서 발 동동 구르고 있을
내 여자를 생각할 뿐이었다
갈 길은 우회로뿐이어서 장마의 바람은
제 짝을 잃어도 외로워하지 않았고
불을 만들지 못하는 불꽃 앞에 서서
「지리산 처녀 보살」 간판을 가린 조등을 보았다
불현듯 조객처럼 서러워졌다
어떤 전생이 비 새는 파라솔의 백열등처럼 서서
그와 나의 무의미한 상관성을
내리 비추고 있는 것일까
객들의 사연을 살피던 처녀 보살은
자신의 내력을 펼친 채 그 위에 누웠다
라이터가 반짝하고 꺼지는 사이
그는 엄지에 힘을 주며
끌고 온 등뒤의 멍에를 곁눈질했다
나는 젖고 있을 여자 생각뿐이었다 죽음 이후
익명의 흔적을 지우고 가는 사이렌 소리가
천천히 밤 고개를 넘어갔다
아직도 노인은 라이터를 켜고 있었다

주제	삶의 아픔과 연민의 정
형식	전연의 주지시
경향	주지적, 풍자적, 문명비평적
표현상의 특징	독특한 소재를 산문체의 과거 서술형식으로 표현하고 있다. 사상(事象)의 본질을 비유의 수법으로 날카롭게 추구하고 있다. '우산', '장마' 등 비오는 계절이 시의 우중충한 배경을 표현한다.

이해와 감상

　김종태는 한국 현대사회의 일그러진 단면에 앵글을 맞추고, 문명비평적인 잣대로 세태를 예리하게 파헤치고 있다.
　표제에 제시된 지역 명칭인 「미아리」는 우리나라 대부분의 도시 구석구석 어느 곳에나 위치하고 있는 상징적 처소(處所)에 불과하다.
　여하간에 서울의 '미아리'는 돈암동에서 아리랑고개를 넘어간 곳에 가정과 사회로부터 낙오된 여성들의 비통한 삶의 현장이다.
　미아리 고개 일대에는 또한 점을 친다는 복술가(卜術家)들이 줄줄이 간판을 내걸고 있어서 「지리산 처녀 보살」간판도 내걸린 모양이다.
　'아리랑 고개 어디쯤에서 발 동동 구르고 있을/ 내 여자를 생각할 뿐이었다'는 그 '여자'(창녀)의 비극적 운명이나, '「지리산 처녀 보살」간판을 가린 조등을 보았다'는 그 점치던 '처녀 보살'은 서로가 비참한 공동운명체라는 것이 화자의 강렬한 주제의 제시다.
　지금 비록 살아 있으나 비에 젖어 호객 행위를 하고 있는 여자거나, '객들의 사연을 살피던 처녀 보살은/ 자신의 내력을 펼친 채 그 위에 누웠다'(제16·17행)는 이 사실은 대비적(對比的)인 풍자적 메타포가 되기도 한다.
　즉 처녀 보살에게 점을 치러 다니며 참담한 현실을 극복한답시고 엎어진 인생을 다시 일으켜 재건하겠다는 여자는 지금도 살아서 비에 젖고 서 있으나, 아이러니컬하게도 스스로의 한치 앞도 예견 못한 점치던 처녀 보살은 죽고야 만 것이다.
　비 내리는 미아리 고개에서는 '익명의 흔적을 지우고 가는 사이렌 소리가/ 천천히 밤고개를 넘어갔다'(제22·23행)는 화자의 아픈 삶의 현장 고발의 우수(憂愁)에 젖은 목소리는 독자의 가슴도 슬픔의 빗줄기로 마냥 적신다.
　오늘의 시인들에게 주어지는 제재(題材)는 다양하다. 종래의 고식적이고 유형화된 때 묻은 소재를 되풀이하는 보람 없는 에너지 소모의 헛수고는 지양되어 마땅하다. 그보다 이제 21세기의 새로운 한국시는 눈을 활짝 뜨고 더 폭넓은 삶의 터전을 샅샅이 뒤져야만 한다. 그리하여 우리에게 절실한 삶의 명제(命題)들을 건져내어 시의 언어로써, 새로운 옷을 입힌 생명 있는 메타포의 내실한 언어로써 엮어나가야만 한다는 견지에서도 「미아리」의 방각(方角) 제시는 그 의미 큰 가편(佳篇)이다.

한국 현대시 개관槪觀
— 신시新詩 100년을 기념하며

洪 潤 基

I. 여명黎明의 빛결 속에서(1908~1920)

이 땅의 신문학新文學의 개화기 속에서 육당六堂 최남선崔南善이 한국 최초의 신체시新體詩인 「해海에게서 소년少年에게」를 1908년 『소년』(제1호, 1908. 11)지에 처음 발표한 것은, 실로 한국 현대시에 여명黎明의 빛을 비추기 시작한 것이었다. 물론 그 이전에 최남선은 창가唱歌라는 형식으로 7·5조 또는 8·5조의 노래를 지었다.

우리나라에서 7·5조의 율조는 「정읍사井邑詞」라는 백제 가요(고려 가요라는 설도 있음)로부터 나타나고 있다. 특히 왜倭의 응신(應神, 오우진) 왕조 때인 4C 말경, 백제로부터 일본으로 건너간 박사 왕인王仁에 의해 비로소 5·7, 7·5조의 「난파진가」(難波津歌, 梅花頌이라고도 함)가 서기 405년에 창작되었다. 이것은 일본 와카(和歌)의 효시였다. 이 때부터 비로소 일본 시가는 5·7, 7·5 율조의 운률(음수율)을 지켜 나오게 된 것이다.

저자는 지금부터 30여년 전에 이 「난파진가」(매화송)를 발견하고 그 와카가 실린 옛날 전본傳本들을 한 권 한 권씩 찾아 일본땅을 다니며 확인하기에 이르렀다(홍윤기, 「일본 와카(和歌)를 창시한 왕인박사와 한신가韓神歌」 『現代文學』 1997. 2月號). 상세한 것은 본고에 뒤이어 쓴 「7·5조 시가 연구론」을 참조 바란다.

육당은 새로운 내용과 새로운 형식의 시 「해에게서 소년에게」를 발표하면서 이 작품에 대하여 신체시新體詩라는 명칭을 붙였다. 육당은 마침내 그때까지 존재하고 있던 조선시대 시가 형식인 가사체歌辭體의 기본 율조에 의한 외형율 또는 잣수율字數律의 틀을 깨뜨리는 시의 새로운 세계를 당당하게 전개시킨 것이다. 그러므로 이 신체시라는 '신시新詩'는 옛날의 시와는 다른 새로운 것을 주창主唱한 것으로서도 그 의의가 크다. 육당은 이 땅에 신시만을 보여준 것이 아니다. 그는 넘치는 개화開化에의 의지 속에서 문화적인 계몽의 선도자로 나서는 역할을 스스로 도맡았다. 그러는 가운데 문예지文藝誌인 『학지광學之光』을 춘원春園 이광수(李光洙, 1892~미상)) 등과 손잡고 발행하여 이 땅에 서구西歐의 새로운 문예사조文藝思潮를 전파시켰다.

육당은 『샛별』, 『청춘靑春』 등의 잡지를 통해서도 신시를 썼고, 또한 그 시의 내용도 조선시대의 시조나 시가詩歌와는 달리 서구의 새로운 문물을 보여주는 새로운 의식세계意識世界를 차츰 담기 시작했다. 특히 조선시대의 시조는 상당수가 유교적 가치관에 입각한 충군사상忠君思想이나 또는 감상적인 음풍영월吟風口永月에서 벗어나지 못하고 있었던 것이다. 이에 반해서 신시는 자연의 생명적 약동감이며 서정적인 감흥과 순수의식 등 지금까지와는 달리 새로운 시의 국면을 서서히 전개하게 되었다.

1918년 9월에는 우리나라 최초의 주간지인 『태서문예신보泰西文藝新報』가 장두철張斗澈의 주재主宰로 간행되었다. 이 주간지야말로 이 땅에 본격적으로 서구의 문예사조를 소개하는 데 공헌을 했다. 처음에는 종합지의 성격을 띠고 출발했으나 문예지로서의 성격을 갖추게 된 이 주간지에는, 안서岸曙 김억金億의 창작시 「봄」, 「봄은 간다」와 상아탑象牙塔 황석우黃錫禹의 창작시 「봄」과 「밤」 같은 시가 발표된 것이 주목되는 상찬할 만한 일이다. 왜냐하면 이들의 창작시는 최남선 등의 신시의 테두리를 능가하는 근대시로서의 형태를 취하고 있었기 때문이다. 시 형식은 그 당시 일본 근대시처럼 7·5, 5·7조의 율조를 답습하고 있었다. 일본 근대시는 왕인이 서기 405년에 처음 시작했던 7·5, 5·7조를 기본율조로 쓰고 있었던 것이다.

최남선의 신시에서 낭만성浪漫性 같은 것은 자못 바람직했지만 그러한 감정은 다시금 방향을 전환해서 개념적인 표현, 나아가 계몽적인 테두리를 끝내 탈피하지 못하고 말았다. 그러나 김억이나 황석우에게 있어서는 짙은 낭만적 감정의 표현, 비유에 의한 상징적 수법 등이 두드러지게 나타나게 되었다. 이와 같은 사실은 그들의 작품내용의 우열을 논하기에 앞서 우리의 현대시가 그 기틀을 이루는 데 진일보한 양상을 보여주었다. 특히 김억의 시 「봄은 간다」는 이 땅의 최초의 산문시散文詩라고 볼 수 있다. 또 여기서 짚고 넘어가야 할 것은 김억이 『태서문예신보』를 통해 프랑스의 상징주의象徵主義 시인들의 시작품들을 우리 말로 번역해서 소개한 일이다.

그와 같은 작업은 우리 시의 초기를 장식하는 새로운 시단 형성의 개막을 위한 여명의 빛결이라 해도 과언이 아니다. 1919년에 『창조創造』가 간행되었고, 이어서 『서광曙光』(1919), 『폐허廢墟』(1920), 『개벽開闢』(1920) 등이 나왔다. 다시 뒤이어서 『장미촌薔薇村』(1921), 『백조白潮』(1922), 『금성金星』(1923), 『조선문단朝鮮文壇』(1924), 『영대靈台』(1924) 등 동인지同人誌며 문예지 등이 계속 이어져 간행되었다.

여기에 담긴 시편詩篇들은 서구의 낭만주의를 비롯해서 퇴폐주의와 상징주의 시 형식을 제시하는 가운데 한국 현대시의 개화를 위한 진통 과정을 보이면서 우리의 시단을 형성하는 데 이바지했다.

이 시기에 등장한 주요 시인들은 한용운韓龍雲, 주요한朱耀翰, 노자영盧子泳, 황석우黃錫禹, 오상순吳相淳, 홍사용洪思容 등을 들 수 있다.

II. 여울목의 소용돌이(1921~1929)

1920년대는 이 땅의 시단 형성기 최초의 가장 중요한 시기였다. 앞에서도 예시했듯이 여러 개의 시 동인지며 문예지 등에서는 마치 봇물 터지듯 서구(태서) 시문학의 물결을 타고 왕성한 작업이 벌어지게 되었다. 이 시기의 시편詩篇들은 앞에서도 밝혔듯이 낭만주의거나 퇴폐주의 또는 상징주의의 경향을 띠고 있었다. 그러나 이 시편들이야말로 이 땅의 자유시自由詩라는 형식形式을 확실히 보여주었다는 점을 높이 평가하지 않을 수 없다.

문예 동인지 『창조』에서 주요한은 자기의 시 「불놀이」가 '자유시'라는 주장을 다음과 같이 『조선문단』(1924)에서 주장하기도 했다. 물론 이것은 그 당시 공인된 주장은 아니었다.

"그 형식도 아주 격格을 깨뜨린 자유시의 형식이었습니다. 자유시라는 형식으로 말하면 당시 주로 불란서 상징파의 주장으로 고래古來로 내려오던 타입을 폐하고, 작자의 자연스런 리듬에 맞추어 쓰기 시작한 것입니다."

이와 같이 이 시기에 자유시를 쓰게 된 시인들에게 있어서 그 시적詩的인 제재題材의 공통성은 비애悲哀며 감상感傷, 고독孤獨, 동경憧憬과 환상幻想 등이 주조主調를 이루고 있었다. 그와 같은 배경에는 이 시대가 일제 강점에 우리 민족이 거국적으로 저항했던 3·1운동 직후였기 때문에 민족적인 비통감이며 절망감이 작품의 저변에 짙게 깔리지 않을 수 없었다.

퇴폐적인 시의 경향을 일별한다면 이른바 보들레르(C. P. Baudelaire, 1821~1867)적인 퇴폐주의 경향이 일부 시인들의 시편에 미치고 있다. 프랑스어로 데카당티즘(décadantisme)이라는 퇴폐주의 문학은 도덕이나 관습을 무시하고 진기珍奇하고 괴상한 것을 추구해서 퇴폐와 죄악 속에서 매력을 뒤쫓는 병적 경향이었다. 좀 더 구체적으로는 관능적官能的이고 탐미적耽美的 또는 유물적唯物的인 것을 추구하는 이른바 세기말적世紀末的인 예술 행위를 일컫게도 된다. 이러한 데카당티즘의 프랑스 시인들 중에서는 보들레르와 베를레느(P. Verlaine, 1844~1896), 랭보(J. N. A. Rimbaud, 1854~1891) 등이 대표되는 것이며, 그들의 그러한 경향의 시가 우리나라에 번역 소개되는 가운데, 『폐허』, 『백조』 등의 시 동인들의 작품들에서 우리는 퇴폐주의 성향의 시편들을 살필 수 있게 되었다.

이 시기에 우리의 문학사에서 주목되는 사회주의 문예운동도 일어났는데 그 대표적인 조직체는 카프(KAPF)다. 문학 동인 단체인 염군사(焰群社, 1922. 9)와 파스큘라(1923)가 합친 카프는 프롤레타리아 문학의 전위적 단체였다. 종래의 산발적인 무목적적 신경향파新傾向派 문학을 벗어나 계급의식에 입각한 조직적 프롤레타리아 문학과 정치적 계급 운동을 목적으로 하여 이루어졌다. 카프의 명칭은 조선 프롤레타리아 예술가동맹(1925. 8. 23~1935. 5. 21)이다. 에스페란토어인 'Korea Proleta Artista Federatio(영 Korea Proletarian Artist Federation)'의 두 문자를 모은 것으로, 1927년 소위 방향 전환 이후 이 명칭이 일반화 되었으며, 라프(RAPP)와 나프(NAPE)와 동 계열의 이름이다.

시인이며 소설가 김기진金基鎭과 역시 시인이며 소설가 박영희朴英熙 등이 주동하여 이호李浩, 김영팔金永八, 박용대朴容大, 이상화李相和, 이적효李赤曉, 김온金慍, 김복진金復鎭, 송영宋影, 최승일崔承一, 조명희趙明熙, 박팔양朴八陽, 최학송崔鶴松, 이기영李箕永, 조중곤趙重滾, 한설야韓雪野, 유완희柳完熙, 김창술金昌述, 홍양명洪陽明, 임화林和, 안막安漠, 김남천金南天 등이 함께 참가하게 되었다. 이상과 같이 시인보다 소설가가 더 많았다.

처음 김기진의 브 나로드(V. Narod, 민중) 운동과 클라르테(Clarte, 반전·평화) 운동, 박영희의 신경향파 문학 운동이 당시의 사회주의 운동과 연결되어『개벽開闢』지에 의거하여 그 씨를 뿌렸으며 백여 명이 모인 맹원 총회(1927. 9. 1)를 개최, 박영희를 회장으로 뽑았다.『개벽』지의「계급문학시비론」(階級文學是非論, 開闢 56호, 1925. 2)의 특집이 처음으로 표면화했다. 결성 후에 준기관지『문예운동』(文藝運動, 1926. 1~6)을 발간함으로써, 카프는 사회적 위치가 분명해졌다.

이어 도쿄(東京)에서 동인지『제3전선第三戰線』을 창간한 조중곤, 김두용金斗鎔, 홍효민洪曉民 등이 도쿄 지부를 결성하여 기관지『예술운동』(藝術運動, 1927. 12~28, 2호)을 발간했지만 일본 경찰에 의해 압수당했다.

과감한 이론투쟁이며 대중투쟁을 내세운 1차 방향 전환은 신간회(新幹會, 1927. 2~31)의 영향을 크게 받았고, 1931년을 전후하여 외적으로는 신간회의 해체, 내적으로는 오락적 요소를 내포한 문학의 대중화를 주장한 김기진과 전투하는 계급의식으로서, '전위前衛의 눈으로 사물을 보라'와 '당의 문학'이라는 두 명제命題로 요약되는 극좌파(東京에서 귀국한 安漠, 金南天, 林和, 權煥)와의 내립이 생겼다. 이 때부터 카프의 실권은 임화林和가 잡게 되었다. 그러나 카프는 1935년 5월 21일에 해산되었다. 그 원인은 일제 강점기하에서의 긴박한 내외 정세와 일경日警의 극심한 탄압, 또한 파벌적인 내분內紛 등이었다. 그 당시 김남천, 임화, 김기진의 협의하에 김남천이 경기도 경찰부에 해산계를 제출함으로써 문을 닫게 되었다.

이러한 시기에 우리 시에 크게 기여한 시인들 중의 하나는 한용운韓龍雲이다. 그의 상징적 경향의 시편들은 조국애와 민족적 저항이며 종교적 자세를 차원 높은 표현 기법으로 형상화 시키고 있다고 하는 점이다. 또한 여기서 우리가 간과할 수 없는 것은 이 시기에 등장한 서정시인 김소월金素月이다. 김소월의 작품세계는 자연을 소재로 하여 애상적哀傷的인 정서를 주조主調로 삼아 7·5조를 바탕으로 낭만적 서정시의 표현기법을 동원하고 있다고 개관할 수 있다.

그 7·5조는 그의 스승이었던 안서 김억으로부터 크게 영향받은 것이었다. 그러나 앞에서 지적했듯이 7·5조의 바탕은 일본 최초의 와카(和歌)인「난파진가」(難波津歌·梅花頌, 405)를 쓴 백제인 왕인(王仁, 4~5C)에 의해 백제의 율조가 일본땅에 전파되기에 이른 것이다.

이 시기에 등장한 주요 시인을 살펴보면 박종화朴鍾和, 김소월, 이상화, 변영로卞榮魯, 박팔양, 김동명金東鳴, 이장희李章熙, 주요한, 김동환金東煥, 권환權煥, 한용운, 조운曺雲, 신석정辛夕汀, 이은상李殷相 등등이었다.

III. 암흑에서의 몸부림(1930~1944)

한국 현대시는 1930년대에 비로소 시의 품격을 갖추게 되었다고 말하지 않을 수 없다. 이 시기야말로 우리 시문학사詩文學史를 장식할 만한 여러 시인들이 등장했다. 일제의 침략이라는 질곡의 암흑시대에 이 땅의 시인들은 저마다 고통 속에 몸부림치면서 한국 현대시의 개화를 위해 진력했다.

우선 이 시기의 중요한 시문학 운동은 시동인지 『시문학詩文學』(1930. 3~1931. 10)에 의해서 이루어졌다. 『시문학』을 통해 박용철朴龍喆, 김영랑金永郎, 변영로, 정지용鄭芝溶, 신석정辛夕汀 등이 크게 활약했었다. 이 시인들은 시를 순수 문학의 경지로 이끌면서 종래와 다른 새로운 각도에서 창조적인 시 작업을 통해 언어의 기능을 시어詩語로써 활성화 시켰고, 시의 구조構造 형태에도 새로운 구성기법을 도입시켰다. 그뿐 아니라 다채로운 비유의 기법을 구사하기 시작했고, 이미지의 선명한 부각을 위해 새로운 작업을 시도한 점 등은 특히 괄목할 만하다고 본다.

더구나 우리는 김영랑을 주목하게 되는데, 그는 방언을 시어로써 빼어나게 구사했고, 또한 해맑은 서정미를 음악성과 함께 조화시키는 데 이바지하고 있다. 박용철이 『시문학』을 주재했던 큰 이유의 하나가 우리의 민족어民族語 발견과 순수시의 옹호에 있었다는 사실을 간과해서는 안 된다. 그만큼 박용철의 열의는 큰 것이었고, 그러기에 그는 『시문학』에 뒤이어서 『문예월간文藝月刊』(1931), 『문학文學』(1934) 등을 발간했었다.

또한 백석白石의 시집 『사슴』(1936)이며 이용악李庸岳의 시집 『분수령』(分水嶺, 1937)과 『낡은 집』(1938), 오장환吳章煥의 시집 『성벽』(1937), 『천사』(1938), 그리고 임화의 시집 『현해탄』(玄海灘, 1938) 등은 1930년대 후반의 주목되는 시집이다.

1930년대에 이 땅에도 엘리엇(T. S. Eliot, 1888~1965)의 영향을 받은 주지적 시인들이 등장했다는 점도 주목할 일이다. 이 주지주의는 엘리엇 뿐 아니라 허버트 리드(Herbt Read), 올더스 헉슬리(Aldous L. Huxley, 1894~1963) 등이 주창했던 문학적 경향을 말하는 것이다. 주지주의는 일반적으로 말하면 지성知性과 지성적인 것을 존중하는 문학적 태도를 일컫는다. 이러한 문학적 경향을 도입한 것은 영문학자인 최재서崔載瑞다.

물론 그 이전에 김기림金起林이 「사상思想과 기술技術」이라는 논문에서 T. S. 엘리엇의 평론인 「전통과 개인의 재능」을 부연한 글을 쓰고 있기도 하다. 그 당시 주지주의적 시로서는 김기림의 장시長詩 「기상도氣象圖」(1936) 등을 꼽을 수 있다. 이상李箱의 시는 주지주의의 작품이라기보다는 엄격히 말해서 초현실주의의 심층심리의 작품이랄 수 있다. 모더니즘 계열의 시인으로는 김광균金光均을 꼽을 수 있다. 김광균은 모더니즘의 시론詩論인 '시詩는 회화繪畵다'고 하는 것을 몸소 보여준 시인이기도 하다.

시 전문지인 『시원詩苑』(1935. 2~1935. 10)을 통해서 활약한 주요 시인들은 박종화, 김상용金尙鎔, 김광섭金珖燮, 노천명盧天命, 모윤숙毛允淑, 이상화 등을 들 수 있다. 시동인지 『자오선』(1937)으로 활동을 한 이육사李陸史, 신석초申石艸, 윤곤강尹崑崗, 『동아일보』의 시란詩欄을 통해 신문 지면으로 여러 작품을 보여준 김용호金容浩와 김현승金顯承 등의 활약도 주목할 만하다.

서정주徐廷柱는 동아일보의 신춘문예(1936)에 시 「벽壁」이 당선되어 문단에 등단했고, 특히 동인지 『시인부락詩人部落』(1936. 11~1937. 12)을 주재하면서 시문학 창달에 이바지했다.

윤동주尹東柱의 경우는 간도間島 연길에서 발행되던 『카톨릭 소년』이라는 아동지兒童誌에 동시 「오줌싸개」(1937)를 발표하는 등 처음에는 동시童詩로써 출발한 시인이다.

1930년대 말기에 이 땅에 뛰어난 시인들을 배출시키는 데 기여한 것으로는 문학종합지인 『문장文章』(1939. 2~1941. 4)이 있다. 이 잡지는 박두진朴斗鎭, 박목월朴木月, 조지훈趙芝薰, 이한직李漢稷 등 7명의 시인을 배출시켰다. 특히 우리 시단의 주목을 끄는 것은 이들 『문장』 출신 시인들 중에 '청록파靑鹿派' 시인을 들 수 있다. 조지훈, 박두진, 박목월 등의 세 시인은 해방 직후에 공동 시집 『청록집靑鹿集』(1946. 6)을 간행해서 시단에 화제를 모았다. 물론 3인의 시작품의 경향이며 표현 기법에는 각기 서로 다른 면모를 보여주고 있다.

IV. 광복의 종소리는 울리고(1945~1949)

감격의 8·15 광복은 이 땅의 문학에 새로운 활기와 눈부신 생명력을 불어넣어 주었다. 일제에게 억압당했던 35년이라는 그 암흑과 질곡의 시대는 지나가고 광복의 종소리가 삼천리 방방곡곡에 울려 퍼졌다. 이제는 우리의 말을 마음껏 쓰고 우리의 언어로 시를 자유롭게 쓸 수 있게 된 것이다. 또한 조국의 광복은 이 땅의 시문학사를 빛낼 만한 유능한 젊은 시인들을 다수 배출시키게 되었다.

정한모鄭漢模, 김수영金洙暎, 박인환朴寅煥, 구상具常, 김윤성金潤成, 홍윤숙洪允淑, 김종길金宗吉, 김춘수金春洙, 김요섭金耀燮, 김규동金奎東, 김남조金南祚, 김구용金丘庸, 이원섭李元燮, 조병화趙炳華, 한하운韓何雲 등이 이 시기에 활약한 시인들이다.

정한모는 해방 직후에 종합 문예 동인지 『백맥白脈』(제1호, 1945. 12)에 시 「귀향시편歸鄕詩篇」을 발표하며 등단했다. 그는 이듬해인 1946년에 본격적인 문단 활동을 전개하면서 직접 문예 동인지 『시탑詩塔』(1946. 4~1947)을 주재하여 6집까지 간행했다.

우리는 이 시기에 해방 후 최초의 여류 시인 홍윤숙을 만나게 된다. 홍윤숙은 『문예신보文藝新報』(1947. 11)에 시 「가을」을 발표하여 시단에 등단했다. 이어서 종합지 『신천지新天地』, 『민성民聲』과 『예술평론藝術評論』 등에 초기의 대표시로 꼽히는 「낙엽落葉의 노래」, 「황혼黃昏」, 「까마귀」 등 역작을 계속 발표했다.

이 시기에 우리는 해방 이후의 모더니스트들의 출발을 맞이하게 된다. 그것은 곧 김수영, 박인환 등 『후반기後半期』 동인들이다. 이들 『후반기』 동인들은 엔솔러지(anthology) 『새로운 도시都市와 시민市民들의 합창合唱』을 간행해서 시단에 화제를 모았다. 이 시인들은 1930년대의 모더니즘의 체계를 뒤이었기 때문에 주목을 끌었고, 도시의 시민 문화를 소재로 삼아 이미지 표현 기법의 새로운 면들을 보여주었다.

구상은 1947년에 월남한 뒤에 『백민白民』에 시를 발표하면서 본격적인 시단 활동을 하게 되었다.

20세기말 한국 시단의 중진 시인인 조병화, 구상, 이원섭, 김구용, 김춘수 등도 해방 이후에 등장한 시인들이며, 한국 현대시 발전에 크게 기여했다. 조병화는 처녀 시집 『버리고 싶은 유산遺産』을 간행했으며 그는 현대 문명 속에서의 인간의 삶의 진실을 추구하는 리리컬(lyrical)하고 순수한 시민 의식의 서정시를 개척했다. 김춘수는 처녀 시집 『구름과 장미薔薇』로 문단에 등단했으며 그는 『문예文藝』지에 시 「산악山嶽」(1949. 1), 「사蛇」(1949. 8), 「기旗」(1949. 10), 「모나리자에게」(1950. 2) 등 계속 역작을 내보였다. 이원섭은 『예술조선藝術朝鮮』지 현상 모집에 시 「기산부箕山賦」(1948. 5), 「죽림도竹林圖」(1948. 5)가 당선되어 문단에 등단했다.

V. 통한痛恨의 물결을 넘어서(1950~1960)

해방 후에 우리의 말을 찾고, 우리의 시를 마음껏 쓰기 시작한 지 불과 5년도 채 안 돼서, 이 땅에는 6·25라는 동족상잔의 비극이 빚어지고야 말았다. 그 악몽 같은 전란의 와중에서도 시인들은 등장했다.

1950년(6·25 이후)에 등장한 시인들을 살펴보면, 전봉건全鳳健, 이인석李仁石, 천상병千祥炳, 한성기韓性祺, 김관식金冠植 등 작고시인을 들 수 있다. 바로 이 시기는 우리나라 문단에 눈부신 기여를 했던 월간 종합문예지 『문예』가 간행되던 때였다.

이 『문예』지는 그 당시 이 땅의 유일한 순수 문예지였다. 이 잡지를 통해서 추천 완료된 시인은 손동인孫東仁, 이동주, 송욱宋稶, 전봉건, 최인희崔寅熙, 이형기李炯基 등을 들 수 있다. 또한 『문예』지에서 송영택宋永擇은 2회의 추천을 받았으며, 박재삼朴在森 등은 1회의 추천을 받았는데, 『문예』는 1954년 3월호로서 폐간이 되었다. 박재삼과 송영택 등은 그 후 창간된 『현대문학』을 통해 추천이 완료된 바 있다. 『문예』는 6·25를 전후해서 이 땅에 유능한 신인 시인들을 배출시키는 데에 크게 기여했다.

6·25 이후 1950년대 중반으로 말하면 이 땅에 가장 많은 시인들이 배출된 이른바 전후戰後의 시詩 시대가 눈부신 개화를 한 시기였다. 이 시기에 배출된 수많은 시인들을 일일이 기명記名하는 것은 생략하기로 한다. 그런데 이 전후의 세대에 뛰어난 시인들이 많이 배출이 되었는데 거기에는 중요한 문예지들과 각 신문의 기여가 컸다.

『현대문학』을 비롯하여 『문학예술文學藝術』, 『자유문학自由文學』 등 순수 문학지를 통해서 신인 시인들이 추천 과정을 밟고 등단했다. 『사상계思想界』 등 종합지의 추천 과정을 통해서도 유능한 시인들이 등단을 했다. 그런가 하면 각 일간 신문들이 일제 강점기에 시작된 신춘문예新春文藝라는 등용문을 본격적으로 확장하여 설정하므로써 역시 수많은 중요한 시인들을 배출시켰음을 밝혀 둔다.

VI. 새로운 지평地坪을 열며(1961~2005)

1950년대는 동족상잔의 비극인 6·25가 일어났던 어려운 시대였다. 시 작업에 있어서도 전쟁의 참화를 주제로 하는 작품들이 많이 나타났었고 또한 새로운 리리시즘(lyricism)과 모더니슴 등이 출현했있다.

60년대에 들어서자 한국 시단은 서서히 새로운 활기를 찾기 시작하며, 개인 시집의 발간보다 동인지 운동이 두드러진다. 『60년대 사화집六十年代 詞華集』(1961. 7), 『현대시現代詩』(1962. 6), 『신춘시新春詩』(1963. 1), 『시단詩壇』(1963. 1), 『돌과 사랑』(1963. 1), 『청미青眉』(1963. 4), 『신년대新年代』(1963. 12), 『여류시女流詩』(1964. 5) 등 등 수많은 동인지들이 60년대 초를 장식하면서 한국 시단은 그야말로 눈부시게 꽃피게 되었다. 동인지 『영도零度』의 경우는 일찍이 1954년 2월에 창간이 되어 역시 60년대를 빛낸 귀중한 시동인지이기도 했다.

앞에서도 지적했듯이 60년대에 들어와서는 순수 문예지인 『현대문학』을 통해서 특히 많은 수의 시인들이 등장해서 시단에 활기를 불러 일으켰다. 그뿐 아니라 역시 60년대부터 이 땅의 신문의 문단 등용문인 '신춘문예'를 통해서도 역시 수많은 시인들이 등장해서 한국 시단의 60년대 새 지평을 열기에 이르렀던 것이다.

이어서 70년대에도 역시 이 땅에는 수많은 시인들이 등단하게 되었다. 이 때 중요한 등용문의 역할을 한 것은 순수 문예지인 『현대문학』을 비롯해서 『문학사상』, 『월간문학』, 『한국문학』, 『문학과 지성』, 『창작과 비평』 등등을 들 수 있고, 또한 시 전문지인 『시문학』, 『현대시학』, 『심상』 등등을 통해서도 주목할 만한 시인들이 많이 등장하였다. 역시 이 시기에 서울을 비롯한 부산, 대구, 광주, 청주 등지의 신문의 '신춘문예'를 통해서도 유능한 시인들이 배출되었음을 아울러 밝혀두어야 하겠다.

80년대에는 이른바 '포스트 모더니즘'이며 '참여시' 등등 여러 가지 다양한 유파와 흐름이 뒤섞이며 오늘에 이르고 있다. 그리고 그러한 시의 흐름을 시적詩的 유파流派를 본격적으로 논하기에는 아직 시기가 이르다고 본다. 좀더 많은 시간이 흐른 다음에 시문학사적인 평가가 되어지리라고 본다.

거듭 밝혀 두거니와 50년대 중반 이후 등단한 시인들의 기명記名을 생략했음을 독자 여러분은 헤아려 주시기 바라겠다. 문학사에서는 적어도 5, 60년 이상 연월이 경과한 다음에야 올바른 작품 평가가 이루어지리라고 본다.

현재 이 땅에는 수많은 시인들이 왕성한 시작업詩作業을 하면서 활동하고 있고, 상당한 기간이 흐르는 동안에 빼어난 작품들이 독자들에 의해서 제대로 가려내지리라고 본다. 특히 70년대 이후 참여시라는 형태의 현실 참여에 대한 사회적 의식을 시화詩化하는 주지적 시의 경향도 보였고, 80년대에 접어들어 포스트 모더니즘 등등 실험적인 시 작업도 이루어지고 있으나 앞에서도 지적했듯이 아직 문학사적으로 시일이 앞으로 더 지나야만 평가를 할 시기에 이를 것이라고 본다.

이제 미구未久에 한국 현대시 100년을 지향하며 한국 시단을 두루 살펴보았거니와, 우리 시의 가능성은 앞으로 기대가 크며, 또한 우리 시의 새로운 방향이 보다 유능한 시인들에 의해서 폭넓게 국내외로 전개될 것을 아울러 기대하는 바이다.

□ 7·5조 시가詩歌 연구론

일본 시가詩歌의 7·5조는 한국의 율조律調이다
─한국인 왕인王仁의 일본 와카和歌의 창시創始

洪 潤 基[1]

① 7·5조에 영향 받은 한국 근대시

본고는 필자가 『現代文學』誌(1997년 2月號)에 발표했던 연구론 「일본 와카和歌를 창시한 왕인王仁박사와 한신가韓神歌」에 뒤이은 새로운 논고論稿임을 모두에 밝혀둔다. 한국 근대시近代詩가 일본 근대시에 의해서 영향받았다는 것은 공지의 사실이다. 한국 근대시는 특히 일본 시가詩歌의 7·5조의 영향을 받았다.[2]

그리고 부분적으로는 5·7조의 영향도 입었다. 그러면 7·5조와 5·7조라는 율격律格은 본래 일본 시가의 전통적인 율조인가. 아니면 그것이 고대한국古代韓國으로부터 일본으로 유입된 것인지를 반드시 규명해야만 한다.

본고는 박사 왕인博士 王仁[3]의 시가詩歌인 「난파진가(難波津歌, なにわづのうた·梅花頌으로도 부름)」가 일본 최초의 와카和歌이며 그 발생 과정을 비교 검증하려는 데 목적이 있다. 그리고 여기서 굳이 부기해 둘 것은, 앞으로 한일 시가韓日 詩歌에 있어서 양국 학자간의 본격적인 비교연구가 전개될 것을 제의하는 바이다. 난파진은 지금의 오오사카(大阪) 항구의 고대의 지명地名이며 서기 3C경부터 백제인들이 개척했던 유서 깊은 터전이다.

일찍이 洪起三 교수는 '岸曙가 끝까지 자아를 고집하면서 고수한 7·5조와 한국

---

1) 일본 센슈우大學 大學院 國文科 文學博士, 檀國大學校 大學院 日本詩文學 招聘敎授, 韓國外大「韓國詩」담당교수, 경기대학교 초빙교수, 韓日國際王仁學會 會長
2) 趙芝薰 『韓國現代文學史』 趙芝薰全集③ 一志社 (1973) p.211.
   趙演鉉 『韓國現代文學史』 成文閣 (1969) p.118.
   鄭漢模 『韓國現代文學史』 一志社 (1971) p.161.
   金海星 『韓國現代詩文學槪說』 乙酉文化社 (1976) p.42.
   金容稷 『韓國近代詩史』 上卷, 學硏社 (1991) p.137.
   尹柄魯 『韓國近·現代文學史』 明文堂 (1991) p.58.
3) 왕인 박사는 왜나라 왕의 초청을 받고 應神天皇(생년 未詳~402) 16년에 백제로부터 『千字文』과 『論語』를 가지고 일본 왕실에 건너가서 왕자의 스승이 되고 정무장관(文首)으로 활약했다(『日本書紀』 應神條).

의 전통적 리듬과의 비교, 또한 그 계승 문제를 연구하는 것이라든가, 일본의 와카和
歌와의 비교, 또는 岸曙 당대에 그에게 영향을 준 것을 찾아내는 일이야말로 매우 중
요하다'[4]고 밝힌 바 있다. 그리고 金允植 교수 이외 몇 분이, '素月의 시는 민요조라
고 하지만 주조음主調音은 7·5조이다. 거기에 문제가 있다. 이것은 일본시의 리듬과
깊은 관계가 있다'[5], 또는 趙東一 교수 외 몇 분이, '일본 시가의 7·5조의 영향을 받
은 김소월은 민요시인이 아니다'[6]고 지적했는가 하면, 吳世榮 교수는 '7·5조가 개
화기 이후 일본 창가唱歌의 영향 아래서 크게 유행했던 것은 사실이지만, 그것은 일
본 시가의 전통 음수율音數律과 일치하는 것은 아니며, 한국 시가의 독특한 3음보격
音步格이 이와 비슷한 일본 시가(和歌나 俳句)의 음수율에 상호작용을 일으켜, 다만 그
전대前代보다 널리 보급되었을 것으로 추측된다'[7]고 밝힌 것 등도 앞으로 한일 시가
의 비교 연구 과정에서 중요한 메시지로써 간주한다.[8]

2 왕인이 창시한 일본 최초의 시가詩歌

일본 고대의 시가詩歌를 총칭해서 와카和歌로 일컫고 있다. 이 와카는 백제인 왕인
박사에 의해서 서기 405년에 처음으로 일본에서 발표되었다.[9] 그러므로 서기 5세기
초에 한국인에 의해서, 오늘날 일본이 세계에 자랑삼는 와카가 처음으로 읊어지게
되었다는 사실을 우리는 주목해야 한다. 바꿔 말해서 왕인 박사가 와카를 왜나라에
서 처음으로 짓지 않았더라면, 일본 와카는 어느 시대에 흘러가서 발생했을는지, 또
는 왜나라에서 시가詩歌가 발생했다손 치더라도 왕인 박사가 창시한 5·7·5·7·7
음수율音數律의 시가인 와카의 발생은 전혀 발생할 수 없었다고도 보아야 한다.
박사 왕인의 와카는 「나니와츠노우타」(難波津歌, 난파진가) 또는 「바이카쇼우」(梅花
頌, 매화송)로도 통칭되어 왔다. 「난파진가」는 처음에 다음과 같이 한자어로 쓰여졌
다. 우리의 향가鄕歌가 한자어를 음音·훈訓 등 표기식의 향찰鄕札로 기록했던 것처
럼, 「난파진가」 역시 한자어를 차용借用해서 '만요우가나'(萬葉假名, 만엽가명)라는
음·훈의 표기식으로 기록했던 것이다.

---

4) 洪起三「岸曙의 선구적 위치와 문학」『文學思想』(1973. 5) p.293.
5) 金允植「植民地의 虛無主義와 詩의 選擇」『文學思想』(1973. 5) p.58.
　趙芝薰『半世紀歌謠文化史』趙芝薰全集 ⑥ 一志社 pp.370~371.
　金容稷 前揭書 p.364.
6) 趙東一「民謠와 金素月詩」『曉星女大學報』(1970. 4. 1) 第2面.
7) 吳世榮「韓國浪漫主義詩研究」一志社(1990. 12) p.46.
8) 本論의 제1장 「7·5조에 영향 받은 한국근대시」는 저자가 한국외국어대학교 대학원 일본근대문학회
　초청강연(1996. 11. 26)에서 밝힌 내용임.
9) 洪潤基「일본 和歌를 창시한 왕인 박사와 韓神歌」『現代文學』통권506호(1997. 2) pp.378~389.

難波津尒 佐具哉此花 冬古毛梨　　난파진에는 피는구나이꽃이 겨울잠자고
今波春邊 佐具哉此花[10]　　　　지금은봄이라고 피는구나이꽃이
　　　　　　　　　　　　　　　　　　　　　　　(필자 번역)

　이와 같은 왕인의 「매화송」은 음音과 훈訓으로 읽으면, 음수율은 5·7·5·7·7이 된다. 이 5·7·5·7·7의 음수율은 일본의 카나(假名, かな) 글자로 풀어서 쓰게 되며, 와카를 '미소히토모지'(三十一文字, みそひともじ)라고도 통칭한다. 일본 근대시가 7·5조 또는 5·7조로 되어 있거니와, 그와 같은 율조는 다름 아닌 박사 왕인의 와카 「난파진가」로부터 비로소 창시되었음을 우리는 우선 쉽게 살필 수 있다. 일본 7·5조의 발자취[11]에 대해서는 고를 달리 해서 구체적으로 밝힐 예정이다.
　앞에서 예시한 박사 왕인의 일본 최초의 와카 「난파진가」는 우리의 향찰 또는 이두吏讀처럼 일본말을 한자어를 차용어借用語로 하여 쓴, 이른바 만요우가나(萬葉假名)라는 표기법에 따르는 것이다. 그러므로 왕인이 『천자문』과 『논어』를 가지고 일본에 건너간 뒤 왜나라 왕자에게 글을 가르치며 서기 405년에 「난파진가」를 지은 일은, 또한 왕인 박사가 최초로 왜나라에서 만요우가나를 창시해서 쓴 것을 말해 준다. 왜냐하면 왕인 박사가 문자가 없던 왜땅으로 한자를 처음으로 가지고 건너가서 비로소 문자의 사용법을 가르치게 되었기 때문이다.
　왕인이 처음으로 문맹국인 왜국에 건너가 왕자에게 글을 가르쳤다는 사실은 왕명에 의해 관찬된 일본의 『고사기』와 『일본서기』[12]라는 고대 역사책에 상세히 기록되어 있다. 여기 부기하자면「일본의 '만요우가나'(萬葉假名, まんようがな)는 한국 고대의 '이두'吏讀의 영향을 받았다」[13]고 일본의 학자 오구라 신페이(小倉進平, 1882~1944)가 밝힌 바 있다.
　왕인이 서기 405년에 쓴 「난파진가(매화송)」는 서기 905년에 키노 츠라유키(紀貫之) 등이, 카나(假名) 글자로 편찬한 『고금와카집』[14]의 '카나서'(假名序)라는 서문에 실려 있다. 다음과 같은 것이다.

[14]

---

10) 『古今集注』 일본京都大學藏, 京都大學 國語國文資料叢書, 臨川書店, 1984. 11. p.54.
11) 洪潤基「日本詩歌と七五調音數律(金億と藤村の長編七五調定型四行詩)」『專修大學人文科學研究月報』第166號, 1995. 5. pp.35~38.
12) 『古事記』(서기 712년 편찬). 일본에서 가장 오래된 관찬 역사책.
　　『日本書紀』(서기 720년 편찬). 일본에서 두 번째로 편찬된 관찬 역사책이다. 그러나 「한국사」와 「중국사」 등과 비교할 때 연대 기술이 최소한 60년 또는 120년 내지 603년 이상 각기 빠른 거짓된 기록으로서의 문제점을 갖고 있는 史書이다.
13) 小倉進平 『鄕歌及び吏讀の硏究』 1929.
14) 『古今和歌集』(서기 905년 편찬).

여기 예시한 「난파진가」는 시문학자며 가인歌人이었던 후지와라노 사타이에(藤原定家)가 고대의 원본 『고금와카집』을 베껴 쓴 『다테본』(伊達本)[15]에 있는 「난파진가」이다. 왕인의 원문原文의 '한자어시漢字語詩' 대신 일본 글자 '히라가나'(平假名)로 썼다.

이상에서 살핀 바와 같이, 일본 최초의 시가詩歌는, 문자가 없던 왜나라에 한자를 가지고 건너간 왕인 박사에 의해서, 최초로 지어진 「난파진가」(매화송)이다. 이것을 보면 음수율이 5·7·5·7·7의 와카和歌의 전형典型이다. 그리고 이와 같은 음율은 일본 시가의 5·7조와 7·5조의 기본 율격을 이룬 것도 쉽게 살필 수 있다. 한국 근대시가 일본 시가 7·5조의 영향을 입었다고 하지만, 본래의 5·7, 7·5조 율격은 왕인이 창시한 와카 「난파진가」가 그 원천源泉임은 누구도 부인할 수 없을 것이다. 더구나 일본 시가 7·5조는 '카구라노우타'(神樂歌)가 작용했다는 게 저명 일본 학자들의 통론이다. 바로 이 카구라노우타도 일본 고대에 천황들이 한국신인 한신韓神을 제사지내던 축문祝文인 제신가祭神歌를 일컫는 것이다.[16]

우리나라 고시가古詩歌에도 보면 7·5조의 율격이 가끔은 나타나고 있다. 그 전형적인 것이 백제가요 「정읍사」의 제1연 3·4행과 제3연 2행 및 3·4행에서 살필 수 있다. 그것을 3·4·5음보격으로도 일컫는데, 7·5조인 것만은 틀림없다.

(音步律)

둘하 노피곰 도드샤　　　　　二·三·三
어긔야 머리곰 비취오시라　　三·三·五
어긔야 어강됴리　　　　　　　三·四
아 다롱다리　　　　　　　　　五　(七·五調)

숟져재 녀러신고요　　　　　　三·五
어긔야 즌 디를 드디욜셰라　　三·三·五
어긔야 어강됴리　　　　　　　三·四

어느이다 노코시라　　　　　　四·四
어긔야 내가논 디 졈그를셰라　三·四·五 (七·五調)
어긔야 어강됴리　　　　　　　三·四
아 다롱디리　　　　　　　　　五　(七·五調)　　[18]

---

15) 『伊達本』 藤原定家(1162~1241)가 12세기 말경에 原本 『古今集』을 筆寫한 책이며 일본 국보(1938. 7. 4. 지정)이다.
16) 洪潤基 「일본 와카(和歌)를 창시한 왕인(王仁) 박사와 한신가(韓神歌)」 앞의 논문, pp.378~389.
17) 高晶玉 『朝鮮民謠研究』 首善社. 1949. 3. pp.50~51.
18) 洪潤基, 『일본문화사』 서문당, 1999, pp.221~222, pp.240~244.

이와 같이 「정읍사」에는 7·5조의 음수율音數律이며 5음구五音句며 7음구들이 지배적으로 구성되어 있어, 일찍부터 고대 한국에 일본 와카和歌에서 볼 수 있는 5·7, 7·5율조가 존재해 왔음을 고찰하게 된다. 여기 부기해 둘 것은 우리나라 국문학서의 「정읍사」의 가사는 '아 다롱디리'(5음)가 모두 5음으로 전해 오고 있다. 따라서 '어긔야 어강됴리/ 아 다롱디리'의 7·5조로 되어 있다는 것을 살피게 된다.

그런데 고정옥 교수가 저술한 『조선민요연구』[17]에는 '아으 다롱디리'로 표기되어 있다. 이 경우 '아으'는 고정옥 씨가 민요 채집 당시에 '아ㅡ'라는 긴 장음長音의 발음을 멋스럽게 '아으'로써 구송口誦한 사람으로부터 채집한 것에서 그와 같이 '아으'로 기술한 것으로 추찰한다. 그러나 '아으' 역시 원음原音은 '아'로써 간주하는 게 옳은 것으로 본다.

「정읍사」는 '고려가요설'도 있으나, 본고에서는 「정읍사」를 한국 고시가로서 예시해 보았다. 그리고 여기 또 한 가지 간략히 부언해 두어야 할 것이 있다. 그것은 『고금와카집』의 「카나서」(假名序)에서, 편자(紀貫之)는 신대神代, 즉 신화시대에 스사노오노미코토(須佐之男命)라는 신神이 『야쿠모』(八雲, 팔운)라는 와카를 지었다고 하는 엉뚱한 설을 내세웠다. 『야쿠모』는 다음과 같다.

{{손글씨 이미지}}[19]

음수율에 맞춰서 직역하면 다음과 같다.

    팔운八雲이솟는 이즈모(出雲)팔중八重담장 아내맞으려
    팔중담장만드네 그팔중담장을
              (필자 번역)

물론, 이와 같은 와카를 인간이 아닌 하늘나라의 신이 신화 시대에 지을 수 없는 것이고, 후세에 조작造作된 것이라고, 일본의 저명한 국문학자 히사마쓰 센이치(久松潛一, 1894~1976) 교수 등등이 논리 정연하게 지적하고 있어서[20] 본고에서는 생략하기로 한다.

그러므로 왜나라에 최초로 문자를 가지고 간 박사 왕인의 「난파진가」는 일본 시가의 남상임을 거듭 확인하게 된다. 물론 일부 국수적인 일본 학자들이 「야쿠모」가 일본 시가의 효시라는 망발을 했던 일도 있다.

---

19) 『伊達本』.
20) 久松潛一, 『和歌史』(東京堂, 1948. 3), pp.330~301.
    折口信夫, 『折口信夫全集』 제11권(中央公論社, 1973. 3), p.75.

3 「난파진가」의 확고부동한 내용의 전본傳本들

왕인 박사가 일본에서 최초로 5·7, 7·5조의 와카를 지었다는 사실은 『고금와카집』(905)의 필사본筆寫本으로서 권위 있는, 일본 국보國寶인 『다테본』(伊達本, 12세기 말경 필사) 등등이, 왕인의 시가 「난파진가」를 분명히 기록하고 있다. 저자가 그 점을 굳이 강조하는 것은, 뒤늦은 일이지만 지금부터라도 「한국문학사」에 고대 일본에서 활약한 왕인의 시가며, 고대 일본에 살던 한국인들의 제신가祭神歌 등등 각종 시가가 수록 평가되어야 한다는 데 있다.

그런 견지에서 왕인의 「난파진가」가 기록된 『고금와카집』의 고대 필사본 등 문헌文獻에 대한 사항들을 살피는 것은 무엇보다도 시급하고 중요한 과제라고 본다. 지금까지 우리 한국문학사에 왕인의 시가詩歌 등이 전혀 언급되지 않았다는 것은 매우 유감스러운 일이며 이유야 어떻든 저자 자신에게도 일단의 책임이 있다고 여기고 있다. 따라서 『고금와카집』의 대표적인 전본인 『다테본』에 관한 사항 등부터 순차적으로 검토를 하기로 한다. 먼저 구소카미 노보루 교수의 논술부터 살펴보자.

"전본인 『다테본 고금와카집』은 다테가(伊達家)에 장구한 세월에 걸쳐 비장秘藏되어 왔던 귀중한 필사본으로서, 1938년 7월 4일에 국보國寶로 지정되었다."[21]

또한 『슌세이본(俊成本) 고금와카집』은 『다테본(伊達本)』과 쌍벽을 이루는 대표적인 전본傳本이다. 니시시타 게이이치(西下經一) 교수는 『고금와카집』의 전본傳本들에 대해서 이렇게 평가하고 있다.

"고금와카집의 전본의 종류는 매우 많다. 그 중에서 중요한 것을 들어본다면 교정본校訂本으로서는 사다이에본(定家本, 저자 註·앞에서 王仁 박사의 시를 인용한 필사본인 伊達本 등), 그 친본親本으로서의 『슌세이본(俊成本)』(저자 註·역시 박사 왕인의 시를 인용한 필사본)이 있고, 신원어본新院御本의 계통을 전하는 『가케이본(雅經本)』이 있으며, 오노황태후궁본(小野皇太后宮本)의 계통을 전하는 『키요스케본』(淸輔本)과, 헤이안조(平安朝, 794~1192) 후기後期에 유포된 것으로 보이는 『간에이본(元永本)』 등이 있다. 이 다섯 책은 그 어느 것이나 완본完本이고, 그밖에 단간(斷簡, 필자 註·文書나 편지가 보관이 잘못되어 여기저기 흩어져 떨어져 나온 斷片으로 되어 버린 조각들)으로 전해지고 있는 것으로는 교우세이필절(行成筆切), 혼아미절(本阿彌切) 등등이 있다. 『사다이에본』(定家本)이라고 하더라도 그 중에는 『테이오우본』(貞應本)·『가로쿠본』(嘉祿本) 등이 있다. …(中略)… 이것들을 종種과 유류類로 나누면 거의 20종 30류가 된다."[22]

---

21) 久曾神 昇 解題 『伊達本·古今和歌集·藤原定家筆』 風間書店, 1961. 10, p.7.
22) 西下經一 『古今集の傳本の硏究』 明治書院, 1954. 11, p.1.

현재까지 『고금와카집』의 계통론 연구에 있어서는 니시시다 케이이치(西下經一) 교수의 『고금집 전본의 연구』와 쿠소카미 노보루(久曾神昇) 교수의 『고금와카집성립론』과 『고금와카집총람』 등이 권위서로서 평가되고 있다.[23]

박사 왕인의 「난파진가」를 필사한 각 대표적 전본의 내용을 살펴보면 다음과 같다.

각 전본의 「난파진가」의 내용[24]

私稿本	基俊本	筋切本	元永本	唐紙卷子本
なにはつにさくやこのはな冬こもりいまはるへとさくやこのはな	なにはつにさくやこのはなふゆこもりいまはるへとさけやこのはな	なにはつにさくやこのはなふゆこもりいまはゝるへとさくやこのはな	なにはつにさくやこのはな冬こもりいまはゝるへとさくやこのはな	なにはつにさくやこのはな冬こもりいまは春へとさくやこの花
といへるなるへし	といへるなるへし	といへるなるへし	と云るなるへし	といへるなるへし

앞에서 살펴 보았듯이 왕인 박사의 시가인 「난파진가」(매화송)는 5·7, 7·5조를 기본으로 하고 있는 전형적典型的인 단가短歌의 율격律格으로서의 5·7·5·7·7의 음보율音步律을 보이고 있다. 이 단가인 와카(和歌)에서 제시한 「이 꽃」은 「매화梅花」를 가리킨다고 하는 게 원본에 해설로써 함께 표기되어 있다.

참고 삼아 밝혀둔다면, 일본의 와카란 단가短歌와 장가長歌 그리고 선두가(旋頭歌, 세도우가) 등 가체歌體의 시가詩歌를 일컫는다. 전술前述한 『고금와카집』의 고대 필사본인 국보 『다테본』(伊達本)이며, 『슌세이본(俊成本)』은 왕인 박사의 단가 「난파진가」를 다음과 같이 서로 똑같은 내용으로 각기 해설하고 있다. 물론 다른 모든 전본傳本들도 한결같이 똑같은 내용이다. 먼저 『다테본』을 살펴본다.

[25]

---

23) 奧村恒哉 『古今集·後撰集の題問題』 風間書店, 1971. 2, p.26.
24) 久曾神 昇 解題 『伊達本·古今和歌集·藤原定家筆』 風間書店, 1988. 12, p.34.
25) 『伊達本』.

이번에는 『슌세이본』을 살펴본다.

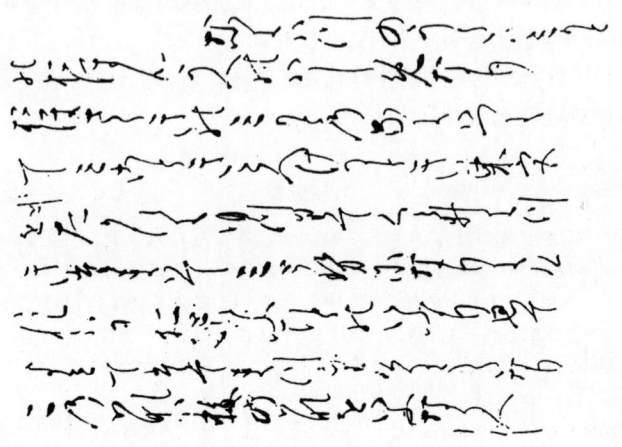

26)

이상 쓴 사람의 붓글씨의 필체는 서로가 크게 다르나 두 내용은 똑같다. 즉 그 내용은 다음과 같다.

"나니와츠의 노래(난파진가)는 제帝의 어시御始이노라. 오오사사키노미코토(大雀命)가 나니와츠(난파진)에서 황자皇子로 불리우던 때, 동궁東宮을 서로 양보하고 위位에 오르지 않은 채 3년이 지나자, 왕인王仁이라는 사람이 딱하게 여기면서 읊은 노래이노라. 이 꽃은 매화梅花를 가리키는 것이로다."

이와 같이 『고금와카집』의 해설이 가리키는 것은, 오우진 천황(응신, 應神天皇)이 서거한 뒤에, 태자(제5왕자)였던 우지노와키이라츠코(宇遲能和紀郞子)와 그의 손위 형인 왕자 오오사사키노미코토(大雀命, 제4왕자)가 서로 왕위에 오르기를 양보하면서, 왕위를 비워둔 채 3년을 지내게 되자, 태자의 스승이요, 왕실의 정무장관이었던 왕인 박사가 오오사사키노미코토에게 왕위에 오를 것을 권유하면서, 「매화송」(난파진가)을 읊었다고 하는 내용이다. 그리고 시에 나오는 '이 꽃'은 '매화梅花'라고 지적하고 있다. 그런데 왕인 박사가 오오사사키노미코토(大雀命)에게 등극을 권유한 것은, 황태자였던 우지노와키이라츠코가 요절했기 때문이다. 그 사실은 일본 최고最古의 역사책인 『고사기古事記』에, "우지노와키이라츠코는 일찍 세상을 떠났다. 까닭에 오오사사키노미코토가 천하를 다스리게 된다"[27]라는 기록이 보인다.

왕인 박사는 다른 모든 사람들을 제치고, 오오사사키노미코토 왕자를 새 임금으

---

26) 『俊成本』.
27) 『古事記』日本古典文學大系 1, 倉野憲司 外 注, 岩波書店, 1958. 6. p.255.

로 천거했던 것이다. 그 천거 방법으로써 왕인 박사 스스로가 시를 지은 것이 「난파진가」(매화송)임은 부연할 것도 없다.

4 고대 한국인에 의한 왜나라 정복론

고대 한국인들이 왜나라로 건너가, 그 터전을 정복한 사실은 누구도 부인할 수 없다. 도쿄대학의 에가미 나미오(江上波夫, 1906~2002) 교수는 화제의 논저論著인『기마민족국가』(騎馬民族國歌, 1967)를 통해, "고대 한국인 즉, 기마민족인 퉁그스계의 부여족扶餘族이 만주땅에서 차츰 한반도韓半島로 남하南下하여 3국 시대를 이루게 된 것이고, 한반도 남부에 내려가서 살던 그 일부의 기마민족이, 고대 일본으로 건너간 스진 천황(숭신, 崇神天皇, BC 97~BC 30 재위)『日本書記』. 에가미 나미오 교수는 스진 천황을 서기 4세기 초엽의 人物로 보고 있다)이며, 그가 선주민들을 정복하고, 왜한연합왕국倭韓聯合王國을 세웠는데, 이때 왕인王仁 씨 등 대호족은 야마토연합정권(大和聯合政權)을 구성했다"[28]고 하는 것이다.

그와 같은 에가미 나미오 교수의 기마민족 정복왕조설을 거듭 밑받침하는 것이, 도쿄대학 이노우에 미쓰사다(井上光貞, 1917~1983) 교수이기도 하다. "몽고인은 색목인色目人을, 만주국은 몽고인을 중용重用했던 것처럼, 천황씨天皇氏 자신이 한국에서 일본으로 이주해 온 사람이기 때문에, 그와 같이 많은 귀화인들을 조직할 수 있었다"[29]고 이노우에 교수는 지적하면서, 한국에서 건너간 사람들이 천황이 되었기 때문에 역시 한반도에서 왜국으로 도래한 사람들을 많이 중용重用했다고 지적했다. 또한 이노우에 교수는, "문화가 발달한 백제 땅으로부터 수많은 관리며 기술자들을 초대해 온 것은 중요한 의미를 갖는다. 이 사람들이 대륙이며 한국의 제도制度를 모방해서 만든 후히토(史, 저자 註 · 고등행정 관리)며 토모베(品部, 저자 註 · 행정부서)의 토모노미야츠코(伴造, 저자 註 · 皇室 소유의 部를 세습적으로 관리하고 통솔한 首長, 貴族)가 되어 문화며 생산의 지도를 담당했다"[30]고 한다. 그리고 여기 한 가지 첨가해 두고 싶은 것은 저명한 작가며 역사가였던 마쓰모토 세이쵸우(松本淸張, 1909~1988) 씨가 고대 일본은 신라 · 고구려 · 백제의 삼국 분쟁시대에, 고대 한국으로부터 분리 독립했다고 하는 것이다.

"7세기의 아스카(飛鳥) 시대라고 하는 것은, 야마토조정(大和朝廷)이 성립되려고 하던 시기다. 더구나 강대强大해진 문화가 나중에 오게 된 우수한 기술을 가진 한국인들을 영입迎入했기 때문이라고 생각한다. 그러므로 모두들 생각하고 있는 것처럼 우

---

28) 江上波夫『騎馬民族國家』中央公論社, 1982. 1, pp.194~202.
29) 井上光貞『日本國家の起源』岩波書店, 1960. 4, pp.189~190.
30) 井上光貞, 앞의 책, p.214.

리가 한국문화를 흡수吸收한 것이 아니라, 본래는 서로가 똑같은 민족이었다고 생각한다. 또 한 가지 극언極言하자면, 일본은 한국으로부터 갈라져 나온 나라이다. 행幸인지 불행인지 대마해협對馬海峽이 있었기 때문에, 한국에 동란(動亂, 저자 註·신라, 고구려, 백제의 분쟁 시기)이 일고 있던 때에 일본은 독립을 해서 보다 일본적日本的으로 되어 갔다. 일본적이라는 것은, 선주민족(先住民族, 필자 註·아득한 옛날부터 일본에 먼저 와서 살던 종족)의 풍속을 살리면서 여기서 융합을 이루었다고 생각한다. 미국이 영국으로부터 독립한 것과 같은 것이다."[31]

이와 같은 일본고대사日本古代史의 권위 있는 학자들의 지적은 곧 고대 한국인들이 한때 일본을 정복했거나, 최소한 식민지 체제로서 일본을 지배한 사실을 입증한다. 왕인 박사가 왜국에 건너간 것은 백제의 근초고왕(近肖古王, 346~375) 때이므로 4세기 후반이다. 일본사日本史에서의 오우진 천황(응신, 應神天皇, 270~310) 시대인 것만은 사실이다. 그러나 일본 역사에서의 오우진 천황의 실제의 집권시기는 근초고왕과 비슷한 연대이므로, 60년의 연수를 아래로 내려서 따져야 한다. 그 점은 일본 사학계의 통설이기도 하다.

박사 왕인이 닌토쿠 왕조(인덕, 仁德王朝) 때, 왕도였던 오오사카(大阪, 難波津) 핵심 지역에다 자신의 거대한 점거지(占據地)를 갖고 대호족으로서 또한 왕실의 정무장관으로 활약했거니와[32] 이를 다시금 입증해 주는 것이 미즈노 유우(水野 祐, 1918~2000) 교수의 학설이기도 하다. 즉 "우리나라(저자 註·日本)와 한반도와의 교섭에 있어서, 특히 백제와의 관계사 오우진 천황(응신, 應神天皇)과 닌토쿠 천황(仁德天皇, 저자 註·오우진 천황의 제4 왕자)시대 이후에 관계사료關係史料가 두드러지게 많이 증가하고 있다. 이것은 오우진·닌토쿠 천황의 인덕왕조仁德王朝는 외래민족外來民族의 세력의 침입에 기인해서 발생한 정복왕조征服王朝로서, 대륙적인 성격을 갖는 새로운 왕조라고 하는 데서부터, 대륙의 사정에도 상세하고, 따라서 그 정세에는 민감하며, 특히 그 지배층이 백제국가百濟國家와 동일민족계통(同一民族系統, 백제왕은 부여족)에 속하며, 예부터 밀접한 관계를 유지하고 있었다는 데 기인하고 있다고 본다"[33]고 밝힌 바 있다.

이러한 사실을 감안할 때, 왕인이 천거한 닌토쿠 천황은 한국으로부터 건너온 백제인 도래인이며[34], 그러기에 왕인의 시가詩歌 「난파진가」(매화송)의 성립도 완전무결한 역사적 배경마저 갖는 것이다. 「난파진가」(매화송)의 집필시기를 서기 313년으로 필자가 『현대문학』지(1997. 2)에 기록한 것은, 어디까지나 과장된 『일본서기』의 닌토쿠 천황의 등극년(서기 313)을 따라 준 것임을 굳이 여기에 밝혀둔다. 그러므로

---

31) 松本淸張 『東京新聞』 1972. 4. 1 (朝刊).
32) 平野邦雄 『日本歷史』 岩波書店, 1962. 6, p.92.
33) 水野 祐, 『日本國家の國家形成』 講談社, 1978. 4, p.199.
34) 홍윤기 『일본천황은 한국인이다』 효형출판, 2000. 3. pp.15~95

사실상의 집필 연도는 서기 405년으로 보는 게, 「한국사」등과 한일 역사관계를 비교해 볼 때 가장 타당한 것임을 지적해 두련다.

또한 「난파진가」(매화송)에 관해 부기해 둘 사항이 있다. 일본의 시가문화가 한창 꽃피던 헤이안(平安, 794~1185) 시대에는 역대 천황들도 연초 궁중 시낭송회(歌會始)에서 왕인의 「난파진가」를 낭송한다, 스스로 지은 자작시(와카) 낭송을 했으며, 와카를 배우는 사람들에게 「난파진가」는 '아버지의 노래' (父歌)로서 표본을 삼았던 것이다. 그 뿐 아니라 서예의 붓글씨(手習)의 표본으로도 역시 「난파진가」를 습득했다.

18세기 일본에서도 그 당시 저명한 시문학자였던 에무라 홋카이(江村北海, 1713~1788)가 그의 목판본(木板本, 1771) 저서 『일본시사』日本詩史의 모두(卷之一)에서 백제의 박사 왕인王仁의 일본 최초의 와카(和歌)인 「매화송」梅花頌 즉 「난파진가」難波津歌며, 왕인에 관해 다음처럼 밝히고 있다.

"역사를 살펴볼 때, 오우진(應神) 천황(저자 주 · 4~5C) 15년에 백제국百濟國의 박사 아직기博士阿直岐가 내조來朝하였고, 『주역』 · 『논어』 · 『효경』 등의 책을 바쳤다. 왕은 기뻐하며 아직기로 하여금 경經을 왕자들에게 가르치게 하였다. 우리나라의 경학經學은 이와 같이 시작되었다고 한다. 뒷날 아직기는 왕인王仁을 추천했다. 왕은 즉시 백제왕에게 편지하여 왕인을 부르게 되었다. 왕인이 도착했다. 아직기와 마찬가지로 여러 왕자들을 가르쳤다. 왕이 붕어하고 닌토쿠(仁德) 천황이 즉위(저자 주 · 서기 405년)하여 나니와(저자 주 · 難波, 현재의 오오사카)에 천도했다.

왕인은 「매화송」梅花頌을 지어 바쳤다. 이른바 31언(三十一言, 저자 주 · 글자가 31자라는 것이고, 흔히 '미소히토모지' 라 하여 '三十一文字' 로써 표기해 왔음)의 와카(和歌)라는 것이로다."

지금(2005년)부터 234년 전의 오래된 일본 시문학사의 기사다. 이와 같은 것으로도 왕인이 일본 최초의 와카를 5 · 7, 7 · 5조로 지었다는 것을 거듭 확인할 수 있다.

일본 근대의 대표적인 언어학자 카나자와 쇼우사브로우(金澤庄三郎, 1872~1967) 박사는 일찍이 1902년에 『日韓兩國語同系論』(일한양구어동계론)을 써서 이름났거니와 그는 당시 일본의 대표적 국어사전(『廣辭林』1925, p.1455)에서 왕인 박사의 「난파진가」(매화송)를 싣고, 이 노래가 서예를 배우는 아이들이 가장 먼저 익혀야 할 와카라는 것 등을 상세히 밝혔다. 그러나 현대 일본의 어느 국어사전에도 「나니와츠」(難波津) 항목에서 왕인의 시와 그에 얽힌 내용을 언급 내지 설명하고 있지 않다.

저자는 30여년 전에 고서점에서 왕인의 「난파진가」(매화송)를 찾아낸 뒤로 왕인을 찾아 오랜 세월 일본 땅을 헤매기 시작했던 것이다. 그동안 찾아낸 왕인에 관한 여러 가지 일본 고대시편 등도 앞으로 논증 발표할 것을 여기 적어둔다.

```
┌─────────┐
│ 인  지  │
│ 첨  부  │
└─────────┘
```

한국의 명시 감상

지은이 / 홍윤기
펴낸이 / 김재엽
펴낸곳 / **한누리미디어**

100-845, 서울시 중구 을지로 2가 148-73
신화빌딩 401호
전화 / (02)2278-4513, 2268-4514
팩스 / (02)2268-4524

등록 / 제16-467호(1993. 11. 4)

편집 디자인 / 지선숙

초판발행일 / 2005년 9월 5일

ⓒ 2005 홍윤기 Printed in KOREA

값 12,000원

E-mail/hannury2003@hanmail.net

※잘못된 책은 바꿔드립니다.
※저작권법에 의거하여 본 저작물의 해설의 일부 또는 전부를 무단으로 인용함을 엄금함.

ISBN 89-7969-275-7 03810